LLENGUA CATALANA 1 ESO

LLUÍS HOMS
JOSEP ROSELL

Programa
Agna de Valldaura

BARCANOVA INNOVA

» ÍNDEX

» PRESENTACIÓ I ESTRUCTURA

Els continguts s'estructuren en vuit unitats. Cada unitat, al seu torn, consta de dos blocs: **Llengua i comunicació** (Lectura i Textos funcionals, Literatura o Llengua i societat) i **Coneixement de la llengua** (Gramàtica i Ortografia).

Índex dels apartats en què es divideix la unitat, diferenciats per colors segons les dimensions que es treballen.

Dimensions

- Comunicació oral
- Comprensió lectora
- Expressió escrita
- Literària
- Actitudinal i plurilingüe
- Coneixement de la llengua

Activitats de comprensió lectora precedides de breus explicacions teòriques.

Introducció a la lectura, de gèneres literaris diversos, amb un seguit de preguntes que serveixen per avaluar els coneixements previs i que animen a llegir.

Aquesta icona indica que és una activitat per avaluar per dimensions.

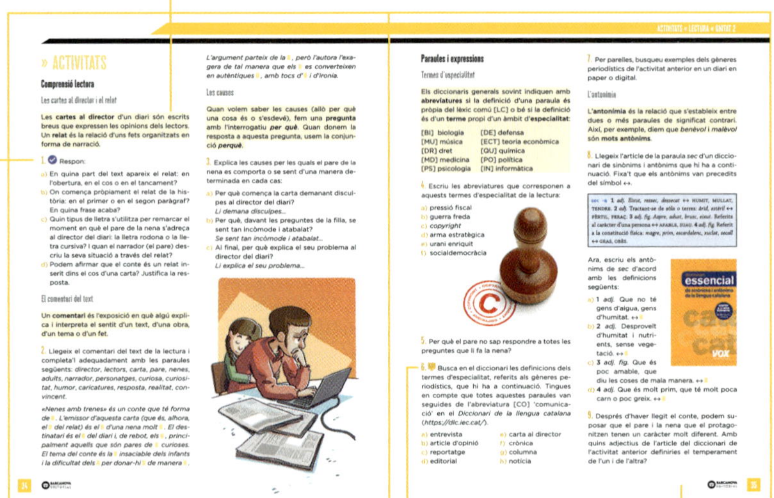

Aquesta icona indica que cal anar a l'espai personal del web *www.barcanova.cat* per accedir a enllaços i continguts necessaris per fer l'activitat.

Activitats de lèxic, a partir de la lectura, precedides de breus explicacions teòriques.

Activitat pautada per afavorir l'adquisició de les competències en **expressió escrita** i en **comunicació oral**.

Els continguts de **gramàtica** es presenten d'una manera breu i sintètica en forma de fitxes numerades per tal de facilitar-ne la comprensió.

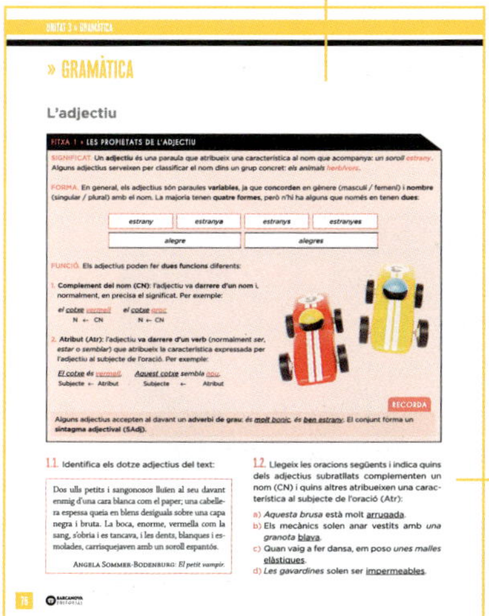

Immediatament després de les fitxes hi ha algunes **activitats** que pretenen posar en pràctica els continguts gramaticals que s'acaben de treballar.

Al final de l'apartat de gramàtica hi ha una **bateria d'activitats**, classificades en tres nivells, de consolidació dels coneixements.

Avaluació final de dues pàgines per valorar el grau de coneixement dels continguts treballats.

Aquesta icona indica que és una activitat relacionada amb alguns dels 17 **objectius de desenvolupament sostenible** de les Nacions Unides.

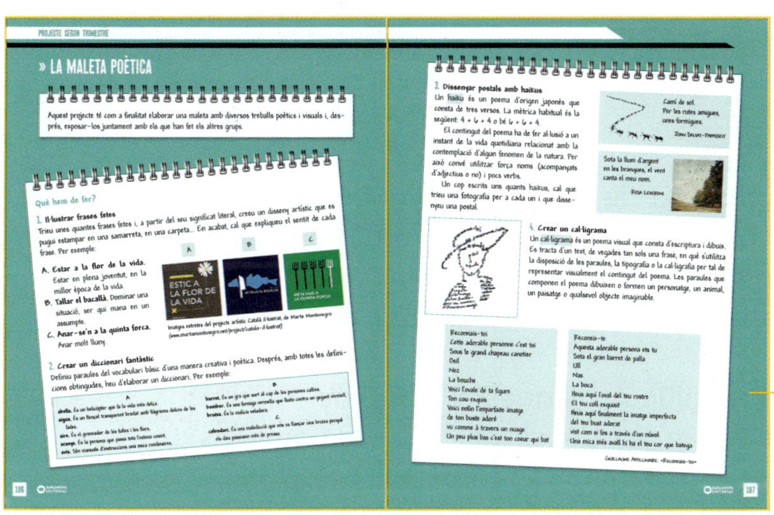

Al final de cada trimestre es proposa un **projecte cooperatiu** en què cal resoldre una sèrie pautada d'activitats.

UNITAT 1

LECTURA » *Estimat, t'he de deixar*

LLENGUA I SOCIETAT » La comunicació verbal

GRAMÀTICA » Les categories lèxiques, els sintagmes i les oracions

ORTOGRAFIA » L'alfabet i l'ordre de les paraules

Preparem la lectura

1. Doneu un cop d'ull al títol i a les il·lustracions del text de la lectura i digueu de què deu tractar.
2. Llegiu les definicions del vocabulari i digueu quin adjectiu equival a 'emotiu, sentimental', quin verb significa 'causar una gran atracció' i quin nom es refereix a 'un teixit molt suau'.
3. Responeu oralment: Heu hagut de deixar de banda algú o alguna cosa que estimàveu? Quins motius teníeu per fer-ho?
4. Intercanvieu comentaris i opinions sobre el significat d'aquesta frase de l'escriptor Joseph Campbell: «Hem de desfer-nos de la vida que tenim per deixar pas a la vida que ens espera».

» LECTURA

Estimat, t'he de deixar

«Estimat, t'he de deixar» és un conte escrit en forma epistolar: la protagonista escriu una carta de comiat al seu estimat, un personatge molt especial i, alhora, molt familiar. El seu escrit evoca records personals, sentiments íntims i imatges tendres. Però, alerta, que hi ha sorpresa! Precisament, el joc de l'equívoc i el desenllaç constitueixen la gràcia i la bellesa d'aquest conte.

VOCABULARI

romàntic -a *adj.* Emotiu, sentimental.

retret *m.* Allò que es diu a algú per recordar-li que ha fet una cosa malament.

romaní *m.* Planta aromàtica de fulles petites i dures i flors blavoses de les quals s'alimenten les abelles que produeixen la mel que es ven amb l'etiqueta de «mel de romaní».

Estimat, t'he de deixar.
Potser podria insinuar-t'ho, mig dir-t'ho, fer-ho de mica en mica... Però em sembla que el millor és deixar-te de manera decidida.

Ja sé que hi ha moltes maneres més suaus o més **romàntiques** d'acabar una relació. Podria dir-te que et deixo perquè el nostre amor és impossible o perquè algú s'ha interposat entre nosaltres. Però t'enganyaria. I m'estimo més ser-te sincera perquè et tinc massa estima per dir-te mentides.

Senzillament et deixo perquè vull viure noves experiències, tenir noves sensacions i fer la meva vida.

Tinc ganes de ser jo mateixa, de fer amics nous, de conèixer gent i de veure món.

En la majoria de relacions, quan acaben, l'un busca defectes a l'altre, com si calgués l'excusa de fer algun **retret** o de trobar alguna culpabilitat per tenir la valentia de deixar-ho estar.

Jo, si vols que et digui la veritat, encara que volgués, em sembla que no te'n sabria trobar, de defectes.

Aquests dos anys al teu costat han estat meravellosos. Hem descobert tantes coses junts! Hi ha tantes vivències, tants records bells i dolços que associaré a tu! Ara mateix em venen a la memòria les passejades pel parc de la Ciutadella fins que es feia fosc, les pujades els caps de setmana a Casserres a veure la meva àvia, que ens feia un pastís amb mores de l'hort que trobàvem dolcíssim i ens donava un formatge de cabra i un potet de mel de **romaní**, o les vacances en aquella caseta de pescadors del port de Na Macaret, a Menorca, les primeres que jo feia a la platja i que al teu costat van ser esplèndides i molt relaxants. I podria recordar moltes coses més, totes tan boniques...

Però m'estimo més no fer-ho perquè els bons records de vegades són com roses oloroses amb tacte de seda, que ens **sedueixen** amb el seu **vellut** i el seu perfum, però que ens punxen amb les espines que se'ns enganxen a la pell i no ens deixen marxar. I a mi em fa por que em passi això, estimat.

I potser al començament em passarà i em trobaré com si tingués una punxa clavada. Però de mica en mica trobaré el meu lloc. I tu també trobaràs el teu. N'estic segura.

Em diràs per què t'escric aquesta carta tan llarga, però és que vull que sàpigues que he estat molt bé amb tu. M'has donat alegria, felicitat, seguretat, calma... i un munt de coses més.

En tot aquest temps que hem estat junts, no m'he trobat mai sola. Tu sempre has estat al meu costat. Sobretot en els moments més durs. No m'has fallat mai. Fins i tot quan em vaig deixar **enlluernar** per un altre, em vas saber comprendre i vas estar al meu costat. I això és molt important. Només per aquest sol fet ja t'estaré sempre agraïda.

De vegades em fa la impressió que hem estat junts tota la vida i que no podré viure sense tu. És com si formessis part de mi. És per això que encara et demano amb més força que t'apartis del meu camí.

Potser pensaràs que m'han aconsellat les meves amigues, i tindràs raó. Però ha estat perquè jo els ho he demanat. No els donis la culpa de res, **sisplau**. És veritat que m'han aconsellat i que m'han dit que no hauria d'anar amb algú tan petit com tu, però vull que sàpigues que la decisió final l'he pres jo i només jo. M'ho he pensat molt, però ara ja està presa i no em faré enrere.

També deus pensar que la meva mare m'ha pressionat o m'ha influenciat. Doncs no. Ella no s'hi ha ficat. M'ha deixat fer i m'ha donat el seu suport en tot moment. Encara que puguis pensar el contrari, ni ella

VOCABULARI

seduir *v. tr.* Enamorar, causar una gran atracció per alguna qualitat.

vellut *m.* Teixit cobert d'uns pèls molt curts i densos, de tacte molt suau.

enlluernar *v. tr.* Atreure o captivar algú o alguna cosa per la seva bellesa o la seva gràcia.

sisplau Reducció de *si us plau*, expressió de cortesia per demanar alguna cosa.

ni el meu pare no han tingut mai res en contra teu i sempre han respectat la nostra relació.

Una cosa que et vull demanar és que, sisplau, no intentis veure'm. Amb això, l'únic que aconseguiríem és que la separació encara fos més dolorosa, lenta i **traumàtica**.

Per acabar, només vull dir-te que faig el que crec que he de fer.

Adeu, estimat.

Adeu, estimat xumet.

T'he de deixar.

T'he de deixar perquè vull ser una nena gran i les nenes grans ja no en duen, de xumet.

Imagina't com es riurien de mi els nens de l'escola si encara em veiessin arribar amb tu.

Aquests dos anys han estat meravellosos, però la vida continua...

Paula

PD: Sé que la meva germana petita està enamorada de tu, però no és per això que et deixo. Et demano, sisplau, que no te'n vagis amb ella. Seria molt dur haver-te de veure cada dia.

HERMÍNIA MAS: *Estimat, t'he de deixar*.

VOCABULARI

traumàtic -a *adj.* Que produeix un *trauma*: fet que viu una persona i que altera el seu ànim i la seva ment i l'omple de preocupacions.

» ACTIVITATS

Comprensió lectora

La identificació de la idea central

La **idea central** (*idea principal* o *idea clau*) és l'assumpte més important de què tracta la totalitat d'un text. Tots els detalls inclosos en el text estan més o menys relacionats amb aquesta idea.

1. Quina de les afirmacions següents expressa la idea central del conte que has llegit?

a) L'angoixa produïda per un amor impossible.
b) La decisió d'una nena de donar per acabada la primera etapa de la seva vida.
c) La confessió d'un desengany amorós de joventut.

Les evidències textuals

Per identificar la idea central, necessitem trobar **evidències textuals**, és a dir, fragments del text que la provin, que la posin en evidència.

2. Tria el fragment que millor posi en evidència l'expressió de la idea central:

a) Et deixo perquè el nostre amor és impossible [...], algú s'ha interposat entre nosaltres.
b) T'he de deixar perquè vull ser una nena gran i les nenes grans ja no en duen, de xumet.

3. Completa l'enunciat per explicar la teva tria:

He triat el fragment ___ perquè és el fragment que ___.

L'equívoc o malentès

L'autora vol confondre els lectors fent que hi hagi un **equívoc**, és a dir, un malentès: ens fa creure una cosa quan n'és una altra. I ho aconsegueix gràcies al recurs literari de la **personificació** d'un objecte.

4. Per què ens fa la impressió que la Paula és una noia i no ens adonem que, en realitat, és una nena més petita fins que no arribem al final de la carta? Completa la resposta:

No ens n'adonem perquè la Paula s'adreça al destinatari de la ___ com si aquest fos una ___ i perquè el tracta com si fos un amic molt ___. I també perquè no s'expressa com una ___, sinó com una ___ més aviat ___.

5. Quina és la sorpresa final? A què creus que és deguda? Completa la resposta:

La sorpresa final és que, en comptes d'abandonar un ___ molt estimat, resulta que ___ el seu estimat ___. La sorpresa final és deguda al fet que l'autora ha creat un ___ al llarg del conte per mitjà del recurs literari de la ___ d'un objecte, el ___.

6. Què representa per a la Paula la decisió d'abandonar el xumet? Completa la resposta:

La decisió d'abandonar el xumet representa la necessitat de la Paula de deixar de banda ___.

L'atribució de qualitats

Atribuir qualitats a algú o a alguna cosa vol dir assignar-li **característiques** bones o **positives**. El contrari és atribuir defectes.

7. Reconstrueix el fragment del conte en què la Paula reconeix les qualitats del xumet omplint els buits amb la paraula o expressió exacta de cada parella:

acompanyada / sola — junts / separats — deixar enlluernar / quedar decebuda — deixar estar / saber comprendre — sempre / mai — durs / fàcils

En tot aquest temps que hem estat ▯, no m'he trobat mai ▯. Tu ▯ has estat al meu costat. Sobretot en els moments més ▯. No m'has fallat mai. Fins i tot quan em vaig ▯ per un altre, em vas ▯.

8. Tria les tres qualitats humanes que la Paula atribueix al xumet: *entusiasme*, *fidelitat*, *discreció*, *companyia*, *prudència*, *comprensió*.

El motiu

Un **motiu** és allò que ens mou a fer alguna cosa. Acomiadar-se d'un amic pot ser el motiu d'escriure una carta.

9. Quin és el motiu més important que té la Paula per decidir-se a abandonar el seu estimat xumet?

a) Li ha trobat més defectes que no pas qualitats.
b) La seva mare i el seu pare l'han pressionat perquè l'abandoni.
c) Té ganes de ser ella mateixa, tenir noves experiències i fer unes altres amistats.
d) Les seves amigues li han aconsellat que el deixi estar.

10. El motiu que has escollit en l'activitat anterior, què significa per a la Paula?

a) Que ha trobat algú o alguna cosa que li fa més companyia.
b) Que s'ha fet més gran i, per tant, més independent.
c) Que tem que els nous amics i amigues se'n burlin.

Paraules i expressions

Les fórmules de salutació i comiat

El conte està escrit en forma epistolar, per això la narradora, la Paula, utilitza fórmules que són pròpies d'una carta, com la **salutació**, el **comiat** i la **nota final**.

11. Indica les tres fórmules que utilitza la narradora en la seva carta:

FÓRMULES DE SALUTACIÓ I COMIAT

FÓRMULES DE SALUTACIÓ
Hola! Senyor, / Senyora, Què hi ha de nou? Benvolgut senyor, / Benvolguda senyora, Estimat ..., / Estimada ..., Distingit senyor, / Distingida senyora, Benvolgut ..., / Benvolguda ...,

FÓRMULES DE COMIAT
Salutacions cordials, Adeu, / Adeu-siau, Molts records, Molt cordialment, A reveure, Ben atentament, Petons i abraçades, Atentament, Una abraçada,

NOTA FINAL
PS: (post scriptum) PD: (postdata) Nota:

Fem servir unes fórmules o unes altres segons si escrivim una carta a un **amic o a un parent**, o segons si l'escrivim a una persona responsable d'un **servei públic o privat**. En el primer cas, triem fórmules col·loquials o poc formals i, en el segon, fórmules estàndard o més formals.

12. Classifica les fórmules de l'activitat anterior en el lloc corresponent:

Fórmules de salutació	
Amic o parent	Servei públic o privat
...	...

Fórmules de comiat	
Amic o parent	Servei públic o privat
...	...

Sinònims de *carta*

Com molts altres mots, la paraula *carta* té diversos **sinònims**, és a dir, paraules de significat equivalent. Però, tot i ser equivalents, els sinònims no sempre es poden intercanviar perquè, en general, cadascun aporta un matís diferent o bé té un ús específic.

13. Llegeix atentament aquest article extret d'un **diccionari de sinònims**:

> **carta** *f. lletra, missiva, epístola, circular, esquela. Missiva, lletra* i *epístola* pertanyen a un registre molt formal, esp. *epístola*, que és el nom que es dona a les cartes de caràcter literari. La *circular* és un avís que s'adreça a diverses persones amb un mateix text i l'*esquela* és una nota publicada en un diari per comunicar alguna cosa, especialment quan es fa saber la mort d'una persona.

14. Un cop llegit l'article de diccionari anterior, respon a les qüestions següents:

a) Com traduïm habitualment *lettre* del francès o *letter* de l'anglès, amb la paraula *carta* o *lletra*? Per què?

b) En alguns diaris apareixen notes mortuòries o de condol. Com s'anomenen i què fan saber?

c) Quan diem que un conte està escrit en forma *epistolar*? Per què?

d) Com se'n diu també, en un estil molt formal, d'un escrit que conté un missatge?

e) Per què una *circular* té a veure amb el significat del verb *circular*?

Les comparacions lliures

Per descriure com són els seus records, la Paula utilitza una **comparació lliure**, això és, una comparació de creació pròpia, inventada per ella: *Els bons records de vegades són com roses oloroses amb tacte de seda.*

15. Copia el fragment del conte en què la Paula acaba d'explicar les característiques d'aquestes roses que, segons ella, també comparteixen els bons records:

Els bons records ▮ *i no ens deixen marxar.*

16. Seguint el model del fragment anterior, escriu una comparació lliure a partir d'aquests elements:

Per a la Paula, el xumet és com ▮ *, que* ▮ .

Les comparacions lexicalitzades

Les **comparacions lexicalitzades** són grups de paraules que tenen forma de comparació, però que, en realitat, expressen el grau més alt d'una qualitat (*més bo que el pa* simplement vol dir 'molt bo, boníssim').

17. Relaciona els elements següents i forma les comparacions lexicalitzades corresponents. Per exemple: *fosc com una gola de llop*.

fosc alt net sol fresc	com	una patena una gola de llop una rosa un sant Pau un mussol
més pobre més vell més llarg més dur més content	que	un dia sense pa una sola de sabata un gos amb un os l'anar a peu una rata

18 En grups, repartiu-vos les comparacions lexicalitzades de l'activitat anterior. Després, descriviu tres situacions en què aparegui la comparació corresponent. Finalment, llegiu les descripcions en veu alta. Per exemple: *Vam passar per un carreró on no hi havia cap fanal. Aquell carreró era fosc com una gola de llop.*

Les famílies de paraules

Les paraules que comparteixen **la mateixa base lèxica** formen una **família de paraules**. Per exemple, *rosa*, *roser* o *roserar* formen part de la mateixa família perquè totes tres comparteixen la mateixa base: ***ros-***. La base lèxica és la part fixa que aporta el significat bàsic, a la qual s'afegeixen diversos afixos (*-a, -er, -ar...*) per formar les diferents paraules de la família.

19. Els mots *roser* i *roserar*, tot i pertànyer a la mateixa família lèxica, signifiquen coses diferents. Quin es refereix a un 'lloc plantat de rosers' i quin a una 'planta que fa roses'?

20. Agrupa les paraules següents per famílies i classifica-les en una taula com la que hi ha a continuació:

figa • oliver / olivera • tarongerar • oliva
taronja • oliverar • poma • figuera • taronger
carbassa • pomerar • carbassera
pomer / pomera • carbasserar • figuerar

Base lèxica	+ afix	+ afix
Fruit	Arbre o planta	Lloc plantat de ...
1. *figa*	...	...
2. ...	*oliver / olivera*	...
3. ...	...	...
4. ...	...	*pomerar*
5. ...	...	...

21. Respon a les qüestions següents a partir d'aquest grup de paraules de la mateixa família: *rosassa*, *rosella*, *rosaci*, *roseta*, *rosadenc*.

a) Quins són els dos adjectius que signifiquen 'de color tirant a rosa'?
b) Quin és el nom de la flor vermella que es fa enmig dels camps de cereals?
c) Com es diu la gran finestra circular, generalment envidrada de colors, que sovint es troba al mur de la façana de les esglésies antigues?
d) Com es diu l'objecte petit com un botó que imita una rosa?

» POSA-HO PER ESCRIT

La carta del xumet

Imagineu que el xumet també respon a la Paula per mitjà d'una carta: no pot evitar de comunicar-li els seus sentiments. L'endemà la nena, quan se'n va a dormir, troba un sobre sota el coixí que diu «Per a la Paula» i el remitent —oh, sorpresa!— és «El teu estimat xumet». Tot seguit, obre el sobre i llegeix la carta. Què hi diu?

Què hem de fer?

Individualment o per parelles, escriviu la carta de resposta del xumet adreçada a la Paula. Per fer-ho, cal que us poseu en el seu lloc i assumiu el seu punt de vista: penseu que es tracta d'un objecte molt especial.

Com ho hem de fer?

D'acord amb el contingut de la carta, seguiu aquests passos abans d'escriure:

a) Rellegiu el conte i aneu apuntant les idees que se us acudeixen.
b) Redacteu el text, reviseu-lo i, si cal, modifiqueu-lo.
c) Corregiu el text per adequar-lo a les normes de la llengua.

Contingut de la carta

El cos de la carta hauria de desenvolupar aquests aspectes:

- L'agraïment per la sinceritat de la Paula.
- La reacció del xumet, que pot ser de comprensió o d'incomprensió respecte als motius que explica la nena.
- Alguna referència als records de les bones estones o dels moments difícils que han compartit.
- Algun comentari sobre l'actitud de les amigues i dels pares de la Paula.
- La resposta definitiva a les peticions de la nena.

Trobareu informació sobre com s'ha d'escriure una carta informal i un exemple en l'espai personal del web *www.barcanova.cat*.

» PREN LA PARAULA

La Lily i el ninot de neu

El curtmetratge animat *Lily and the Snowman* ('La Lily i el ninot de neu') és una obra de la productora canadenca Cineplex que reflexiona sobre els canvis vitals de les persones. En teniu un fotograma en la imatge de la dreta. La cançó que sona, interpretada per Adaline, s'anomena «Follow you, follow me» ('Et seguiré, em seguiràs'). En teniu reproduït l'inici, però en trobareu la lletra sencera en l'espai personal del web *www.barcanova.cat*.

Què hem de fer?

Mireu el curtmetratge i, un cop l'hàgiu vist, organitzeu un col·loqui a classe. Cal saber que un **col·loqui** és un intercanvi d'opinions entre el públic després d'haver escoltat una conferència o vist un espectacle.

En un col·loqui hi ha un moderador o moderadora que planteja diverses preguntes al públic, dona els torns de paraula i, al final, resumeix els punts de vista principals que s'hi han exposat.

Com ho hem de fer?

Aneu a l'espai personal del web *www.barcanova.cat* i busqueu l'enllaç per mirar el curtmetratge. Un cop l'hàgiu vist, comenteu-lo i intercanvieu opinions a partir d'aquestes qüestions:

a) Pel que fa a l'argument, quines semblances hi ha entre la peça animada i el conte de la lectura «Estimat, t'he de deixar»? Quines diferències hi trobeu?
b) Creieu que tant el conte com la peça animada tracten el mateix tema? Per què?
c) El futur del xumet, pot ser similar al del ninot de neu? Com us l'imagineu?

Follow you, follow me
Stay with me.
My love I hope you'll always be
right here by my side
if ever I need you.
Oh my love!

Et seguiré, em seguiràs
Queda't amb mi.
Amor meu, espero que tu siguis sempre
aquí, just al meu costat,
per si mai et necessito.
Oh, amor meu!

» LLENGUA I SOCIETAT

1. La comunicació verbal

1.1. El llenguatge

Les persones, com a éssers intel·ligents i socials que som, necessitem comunicar-nos coses constantment: fets, desitjos, pensaments, sentiments o dubtes. Per aconseguir una comunicació eficaç, hem creat el llenguatge.

El **llenguatge** és la facultat humana que fa possible que puguem expressar tot allò que volem transmetre gràcies als sistemes de signes que hem anat creant. Com que els signes poden ser de naturalesa diversa, cal distingir dos tipus de llenguatge: el **llenguatge verbal** i el **llenguatge no verbal**.

El llenguatge verbal

El **llenguatge verbal** és el sistema de signes que fem servir en parlar una llengua. Cada **signe lingüístic** es compon d'un seguit de sons als quals associem un significat determinat amb la finalitat de referir-nos a una part de la realitat, és a dir, a un referent concret.

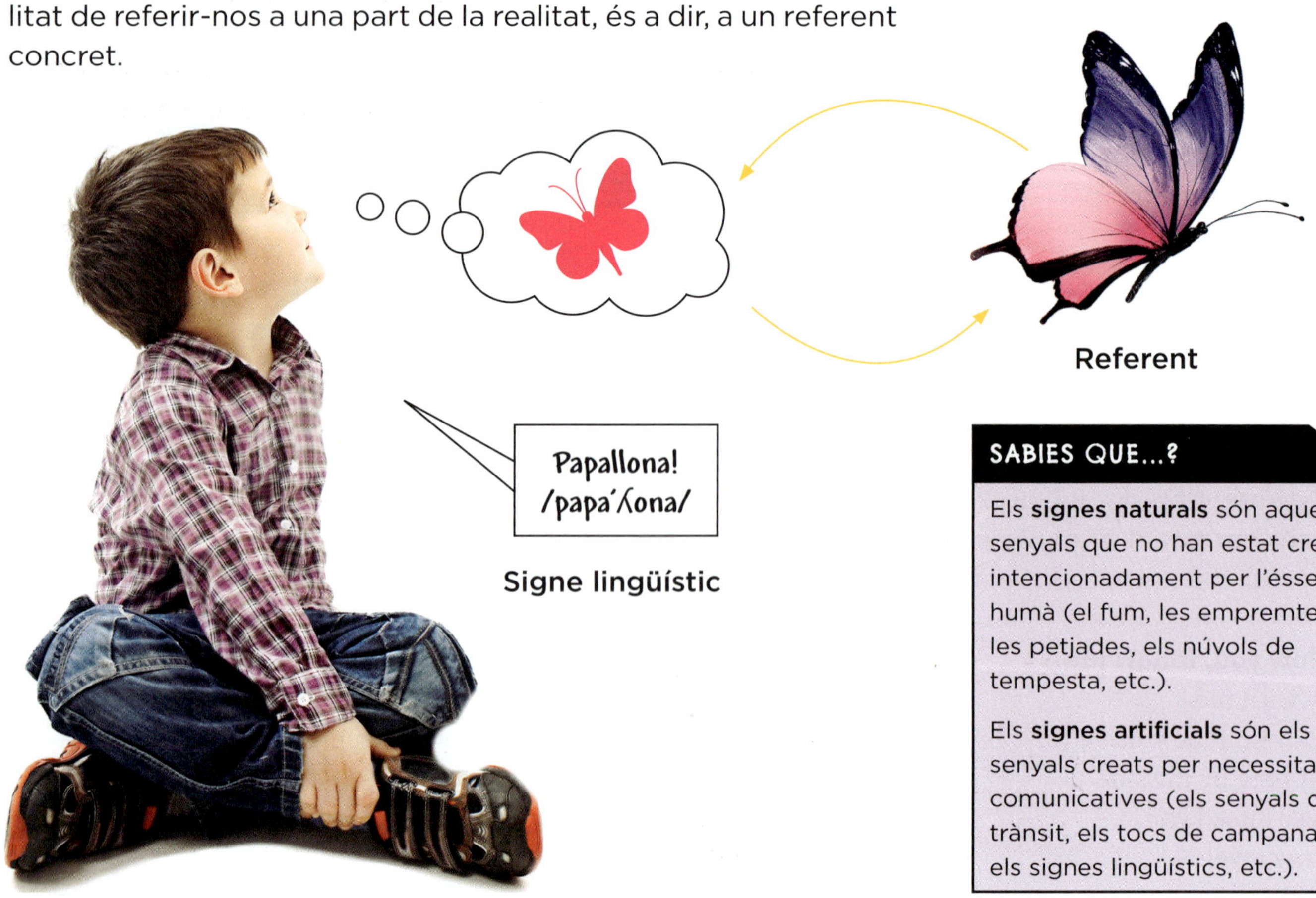

SABIES QUE...?

Els **signes naturals** són aquells senyals que no han estat creats intencionadament per l'ésser humà (el fum, les empremtes, les petjades, els núvols de tempesta, etc.).

Els **signes artificials** són els senyals creats per necessitats comunicatives (els senyals de trànsit, els tocs de campana, els signes lingüístics, etc.).

El llenguatge no verbal

El **llenguatge no verbal** comprèn aquells signes que permeten transmetre i obtenir informació sense necessitat de fer servir signes lingüístics.

Els **signes no verbals** són molt diversos; poden ser tant **corporals** (els gestos, els moviments del cos i de l'expressió facial, etc.) com **vocals** (la modulació de la veu, les rialles, els plors, els gemecs, els badalls, etc.).

1.2. Els elements de la comunicació

La **comunicació** és el procés per mitjà del qual un **emissor** (qui parla) transmet un **missatge** a un **receptor** (qui escolta).

En tot acte de comunicació intervenen diversos elements:

ELEMENTS DE LA COMUNICACIÓ

- **Emissor**: Qui envia el missatge.
- **Canal**: Per on s'envia el missatge.
- **Referent**: Allò a què es refereix el missatge.
- **Receptor**: Qui rep el missatge de l'emissor.
- **Context**: Situació concreta en què té lloc l'acte comunicatiu.
- **Codi**: Sistema de signes i regles amb què s'elabora el missatge.
- **Missatge**: Informació que transmet l'emissor al receptor.

Els elements del procés comunicatiu es coordinen de tal manera que el missatge de l'emissor arribi amb èxit al receptor, estigui lluny o a prop, sempre que l'un i l'altre comparteixin el mateix **codi** (una llengua) i se situïn en el mateix **context**.

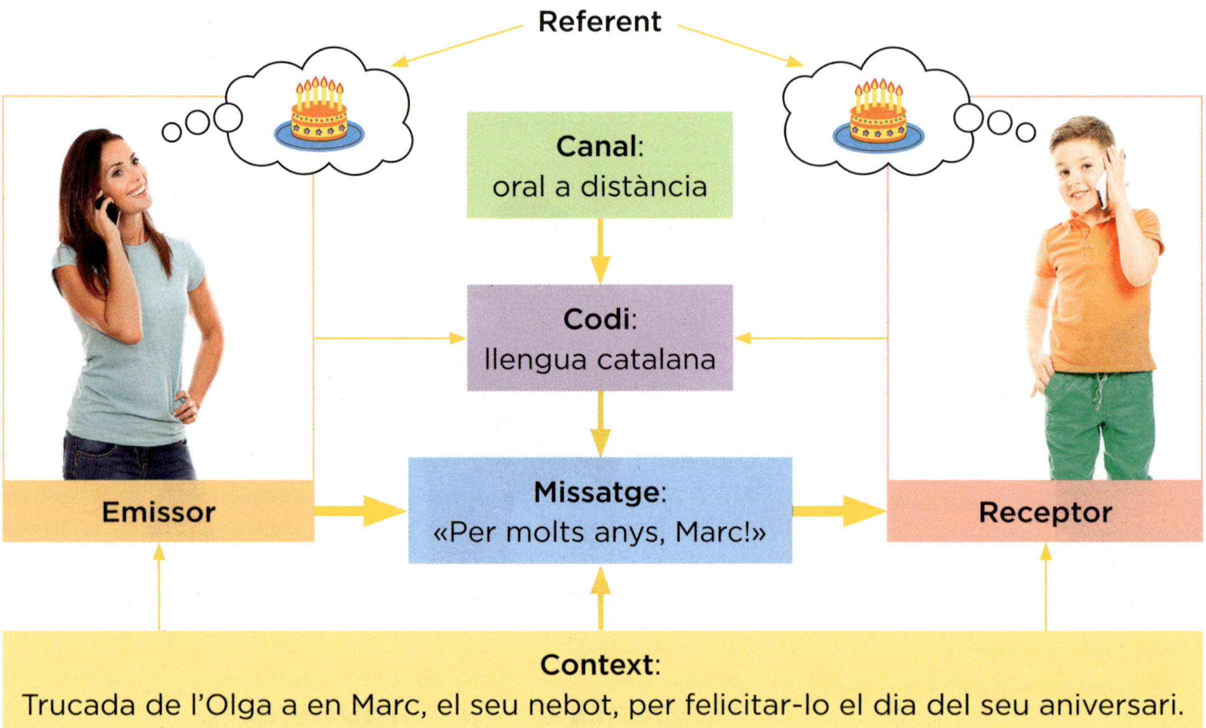

1.3. Les funcions del llenguatge

La comunicació verbal no sempre és un acte d'intercanvi d'informació objectiva. A través del llenguatge, també manifestem diverses necessitats comunicatives. Per exemple, hi ha moments en què necessitem saber si el canal de la comunicació funciona, hi ha situacions en què tenim necessitat d'expressar les nostres emocions, n'hi ha d'altres en què volem que el receptor actuï d'una manera determinada, etc.

Segons cada necessitat comunicativa, centrem l'interès en un element de la comunicació (el canal, el missatge, el receptor...), i aquest fet comporta l'existència de diferents **funcions del llenguatge**.

RECORDA

Cal no confondre *llengua* i *parla*. La **llengua** és la suma de signes i regles que han adquirit tots els parlants.

En canvi, la **parla** és l'ús particular i individual que un parlant fa de la llengua.

LES FUNCIONS DEL LLENGUATGE			
TIPUS DE FUNCIÓ	**CENTRE D'INTERÈS**	**NECESSITAT COMUNICATIVA**	**EXEMPLE**
Informativa o referencial	L'emissor centra l'interès en el **referent**.	L'emissor vol transmetre una informació objectiva sobre un fet de la realitat.	*El sol es pon per l'oest. Encara hi ha dues carreteres afectades per esllavissades.*
Emotiva o expressiva	L'emissor centra l'interès en el mateix **emissor**.	L'emissor expressa opinions subjectives o els seus estats d'ànim.	*Estic segur que ens en sortirem. Oh, que n'és, de bonic! Quin mal de cap que tinc!*
Imperativa o apel·lativa	L'emissor centra l'interès en el **receptor**.	L'emissor pretén que el receptor actuï d'una manera determinada.	*Calla i seu ara mateix! Omple la gerra d'aigua. No badis i ves amb compte.*
De contacte o fàtica	L'emissor centra l'interès en el **canal**.	L'emissor vol iniciar la comunicació, interrompre-la, continuar-la o acabar-la: assegura el contacte amb el receptor i comprova si funciona el canal.	*Bon dia i bona hora! Ja n'hi ha prou! Digues, digues... Adeu-siau! Sí, sí, t'entenc... Que em sentiu bé?*
Poètica o retòrica	L'emissor centra l'interès en el **missatge**.	L'emissor vol modificar la forma del missatge per crear un efecte estètic o enginyós.	*Tens la pell mig de sol, mig de lluna. Cull la palla amb la paella i llença l'ampolla vella.*
Descriptiva d'un codi o metalingüística	L'emissor centra l'interès en el **codi**.	L'emissor fa servir la llengua per explicar com funciona el codi d'un sistema de signes.	*El verb* adonar-se *és pronominal. No s'ha de dir «tinc que fer», sinó «he de fer».*

» ACTIVITATS

El llenguatge

22. Relaciona cadascun dels signes lingüístics següents amb el seu referent en la fotografia. Per exemple: *A-5*.

A

raïm

C

plàtan

E

pera

B

gerd

D

préssec

F

taronja

Els llenguatges verbal i no verbal

23. D'acord amb l'activitat anterior, completa aquesta definició:

El llenguatge ▮ (verbal / no verbal) *és el sistema de* ▮ *que fem servir en parlar una* ▮*. Cada signe* ▮ *es compon d'un seguit de* ▮ *als quals associem un* ▮ *determinat amb la finalitat de referir-nos a una part de la realitat, és a dir, a un* ▮ *concret.*

24. Les frases fetes *fer l'ullet*, *fer pam i pipa*, *arrufar el nas* i *arronsar-se d'espatlles* fan referència a gestos i expressions facials. Indica a quina imatge i significat correspon cada una:

1. Desentendre's.
2. Burlar-se.
3. Manifestar disconformitat.
4. Mostrar complicitat.

A

C

B

D

25. D'acord amb l'activitat anterior, completa aquesta definició:

El llenguatge ▮ (verbal / no verbal) *comprèn aquells signes que permeten transmetre i obtenir* ▮ *sense necessitat de fer servir signes* ▮*. Poden ser* ▮ *o vocals.*

Els elements de la comunicació

26. ✔ Llegeix la situació comunicativa que plantegem i identifica cada un dels elements de la comunicació que hi intervenen.

> Un nàufrag albira dins la nit els llums d'un vaixell i, des del seu bot salvavides, llança un SOS (petició urgent d'auxili) al capità de l'embarcació utilitzant l'alfabet Morse (. . . _ _ _ . . .) amb els senyals lluminosos d'una llanterna.

Emissor: *un nàufrag*
Receptor: ____
Canal: ____
Codi: (. . . _ _ _ . . .)
Missatge: ____ *(petició urgent d'auxili)*

Referent: *algú demana* ____
Context: *un supervivent d'un* ____ *, enmig del* ____ *, demana* ____ *al* ____ *d'un vaixell perquè el vinguin a* ____ *quan és de* ____

Les funcions del llenguatge

27. Relaciona les funcions del llenguatge amb les intencions comunicatives i els exemples i completa els buits amb les paraules adequades. Per exemple: *A - 2 - III*.

Funció	Intenció	Exemple
A Informativa o referencial	1 L'emissor pretén que el receptor ____ d'una manera determinada.	I *Em fa molta il·lusió tornar a jugar en aquest equip. M'ho estic passant molt bé i soc molt feliç.*
B Emotiva o expressiva	2 L'emissor es limita a transmetre ____ objectiva sobre un fet.	II *Si us surt sang del nas, manteniu el cap recte i pressioneu, amb els dits, els dos orificis nasals durant deu minuts.*
C Imperativa o apel·lativa	3 L'emissor expressa les seves opinions o els seus estats d' ____ .	III *Han detingut dos joves que feien una cursa il·legal de cotxes quan intentaven saltar-se un control.*
D De contacte o fàtica	4 L'emissor modifica la forma del missatge per crear un efecte ____ o enginyós.	IV *El sistema braille per a persones cegues consisteix en diverses cel·les de sis punts en relleu. La presència o absència de punts permet la codificació dels símbols.*
E Poètica o retòrica	5 L'emissor fa servir la llengua per explicar com funciona el ____ d'un sistema de signes.	V *L'home voldria tenyir / les teves ales de sang. / No et paris, colomí blanc. / No paris blanc, colomí.*
F Descriptiva d'un codi o metalingüística	6 L'emissor assegura el contacte amb el receptor i comprova si funciona el ____ .	VI *Alça la veu, que no et sento... Ara sí, però només una mica. Hi ha un soroll de fons que... Penjo, eh? Torna'm a trucar. A veure si et sento més bé. Fins ara.*

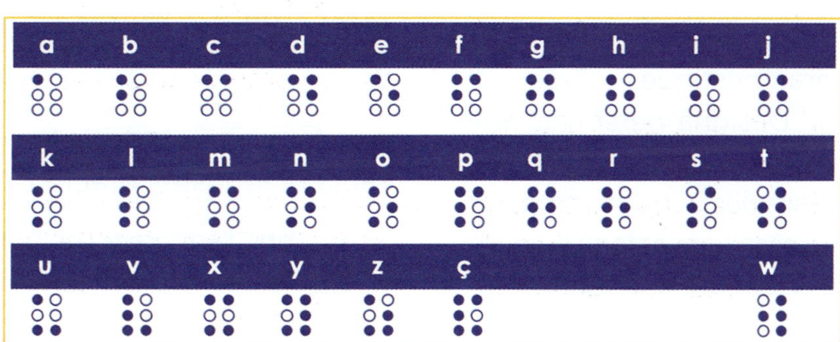

» GRAMÀTICA

Les categories lèxiques, els sintagmes i les oracions

FITXA 1 » LES CATEGORIES LÈXIQUES

Les paraules es classifiquen en deu classes anomenades ***categories lèxiques***:

LES DEU CATEGORIES LÈXIQUES			
1	**Nom** o **substantiu** (*m. / f.*)	6	**Verb** (*v.*)
2	**Adjectiu** (*adj.*)	7	**Adverbi** (*adv.*)
3	**Determinant** (*det.*)	8	**Preposició** (*prep.*)
4	**Quantificador** (*q.*)	9	**Conjunció** (*conj.*)
5	**Pronom** (*pron.*)	10	**Interjecció** (*interj.*)

Per saber a quina categoria pertany cada paraula, ens hem de fixar principalment en aquests tres aspectes:

1. El **significat**. Per exemple, *xumet* designa un objecte. En canvi, *fer* expressa una acció.
2. La **forma**. Per exemple, *xumet* té una forma per al singular i una altra per al plural: *xumet*, *xumets*. En canvi, *fer* té un centenar de formes per poder indicar la persona, el nombre i el temps: *faig*, *fèiem*, *fareu*, *han fet*, *vas fer...*
3. La **funció**. Per exemple, *xumet* fa de nucli d'un sintagma nominal (SN): *el meu estimat* ***xumet***. En canvi, les diverses formes de *fer* fan de nucli d'un sintagma verbal (SV): *ens* ***feia*** *un pastís amb mores de l'hort*.

RECORDA

Si combinem paraules de diferents categories, podem construir **oracions** i comunicar un missatge complet:

I	*en*	*tot*	*aquest*	*temps*	*mai*	*m'*	*he trobat*	*sola,*	*eh!*
9	8	4	3	1	7	5	6	2	10

• Per parelles, escriviu oracions que continguin el màxim de categories possibles.

1.1. Digues a quina de les categories de la taula de la fitxa corresponen els significats i els exemples següents:

Significat: Expressa característiques. / Presenta i especifica els noms. / Designa persones, animals o coses. / Expressa accions, processos o estats. / Relaciona paraules o sintagmes. / Quantifica noms. / Expressa sensacions o sentiments. / Representa o substitueix un nom. / Indica la manera o el grau. / Relaciona oracions.

Exemple: *Anna - moble / la - meu / simpàtic - suau / nosaltres - ens / massa - dues / bé - prou / riure - viure / i - però / oh! - visca! / amb - contra.*

1.2. A quina categoria lèxica pertany cada paraula d'aquestes oracions?

a) Ah, tinc tants records bells que associaré a tu!
b) Els meus pares sempre han respectat la nostra decisió.

FITXA 2 » ELS SINTAGMES

Un **sintagma** és una agrupació de paraules que constitueix una unitat de significat i de funció:

Les roses oloroses	*ens sedueixen*	*amb el seu perfum.*
sintagma 1	sintagma 2	sintagma 3

Els sintagmes tenen una paraula bàsica que fa la funció de **nucli**. Aquesta funció la poden exercir el **nom** o el **pronom**, el **verb**, l'**adjectiu**, l'**adverbi** i la **preposició**.

CLASSIFICACIÓ DELS SINTAGMES

CLASSE	DEFINICIÓ	EXEMPLE
Sintagma nominal (SN)	Sintagma que té com a nucli un **nom**.	*una **caseta** de pescadors*
Sintagma verbal (SV)	Sintagma que té com a nucli un **verb**.	*ens **punxen** amb les espines*
Sintagma adjectival (SAdj)	Sintagma que té com a nucli un **adjectiu**.	*força **dolorosa***
Sintagma adverbial (SAdv)	Sintagma que té com a nucli un **adverbi**.	*molt **lentament***
Sintagma preposicional (SPrep)	Sintagma que té com a nucli una **preposició**.	***sense** tu*

Una paraula tota sola pot formar un sintagma:

Elles	*protesten*	*sempre.*
sintagma 1	sintagma 2	sintagma 3

Les paraules que acompanyen el nucli d'un sintagma fan la funció d'**especificador** (la paraula que va davant del nucli) o de **complement** (la paraula que va darrere del nucli):

una	*situació*	*difícil*
especificador	nucli	complement
ja	*viuen*	*sols*
especificador	nucli	complement

PER SABER-NE MÉS

Un sintagma es pot inserir dins d'un altre per fer-hi la funció de complement:

mel ← de romaní

un **potet** ← de **mel** ← de romaní

2.1. Identifica el nucli dels sintagmes que hi ha a continuació i digues de quin tipus és en cada cas: *SN*, *SV*, *SAdj*, *SAdv*, *SPrep*. Fixa't en l'exemple:

a) hem descobert tantes coses junts → *SV*
b) tants records bells i dolços
c) molt senzillament
d) durant tot aquest temps
e) molt suaus

2.2. Analitza l'estructura dels sintagmes següents seguint el model:

tants	*records*	*bells i dolços*
especificador	nucli	complement

a) un pastís de mores
b) aquesta carta tan llarga
c) bojament enamorada de tu
d) sempre han respectat la nostra relació
e) potser t'oblidaràs de mi

FITXA 3 » LES ORACIONS

SENTIT. Una oració és una **unitat** de comunicació amb **sentit complet**. Generalment, aquest sentit es construeix fent referència a un **element** determinat (persona, animal, cosa o idea) i atribuint-li, tot seguit, una **acció**, un **procés**, un **estat** o una **característica**:

Els meus pares sempre han respectat la nostra relació.
Les espines del roser se'ns claven a la pell.
La meva germana petita està enamorada de tu.
La separació serà molt dolorosa.

ENTONACIÓ. Una oració constitueix una **unitat d'entonació**, és a dir, una unitat marcada per una **corba d'entonació única**, normalment sense interrupcions:

Aquests dos anys han estat meravellosos.

ESTRUCTURA. L'oració típica té **dos constituents**: un **sintagma nominal**, que fa la funció de **subjecte** (SN subjecte), i un **sintagma verbal**, que fa la funció de **predicat** (SV predicat). Aquests sintagmes estan units per la relació de **concordança** de persona i nombre que s'estableix entre el subjecte i el verb:

Els nens de l'escola	*es riurien de mi.*
SN subjecte	SV predicat

concordança: 3a persona plural

Quan la situació o el context ho permeten, el subjecte pot ser sobreentès. Aleshores s'anomena ***subjecte el·líptic***:

ø	*T'he de deixar.*	*ø*	*Hem descobert tantes coses junts!*
Subjecte el·líptic (jo)	SV predicat	Subjecte el·líptic (nosaltres)	SV predicat

PER SABER-NE MÉS

La **modalitat de l'oració** indica la **intenció** comunicativa bàsica de la persona que emet el missatge: **enunciar** (modalitat declarativa), **preguntar** (modalitat interrogativa), **ordenar** (modalitat imperativa) o **exclamar** (modalitat exclamativa).

- Fiqueu en un sobre paperets amb el nom de cada una de les modalitats de l'oració. Cada alumne en triarà un i s'haurà d'inventar una oració de la modalitat que li hagi tocat i dir-la en veu alta perquè la resta de la classe l'endevini.

3.1. Digues si els enunciats següents són sintagmes nominals (designen alguna cosa, però no li assignen cap acció ni cap estat) o oracions (tenen sentit complet, amb un SN que fa la funció de subjecte i un SV que fa la funció de predicat):

a) Un pastís amb mores de l'hort dolcíssim.
b) Les vacances en una caseta de pescadors.
c) Les nenes grans ja no en duen, de xumet.
d) La separació encara pot ser més dolorosa i traumàtica.
e) Aquests dos anys tan meravellosos al teu costat.

3.2. Analitza les oracions que hi ha a continuació seguint el model de la fitxa en què s'indica la concordança:

a) L'aigua del mar cobreix dues terceres parts de la superfície terrestre.
b) Les gotes dels núvols tenen una mida minúscula.
c) L'activitat física millora la qualitat de vida de les persones.
d) El sistema circulatori comprèn el cor i els vasos sanguinis.
e) Els avions supersònics ultrapassen la velocitat del so.

» ACTIVITATS

Les categories lèxiques

28. Llegeix aquestes entrades de diccionari i digues què signifiquen les abreviatures que hi apareixen:

> **adeu** *interj.* Expressió que es fa servir per acomiadar-se.
>
> **amb** *prep.* Indica l'acompanyament, el contacte, l'instrument o el mitjà.
>
> **aquell -a** *det. / pron.* Indica que una persona o una cosa és lluny de qui parla o de qui escolta.
>
> **espina** *f.* Punxa que creix en algunes plantes o en els seus fruits i que els serveix de defensa.
>
> **molt** *q. / adv.* En gran quantitat o nombre, en grau considerable.
>
> **olorós -a** *adj.* Que fa olor, especialment una olor agradable.
>
> **però** *conj.* Indica que l'enunciat que té darrere és oposat o contrari al que té davant.
>
> **retret** *m.* Crítica que es fa a una persona per alguna cosa que ha dit o ha fet.
>
> **seduir** *v.* Agradar molt una cosa a una persona.

29. Identifica en aquest fragment d'una entrevista a James Close, director del programa d'economia circular de Londres, sis noms i sis adjectius:

> A Londres el 45 % de les emissions contaminants provenen de l'ús de vehicles privats, però podríem reduir-les enormement si compartíssim cotxes elèctrics. I la gent els preferirà perquè són més silenciosos, còmodes i funcionals.

30. Identifica en aquest fragment de la lectura set noms i vuit verbs:

> En la majoria de relacions, quan acaben, l'un busca defectes a l'altre, com si calgués l'excusa de fer algun retret o de trobar alguna culpabilitat per tenir la valentia de deixar-ho estar.

Els sintagmes

31. Digues de quin tipus és cada un d'aquests sintagmes: *SN*, *SV*, *SAdj*, *SAdv*, *SPrep*.

a) em venen a la memòria
b) els bons records d'infantesa
c) amb el seu vellut i el seu perfum
d) més suaus o més romàntiques
e) molt lentament

Les oracions

32. Completa l'explicació amb les paraules següents: *subjecte*, *predicat*, *concordança*, *entonació*, *sentit*, *nombre*, *persona*, *SN*, *SV*.

Una oració és una unitat de ___ complet i d'___ que consta d'un ___, que fa de ___, i un ___, que fa de ___, units per la relació de ___ de ___ i ___.

33. Forma oracions relacionant els elements de la primera llista amb el complement corresponent de la segona. Enllaça els dos elements amb les preposicions *en*, *contra*, *amb*, *per*, *a*, *sobre*.

a) Els joves us hauríeu de rebel·lar
b) Els desallotjats es van instal·lar
c) La volta de l'edifici recolza
d) Heu de trucar de seguida
e) Volem anar a París
f) Les amigues s'han interessat

1. autocar.
2. un apartament deshabitat.
3. les injustícies.
4. les dues parets laterals.
5. la seva situació econòmica.
6. la Guàrdia Urbana.

34. Digues a quina modalitat (*declarativa*, *interrogativa*, *imperativa*, *exclamativa*) correspon cada una de les oracions següents:

a) Acompanya'm a casa.
b) Els veïns han trobat la porta oberta.
c) Què deu haver passat?
d) Quina destrossa que han fet!

» ORTOGRAFIA

1. L'alfabet i l'ordre de les paraules

1.1. L'alfabet

L'**alfabet** o **abecedari** és el conjunt de lletres que fem servir per representar els sons que pronunciem. La paraula *alfabet* prové de les dues primeres lletres de l'alfabet grec: α (alfa) i β (beta).

Cada llengua té un alfabet propi. L'alfabet català té vint-i-sis lletres:

a	a	**h**	hac	**o**	o	**v**	ve (baixa)
b	be (alta)	**i**	i (i llatina)	**p**	pe	**w**	ve doble
c	ce	**j**	jota	**q**	cu	**x**	ics, xeix
d	de	**k**	ca	**r**	erra	**y**	i grega
e	e	**l**	ela	**s**	essa	**z**	zeta
f	efa	**m**	ema	**t**	te		
g	ge	**n**	ena	**u**	u		

RECORDA

La **lletra *x*** té el nom de **ics** quan sona com en *exemple* [gz] o *complex* [ks]. En canvi, té el nom de **xeix** quan sona com en *xarxa* [ʃ].

RECORDA

Les **lletres *k*, *w*** (i ***y*** quan no forma part del dígraf *ny*) només apareixen en paraules manllevades a altres llengües: ***k**arate*, *roc**k***, ***k**i**w**i*, ***w**eb*, *b**y**te*, *b**y**pass*...

Tot i això, hi ha sons que es representen per mitjà d'un grup de dues lletres: es tracta dels **dígrafs** (*dígraf* significa 'dues grafies').

Els dígrafs de la llengua catalana són els següents:

ss *ta**ss**a*	**ll** ***ll**apis*	**ix** *de**ix**ar*	**qu** *ra**qu**eta*
rr *ca**rr**o*	**ny** *mu**ny**ir*	**ig** *mare**ig***	**gu** ***gu**ineu*

També podem considerar dígrafs aquestes combinacions:

tg *carrua**tg**e*	**tx** *co**tx**e*	**tz** *do**tz**ena*
tj *mi**tj**ó*	**ts** *po**ts**er*	**sc** *a**sc**ensor*

RECORDA

Els **dígrafs *ll*, *rr*** i ***ss*** s'anomenen *doble ela*, *doble erra* i *doble essa*, respectivament.

La ***l·l*** (**ela geminada**) l'hem d'escriure amb un punt volat i no pas amb un punt baix o amb un guionet: *col·locar* i no pas *col.locar* o *col-locar*. Només escriurem el guionet a fi de ratlla quan calgui separar la primera síl·laba de les altres per qüestió d'espai: *col- / locar*.

1.2. L'ordre de les paraules

El **diccionari** és el recull de les paraules d'una llengua amb l'explicació del seu significat. Aquestes paraules es presenten **ordenades alfabèticament**. Per buscar paraules en el diccionari, cal tenir en compte els aspectes següents:

La ç (ce trencada)	S'inclou dins la lletra *c*. Així doncs, seguint l'ordre alfabètic trobarem *marc / març / marca*.
La *l·l* (ela geminada)	És considerada com dues eles: *l + l*. Així doncs, seguint l'ordre alfabètic trobarem *paller / pàl·lid / pallissa*.
El dígraf *ll* (doble ela)	És considerat com dues lletres independents: *l + l*. Per tant, *lloc* va abans de *local*.

» ACTIVITATS

L'alfabet

35. Escriu el nom de les lletres següents: *h, k, n, q, v, w, x, y*.

36. Ordena alfabèticament les paraules següents: *papallona, magatzem, fanal, ventada, quilòmetre, esborrany, ~~carnisser~~, ~~barana~~, ~~albergínia~~, timbal, rodera, vorera, onada*.

L'ordre de les paraules

37. Ordena alfabèticament les paraules de cadascuna de les sèries següents, en cas que sigui necessari:

a) canvi, canya, cap, canó
b) palla, pàl·lid, paller, pal
c) pla, plaça, placa, plàcid
d) guia, gota, grua, guany
e) làmina, llac, límit, legal

38. Digues quines d'aquestes paraules no apareixeran en una pàgina del diccionari que comença amb *rosada* i acaba amb *rumb*: *rusc, ruixat, rude, rosari, rosca, rovell, rosegador, rumba, rosa, rossinyol, roser, rugbi, romaní, rumor, rostir, rumiar*.

39. Fes l'índex alfabètic d'un atles amb les poblacions següents: *Perpinyà, la Seu d'Urgell, Figueres, Olot, Berga, Girona, Balaguer, Manresa, Lleida, Sabadell, Barcelona, l'Hospitalet de Llobregat, Vilafranca del Penedès, Reus, Tarragona, Tortosa, Amposta*.

Tingues en compte que *l'Hospitalet de Llobregat*, en l'índex, s'escriurà així: *Hospitalet de Llobregat, l'*.

DICTAT

Llegeix el text, fes una llista de les paraules que tenen dígrafs i classifica'ls segons si es poden separar o no. Després, escriu el text mentre te'l dicten.

Cent fletxes, com agulles afilades, se'm van clavar a la mà esquerra. També van intentar clavar-me les llances al costat, però no van poder travessar-me la roba de cuir que portava. Vaig decidir estar-me quiet i esperar fins a la nit. Quan van veure que no em movia, van deixar de disparar-me. Vaig sentir un soroll a la meva dreta, vaig girar una mica el cap i vaig veure una tarima d'uns quaranta centímetres d'alt, des d'on un lil·liputenc, que semblava una persona notable, em va dirigir un discurs del qual no vaig entendre res.

JONATHAN SWIFT: *Els viatges de Gulliver.*

» POSA'T A PROVA

Llegeix aquest text i comprova si l'has entès

Els llibres més petits del món

Et deus preguntar quin sentit té publicar alguna cosa que, pel fet de ser tan petita, costa tant de llegir. Hi ha qui creu que els llibres en miniatura es van inventar per ocultar textos prohibits, o perquè les senyores de l'alta societat els poguessin portar a la bossa de mà o potser, simplement, per aquella bellesa tan especial que tenen les coses diminutes.

Però què és exactament un minillibre? La Societat de Llibres en Miniatura dels Estats Units, que agrupa els col·leccionistes de minillibres des de 1983, considera que un minillibre no pot superar les tres polzades d'alt (7,62 cm) ni les tres polzades d'ample. Tanmateix, en altres països es considera que un minillibre pot arribar a fer quatre polzades (10,16 cm).

És difícil saber quin va ser el primer minillibre de la història. Els experts pensen que podrien ser algunes tauletes sumèries, de només 5 centímetres de llarg, escrites cap a l'any 3500 aC. Als Països Baixos del segle XVII, un jove impressor va voler donar publicitat al seu negoci publicant un volum tan petit que no era més gros que l'ungla d'un dit. Un rècord que va durar més de dos segles. Fa uns quaranta anys, al Japó, una empresa va produir tres toms de 16 pàgines cada un, però de tan sols 2 x 2 mil·límetres! I a Bakú, la capital de l'Azerbaidjan, hi ha un museu amb més de 6.000 minillibres.

Alguns exemplars han arribat a valdre una fortuna. Per exemple, l'escriptora J. K. Rowling va crear una versió diminuta de *Harry Potter i la pedra filosofal* (4 x 6 cm) per a una subhasta benèfica, amb dibuixos fets a mà per ella mateixa. Aquest exemplar es va vendre per uns 11.000 euros. Una xifra tremenda per a una cosa tan petita!

JOSÉ A. NARBONA: «Els llibres més petits del món», dins *Jot Down Kids* (16/7/2019).

1. De quants paràgrafs es compon el text?

2. Quina frase sintetitza millor la idea central del text?

a) Els minillibres caben a la bossa de mà i serveixen per amagar textos prohibits.
b) La Societat dels Llibres en Miniatura dels Estats Units s'encarrega d'establir les característiques físiques dels minillibres.
c) Els minillibres són llibres de petites dimensions i llarga tradició, i poden arribar a tenir un gran valor dinerari.
d) No se sap amb certesa quin va ser el primer minillibre de la història.

3. En quin ordre apareixen les informacions següents?

a) La tradició històrica dels minillibres.
b) El preu que pot tenir un minillibre.
c) Les hipòtesis que justificarien la publicació de minillibres.
d) Els trets físics dels minillibres.

4. Escriu un sinònim d'*ocultar, diminut, tom* i *xifra*.

5. Assenyala l'única expressió que no inclou una comparació lexicalitzada:

a) La notícia s'escampà com una taca d'oli.
b) Això em fa més por que una pedregada.
c) Es va empipar com una mona.
d) La Rita és més alta que el seu cosí.

6. Indica l'explicació correcta a partir de l'oració següent: «Et deus preguntar quin sentit té publicar una cosa que, pel fet de ser tan petita, costa tant de llegir».

a) L'emissor és el lector, el receptor és l'escriptor, el canal és l'escrit i el codi utilitzat és la llengua catalana.
b) L'emissor és l'escriptor, el receptor és el lector, el canal és l'escrit i el codi utilitzat és la llengua catalana.
c) L'emissor és l'escriptor, el receptor és el lector, el canal és la llengua catalana i el codi utilitzat és l'escrit.
d) L'emissor és l'escriptor, el receptor és el lector, el canal és la llengua catalana i el codi utilitzat és l'oral.

7. Quin d'aquests grups de paraules constitueix un sintagma nominal?

a) els llibres en miniatura
b) a la bossa de mà
c) va durar més de dos segles
d) tan petita

8. Els cinc adjectius que hi ha en el primer paràgraf són...

a) petita, prohibits, tan, especial, diminutes
b) petita, prohibits, tant, tan, diminutes
c) petita, prohibits, alta, tant, especial
d) petita, prohibits, alta, especial, diminutes

9. Ordena alfabèticament aquesta sèrie:

pàgina, però, petit, polzada, portar, produir, prohibir, primer

10. Localitza tres paraules que tinguin el so de la ics (com *examen* o *taxi*) i tres més que tinguin el so de la xeix (com *xarxa*).

Per escrit

Tria un objecte creat pels humans i explica en quatre paràgrafs: a) per què es va crear o per a què serveix; b) quins trets físics presenta; c) quan es va crear i com ha evolucionat, i d) quin valor econòmic pot tenir.

De viva veu

Presenta l'objecte que has triat. Després, entre tota la classe, valoreu quins són els més útils i argumenteu-ho.

UNITAT 2

LECTURA » *Nenes amb trenes*

LITERATURA » La literatura i els gèneres literaris

GRAMÀTICA » El nom

ORTOGRAFIA » Els signes de puntuació (I)

Preparem la lectura

1. Doneu un cop d'ull al títol i a les il·lustracions del text de la lectura. Després, digueu de què deu tractar.
2. Llegiu les definicions del vocabulari i digueu quin adjectiu apliquem a un producte per dir 'que porta incorporada una substància estranya, no natural', quin verb vol dir 'recuperar la sensibilitat d'una part del cos que estava insensible' i quin nom significa 'habilitat per inventar coses'.
3. Responeu oralment: a) Quan no enteneu alguna cosa o bé voleu saber-ne el perquè, a qui ho pregunteu? Per què de vegades obteniu respostes no gaire convincents? b) Quan algú pregunta «i això per què?», quina mena d'actitud manifesta: indiferència, passivitat, desinterès, curiositat, indiscreció o tafaneria? c) Quina diferència hi ha entre ser una persona curiosa i ser una persona tafanera (o xafardera)?
4. Intercanvieu comentaris i opinions sobre el significat d'aquesta frase de l'escriptora i activista nord-americana Eleanor Roosevelt: «Si una mare pogués demanar un regal per al seu nadó, crec que hauria de demanar la curiositat».

» LECTURA

Nenes amb trenes

«Nenes amb trenes» és un conte que parla d'una nena de sis anys que ja fulleja el diari i no para de preguntar tot allò que no entén, que és molt. El pare està tan esgotat de buscar respostes al reguitzell de preguntes de la nena que decideix escriure una carta al director del diari perquè l'ajudi, i li demana amb humor i ironia una cosa realment insòlita.

VOCABULARI

enginy *m.* Habilitat per inventar-se coses.

pressió fiscal *f.* Part de la riquesa d'un país que l'administració pública recapta per mitjà dels impostos i de les cotitzacions socials.

Senyor director,

Perdoneu el meu atreviment. Us escric encara que sé que el vostre diari no és pas un consultori. De tota manera, com que el meu problema té origen en el vostre diari, em sembla lògic de plantejar-vos-el.

Tinc vint-i-vuit anys i soc pare d'una nena de sis que duu els cabells pentinats amb dues trenes molt boniques. Aquestes trenes, jo, cada matí cap allà a les vuit, les refaig tan bé com puc.

No és que sigui gaire difícil raspallar els cabells i trenar-los, i tampoc no exigeix força ni **enginy**, tan sols habilitat i una mica de pràctica.

El problema es troba en el fet que, mentre jo la pentino, la meva filla llegeix el vostre diari.

—Papà! Què vol dir socialdemòcrata?

—...So... Estigue't quieta, si no vols que et faci mal... *Socialdemòcrata*, com t'ho diria, és una persona que... té els cabells molt suaus..., una persona que no viu sola i...

—Ja veig que no t'ho saps!

Passa el full i llegeix titulars.

—I què vol dir **pressió fiscal**?

Jo faig un esforç mental i m'empasso saliva.

—Mira, filla, t'ho explico perquè això ho sé del cert. Et posaré un exemple: suposem que jo et compro una pilota i, en el moment de donar-te-la, en trec una mica d'aire. Te la dono bastant desinflada. M'entens?

—Ho entenc i pots comprar-me-la avui mateix. Ja trobaré qui me la pugui inflar.

Continua llegint i jo només he fet mitja trena.

—Hi ha **guerres fredes** i guerres calentes, oi?

—Hi ha guerres..., diversos tipus de guerres...

—Ja veig que no ho entens. I ***copyright***? Què vol dir *copyright*?

—És una paraula anglesa.

—Això ja ho sé; però, què significa?

—Visca! Ja en tenim una! Ha quedat molt bé! —dissimulo tot referint-me a la trena.

—És que tampoc no saps què vol dir *copyright*?

—Sí que ho sé. És un signe de propietat. Tu poses el teu nom a les llibretes perquè tots sapiguem que són teves... Bé, una cosa semblant.

Sospiro i començo la segona trena. Encara li queda mig diari.

—Per què no jugues amb les mans per **desentumir** els dits? —li proposo.

—Quan acabi de llegir. Has vist algun cop una **arma estratègica**?

—No, jo no. No m'agraden les armes.

—Què és l'**urani enriquit**?

—Un senyor que s'ha fet ric en quatre dies —se m'escapa.

—Papà! No diguis mentides i no em facis mal.

—És un mineral. Un mineral que per a unes coses va bé i per a unes altres no tant. És lògic.

Pausa per passar fulls.

—Els teus cabells fan molt bona olor, saps? Fan olor de romaní.

—No tornis a explicar-me contes de romaní. Què vol dir la reestructuració de l'economia?

—Un moment, que ara t'ho explico... Vejam. Organitzar novament. Distribuir els diners d'una altra manera. Mira, per exemple: quan els veïns vam canviar la portera pel porter electrònic, vam fer una reestructuració de l'economia.

VOCABULARI

guerra freda *f.* Estat de tensió política entre dos o més països sense que s'hagin declarat la guerra.

copyright *m.* Dret de reproducció sobre la propietat intel·lectual d'una obra.

desentumir *v.* Recuperar la sensibilitat d'una part del cos que estava balba, insensible.

arma estratègica *f.* Arma que s'utilitza contra la població civil, per destruir ciutats, aeroports, carreteres, etc.

urani enriquit *m.* Metall radioactiu que es fa servir per produir energia i armes atòmiques.

—Ja ho veig... I les porteres com s'ho fan per reestructurar l'economia?

—Caldria preguntar-los-ho... Quin dia tan bonic que fa, oi?

—Què són els corrents avantguardistes?

Respiro dues vegades ben profundament per tal de **reprendre l'alè** i sortir del pas.

—Els avantguardistes són els artistes d'una època que fan coses noves de veritat i que els altres voldrien copiar, però no ho aconsegueixen; i si ho fan, ja no és avantguardisme...

—Què vol dir productes **adulterats**?

—Però, filla meva..., és que no hi ha res més interessant al diari? Per què no mires les planes d'espectacles?

—*Adulterats* ve d'*adults*, oi?

—És possible.

Acabo la trena en un tres i no res i em fa la sensació que l'una m'ha quedat més fluixa que l'altra. Potser se li desfarà.

La situació que us he descrit es repeteix cada dia, i cada dia és pitjor, perquè la meva filla no deixa res sense preguntar. Estic traumatitzat.

Un dia que la sessió resultà especialment dura, li vaig proposar que es tallés les trenes. Em contestà si aquesta era la meva forma d'assumir la paternitat...

Senyor director, potser caldria que cada dia els diaris sortissin amb un índex explicatiu... Vaja, crec jo. Comprenc que és una qüestió difícil d'arreglar i que la redacció del diari no en té la culpa. D'altra banda, però, us explico el meu problema perquè ***moralment*** *em sento obligat a avisar altres pares de nenes amb trenes.*

Gràcies.

MARIA DOLORS ALIBÉS: *Contes per a l'hora de les postres.*

VOCABULARI

reprendre l'alè *fig.* Recobrar les forces.

adulterat -ada *adj.* Que porta incorporada alguna substància estranya, no natural.

moralment *adv.* Conforme a les regles morals, d'acord amb uns principis de bon comportament.

» ACTIVITATS

Comprensió lectora

Les cartes al director i el relat

Les **cartes al director** d'un diari són escrits breus que expressen les opinions dels lectors. Un **relat** és la relació d'uns fets organitzats en forma de narració.

1. Respon:

a) En quina part del text apareix el relat: en l'obertura, en el cos o en el tancament?

b) On comença pròpiament el relat de la història: en el primer o en el segon paràgraf? Amb quina frase acaba?

c) Quin tipus de lletra s'utilitza per remarcar el moment en què el pare de la nena s'adreça al director del diari: la lletra rodona o la lletra cursiva? I quan el narrador (el pare) descriu la seva situació a través del relat?

d) Podem afirmar que el conte és un relat inserit dins el cos d'una carta? Justifica la resposta.

El comentari del text

Un **comentari** és l'exposició en què algú explica i interpreta el sentit d'un text, d'una obra, d'un tema o d'un fet.

2. Llegeix el comentari del text de la lectura i completa'l adequadament amb les paraules següents: *director*, *lectors*, *carta*, *pare*, *nenes*, *adults*, *narrador*, *personatges*, *curiosa*, *curiositat*, *humor*, *caricatures*, *resposta*, *realitat*, *convincent*.

«Nenes amb trenes» és un conte que té forma de ___. L'emissor d'aquesta carta (que és, alhora, el ___ del relat) és el ___ d'una nena molt ___. El destinatari és el ___ del diari i, de rebot, els ___, principalment aquells que són pares de ___ curioses. El tema del conte és la ___ insaciable dels infants i la dificultat dels ___ per donar-hi ___ de manera ___. L'argument parteix de la ___, però l'autora l'exagera de tal manera que els ___ es converteixen en autèntiques ___, amb tocs d'___ i d'ironia.

Les causes

Quan volem saber les causes (allò per què una cosa és o s'esdevé), fem una **pregunta** amb l'interrogatiu ***per què***. Quan donem la resposta a aquesta pregunta, usem la conjunció ***perquè***.

3. Explica les causes per les quals el pare de la nena es comporta o se sent d'una manera determinada en cada cas:

a) Per què comença la carta demanant disculpes al director del diari?
Li demana disculpes...

b) Per què, davant les preguntes de la filla, se sent tan incòmode i atabalat?
Se sent tan incòmode i atabalat...

c) Al final, per què explica el seu problema al director del diari?
Li explica el seu problema...

Paraules i expressions

Termes d'especialitat

Els diccionaris generals sovint indiquen amb **abreviatures** si la definició d'una paraula és pròpia del lèxic comú [LC] o bé si la definició és d'un **terme** propi d'un àmbit d'**especialitat**:

[BI] biologia	[DE] defensa
[MU] música	[ECT] teoria econòmica
[DR] dret	[QU] química
[MD] medicina	[PO] política
[PS] psicologia	[IN] informàtica

4. Escriu les abreviatures que corresponen a aquests termes d'especialitat de la lectura:

a) pressió fiscal
b) guerra freda
c) *copyright*
d) arma estratègica
e) urani enriquit
f) socialdemocràcia

5. Per què el pare no sap respondre a totes les preguntes que li fa la nena?

6. Busca en el diccionari les definicions dels termes d'especialitat, referits als gèneres periodístics, que hi ha a continuació. Tingues en compte que totes aquestes paraules van seguides de l'abreviatura [CO] 'comunicació' en el *Diccionari de la llengua catalana* (*https://dlc.iec.cat/*).

a) entrevista
b) article d'opinió
c) reportatge
d) editorial
e) carta al director
f) crònica
g) columna
h) notícia

7. Per parelles, busqueu exemples dels gèneres periodístics de l'activitat anterior en un diari en paper o digital.

L'antonímia

L'**antonímia** és la relació que s'estableix entre dues o més paraules de significat contrari. Així, per exemple, diem que *benèvol* i *malèvol* són **mots antònims**.

8. Llegeix l'article de la paraula *sec* d'un diccionari de sinònims i antònims que hi ha a continuació. Fixa't que els antònims van precedits del símbol ↔.

> **sec -a 1** *adj. Eixut, ressec, dessecat* ↔ HUMIT, MULLAT, TENDRE. **2** *adj.* Tractant-se de sòls o terres: *àrid, estèril* ↔ FÈRTIL, FERAÇ. **3** *adj. fig. Aspre, adust, brusc, eixut.* Referits al caràcter d'una persona ↔ AFABLE, SUAU. **4** *adj. fig.* Referit a la constitució física: *magre, prim, escardalenc, xuclat, secall* ↔ GRAS, OBÈS.

Ara, escriu els antònims de *sec* d'acord amb les definicions següents:

a) **1** *adj.* Que no té gens d'aigua, gens d'humitat. ↔
b) **2** *adj.* Desproveït d'humitat i nutrients, sense vegetació. ↔
c) **3** *adj. fig.* Que és poc amable, que diu les coses de mala manera. ↔
d) **4** *adj.* Que és molt prim, que té molt poca carn o poc greix. ↔

9. Després d'haver llegit el conte, podem suposar que el pare i la nena que el protagonitzen tenen un caràcter molt diferent. Amb quins adjectius de l'article del diccionari de l'activitat anterior definiries el temperament de l'un i de l'altra?

» POSA-HO PER ESCRIT

I si escrivim a la direcció?

Segurament hi ha coses que us agraden del centre on estudieu i d'altres que no. ¿I si traslladeu les vostres opinions sobre el funcionament del centre a la directora o al director? Us proposem que ho feu per escrit, d'una manera formal, com si es tractés d'una carta al director d'un diari.

Les **cartes al director** són escrits, individuals o col·lectius, adreçats a la directora o al director d'una institució en què s'expressen opinions, queixes, comentaris o suggeriments sobre qüestions o fets personals o col·lectius. En el cas dels diaris, s'anomenen també ***cartes dels lectors***.

Què hem de fer?

Individualment o per grups, penseu quines coses del centre on estudieu us agraden tal com funcionen i quines altres creieu que es podrien millorar.

Com ho hem de fer?

Cal que seguiu els passos següents:

a) Escriviu la vostra opinió en forma de carta a la directora o el director.

b) Introduïu l'escrit en un sobre amb el nom de la persona que és la màxima responsable del centre i amb el vostre com a remitent, i dipositeu el sobre dins la bústia del vostre centre habilitada per a aquests casos o en una de creada expressament.

c) Obriu la bústia, extraieu-ne les cartes, llegiu-les en veu alta a classe i comenteu-les.

Contingut de la carta

L'escrit ha de ser el d'una **carta formal**, que conté aquestes parts:

(2) ______ (1) ______

______ (3) ______

______

(4) ______

(5) ______

(6) ______

(7) ______

(8) ______

(9) ______

(10) ______

(11) ______

A. ENCAPÇALAMENT
- (1) Data
- (2) Nom i adreça del signatari
- (3) Nom i adreça del destinatari
- (4) Objecte (eventualment)
- (5) Salutació

B. COS
- (6) Introducció
- (7) Exposició argumentada
- (8) Conclusió

C. PEU
- (9) Comiat
- (10) Signatura
- (11) Postdata (eventualment)

Trobareu informació sobre com s'ha d'escriure una carta formal i un exemple en l'espai personal del web *www.barcanova.cat*.

» PREN LA PARAULA

Fem un informatiu

©CCMA

És possible que els telenotícies no us interessin gaire, potser perquè no els acabeu d'entendre o perquè us semblen molt avorrits. Però ben segur que coneixeu l'*InfoK*, un programa informatiu del canal Super3 que pretén fer el contrari, això és, presentar les notícies d'una manera entenedora, amena i interessant.

Què hem de fer?

En grups de cinc, reproduïu oralment un informatiu de l'*InfoK*, és a dir, poseu-hi la veu, com si fóssiu la persona que el presenta, els reporters i les reporteres que fan les peces o la persona que informa del temps.

Com ho hem de fer?

Cal que seguiu els passos següents:

a) Aneu al lloc web de l'*InfoK* (*www.ccma.cat/tv3/super3/infok/*), trieu un dels programes i transcriviu-ne el text.
b) Repartiu-vos les tasques entre els membres del grup: el primer s'encarregarà de la part tècnica, el segon farà de presentador, el tercer serà la veu dels reporters, el quart donarà veu als protagonistes o testimonis que apareixen en els reportatges, i el cinquè farà la previsió del temps.
c) Apreneu-vos el text i imiteu l'entonació, la dicció i el ritme dels periodistes.
d) Projecteu l'informatiu sense veu i sincronitzeu el text que heu preparat amb les imatges del programa.
e) Demaneu la valoració del vostre treball a la resta de grups.

Què és una notícia?
És un text que informa de manera objectiva d'un fet d'actualitat d'interès públic. Ha de ser breu, clara i impersonal.

Què és un reportatge?
És un text informatiu extens que va acompanyat d'imatges (gràfics, fotografies, filmacions, etc.). Sovint inclou, en forma d'entrevista, l'opinió dels protagonistes, dels testimonis o d'experts.

» LITERATURA

1. La literatura i els gèneres literaris

1.1. La literatura: l'art de la paraula

La literatura és l'**art de dir** coses de manera creativa per mitjà d'un **llenguatge bell**, **estètic**. La literatura cerca la bellesa en les paraules per comunicar fets, sentiments, imatges... amb l'objectiu d'emocionar, seduir i agradar. Per exemple:

> Els bons records de vegades són com roses oloroses amb tacte de seda, que ens sedueixen amb el seu vellut i el seu perfum, però ens punxen amb les espines que se'ns enganxen a la pell i no ens deixen marxar.

1.2. Les primeres manifestacions literàries

Les **primeres manifestacions literàries** van ser **orals** i es van produir molt abans que s'inventés l'escriptura. Ben segur que els primers humans, quan van haver inventat el llenguatge verbal, ja cantaven cançons, s'explicaven històries interessants i fins i tot feien teatre. I per fer més emocionants aquestes activitats, es van servir de l'art de la literatura.

> Al començament del món, quan encara no hi havia gaire gent, el Gran Esperit podia acostar-se a cada indi i donar-li allò que necessitava. Però quan sobre la terra ja hi havia molta gent i no podia escoltar-los a tots, va col·locar a la terra una roca en forma d'home i els va dir:
>
> –Hi ha indis per tota la terra, així és que jo ara he de viatjar arreu del món. Si algú de vosaltres ha de menester ajuda, que vingui aquí i la demani a aquesta roca, que té el poder de comunicar-se amb mi.
>
> Fragment del conte «L'indi que no complia la seva paraula», d'ERIC PHILLIPS, extret de *Contes d'arreu del món*.

Així van néixer els primers **textos literaris no escrits**, que s'han conservat en la memòria de les persones. Els pares els han transmès als fills, i aquests als nets. Amb el pas del temps, s'ha anat formant un ric patrimoni cultural: el de la **literatura oral tradicional**.

1.3. La literatura escrita

Inspiració (1769), de Jean-Honoré Fragonard.

La invenció de l'**alfabet** va impulsar un nou procediment per a la creació literària: l'**escriptura**. Aquest gran avenç tècnic va transformar la manera de fer del creador literari: l'escriptor solitari i reflexiu assegut davant la taula amb la ploma als dits va anar arraconant l'artista popular que interpretava de viva veu creacions literàries pròpies o adoptades de la tradició oral.

Al mateix temps, també va anar canviant el comportament del públic: la persona solitària que tenia un llibre a les mans per llegir-lo en silenci va anar relegant el grup de persones interessades a escoltar l'intèrpret d'obres tradicionals. La literatura escrita, doncs, va anar guanyant espai a la literatura oral.

LITERATURA ORAL TRADICIONAL	LITERATURA ESCRITA
VIA ORAL	**VIA ESCRITA**
Són obres que, generalment, es transmeten per **via oral** d'una generació a l'altra. La gent les adopta perquè els desperta un gran interès i les acaba dient de memòria.	Són obres que es transmeten per **via escrita**. Són textos manuscrits (copiats a mà) o bé impresos amb múltiples còpies (edicions).
ANÒNIMA	**D'AUTOR**
Són obres **anònimes**, és a dir, no coneixem el nom del seu creador: el públic ha passat a considerar-les un element més del patrimoni comú i no com a obra de cap autor individual.	Són obres d'un **autor** que signa els seus textos escrits per reivindicar l'autoria de les obres i donar-se a conèixer.
TEXT NO FIXAT, AMB VARIACIONS	**TEXT FIXAT, SENSE VARIACIONS**
Cada obra presenta un **text no fixat**. Qualsevol persona que l'hagi sentit i assimilat és un intèrpret que té dret a repetir-lo **amb variacions** per actualitzar-lo i adaptar-lo al seu auditori.	Generalment, les obres escrites presenten un **text fixat** per l'autor i es publiquen **sense variacions**. El mateix autor pot introduir-hi lleugers canvis en edicions posteriors per millorar-ne alguns aspectes.

RECORDA

Els textos es poden presentar en forma de vers o prosa.

El **vers** és un conjunt de paraules que formen una unitat segons un ritme i una mesura determinats. Un vers correspon a una ratlla d'un poema. En literatura, el vers és la forma habitual de la **poesia**.

La **prosa** és la forma ordinària del llenguatge escrit o parlat i no està sotmesa a la mesura i el ritme del vers. En literatura, els escrits en prosa són tots els que no són poesia.

1.4. Els gèneres literaris

La poesia

La **poesia** és el gènere literari format per poemes, això és, textos escrits en vers que transmeten sentiments, emocions o fets per mitjà d'un llenguatge figurat.

Poesia lírica: forma amb què el poeta expressa un sentiment intens o una reflexió profunda.

Foc de pales

La nit em clava
el seu ullal
i el coll em sagna.

Sota les pedres
l'escorpit
balla que balla.

La pluja, lenta
fa camí
fins a la cambra.

L'escala fosca
del desig
no té barana.

MARIA-MERCÈ MARÇAL: *Bruixa de dol.*

Poesia èpica: forma amb què el poeta narra una història llegendària o fantàstica d'uns herois excepcionals.

L'aplec

Lo Sant, des del cavall, vestit de malla,
encès d'amor, d'un cop d'espasa talla,
per abrigar a un pobre, son ribetat mantell;
gentil, l'aligó tendre, sa armadura
contempla, i, amb coratge que no dura:
—Mon pare —diu—, voldria ser cavaller com ell.

JACINT VERDAGUER: *Canigó* (fragment del cant I)

La narrativa

La **narrativa** és el gènere literari que exposa uns fets reals, imaginaris o fantàstics que són explicats per un narrador.

Narrativa curta: exposa una història breu amb un argument i uns personatges senzills.

La flor del panical

Una vegada era un rei que tenia dos fills, però era molt desgraciat perquè patia d'un mal a la cama que cap metge no li podia guarir. Cansat de fer-se visitar per molts metges, a la fi en trobà un que li digué que la cama no se li guariria fins que no s'hi posés la flor del panical.

Aleshores el rei cridà els dos fills i els digué que el primer que li portaria la flor del panical seria hereu del regne.

I tots dos marxaren a cercar la flor, desitjosos d'ésser reis.

Fragment inicial de *La flor de panical* (rondalla popular que no fa més de dues pàgines)

Narrativa llarga: exposa una història llarga amb un argument i uns personatges complexos.

Tirant lo Blanc

—Digueu-me, Tirant —va dir la Princesa—: per Déu, que us deixi obtenir el que desitgeu, digueu-me qui és la senyora que us fa passar tant de mal.

Tirant es va posar la mà a la màniga, en va treure un mirall i va dir:

—Senyora, la imatge que hi veureu em pot donar mort o vida. Mani-li, la vostra altesa, que em tingui pietat.

La Princesa va agafar de seguida el mirall i, de pressa, va entrar a la cambra pensant que hi trobaria alguna dona pintada, però no hi va veure res fora de la seva cara.

Fragment de *Tirant lo Blanc*, de JOANOT MARTORELL (novel·la llarga de 600 pàgines)

El teatre

El **teatre** és el gènere literari que exposa un conflicte humà a través dels diàlegs d'uns personatges, amb la finalitat que siguin interpretats per actors i actrius dalt d'un escenari.

Tragèdia: obra en què predomina el to seriós i greu i el conflicte desemboca en un desenllaç fatal.

Antígona

EUMOLP: Com s'acarnissen els corbs damunt Polinices! Devoren de pressa, arriben als ossos: no sents el soroll? La carn penja dels becs massa plens.

TIRÈSIES: Anem, imatges d'espant manen ja en la meva tenebra. Com criden aquests ocells enmig del tro! Quan descansaré? He d'escoltar novament les veus de la fosca?

EUMOLP: Què endevines enllà del temps?

TIRÈSIES: Ai, aquesta sang! Qui pot penetrar les intencions dels déus? Polinices va ser culpable, és cert, però és també un crim als ulls divins no perdonar els vençuts, després de la mort. I una inviolable llei defensa aquest crim. Aquesta sang perdrà la ciutat de Tebes.

EUMOLP: La visió em commou.

TIRÈSIES: Els sofriments de Tebes no acabaran, perquè és avorrible no haver enterrat el cos de Polinices. Apartem-nos ja dels llamps i dels ocells fatídics.

SALVADOR ESPRIU

Comèdia: obra en què predomina l'element graciós i burlesc i el conflicte desemboca en un desenllaç feliç.

El malalt imaginari

TONETA: Voleu que us demostri com la senyora s'estima el senyor?

ARGANT: Com?

TONETA: Vos deixeu-vos anar estenallat a la poltrona i veureu quin sentiment, quan arribi.

Entra Belina en escena.

TONETA: Ai, ai, ai! Se'ns ha mort el senyor. S'ha mort el vostre marit.

BELINA (*sorpresa*): Què dius ara? Segur?

TONETA: Segur, senyora! Mireu-vos-el tot estenallat a la poltrona!

BELINA (*exultant*): Gràcies a Déu, filla! Ja m'he desempallegat d'aquest fardell!

TONETA: Jo em pensava que havia de plorar...

BELINA: Tira, tira! No val la pena! Un home que només feia nosa a tothom, brut, fastigós, mocant-se, tossint, escopint pertot arreu... Vine, Toneta, abans de tot arreplleguem-li les claus.

ARGANT (*incorporant-se*): Ep, ep, a poc a poc!

TONETA: Ai, ai, que el difunt no és mort!

MOLIÈRE

Drama: obra en què predomina l'element realista i el conflicte desemboca en un desenllaç incert.

Terra baixa

MANELIC (*molt abatut*): Com és que no vas venir ahir a la tarda, Nuri?

NURI: Pels indiots, home. Ja et vaig dir que els indiots els treia de bon matí o cap al vespre. Ara, com que fa aquest sol, ja són al corral. I jo, cap a veure el Manelic! Però passo una mica de por!

MANELIC: I per què en passes, de por?

NURI: Tinc por que vingui la Marta. Veuràs: abans m'estimava molt, a mi. Però des del dia que t'hi vas casar que em té una mania!... (*Ell mou el cap i queda pensatiu.*) Jo no n'hi tinc, de mania, a ella, perquè t'estima a tu, Manelic.

MANELIC: Sí que m'estima, a mi, aquesta dona!

NURI: Què et passa ara?

MANELIC: Res. Digues, digues.

NURI (*recordant alguna cosa de cop*): Ah! També té ràbia als de casa. Però a ells..., no sé com explicar-t'ho: a ells els té una altra mena de ràbia

ÀNGEL GUIMERÀ

L'assaig

L'**assaig** és el gènere literari en què l'autor exposa les seves reflexions i opinions sobre un tema amb voluntat de creació literària.

Signes, llengua i cultura

Recordo ara, d'aquella meravellosa pel·lícula de Stanley Kubrick, 2001: *Una odissea de l'espai*, el moment en què un d'aquells primats, després d'haver agafat una mandíbula de terra i haver colpejat el crani d'un enemic, que cau a terra abatut, la llança enlaire i vola amunt, amunt, sobre el fons del cel blau, fins que, com a final d'una prodigiosa metonímia, la més bella que he vist mai al cinema, es transforma en una nau de l'espai. Milers i milers d'anys transcorreguts en aquesta breu volada de la primera extensió del braç de l'antropoide. D'una era s'ha passat, en el film, a una altra, deixant encara una altra era pel mig. Del llindar de la humanitat a l'espai. Ara bé, en sentit estricte, avui considerem que el salt a l'hominització es donà amb el llenguatge.

SEBASTIÀ SERRANO

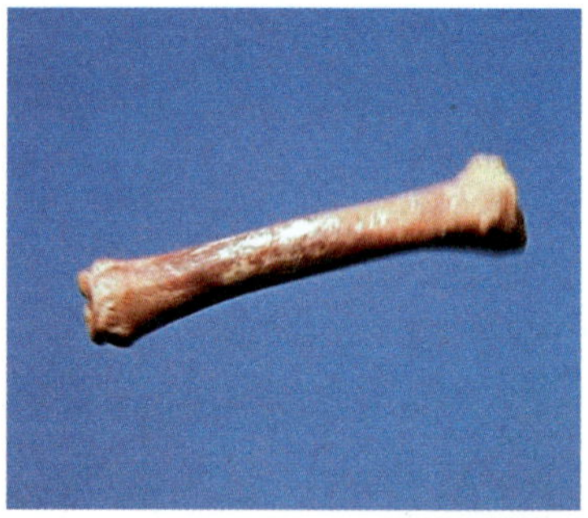

» ACTIVITATS

La literatura

10. Indica l'opció correcta en cada cas:

a) La literatura és...
- l'art de representar imatges en moviment.
- l'art de produir i combinar sons.
- l'art basat en l'ús estètic i creatiu del llenguatge.
- l'art d'explicar una història il·lustrada amb imatges.

b) Els primers textos literaris eren...
- textos escrits que la gent llegia i aprenia.
- textos orals que la gent aprenia i transmetia de memòria.
- signes fets a les parets de les coves.
- cerimònies i danses que la gent feia en les festes rituals.

c) La literatura oral tradicional...
- normalment és d'un autor conegut.
- és una obra col·lectiva, creada per diversos autors.
- és una obra que es transmet oralment sense variacions.
- normalment és anònima, és a dir, d'autor desconegut.

11. Llegeix aquesta frase, extreta d'una tira còmica de la sèrie d'historietes *Macanudo*, obra de l'il·lustrador argentí Liniers, pseudònim de Ricardo Siri, i pensa què deu voler dir.

De totes les mentides, la literatura és la meva favorita perquè serveix per dir la veritat.

En acabat, entre tota la classe, poseu en comú les vostres interpretacions i debateu-les.

Els gèneres literaris

12. Relaciona cadascun dels gèneres literaris següents amb el text corresponent:

a) **Poesia lírica**
- en vers
- aspecte reflexiu o sentimental

b) **Poesia èpica**
- en vers
- història llegendària o fantàstica d'uns herois

c) **Narració**
- en prosa
- història real o de ficció

d) **Tragèdia**
- representació teatral
- contingut seriós i desenllaç fatal

e) **Comèdia**
- representació teatral
- contingut burlesc i desenllaç feliç

f) **Assaig**
- en prosa
- contingut reflexiu i d'opinió

1

Aquell vespre encara no feia fred quan la noia va sortir del cafè. Però l'aire era cada cop més tallant, amb una sensació de tardor i de soledat imminent. Alguna cosa inexplicable surava en l'aire.

KENT HARUF

2

El comte de Mataplana
en tenia dos cavalls:
l'un era blanc com el gebre,
l'altre fosc com el pecat.
Malhaja el cavall negre,
benhaja el cavall blanc.

JACINT VERDAGUER

3

En el litoral de la Mediterrània, tan pobre, muntanyós, empedreït i sobtat, l'olivar evoca sempre la idea d'un superjardí, d'un parc natural somiat. El cultiu de la vinya produeix un efecte semblant. Aquests cultius es confonen amb la idea mateixa de civilització, són l'essència de la cultura humana.

JOSEP PLA

4

Quin groc de llimona verda
té el mar el mes de gener!
Llisca la nau, i la vela
infla l'aire mariner.
–Adeu port, rosa i taverna.
Déu em va fer mariner.

CÈLIA VIÑAS OLIVELLA

5

JULIETA: Què és això? Un flascó a la mà del meu amor? Ja ho veig, aquest verí ha estat el seu final. Avar! No m'has deixat ni una gota propícia que m'ajudés a mi? Et besaré per si en queda una mica en els llavis, com una medecina que m'ajudi a morir.

WILLIAM SHAKESPEARE

6

INTENDENT: Quant en demanes?
MARXANT: Cent dòlars, senyor, una quantitat ridícula.
STUART: Jo n'ofereixo cent cinquanta.
INTENDENT: Rèptil llefiscós! Gosaràs competir amb mi? Recordaré la teva cara, gos ple de sarna. Dos-cents dòlars!

JOSEP M. BENET I JORNET

» GRAMÀTICA

El nom

FITXA 1 » LES PROPIETATS DEL NOM

SIGNIFICAT. Un **nom** és una paraula que designa una **persona**, un **animal**, una **planta**, un **objecte** o una **idea**.

FORMA. Els noms són paraules **variables** en **gènere** (masculí / femení) i **nombre** (singular / plural): *nen*, *nen**a***, *nen**s***, *nen**es***; *tren**a***, *tren**es***.

FUNCIÓ. El nom és el **nucli** del conjunt de paraules que formen el **sintagma nominal** (SN):

dues	*trenes*	*llargues*
especificador	nucli	complement

1.1. Identifica els nou noms, incloent-hi els que estan repetits, que hi ha en aquest text:

> Tinc vint-i-vuit anys i soc pare d'una nena de sis que duu els cabells pentinats amb dues trenes molt boniques. Els seus cabells fan molt bona olor, sabeu? Fan olor de romaní.

1.2. Ordena els elements d'aquests sintagmes nominals. Després, indica quina paraula fa de nucli del sintagma, quina paraula fa d'especificador i quina paraula o quin sintagma fa de complement:

una	*nena*	*de sis anys*
especificador	nucli	complement

a) molt suaus / cabells / els
b) esforç / un gran / mental
c) una / anglesa / paraula
d) amb trenes / les / nenes
e) de l'economia / reestructuració / una

FITXA 2 » CLASSES DE NOMS

Els noms, d'acord amb allò que designen, s'agrupen en diferents **classes**:

COMUNS	PROPIS
Designen qualsevol dels elements que formen part d'una mateixa classe: *noia, illa, ciutat*.	Designen un element únic, diferent de la resta d'elements de la mateixa classe, ja siguin noms de persona o **antropònims** (*Paula*) o noms de llocs o **topònims** (*Menorca, Maó*).
CONCRETS	**ABSTRACTES**
Designen una persona, un animal o una cosa material: *pescador, gat, rosa*.	Designen realitats no materials com ara conceptes, qualitats o estats: *veritat, valentia, calma*.
INDIVIDUALS	**COL·LECTIUS**
En singular designen un sol element: *persona, alumne, ovella*.	En singular designen un conjunt o una col·lecció d'elements: *gent, alumnat, ramat*.
COMPTABLES	**NO COMPTABLES**
Designen elements que es poden comptar per unitats: *pastís, rosa, setrill*. Aquests noms admeten al davant un **numeral**: *dos pastissos, tres roses, un setrill.*	Designen elements que no es poden comptar per unitats: *farina, olor, oli*. Aquests noms admeten al davant **quantitatius** (***poca** farina, **molta** farina*) i **noms quantificadors** o de **mesura** (*un **quilo** de sal, un **raig** d'oli*).

2.1. Contesta aquestes preguntes:

a) Com es diuen (nom i cognoms) els teus avis materns?
b) A quina població vius? A quin barri?
c) A quina comarca pertany la població on vius?
d) Quin és el nom de la plaça o el parc que hi ha més a prop de casa teva?
e) Com s'anomenen els centres on has estudiat fins ara?
f) Quin nom té l'hospital que hi ha més a prop de casa teva?

2.2. Identifica els noms que hi ha en aquestes oracions i digues quins són concrets i quins són abstractes:

a) M'has donat alegria, felicitat, calma...
b) La meva filla duu els cabells pentinats amb dues trenes molt boniques.
c) L'avarícia va fer embogir aquell home.
d) La puresa de l'aire no és gaire elevada.
e) Té una autèntica bogeria pels escacs.

2.3. Alguns dels noms de la taula que hi ha més avall són en el lloc equivocat. Corregeix-los i, després, defineix els noms col·lectius. Per exemple: *un **ramat** és un conjunt d'ovelles*.

Noms individuals	Noms col·lectius
ovella, roureda, arbre, alumnat, plat, eixam, brancatge, músic, estol, vaixell	*ramat, roure, bosc, alumne, vaixella, abella, branca, orquestra, ocell, flota*

2.4. Identifica els noms comptables (13) i els no comptables (7) del text. Després, digues quins noms són quantificadors o de mesura (6).

Per esmorzar prenc un croissant amb una cullerada de melmelada i un got de llet. Per dinar, un tomàquet amanit amb un rajolí d'oli i un pessic de sal, un plat d'arròs caldós, una hamburguesa i un iogurt amb força sucre. I per sopar prenc una amanida, una truita de dos ous i un tall de confitura.

FITXA 3 » LES MARQUES DE GÈNERE I DE NOMBRE

La gran majoria dels noms tenen un gènere assignat. La **forma de l'article** és la marca que indica si un nom és de gènere masculí (*m.*) o de gènere femení (*f.*):

el costum (*m.*) **els** senyals (*m.*) **la** dent (*f.*) **les** postres (*f.*)
un costum (*m.*) **uns** senyals (*m.*) **una** dent (*f.*) **unes** postres (*f.*)

Els noms que designen persones o animals solen variar de forma amb les **marques** de **gènere** (masculí / femení) i de **nombre** (singular / plural). Aquestes marques s'anomenen ***morfemes flexius***.

MASCULÍ SINGULAR	FEMENÍ SINGULAR	MASCULÍ PLURAL	FEMENÍ PLURAL
nebot amic	nebod**a** amig**a**	nebot**s** amic**s**	nebod**es** amig**ues**
germà lleó	germa**na** lleo**na**	germa**ns** lleo**ns**	germa**nes** lleo**nes**
mestr**e**	mestr**a**	mestr**es**	mestr**es**
pallass**o**	pallass**a**	pallass**os**	pallass**es**
alcalde	alcald**essa**	alcalde**s**	alcalde**sses**
gall	gall**ina**	gall**s**	gall**ines**
abell**ot**	abell**a**	abell**ots**	abell**es**
psicòl**eg**	psicòl**oga**	psicòl**egs**	psicòl**ogues**
act**or**	act**riu**	act**ors**	act**rius**

RECORDA

El **femení** d'algunes **professions** admet dues formes: *la metgessa* o *la metge*, *la poeta* o *la poetessa*...

- Feu una llista de professions que admetin dues formes en el femení. Després, poseu-les en comú.

Hi ha un conjunt reduït de noms que adopten **paraules diferents** per expressar el **gènere**:

PERSONES		ANIMALS	
MASCULÍ	**FEMENÍ**	**MASCULÍ**	**MASCULÍ**
l'amo	la mestressa	l'ase o el ruc	la somera
l'oncle	la tia	el cavall	l'euga
el padrastre	la madrastra	el boc	la cabra
el gendre	la jove o la nora	el porc	la truja

RECORDA

Alguns noms d'animals tenen només una forma. Aleshores, per distingir-ne el sexe, s'usa l'aposició dels mots *mascle* o *femella*: *una balena* ***mascle*** / *una balena* ***femella***.

3.1. Escriu els articles *el*, *la*, *un* o *una* davant dels noms tenint en compte el gènere indicat amb l'abreviatura corresponent:

a) Els ciclistes també han de respectar ■ senyals (*m.*) de circulació.
b) Aquesta flor fa ■ olor (*f.*) molt dolça.
c) Tinc ■ dubte (*m.*): caduca ■ lleixiu (*m.*)?
d) M'agrada molt ■ xocolata (*f.*) desfeta.
e) A mi ■ calor (*f.*) em mata. En canvi, ■ fred (*m.*) em revifa.
f) Aquest any vull saldar ■ deute (*m.*) i cancel·lar ■ compte (*m.*) del banc.
g) ■ allau (*f.*) va colgar les cases de ■ vall (*f.*).
h) Pots mirar a tothom amb ■ front (*m.*) ben alt.
i) ■ suor (*f.*) ajuda a regular la temperatura del cos.

3.2. Completa les sèries següents amb les formes corresponents dels noms tenint en compte el gènere i el nombre:

a) llop, ■, ■, ■,
b) ■, ■, emperadors, ■
c) ■, heroïna, ■, ■
d) ■, ■, jutges, ■
e) ■, ■, ■, arqueòlogues

3.3. Substitueix les expressions destacades en cursiva pel nom corresponent. Per exemple: *En Jaume és el germà de ma mare; en Jaume és el meu* ***oncle***.

a) En Joan és *el marit de la meva filla*; en Joan és el meu ■.
b) La Glòria és *la muller del meu fill*; la Glòria és la meva ■.
c) En Ramon tindrà dret a l'herència dels seus pares perquè és *el gran de tres fills i una filla*. Per tant, en Ramon és l'■.
d) L'Elena tindrà dret a l'herència dels seus pares perquè és *la gran de tres filles*. Per tant, l'Elena és l'■ o la ■.
e) *La femella del porc* està a punt de garrinar; la ■ està a punt de garrinar.
f) *El mascle de la cabra* pot ser molt agressiu; el ■ pot ser molt agressiu.

FITXA 4 » ELS NOMS INVARIABLES

Hi ha noms referits a persones que són **invariables** pel que fa al **gènere**. Per tant, tenen la mateixa forma en **masculí** i en **femení**.

MASCULÍ	FEMENÍ	MASCULÍ	FEMENÍ
un cantant	la cantant	un conserge	la conserge
un periodista	la periodista	un pilot	la pilot
un captaire	la captaire	un gimnasta	la gimnasta

Entre els noms referits a persones, n'hi ha uns quants acabats en ***-ent*** que són variables: *client, client**a**; president, president**a**; dependent, dependent**a**; aprenent, aprenent**a**...*

Hi ha uns quants noms que són **invariables** pel que fa al **nombre**. Per tant, tenen la mateixa forma en **singular** i en **plural**.

SINGULAR	PLURAL	SINGULAR	PLURAL
un llapis	els llapis	un tipus	els tipus
un focus	els focus	un dilluns	els dilluns
un globus	els globus	un temps	els temps

Hi ha un nombre reduït de noms que només fem servir en la forma del **plural**: *els sostenidors, les calces, els calçotets, les tisores, les postres, les escombraries...*

4.1. Completa amb la forma femenina:

a) A la perfumeria necessiten un dependent o una ▮.
b) L'empresa on treballa el meu germà vol contractar un comptable o una ▮.
c) L'hotel on vam passar el cap de setmana busca un recepcionista o una ▮.
d) L'Ajuntament necessita un cap de premsa o una ▮ de premsa.
e) Hauríem de consultar un informàtic o una ▮.
f) Per Sant Jordi convidarem un poeta o una ▮ (o una ▮).
g) L'autobús ha atropellat un vianant o una ▮.

4.2. Tria en cada cas l'opció del singular o la del plural:

a) M'he oblidat *el paraigua / el paraigües*.
b) Llença *l'escombraria / les escombraries*.
c) Aquest any passarem *el Nadal / els Nadals* a casa dels avis.
d) És extenuant haver de treballar *amb aquesta calor / amb aquestes calors*.
e) Em vull comprar *un texà / uns texans*.
f) Al concert vindrà gent *de tota la rodalia / de totes les rodalies*.
g) Ara ens serviran *el postre / les postres*.
h) Torna el setrill *a la setrillera / a les setrilleres*.

FITXA 5 » NOMS IGUALS PERÒ AMB GÈNERE I SIGNIFICAT DIFERENTS

Alguns noms són **formalment iguals** però tenen significats diferents segons que siguin **masculins** o **femenins**:

MASCULÍ	FEMENÍ
un clau ('tija de ferro')	una clau ('peça que activa un pany')
el pols ('batec del cor')	la pols ('partícules diminutes')
el son ('acte de dormir')	la son ('ganes de dormir')

La forma femenina d'uns quants noms designa un objecte semblant però de **mida superior**:

una plata de fruita

un plat de puré

També pot designar un **ús diferenciat**:

una gerra d'aigua

un gerro de flors

- Per parelles, indiqueu quina diferència hi ha entre *un roc* i *una roca* i entre *un full* i *una fulla*. Després, busqueu altres exemples i comenteu-los entre tota la classe.

5.1. Contesta amb el nom masculí o el femení segons correspongui:

a) Amb què obres la porta: amb un clau o amb una clau?
b) Què pots comprar en una botiga d'il·luminació: un llum o una llum?
c) Quan hi ha molta humitat, què rellisca: el terra o la terra?
d) Els futuròlegs catastrofistes, què anuncien: el fi del món o la fi del món?
e) El conducte que recull l'aigua de la teulada, què és: un canal o una canal?
f) On posaries un ram de flors: en un gerro o en una gerra?

» ACTIVITATS

Les propietats del nom

13. Analitza aquests sintagmes nominals seguint el model:

<u>una</u>	<u>casa</u>	<u>antiga</u>
especificador	nucli	complement

a) un riu molt cabalós
b) quatre engrunes de pa
c) els teus cabells suaus i perfumats
d) una qüestió difícil d'arreglar

Classes de noms

14. Completa els noms propis:

a) Arquitecte modernista molt reconegut: ▯ n ▯ o ▯ i G ▯ ▯ dí.
b) Municipi on hi ha l'aeroport més important de Catalunya: el Pr ▯ t de Ll ▯ ▯ ▯ e ▯ at.
c) Comarca que té com a capital la ciutat de Tortosa: el B ▯ ▯ x ▯ br ▯.
d) Illa i ciutat de l'arxipèlag balear: ▯ iv ▯ ss ▯.
e) Mar que els romans van anomenar Mare Nostrum: el M ▯ d ▯ terr ▯ n ▯.
f) Planeta més gros del sistema solar: J ▯ pi ▯ ▯ r.

15. Escriu els noms abstractes que es poden formar a partir de les qualitats destacades en cursiva d'aquestes oracions:

a) M'estimo més ser-te *sincera*. Per mi la ▯ és una característica primordial.
b) Tinc ganes de fer nous *amics*, però això no ens ha de fer perdre la nostra ▯.
c) Em sento molt *feliç*, i ets tu qui m'ha donat aquesta ▯.
d) Ara soc més *confiada*. Tinc molta més ▯ en mi mateixa.
e) T'estaré sempre *agraïda*. Et mereixes el meu ▯.
f) La meva germana està *enamorada* de tu. El seu ▯ és ben manifest.

16. Escriu les definicions d'aquests noms col·lectius: *aviram*, *pineda*, *vacum*, *cadellada*, *equip*, *serralada*, *professorat*, *ram*.

Per exemple: ***aviram*** *m. Conjunt d'ocells de corral: gallines, oques, ànecs, etc.*

17. Respon negativament a les preguntes que hi ha a continuació. Després, digues si els noms destacats en cursiva són comptables (es neguen amb el quantificador *cap*) o no comptables (es neguen amb el quantificador *gens*).

a) —Mira si hi ha una mica d'oli al setrill.
—No, no hi ha ▯ d'*oli*, al setrill.
b) —Quants llibres hi ha damunt la taula?
—Damunt la taula no hi ha ▯ *llibre*.
c) —Tens algun dubte?
—No, no tinc ▯ *dubte*.
d) —Té molta paciència, el teu pare?
—No, no en té ▯, de *paciència*.

Les marques de gènere i de nombre

18. Escriu les formes de gènere que falten i relaciona cada professió amb les condicions que cal tenir per exercir-la. Per exemple: *Per ser advocat o* ***advocada*** *cal cursar la carrera de dret.*

Per ser...
a) advocat o ▯
b) ▯ o locutora
c) bibliotecari o ▯
d) ▯ o pediatra
e) biòleg o ▯
f) ▯ o artesana
g) ballarí o ▯

cal...
1. especialitzar-se en medicina infantil.
2. cursar la carrera de dret.
3. aprendre a parlar amb fluïdesa i claredat.
4. tenir una gran destresa manual.
5. treballar molt bé l'expressió corporal.
6. estudiar biblioteconomia.
7. estudiar el comportament dels éssers vius.

19. Relaciona les definicions amb els noms corresponents i escriu les formes de gènere que hi falten. Després, llegeix en veu alta cadascuna de les definicions amb el nom corresponent. Per exemple: *La persona que es dedica a curar les malalties i a atendre els malalts és un* ***metge*** *o una* ***metge*** *(o una* ***metgessa****).*

La persona que...

a) té autoritat per jutjar i sentenciar un acusat
b) explica el que algú ha dit en una altra llengua
c) representa un personatge al teatre o al cinema
d) dona fe d'actes públics amb escriptures notarials
e) comprova si tothom ha validat el bitllet en un mitjà de transport
f) s'ha especialitzat en l'estudi dels ocells
g) és experta en una matèria determinada
h) vetlla pels drets socials d'una comunitat

és...

1. un notari o una ▮
2. un ▮ o una actriu
3. un jutge o una ▮ (o una ▮)
4. un ▮ o una intèrpret
5. un ornitòleg o una ▮
6. un ▮ o una síndica
7. un revisor o una ▮
8. un ▮ o una pèrita

20. Forma sis famílies d'animals a partir dels noms del mascle, la femella i la cria:

Mascle	Femella	Cria
boc	cabra	pollet
porc	euga	cabrit
gall	ovella	asenet o pollí
marrà	somera	xai o corder
cavall	gallina	pollí o poltre
ase	truja o verra	garrí o godall

21. Escriu l'article masculí (*un* / *el*) o l'article femení (*una* / *la*) segons correspongui. Fixa't en l'abreviatura que hi ha darrere de cadascun dels noms.

a) Des d'aquí on som ja es poden veure ▮ afores (*m.*) de la ciutat.
b) El líder ens porta ▮ avantatge (*m.*) de tres minuts.
c) Des de la terrassa es veia perfectament ▮ resplendor (*f.*) de l'incendi.
d) Encara es poden veure a la costa ▮ restes (*f.*) del naufragi.
e) Vigila ▮ corrent (*m.*) del riu, que se't pot emportar.
f) Ves a demanar ▮ compte (*m.*) del dinar al cambrer.
g) M'han de fer ▮ anàlisi (*f.*) de sang i ▮ d'orina.
h) Des de l'habitació se sentia ▮ remor (*f.*) de les ones.

Els noms invariables

22. Escriu la forma que falta dels noms de les taules següents. Després, completa les frases de més avall amb la forma adequada d'aquests noms.

Noms variables	
Singular en *-u*	Plural en *-us*
una tribu un ■ un individu un ■	les ■ els ritus els ■ els residus

Noms invariables	
Singular en *-u*	Plural en *-us*
un fetus un ■ un virus un ■	els ■ els focus els ■ els globus

a) El cos d'una persona o d'alguns animals abans de néixer és un ■.

b) A la festa d'aniversari van repartir ■ a tots els infants.

c) Per afavorir la fertilitat, en l'antiguitat es feien ■ de fecunditat.

d) La banda d'atracadors estava integrada per tres ■ molt perillosos.

e) Els metges encara no han aconseguit trobar el ■ de la infecció.

f) L'ordinador anava molt lent. Devia tenir un ■ informàtic.

g) Hauríem de fer una recollida selectiva dels ■ domèstics i reciclar-los.

h) Alguns joves s'organitzen en agrupacions anomenades ■ *urbanes*.

Noms iguals però amb gènere i significat diferents

23. Tria la forma adequada segons el significat:

a) *el llum / la llum*
Cada any apugen el preu de ■.
Encén ■ del passadís.

b) *el fi / la fi*
L'àrbitre va xiular ■ del partit.
■ no justifica els mitjans.

c) *un son / una son*
Aquest noi té ■ tranquil.
Avui té ■ que no s'hi veu.

d) *els fulls / les fulles*
El vent s'enduu ■ dels arbres.
Vigila, que el vent s'enduu ■ que has deixat damunt la taula.

e) *el pudor / la pudor*
No vol que el vegis despullat: li has de respectar ■.
Em molesta molt ■ de les clavegueres.

f) *el pols / la pols*
Quan el cor batega més ràpid, ■ s'accelera.
El vent aixeca ■ del camí.

24. Tria el nom adequat amb l'article definit o l'indefinit, segons correspongui:

a) *hort / horta*
A ■ de València hi ha molts tarongerars.
L'avi ens porta verdures de ■.

b) *anells / anelles*
Es van intercanviar ■ de prometatge.
A la paret hi havia ■ per lligar-hi el bestiar.

c) *plat / plata*
Amanirem ■ d'enciam per a tota la taula.
Per sopar, prepararem ■ combinat.

d) *rocs / roques*
En aquest indret hi abunden ■ calcàries.
Un cop llaurat el camp, s'han de treure ■.

e) *cistell / cistella*
Si vas a buscar bolets, agafa ■.
Per Nadal sortegem ■ amb neules i torrons.

f) *sac / saca*
■ de patates pesa 25 kg.
El patge suava per traginar ■ de joguines.

» ORTOGRAFIA

1. Els signes de puntuació (I)

Els **signes de puntuació** són les marques ortogràfiques que s'utilitzen per organitzar i fer comprensible el contingut d'un escrit.

Aquests signes gràfics tenen la funció de distribuir i relacionar les unitats d'un text (paràgrafs, frases, oracions), marcar-ne els límits i assenyalar l'entonació aproximada que tindria el text si es digués oralment. Fixa-t'hi:

Anunci del tema: Títol

La salutació a l'antigor

Desenvolupament del tema: Paràgraf 1 (l'origen de la salutació)

No se sap amb exactitud quan va néixer la salutació.// Al principi,/ va ser una manifestació tàcita de no-agressió:// una mà estesa,/ oberta,/ demostrava que no es portaven armes.//

Paràgraf 2 (formes de salutació a l'antiguitat)

Els egipcis se saludaven inclinant el cos i abaixant una mà fins als genolls en senyal de respecte;// els jueus,/ amb una inclinació de cap i una abraçada;// els grecs i els romans feien una encaixada,/ i aquests últims també alçaven el braç amb el palmell estès.//

Paràgraf 3 (formes de salutació a l'edat mitjana i a l'edat moderna)

A l'edat mitjana,/ l'etiqueta va imposar que l'home es descobrís el cap com a mostra de respecte;// en el segle XVII es van generalitzar alguns costums com el de besar la mà de les dames,/ les inclinacions i les reverències.//

Signes de puntuació

Pausa llarga //
Separa les oracions completes, separa les parts d'un text i n'indica el final.

Pausa mitjana //
Separa oracions que mantenen una estreta relació entre elles.

Pausa breu /
Separa segments dins l'oració.

Els signes de puntuació que marquen una **pausa llarga** i una **pausa mitjana** són els següents:

SIGNES	FUNCIONS TEXTUALS	ASPECTES GRÀFICS I EXEMPLES
.	El **punt final** marca l'acabament d'un text.	No s'utilitza el punt al final d'un títol o subtítol: *La salutació a l'antigor*
	El **punt i a part** marca el final dels paràgrafs d'un text.	Al principi de la ratlla següent s'hi deixa un **queixal en blanc** de tres o quatre espais (sagnat) i la primera lletra s'escriu amb **majúscula**.
	El **punt i seguit** marca l'acabament d'una oració que no està enllaçada amb cap altra.	La primera lletra de la paraula següent al punt i seguit s'escriu amb majúscula: *No se sap quan va néixer la salutació. **A**l principi, va ser una manifestació tàcita de no-agressió.*
?	L'**interrogant** (o signe d'interrogació) marca l'entonació especial de les frases interrogatives.	La lletra que ve a continuació s'escriu amb majúscula, ja que l'interrogant marca el límit de la frase: *Per què la població d'abelles disminueix? **Q**ue potser és el canvi climàtic?*
!	L'**admiració** (o signe d'exclamació) marca l'entonació especial de les frases exclamatives.	Normalment s'escriu al final de la frase i la lletra que ve a continuació s'escriu amb majúscula: *Ui, quina meravella! Quin mar més blau!*
...	Els **punts suspensius** marquen: a) Que una frase no està acabada. b) Que una enumeració no queda tancada.	- La inicial de la paraula que ve a continuació dels punts suspensius normalment s'escriu amb **majúscula**: a) *Un sisme pot ensorrar edificis, pot fer caure ponts, pot doblegar vies... **La** seva violència pot causar grans danys.* - En les enumeracions podem utilitzar l'abreviatura ***etc***. en comptes de punts suspensius: b) *Llegint la* Ilíada *coneixeràs Odisseu, Aquil·les, Hèctor, Helena, **etc**.*
;	El **punt i coma** marca: a) La separació de dues frases que presenten una relació de proximitat. b) La separació de sèries llargues i complexes (davant de la conjunció *i* s'escriu una coma).	La inicial de la paraula que ve a continuació del punt i coma s'escriu amb **minúscula**: a) *A l'edat mitjana, l'home es descobria el cap com a mostra de respecte**;** **e**n el segle* XVII*, es van generalitzar alguns costums com el de besar la mà de les dames.* b) *Van llegir una oda, que és un poema de to elevat i noble**;** **u**na elegia, que és un poema trist, que expressa dolor per la mort d'una persona**, i** una sàtira, que és un poema que ridiculitza comportaments de la gent.*
:	Els **dos punts** marquen: a) La separació de dues frases que presenten una relació de proximitat (la segona subordinada a la primera). b) La introducció d'una enumeració o un exemple. c) La introducció de les paraules d'una altra persona.	- La inicial de la paraula que ve a continuació dels dos punts s'escriu amb **minúscula**: a) *La salutació va ser una manifestació tàcita de no-agressió**:** **u**na mà estesa demostrava que no es portaven armes.* b) *Hi ha tres tipus d'ones sísmiques**:** **l**es ones P (primàries), les ones S (secundàries) i les ones superficials.* - Les paraules d'una altra persona s'escriuen amb majúscula inicial i van entre cometes: c) *Pascal es preguntava**:** «**S**i tingués un mal de queixal terrible i el pogués transferir, ho faria o no ho faria?»*

» ACTIVITATS

Signes que marquen pauses llargues i mitjanes

25. Distribueix aquest text en tres paràgrafs, d'acord amb els tres aspectes que s'hi tracten: a) *l'ull dels animals superiors*; b) *el funcionament de l'iris*; c) *les propietats de l'iris dels felins*.

Per què els gats hi veuen de nit?
L'ull de tots els animals superiors posseeix una estructura muscular anomenada *iris*, que és la part rodona que hi ha al centre de l'ull. L'iris té al mig la pupil·la, que fa que entri més o menys llum a dins de l'ull. L'iris funciona com el diafragma d'una màquina fotogràfica: quan la llum és molt intensa, es tanca per evitar que l'excés de lluminositat malmeti les delicades cèl·lules de la retina. Per contra, quan la llum és molt escassa, l'iris s'obre al màxim. L'iris dels gats s'obre molt més que el dels altres mamífers, per la qual cosa, com que hi entra més quantitat de llum, aquests animals poden veure-hi força bé amb molt poca claror.

26. En el text següent hem suprimit els punts i la lletra majúscula de les paraules que venen a continuació. Llegeix-lo i identifica-hi les oracions que el formen. Després, copia'l i puntua'l adequadament.

L'aigua lliure d'impureses i accessible per a tothom és una part essencial del món en què volem viure hi ha prou aigua dolça al planeta per aconseguir aquest somni l'escassetat de recursos hídrics, la mala qualitat de l'aigua i el sanejament inadequat influeixen negativament en la seguretat alimentària, les opcions de mitjans de subsistència i les oportunitats d'educació per a les famílies pobres en tot el món la sequera afecta alguns dels països més pobres del món i intensifica la fam i la desnutrició per al 2050, almenys una de cada quatre persones probablement viurà en un país afectat per escassetat crònica i reiterada d'aigua dolça.

27. Copia aquest text i puntua'l de manera adequada. Tingues en compte que s'hi han suprimit els signes següents:

- Un cop, el signe dels dos punts (que introdueix una enumeració).
- Quatre cops, el signe del punt i coma (que separa els elements d'una sèrie complexa).
- Un cop, el signe de la coma i l'abreviatura de la paraula *etcètera* (que indica que la sèrie no queda tancada, és a dir, que podria ser més llarga).

El gènere de la novel·la presenta diversos subgèneres la novel·la de cavalleries, que relata les aventures dels cavallers medievals la novel·la gòtica, que narra històries misterioses i de terror la novel·la negra, que mostra l'actuació dels delinqüents i els ambients més baixos de la societat la novel·la rosa, que se centra en les relacions sentimentals dels personatges la novel·la històrica, que pretén reflectir la vida d'una època determinada

28. Copia els exemples que hi ha a continuació i puntua'ls d'acord amb les explicacions:

a) El punt i coma també marca la separació de dues oracions que presenten una relació de proximitat.
Exemple: *A la coral s'hi han apuntat més noies que nois a l'equip de bàsquet, en canvi, s'hi han apuntat més nois que noies.*

b) Els dos punts també introdueixen les paraules que algú diu.
Exemple: *Em miro la mà i em faig una pregunta que només un nen faria: «De què és feta?».*

29. En el text següent hem suprimit els signes d'interrogació i la lletra majúscula de les paraules que venen a continuació. Llegeix-lo i identifica-hi les frases o oracions que el formen. Després, copia'l i puntua'l adequadament.

Què fan els geòlegs?
T'agradaria conèixer els cristalls gegants de guix de Mèxic, predir les erupcions volcàniques o estudiar el gel de l'Antàrtida què et semblaria descobrir des de la NASA què amaguen els meteorits de galàxies llunyanes o poder resoldre els problemes de contaminació de Río Tinto i dirigir la perforació d'un nou pou de petroli davant les costes del Congo aquests són alguns dels projectes en els quals es pot veure involucrat un geòleg gràcies als seus coneixements sobre la Terra.

30. Copia les oracions següents i substitueix els espais indicats per un punt o per dos punts. Escriu la lletra majúscula quan calgui.

a) La composició del Sol és semblant a la de la resta dels estels ▮ el 82 % és hidrogen i el 18 % és heli i altres substàncies.
b) Els pobles de l'antiguitat creien que els elements bàsics de la natura eren la terra, el foc, l'aire i l'aigua ▮ pensaven que totes les coses que existien tenien l'origen en aquests elements.
c) I amb la cara vermella com un perdigot, la veïna cridava per la finestra ▮ «Ja n'hi ha prou! Em sentiu?».
d) Havia esperat una trucada tota la nit ▮ havia estat una nit llarguíssima.

31. Copia aquests acudits i substitueix els espais indicats pels signes de puntuació adients:

a) *Una formiga és al cinema* ▮ *Arriba un elefant i* ▮
—Podria seure en un altre lloc ▮ *—li diu la formiga* ▮
Com que l'elefant no li fa cas, la formiga s'aixeca, es posa al seient del davant de l'elefant i li diu ▮
—Oi que molesta ▮

b) *Un home és al moll amb una canya fent veure que pesca amb una sabata enganxada a l'ham* ▮ *Arriba un badoc i li pregunta* ▮
—Què, piquen ▮
—Sí, senyor. Amb vostè ja són sis ▮

DICTAT

Copia el text, però utilitza un color diferent per als signes de puntuació. Després, torna a escriure'l mentre te'l dicten.

Quan mirem els vegetals que hi ha al bosc, ens sembla una imatge pacífica i tranquil·la, però la realitat és que les plantes estan competint entre elles en una lluita ferotge per l'existència. Es prenen la llum, l'aigua o les sals minerals; s'intenten ofegar físicament, envoltant amb els troncs o les arrels les plantes més febles, i fins i tot s'envien verins, en una lluita similar a la que tenen els animals. L'única cosa que passa és que el combat té lloc a un ritme tan lent que ens passa desapercebut.

DANIEL CLOSA: *Blocs de ciència.*

» POSA'T A PROVA

Llegeix aquest text i comprova si l'has entès

El sistema braille

Les persones cegues llegeixen amb els dits, i ho fan gràcies al sistema braille, un codi tàctil que ja forma part de la nostra vida quotidiana. Si t'hi fixes, veuràs que el pots trobar en moltes capses de medicaments, als dispensadors de bitllets de metro o als ascensors.

El braille és un sistema d'escriptura que es basa en un alfabet en què cada caràcter està representat per un caixetí de sis punts col·locats en forma de rectangle de tres files i dues columnes. A cada caixetí hi ha d'haver una combinació determinada de punts en relleu, cosa que permet identificar el caràcter representat. Les 64 combinacions possibles permeten escriure totes les lletres (majúscules i minúscules), les vocals accentuades, els signes de puntuació, els números i els signes matemàtics. Fins i tot s'hi pot escriure música i fer-hi programació informàtica.

Per escriure amb el sistema braille es fa servir un punxó i una reixeta, a través de la qual és possible donar relleu als punts de cada caixetí. Però les persones cegues també poden fer servir les noves tecnologies i adaptar dispositius als ordinadors, els mòbils o les tauletes. Fins i tot hi ha impressores que permeten imprimir textos convencionals en format braille. Per llegir un text en braille, s'han d'interpretar els punts amb el tacte, passant-hi pel damunt el capciró dels dits.

L'inventor del sistema braille va ser un educador francès del segle XIX que es deia Louis Braille (1806-1852). Braille va quedar cec quan tenia tres anys a causa d'un accident que va patir mentre jugava al taller del seu pare. Va aprendre a llegir a l'Institut Nacional de Joves Cecs de París palpant les lletres impreses en relleu. Però va trobar que aquest sistema de lectura era avorrit i poc pràctic. Per això es va proposar crear-ne un de nou que fos més àgil i eficaç. Per fer-ho, es va inspirar en un sistema que un general de l'exèrcit francès havia ideat per comunicar-se de nit, però Braille el va perfeccionar i el va adaptar a les necessitats de les persones cegues.

L'any 1837 Braille va publicar la versió definitiva del seu sistema d'escriptura, que s'ha mantingut fins ara sense canvis significatius. Va morir de tuberculosi quan tenia 46 anys. En complir-se el centenari de la seva mort, el 1952, les seves restes es van traslladar al Panteó d'Homes Il·lustres de França.

DAVID PALOMA:
Personatges convertits en paraules. (text adaptat).

1. En quin ordre apareixen aquestes informacions:

a) El sistema braille representa cada caràcter en un caixetí amb una combinació de punts en relleu.
b) Braille s'inspirà en un sistema que un general feia servir per comunicar-se de nit.
c) Les persones cegues llegeixen gràcies al sistema braille.
d) El braille s'escriu amb un punxó i es llegeix amb el capciró dels dits.

2. Quin és l'objectiu de l'autor del text?

a) Divulgar uns coneixements.
b) Informar d'uns fets.
c) Argumentar unes opinions.
d) Narrar una història.

3. Quina d'aquestes afirmacions no apareix en el text?

a) Actualment ja hi ha impressores per al sistema braille.
b) El braille actual és força diferent del sistema creat per Louis Braille.
c) El sistema braille permet escriure música.
d) El sistema braille també s'utilitza per fer programació informàtica.

4. Com era l'escriptura per a persones cegues on va estudiar Louis Braille?

a) Cada caràcter era representat per un conjunt de punts escrits en relleu.
b) Cada caràcter s'escrivia amb un combinat de punts i ratlles.
c) Cada lletra s'escrivia en relleu mantenint la seva forma habitual.
d) Cada lletra era representada per la forma d'un animal en relleu el nom del qual començava per la lletra en qüestió.

5. De quina manera França va voler honorar Louis Braille en el centenari de la seva mort?

6. Quins són, respectivament, els antònims d'aquests adjectius: *cec*, *avorrit*, *àgil*, *present*, *universal*?

a) vident, alegre, lleuger, distret, corrent
b) invident, divertit, pesat, absent, general
c) vident, distret, feixuc, absent, particular
d) vident, enutjós, feixuc, assistent, general

7. Per què el mot *braille* apareix unes vegades en majúscula i unes altres en minúscula?

8. Escriu els noms que apareixen en aquesta oració: «El braille és un sistema d'escriptura que es basa en un alfabet».

9. Tria l'opció adequada que defineix la classe de cadascun d'aquests noms:

a) Braille / braille (*comú* / *propi*)
b) capsa / sistema (*abstracte* / *concret*)
c) jovent / dit (*individual* / *col·lectiu*)
d) eficàcia / punxó (*comptable* / *no comptable*)

10. Quin signe de puntuació és l'adequat?

«Braille va aprendre a llegir palpant les lletres impreses en relleu ▯ Però va trobar que aquest sistema de lectura era avorrit i poc pràctic.»

a) els punts suspensius
b) el punt i seguit
c) el punt i coma
d) els dos punts

Per escrit

Explica en primera persona com deu ser per a una persona cega caminar pel carrer.

De viva veu

Formeu grups de quatre i expliqueu davant la classe com funciona un codi de signes.

UNITAT 3

LECTURA » *Conversa al parc*

TEXTOS FUNCIONALS » Les propietats del text. El text dialogat

GRAMÀTICA » L'adjectiu

ORTOGRAFIA » Els signes de puntuació (II). La coma

Preparem la lectura

1. Doneu un cop d'ull al títol i a les il·lustracions del text de la lectura. Després, digueu de què deu tractar.
2. Responeu oralment: a) Quines d'aquestes actituds diríeu que són els sis pilars de l'amistat: l'interès propi, la generositat, la sospita, la sinceritat, la ignorància, la comprensió, l'obediència, la fidelitat, la passió, la confiança, la voluntat, la discreció? b) Dues persones poden ser amics o amigues encara que tinguin opinions i maneres de ser diferents? Quines actituds caldria tenir perquè això fos possible? c) És necessari tenir amics o amigues o bé podem viure sense?
3. Intercanvieu comentaris i opinions sobre el significat d'aquesta frase del poeta i pedagog indi Rabindranath Tagore: «La veritable amistat és com la fluorescència, resplendeix millor quan tot s'ha enfosquit».

» LECTURA

VOCABULARI

adroguer -a *m.* i *f.* Persona que té una adrogueria, és a dir, una botiga on es venen espècies i altres productes habituals, sobretot aliments.

1400 El Seat 1400 era un cotxe considerat de gamma alta a la dècada de 1960.

600 El Seat 600 era un cotxe de mida petita molt popular a les dècades de 1960 i 1970.

Conversa al parc

Som a la dècada de 1960. Ens trobem en un parc, parem l'orella i escoltem la conversa d'un nen i una nena. Tots dos enraonen de moltes coses, però sobretot dels pares i del seu entorn familiar. Parlen sense embuts, amb la innocència pròpia de l'edat. I descobrim com són de diferents aquests infants, en part pels valors amb què són educats. Les seves paraules i els seus actes revelen alguns problemes de la nostra societat, com el masclisme, les diferències socials, la violència o les desigualtats entre homes i dones. Malgrat tot, els dos protagonistes no es barallen perquè les ganes de fer-se amics són més fortes que qualsevol diferència.

NENA: Doncs el papà no vol que li diguem *papà*, ni *mamà* a la mamà. Els diem pare i mare.

NEN: Són coses dels papàs. Tots els papàs tenen coses estranyes.

NENA: El nen de l'**adroguer** els diu papa i mama. Trobo que també és bonic.

NEN: No m'agrada gens. Fa pobre.

NENA: Doncs l'adroguer té un cotxe d'un color com de vi amb aigua i tot lluent i bastant llarg i amb un escut petit de molts colors al davant.

NEN: Quina marca?

NENA: És un cotxe.

NEN: Les nenes no sabeu res; ni les marques ni res. El papà té un **1400** i la mamà, un **600**. Un dia, assegut a la falda del papà, vaig portar el volant un tros, potser com des d'aquí fins allà al gronxador, veus?

NENA: Que poc! Jo quasi sempre sé la lliçó. El pare me la pregunta quan ja l'he estudiada.

NEN: Quan ja la saps! Mira quin mèrit! A mi el papà no em pregunta mai res.

NENA: De què fa el teu pare?

NEN: T'he dit que no li diguis pare, al papà. Fa pagès.

NENA: Jo en conec un, de pagès. Un que ens porta vi. Sap unes paraules més boniques!

NEN: Nosaltres bevem **tritaronjus**.

NENA: Però de què fa el teu papi? (*Se li escapa el riure.*)

NEN: Guanya. Sempre enraona amb senyors estrangers. Una vegada em van dir ***mozalbete***. Saps què vol dir?

NENA: Jo no voldria pas que m'ho diguessin.

NEN: Quina gràcia! Perquè no ho ets! Les nenes no són res.

NENA: Les nenes són nenes, **ves**[1] aquest! Jo vull llegir llibres, com la mare. El pare sempre està escrivint.

NEN: La mamà compra tres revistes cada setmana. Tres o quatre. Revistes de senyores.

NENA: Com te dius, tu?

NEN: Jose Mari.

NENA: Ai, **ves**[2] quin nom!

NEN: Té! (*Li dona un cop.*)

NENA: Això no es fa! Ets dolent! Demà no jugaré amb tu.

NEN: Tant me fa! Tinc la bici. (*Fa com qui va amb bicicleta.*) Zzzzz!

NENA: A mi m'agrada cantar.

NEN: A casa tenim els discos de la **Sarita Montiel**.

NENA: Qui és?

NEN: No saps res, noia!

VOCABULARI

tritaronjus Adaptació al català de la paraula Trinaranjus, una marca de refresc de taronja.

mozalbete Mot castellà que significa '*mozo de pocos años*'; en català, vailet.

ves Imperatiu del verb *veure*. En aquest cas es fa servir per manifestar (1) contrarietat i (2) estranyesa.

Sarita Montiel Nom artístic d'una vedet, cantant i actriu, molt de moda a Espanya els anys setanta del segle XX.

VOCABULARI

En Pere Gallerí Nom d'una cançó popular infantil catalana.

Ca, barret! *loc. interj.* Variant intensiva de la interjecció *ca!* o *i ca!* S'usa per negar el que l'altra persona ha dit.

ves En aquest cas assenyala l'evidència del que es diu.

cent trenta-quatre pessetes Tenir 134 pessetes a la dècada de 1960 seria com tenir uns 40 euros en l'actualitat.

NENA: (*Cantant.*) Com que ell és tan bon home, en **Pere Gallerí**...
NEN: Cantes coses lletges!
NENA: Tu sí que ets lleig!
NEN: Jo soc un home, no com tu!
NENA: Jo faig excursions; soc d'un esplai.
NEN: Excursions a peu? Burra, més que burra!
NENA: Calla, Josep Marieta! (*Fa una rialla.*)
NEN: Si m'ho tornes a dir, et trepitjaré molt fort! Torna-m'ho a dir i ho veuràs!
NENA: Salvatget!
NEN: Juguem a empaitar-nos?
NENA: **Ca, barret!**
NEN: Vaig veure una pel·lícula de pistoles. (*Fa com qui dispara.*) Pa-pa-pam! T'he tocat! Cau a terra morta!
NENA: Els nens no maten les nenes.
NEN: Doncs què?
NENA: Segons com, els fan... un petó.
NEN: Això els grans.
NENA: Els nens i les nenes han d'anar a l'escola i estudiar. I jugar sense prendre mal.
NEN: Les nenes de seguida ploren.
NENA: Tu també plores quan et peguen.
NEN: A mi no em pega ningú.
NENA: Què faries si et peguessin?
NEN: Me n'aniria de casa, **ves**!
NENA: Tens diners?
NEN: **Cent trenta-quatre pessetes**.

Trobaràs la lletra i la música de la cançó popular «En Pere Gallerí» en l'espai personal del web *www.barcanova.cat*.

NENA: Mosca! Déu-n'hi-do!
NEN: I tu quant tens?
NENA: Res. Això els pares. Vaig veure una nina amb un paperet penjat a la faldilla que deia: «**sis-centes pessetes**». Sembla que no pugui ser, oi?
NEN: I te la van comprar?
NENA: **I ara!** Però tinc un gosset de debò. És gris. Es diu Drap.
NEN: Els papàs diuen que els gossos mosseguen i ho embruten tot.
NENA: El Drap només mossega el menjar que li donem i fa les seves feines quan el traiem a passejar. El Drap i jo juguem. Jo jugo amb ell i ell juga amb mi. Les nines no juguen.
NEN: Estàs ben carregada de romanços, tu! Jo vaig a futbol amb el papà i la mamà, a tribuna. La mamà crida molt. Crida quan perden i crida quan guanyen.
NENA: La mare no crida mai.
NEN: La mamà es baralla amb el papà. Una vegada el papà va trencar un gerro expressament. I la mamà xisclava i feia veure que s'esgarrapava la cara.
NENA: (*Afectada.*) Quina llàstima! És molt trist... No ho vulguis...
NEN: Què et passa ara, ximpleta! Què se te'n dona a tu, que els meus papàs es barallin? Tots els papàs ho fan. Que no ho fan, els teus?
NENA: No. **Enraonen** i a vegades riuen. I quan riuen, jo també ric. I la meva germaneta també; i el meu germanet també riu... una mica.
NEN: Quants anys té el teu germà?
NENA: No en té cap, d'any.

JOAN OLIVER: «Conversa al parc» (text adaptat).

VOCABULARI

sis-centes pessetes Tenir 600 pessetes a la dècada de 1960 seria com tenir uns 180 euros en l'actualitat.

i ara! *loc. interj.* Denota disconformitat.

enraonar *v. intr.* Parlar; especialment, mantenir una conversa.

BARCANOVA EDITORIAL

» ACTIVITATS

Comprensió lectora

La valoració de les paraules

Una paraula pot adquirir un **sentit despectiu** per a determinats parlants. En el text de la lectura, per exemple, un dels personatges considera que les formes *papà* i *mamà* són ofensives. En canvi, l'altre creu que les formes ofensives són *pare* i *mare*, *papa* i *mama*.

1. Quines són les formes que tenen un sentit despectiu per al nen? Concretament, de quines diu que utilitzar-les «fa pobre» i de quina diu que usar-la «fa pagès»?

2. Quines són les formes que no fa servir la nena? Per què? Tria la resposta adequada:

a) El seu pare no vol que digui *papà* i *mamà*.
b) La nena troba ridícul dir *papà* i *mamà*.
c) El seu pare diu que està passat de moda dir *papà* i *mamà*.

Les inferències

Fer inferències és copsar tot allò que dona entenent un text sense que ho digui explícitament. D'aquesta habilitat també se'n diu «llegir entre línies». Per exemple:
NEN: *El papà té un 1400 i la mamà, un 600.*
(Podem inferir que la família del nen és de classe alta o benestant.)

3. Tria la inferència adequada a partir de les paraules dels personatges:

NEN: *Són coses dels papàs. Tots els papàs tenen coses estranyes.*
Podem inferir que...

a) el nen no vol saber res dels seus pares.
b) la relació del nen amb els seus pares és distant i poc afectiva.
c) el nen rep una educació molt estricta per part dels pares.

NENA: *El pare em pregunta la lliçó quan l'he estudiada.*
Podem inferir que...

a) el pare vol que la seva filla sigui la primera de la classe.
b) el pare obliga la seva filla a aprendre's la lliçó.
c) el pare es preocupa per la seva filla i li dedica temps.

NENA: *De què fa el teu papi?*
NEN: *Guanya. Sempre enraona amb senyors estrangers.*
Podem inferir que...

a) el nen coneix de què treballa el seu pare i sap que guanya molts diners.
b) el nen sap que el seu pare guanya diners fent negocis a l'estranger.
c) la feina del pare del nen no és treballar, sinó guanyar diners.

NEN: *Jo soc un home, no com tu!*
Podem inferir que el nen...

a) es considera més important pel simple fet de ser home.
b) posa en evidència les diferències de sexe.
c) té uns interessos diferents de la nena perquè és un home.

4. Ara, digues què podem inferir d'aquestes afirmacions:

a) NEN: *El papà no em pregunta mai res.*
Podem inferir que...
b) NEN: *Quants anys té el teu germà?*
NENA: *No en té cap, d'any.*
Podem inferir que el germà de la nena...

5. ✓ A través de la veu dels personatges també podem inferir que els pares del nen i els de la nena són ben diferents. Torna a llegir el text i apunta les inferències que vagis fent. Després, explica com t'imagines que són els pares del nen i com creus que són els pares de la nena. Pots començar de la manera següent: *Els pares del nen són* ▮. *En canvi, els pares de la nena són* ▮.

La reproducció de la veu dels personatges

En literatura, el **diàleg** és una tècnica que consisteix a reproduir la veu o discurs dels personatges. La reproducció del **discurs** dels personatges es pot fer de diverses maneres:

- **Discurs directe lliure**: reprodueix directament la veu dels personatges, sense la mediació d'un narrador. És característic dels textos teatrals.
- **Discurs directe dirigit**: reprodueix directament la veu dels personatges, però amb la mediació d'un narrador. És propi dels textos narratius dialogats.
- **Discurs indirecte**: un narrador explica aproximadament les paraules que han dit els personatges. És característic dels textos narratius no dialogats.
- **Discurs indirecte lliure**: la veu dels personatges apareix reproduïda entremig del discurs del narrador, el qual els cedeix la paraula indirectament. És característic d'alguns textos narratius moderns.

6. Digues quina forma de discurs és pròpia de cadascun dels textos següents:

1 —I te la van comprar, la nina? —preguntà el nen, encuriosit.
—I ara! —exclamà la nena—. Però tinc un gosset de debò —va afegir ben satisfeta.

2 El nen, encuriosit, va preguntar a la nena si li havien comprat aquella nina. I la nena li va respondre que no la hi havien comprat pas. Però va afegir tota satisfeta que tenia un gosset de debò.

3 NEN: I te la van comprar, la nina?
NENA: I ara! Però tinc un gosset de debò.

4 I el nen, encuriosit, que t'han comprat la nina? I la nena exclama i ara! I afegeix, però tinc un gosset de debò.

Paraules i expressions

Les interjeccions

En una conversa espontània, sovint utilitzem **interjeccions**, un tipus de **paraules especials** que ens serveixen per manifestar **actituds personals**, com ara expressar sorpresa (*bufa!*), incitar a fer una acció (*som-hi!*) o demanar l'acord del receptor (*entesos?*). En el text de la lectura, n'hi ha més d'una. Per exemple:

NENA: Tens diners?
NEN: Cent trenta-quatre pessetes.
*NENA: **Mosca! Déu-n'hi-do!***

En aquest fragment, el significat del mot *mosca* ha canviat i ha adquirit els valors de 'sorpresa' o 'admiració' i el grup de mots *déu-n'hi-do* ha pres els valors de 'més del que s'espera' o 'més del que és habitual'.

7. Identifica la interjecció que hi ha en cada frase. Després, classifica-les en una taula com la que hi ha a continuació d'acord amb el valor que prenen:

a) —Has dit que tens cent trenta-quatre pessetes? Doncs... tira peixet!
b) —Han calat foc a la casa.
—Valga'm Déu! I ha pres mal algú?
c) —Els dius papa i mama als teus papàs? Ves per on!, com el nen de l'adroguer.
d) —Les nenes de seguida ploren.
—Bah!, tu també plores quan et peguen.

Interjeccions expressives	
Estat d'ànim	Interjeccions
Suficiència	*déu-n'hi-do!*, ...
Indiferència	*au, va!*, ...
Esglai	*ai, mare!*, ...
Estranyesa	*ai, ves!*, ...

Ara llegeix les frases anteriors tot canviant les interjeccions per les de la taula.

8. Completa cada frase que hi ha més avall amb una de les interjeccions de la taula que hi ha a continuació d'acord amb el sentit. Després, canvia-les per unes altres que siguin equivalents.

Interjeccions apel·latives	
Acció	Interjeccions
Fer iniciar, incitar	*apa!, som-hi!*
Fer callar	*xit!, muts i a la gàbia!*
Advertir	*ep!, compte!*
Pregar	*sisplau!, vinga!*

a) ▮ No s'ha de sentir ni el vol d'una mosca, que espantareu els ocells.
b) ▮, feu el favor de fer una cua ordenada, que no deixeu passar.
c) Ara no ens podem aturar. ▮, que és tard i vol ploure.
d) ▮, no t'enfilis a l'arbre que pots caure i prendre mal.

9. D'acord amb les situacions proposades a continuació de la taula, escriu diàlegs breus tot utilitzant la interjecció adequada en cada cas:

Interjeccions de contacte amb l'oient	
Funció	Interjeccions
Felicitació	*enhorabona!, per molts anys!*
Befa, burla	*elis, elis!, pam i pipa!*
Negació	*i ca!, ni parlar-ne!*
Disconformitat	*i ara!, no s'hi val!*
Incredulitat	*i un be negre!, sí home!*
Petició de confirmació	*entesos?, no trobes?, oi?*

a) Preguntes al teu pare quants anys fa avui i, després, el felicites.
—Pare, quants anys fas avui?
—En faig quaranta-un, filla.
—Doncs, papa, ▮
b) L'Andrea proposa a la seva amiga Marta d'anar a la platja. Però a la Marta li sembla que avui no fa gaire bo per anar-hi i demana a l'Andrea que li confirmi aquesta impressió.
c) La nena diu que s'ho passa molt bé fent excursions amb la colla de l'esplai. El nen se'n riu, li ensenya la seva bicicleta de muntanya, arrenca a córrer i, quan és un tros lluny, se'n burla.
d) Algú et demana per què abandones la partida de cartes i tu li manifestes la teva disconformitat amb el joc perquè en Martí no juga net, fa trampes.
e) El nen pregunta a la nena si vol jugar a empaitar-se i ella li respon rotundament que no.
f) L'Andreu et diu que ha corregut deu quilòmetres en tres quarts d'hora i tu dius que no t'ho creus: ell no és gaire esportista.

10. En certs casos, les interjeccions s'associen a determinats gestos. Quina interjecció podria acompanyar aquestes imatges?

A

C

B

D

» POSA-HO PER ESCRIT

Fem un retrat psicològic

Com deuen ser el nen i la nena del conte de la lectura? Si és pel seu aspecte físic, en sabem ben poca cosa, perquè només els coneixem d'una manera indirecta, a través de les seves paraules. Ara bé, si es tracta d'imaginar-se la seva manera de ser, això ja és tota una altra cosa, perquè el diàleg ens en dona prou informació, fins i tot podem fer-ne un **retrat psicològic**, és a dir, una descripció del seu caràcter.

Què hem de fer?

Per parelles, l'un farà el retrat psicològic del nen i l'altre, el de la nena. Torneu a llegir el conte i intercanvieu opinions i idees sobre els personatges. Cal que feu l'esforç de posar-vos en la seva pell i que feu inferències a partir de les pistes i els detalls que proporciona el diàleg entre el nen i la nena.

Com ho hem de fer?

Cal que seguiu els passos següents:

a) Apunteu les idees que se us acudeixin i ordeneu-les en forma d'esquema perquè l'escrit estigui ben estructurat i sigui coherent.
b) Redacteu el text, reviseu-lo i, si cal, modifiqueu-lo.
c) Corregiu l'escrit per adequar-lo a les normes de la llengua.

Contingut del retrat

El retrat psicològic hauria de desenvolupar aquests aspectes:

- La personalitat dels personatges a partir de la seva actitud, les seves emocions i els seus sentiments.
- Les seves preferències a partir del que els agrada i de com actuen.
- Els seus valors i les seves creences a partir de les opinions que manifesten.
- La influència de l'entorn familiar en la formació de la seva personalitat.

BARCANOVA EDITORIAL

» PREN LA PARAULA

Conversa a la parada de l'autobús

L'endemà d'haver mantingut la conversa al parc, la nena i el nen del text de la lectura es troben a la parada de l'autobús per anar a l'escola. Què és el que es diuen? De què enraonen? Us ho podeu imaginar perquè ben segur que vosaltres també algun cop us deveu haver trobat en aquesta situació.

Què hem de fer?

Amb la mateixa parella amb què heu escrit els retrats psicològics de la nena i el nen del conte de la lectura, prepareu un diàleg entre aquests personatges i representeu-lo davant la resta de la classe.

Com ho hem de fer?

Cal que seguiu els passos següents:

a) Inventeu-vos el diàleg entre el nen i la nena en forma de discurs directe lliure, és a dir, tal com es fa en el text de la lectura.
b) Feu que els interlocutors s'intercanviïn sentiments, impressions i opinions sobre diversos temes: l'escola, els mestres, els jocs, les aficions, els pares, etc.
c) Utilitzeu els recursos de la llengua oral espontània (vegeu l'apartat següent).
d) Finalment, representeu la conversa com si fos una escena d'una obra de teatre.

Recursos de la llengua espontània

Cal que seguiu els passos següents:

a) Organitzeu el diàleg de la conversa d'acord amb aquestes parts: obertura, orientació, desenvolupament, conclusió i tancament (vegeu la pàgina 72).
b) Imiteu l'estil verbal de les converses espontànies: diversitat d'entonacions, ús d'interjeccions i construcció de frases simples i breus.
c) Utilitzeu les fórmules adequades per ordenar la conversa i desenvolupar el discurs oral que trobareu en l'espai personal del web *www.barcanova.cat.*
d) En el moment de fer la representació de la conversa utilitzeu recursos no verbals, com ara la gesticulació o els canvis de to i de la intensitat de la veu.

» TEXTOS FUNCIONALS

1. Les propietats del text. El text dialogat

Les persones disposem del **llenguatge verbal** per comunicar-nos. Amb un nombre reduït de sons o lletres, podem formar una immensitat de **paraules** que permeten produir **textos** comprensibles.

EMISSOR

És la persona que **elabora el text**, d'acord amb les seves capacitats i els seus coneixements.

TEXT

Un expert en serps ha mort després de ser mossegat per un escurçó durant una exhibició que pretenia ajudar els assistents a perdre la por a les serps. Els fets han passat...

És una **unitat comunicativa** que l'emissor transmet a un receptor o més d'un.

RECEPTOR

És la persona que **interpreta el text**, en funció de les seves capacitats i els seus coneixements.

Un text ben construït ha de ser **adequat** al context comunicatiu, ha de presentar la informació de manera **coherent** i ha de tenir **cohesionades** les parts que el componen.

ADEQUACIÓ AL CONTEXT COMUNICATIU

transmetre una notícia

COHERÈNCIA INFORMATIVA

Informació rellevant:

Qui? Què? Com?
Quan? On? Per què?

Tema: una mort per accident

COHESIÓ GRAMATICAL

Un expert en serps ha mort <u>després de</u> ser mossegat per un escurçó durant una exhibició <u>que</u> pretenia ajudar els assistents a perdre la por a les serps. Els fets han passat...

<u>lligams de connexió</u>

Aquesta notícia és una mostra de text ben construït:

Mor un expert en serps en ser mossegat per un escurçó pirinenc durant una exhibició

L'alemany **Dieter Zorn** va morir a causa d'una «reacció al·lèrgica extremament rara» a la **mossegada**

ARA

Un expert en serps alemany **ha mort** després de ser **mossegat** per un escurçó pirinenc durant una **exhibició** que pretenia justament ajudar els assistents a perdre la por a les **serps**. Els fets van passar dimarts passat al sud de França, a la població de Faugères, prop de Béziers. **Dieter Zorn**, de cinquanta-tres anys, **va morir** d'un atac de cor minuts després d'haver estat **mossegat** pel **rèptil**. **Zorn** era a França per fer **el seu «espectacle de rèptils»**, que ensenya a les persones a **superar** la **por** a les **serps**.

Una organitzadora de l'**acte**, Uschi Kallus, ha dit al diari alemany *The Local* que **Zorn va morir** a causa d'una **«reacció al·lèrgica extremament rara»** a la **mossegada**, tot i que el personal d'emergència li va administrar un anticoagulant. Ara bé, **Kallus** creu que la **víctima** no hauria volgut culpar la **serp** de la **seva mort** i que l'**incident** va ser **«excepcionalment rar»**.

El xou de **Zorn** animava els assistents a tocar els **rèptils** per tal de **desfer-se** dels **temors** «infundats». Segons el diari local *Midi Libre*, «el públic, ple de gent curiosa, gairebé va veure **morir**» **Zorn** a l'escenari.

TEXT ADEQUAT AL CONTEXT COMUNICATIU	• Ús del canal escrit, ja que la finalitat del text és que es publiqui en un diari. • Ús d'un llenguatge formal perquè la relació de l'emissor amb els receptors és distant. • Text escrit en forma de notícia perquè és el gènere periodístic més adequat per informar d'uns fets que han passat fa poc.
TEXT AMB LA INFORMACIÓ PRESENTADA DE FORMA LÒGICA I ORDENADA	• Selecció de la informació d'acord amb el tema (una mort per accident). • Text en forma de notícia perquè la intenció comunicativa de l'autor és narrar i explicar uns fets (qui?, què?, com?, quan?, on?, per què?). • Desenvolupament del tema en blocs informatius (títol, subtítol i paràgrafs) i relació de tots els enunciats (frases o oracions) amb el tema del text.
TEXT AMB TOTES LES PARTS COHESIONADES	• Ús de **lligams de referència**, que són elements que remeten a altres que ja han aparegut en el text. • Ús de lligams de connexió, que són la classe de mots que relacionen i uneixen oracions o grups d'oracions.

1.1. El text oral i el text escrit

Podem transmetre un text a través del *canal oral*, per mitjà de sons articulats, o bé a través del *canal escrit*, per mitjà de grafies sobre un suport físic (paper, pissarra, pantalla...). En el primer cas, parlem de **text oral** i, en el segon, de **text escrit**.

Els textos presenten característiques diferents segons el canal que utilitzem:

VIA DE TRANSMISSIÓ	
CANAL ORAL	**CANAL ESCRIT**
Comunicació efímera (*verba volant*): el text oral només el podem sentir una vegada; per tant, no es conserva si no és que l'enregistrem.	**Comunicació duradora** (*scripta manent*): el text escrit el podem llegir moltes vegades perquè es conserva en el suport físic en què ha quedat imprès.
Comunicació espontània: és un text improvisat; per tant, tendim a fer moltes pauses i entonacions diferents i a utilitzar oracions simples i breus, sovint amb vacil·lacions, imprecisions i tics lingüístics.	**Comunicació elaborada**: és un text planificat; per tant, utilitzem els signes de puntuació i tendim a fer oracions més llargues i complexes i a evitar les imprecisions i les vaguetats amb l'objectiu de ser més clars i precisos.
Ús abundant dels signes no verbals: complementem els signes verbals (les paraules) amb la mirada, el to de la veu o els gestos. En alguns casos, fins i tot podem arribar a substituir els signes verbals pels no verbals.	**Ús escàs dels signes no verbals**: podem presentar el text amb signes visuals, com ara parts subratllades, esquemes, diferents estils de lletra i altres signes gràfics (vinyetes, símbols...).
Context extralingüístic: el text oral depèn del context comunicatiu (l'espai, el temps, la gesticulació, una situació comunicativa concreta...). L'emissor i el receptor interpreten el mateix perquè es troben en les mateixes circumstàncies.	**Context lingüístic**: el text escrit és autònom respecte del context comunicatiu: l'emissor i el receptor no es troben en les mateixes circumstàncies. L'escriptor crea el context comunicatiu a mesura que escriu el text i el lector només l'interpreta a partir del text escrit.

EXEMPLE DE TEXT ORAL	EXEMPLE DE TEXT ESCRIT
Au, vinga, tu! No t'espantis! Les mossegades d'escurçó ja ho fan, això. Se t'inflarà una mica més la mà, et farà més mal i... Què són aquests plors? Res, tu, que gairebé no es nota, la mossegada, vull dir. Bon senyal! No és res greu, tu, vull dir, una mica de verí i prou. Hosti, tu, calma't d'una vegada! No siguis ximple: no et moriràs per una petita mossegada de res, eh?	*La mossegada d'escurçó provoca la inflamació aguda de la part afectada que, progressivament, avança cap a la resta del cos i provoca un dolor intens, vertigen, taquicàrdia i trastorns generals greus. La gravetat de la mossegada dependrà sobretot de la quantitat de verí inoculat; ara bé, només molt esporàdicament arriba a ser mortal.*

1.2. El text dialogat

Un **text dialogat** és una forma de comunicació lingüística que té lloc quan dues o més persones parlen entre elles de manera alternativa: primer l'una, després l'altra, i així successivament. Així doncs, les persones que prenen part en un diàleg, és a dir, els **interlocutors**, es van intercanviant els papers d'**emissor** i **receptor**.

En un text dialogat oral el contacte visual entre els interlocutors fa que el **llenguatge no verbal** (el posat, la mirada, els gestos, el to de veu...) hi tingui un paper molt important. Per exemple, les expressions facials, com les que hi ha en les imatges del costat, són el principal sistema de **signes no verbals** per mostrar emocions i sentiments.

ALEGRIA

SORPRESA

DISGUST

POR

ENUIG

FÀSTIC

Gèneres textuals dialogats

Els **textos orals dialogats** es classifiquen en diversos gèneres:

LA CONVERSA

Intercanvi espontani de missatges entre dues o més persones amb la intenció de preguntar, agrair, prometre, excusar-se, amenaçar, etc.

EL COL·LOQUI

Intercanvi d'opinions entre diverses persones, conduït per un moderador, després d'una conferència, d'un espectacle, d'un acte...

L'ENTREVISTA

Interrogatori que un periodista o enquestador fa a una persona per tal de saber les seves opinions, idees, propòsits..., prendre'n nota i, després, publicar-los.

EL DEBAT

Discussió ordenada i conduïda per un moderador sobre una qüestió controvertida entre dues o més persones que tenen opinions contraposades.

La conversa espontània

Els diàlegs de les converses solen constar de **cinc parts**:

PARTS	ORGANITZACIÓ	EXEMPLE
OBERTURA	Salutació inicial: presa de contacte.	*—Hola, mare, mareta, marona...!* *—Hola! I ara, aquest petó? Què vols?*
ORIENTACIÓ	Introducció: tema que orienta la conversa.	*—Et vull parlar d'una cosa.* *—Quina cosa?* *—Voldria... fer-me un forat al nas.*
DESENVOLUPAMENT	Intercanvi de missatges sobre el tema.	*—Al nas? Si ja n'hi tens dos, de forats!* *—No facis broma! Vull un pírcing al nas!* *—Ja portes arracades a les orelles. Ets massa petita!* *—Tinc dotze anys, eh!*
CONCLUSIÓ	Acord o desacord sobre el tema.	*—No, ni parlar-ne!* *—Per què?* *—Perquè no.*
TANCAMENT	Comiat: fi de la conversa.	*—Me'n vaig a l'habitació. Adeu!*

La **conversa espontània** és un text improvisat i per això avança de manera irregular:

—Ah!, abans que no me n'oblidi: ja he comprat el pa.
[La mare podria haver introduït aquest incís enmig del desenvolupament de la conversa.]

—Ah!, per cert, com t'ha anat la prova de socials?
[La mare podria haver fet un canvi d'orientació durant el desenvolupament de la conversa per canviar de tema.]

Hi ha diverses expressions que serveixen per indicar el fil per on conduïm la conversa i per assenyalar els canvis d'orientació que hi fem:

PER INTRODUIR UN TEMA NOU	PER REPRENDRE UN TEMA	PER PRECISAR EL TEMA
Ah!, per cert, ... *Ah!, i parlant d'això, ...*	*Com (t') anava dient...* *Tornant al que (et) deia...*	*No volia pas dir això.* *Volia dir que...*
PER FER UNA DIGRESSIÓ	**PER FER UN INCÍS**	**PER EVOCAR**
Ara que dius això... *I ara que parlem d'això...*	*Abans que no me n'oblidi...* *Ara que hi penso...*	*Recorda el que t'he dit...* *Com molt bé saps, ...*

Trobaràs més fórmules i expressions per ordenar el discurs oral en l'espai personal del web *www.barcanova.cat*.

» ACTIVITATS

Les propietats del text

11. Llegeix el text de la pàgina 69 i digues si les afirmacions següents són vertaderes o falses:

a) L'emissor és un periodista de la redacció del diari amb nom i cognoms.
b) L'emissor és un periodista anònim de la redacció del diari.
c) El receptor és el públic general que llegeix el diari.
d) El receptor és el públic especialitzat en l'estudi dels rèptils.
e) El llenguatge que fa servir el periodista és molt formal i especialitzat.
f) El llenguatge que fa servir el periodista és formal i entenedor.
g) La intenció del periodista és narrar i explicar uns fets als lectors.
h) La intenció del periodista és advertir els lectors i donar-los consells.
i) El periodista ha optat pel gènere periodístic del reportatge per transmetre la informació als lectors.
j) El periodista ha triat el gènere periodístic de la notícia per informar els lectors.

12. Digues en quina part del text periodístic (*titular, entradeta* o *cos*) s'inclou cada una de les informacions següents:

a) Desenvolupament del tema (detalls de la informació).
b) Anunci del tema (síntesi de la informació).
c) Resum de la notícia (dades més rellevants).

13. Escriu un titular diferent per al text que sigui més curt.

14. Digues quants blocs informatius (o paràgrafs) conté el text i explica com els podem distingir visualment.

15. Escriu, en una taula com la que hi ha a continuació, la informació rellevant que conté el cos de la notícia:

Qüestions bàsiques	Informació de les qüestions bàsiques dins el cos de la notícia
Qui?	*Dieter Zorn, un expert en serps.*
Què?	...
Com?	...
Quan?	...
On?	...
Per què?	...

La cohesió gramatical

16. Uneix els elements dels tres grups següents que es relacionen per lligams de referència, ja sigui per repetició, per reiteració o per associació. Per exemple: *escurçó - rèptil - serp*.

Dieter Zorn • escurçó • perdre la por
exhibició • mor mossegat per un escurçó

rèptil • expert en serps
morir d'un atac de cor • superar la por
espectacle

víctima • serp • acte
desfer-se dels temors • incident

17. Identifica, en el segon paràgraf del cos de la notícia, el connector textual (sinònim de *però* i *tanmateix*) que posa en relleu la relació d'oposició entre dos grups d'oracions en contacte.

El text oral i el text escrit

18. Llegeix el text següent i, després, completa els buits del comentari que hi ha més avall amb una de les dues opcions que hi ha entre parèntesis:

Apa, petit! Mira'm: pessiga'l i fes-lo girar així, amb compte, que no caigui... No, encara no, calma... I ara!..., però deixa estar el paper de coloraines!, amb les dents... —tu amb dos dits, que no en tens, de dents—, li treus la samarreta fent-lo rodar entre dos dits de l'altra mà... Ja treu el nas i és rosadet com les teves galtes... Per fi! No, el paper blanc, no, desempalle-ga-te'n! Fes així amb la mà perquè se't desenganxi, veus? I ja te'l pots ficar a la boca... el caramel, tanoca! Ja patirem, eh, mare?

Oriol Viñas i Folch: «La vida no és pas gens fàcil».

a) El text anterior és una ▯ (*reproducció / còpia*) d'un text ▯ (*escrit / oral*) en què una noia va ▯ (*instruint / argumentant*) el seu germanet, maldestre, sobre com s'ho ha de fer per ▯ (*embolicar / desembolicar*) un caramel.

b) Diem que és un text ▯ (*oral / escrit*) perquè és una comunicació ▯ (*elaborada / espontània*) i perquè hi ha moltes referències al context ▯ (*extralingüístic / lingüístic*), és a dir, que ▯ (*és autònom / depèn*) de la situació comunicativa.

c) A més a més, aquest text presenta característiques textuals pròpies d'un text ▯ (*oral / escrit*) espontani: fa ▯ (*moltes / poques*) pauses i entonacions diferents; deixa frases ▯ (*acabades / inacabades*); fa servir diverses ▯ (*conjuncions / interjeccions*), i presenta ▯ (*escasses / abundants*) vacil·lacions i repeticions.

El text dialogat

19. Fixa't en les gesticulacions de les imatges i completa els diàlegs amb les frases següents:

—Ja ho sé. És que m'he despistat.
—No porto rellotge. Em sap greu.
—Au, que és tard i vol ploure!
—Vols dir que ho has pagat al comptat, oi?
—De debò? Sí que has anat de pressa!

—Un moment! Ara acabo.

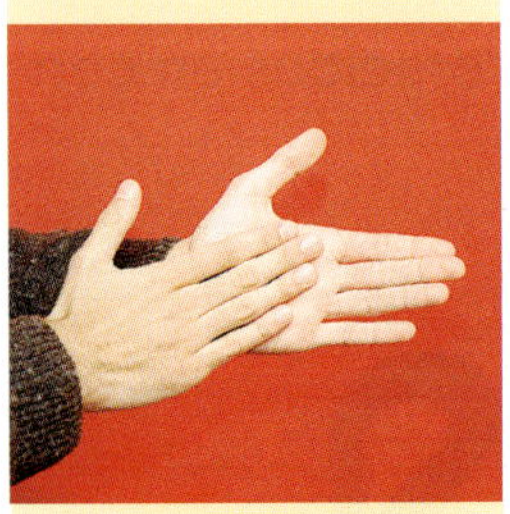

...

—Perdona, quina hora és?

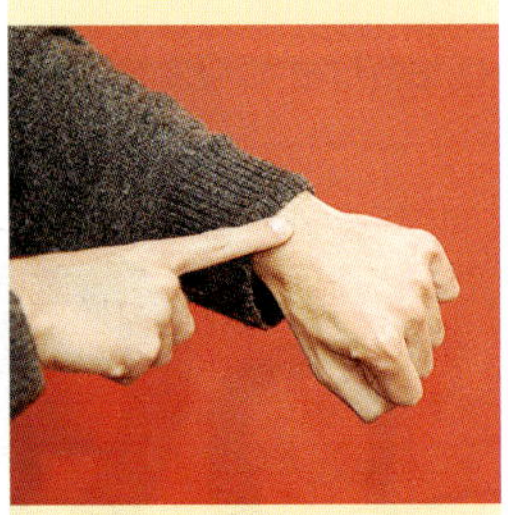

...

—Apa, llest! Ja he acabat.

...

—Ho he pagat bitllo-bitllo.

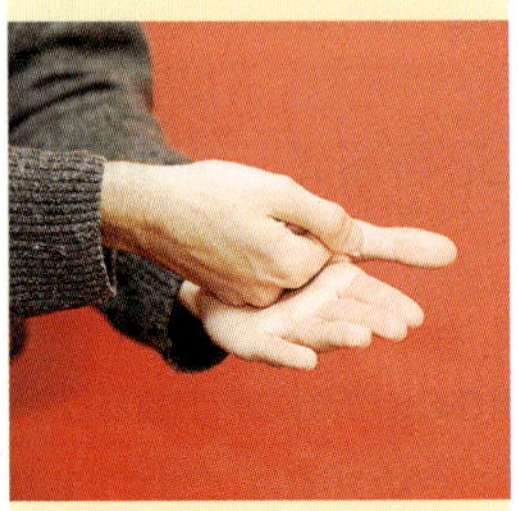

...

—Home, ja era hora!

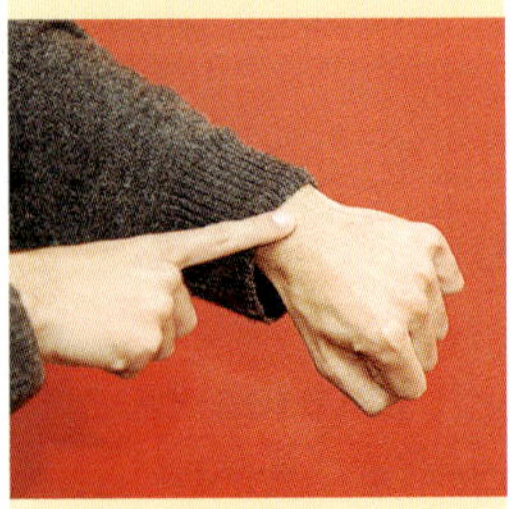

...

BARCANOVA EDITORIAL

20. Ara fixa't en aquestes altres imatges i completa els diàlegs amb les frases següents:

—No me'n perdré cap detall.
—Tu estàs tocat del bolet... o què?
—De cap manera! Estic ben tipa.
—Quina barra que té!
—Valga'm Déu, quina pudor de peus!

—Em llançaré de cap des d'aquell trampolí.

...

—Que t'has quedat amb gana?

...

—Mare, entra a l'habitació del Toni.

...

—Fixa't bé en l'escena final de la pel·lícula.

...

—La Rut t'ha agafat el portàtil.

...

Gèneres textuals dialogats

21. Llegeix els fragments següents i digues a quin gènere dialogat pertany cadascun: *col-loqui*, *entrevista*, *debat*, *conversa*.

a) —Quina és la teva feina actual?
—Treballo d'infermera a l'Hospital Clínic.
—Quina és bàsicament la feina d'infermera?
—És molt diversa. Es pot resumir dient que hem de cobrir les necessitats bàsiques del malalt.

b) —Doncs el papà no vol que li diguem *papà*, ni *mamà* a la mamà. Els diem pare i mare.
—Són coses dels papàs. Tots els papàs tenen coses estranyes.

c) —Per mi, el moment més interessant del film *Ice Age* és quan el grup d'animals entra en una cova i observa unes pintures rupestres, i aquestes es comencen a moure.
—Doncs a mi el que més m'ha impressionat és quan el grup d'animals troba els humans, i aquests volen enfrontar-se al mamut.

d) —Esteu a favor o en contra de les xarxes socials?
—Jo hi estic en contra perquè algunes persones grans es fan passar per immadures.
—Doncs jo hi estic a favor: tenen més avantatges que no pas inconvenients.

La conversa espontània

22. Llegeix la conversa que mantenen dues amigues, la Sandra i la Mariona, i identifica-hi les cinc parts: *conclusió, obertura, orientació, tancament* i *desenvolupament*.

SANDRA: Hola, Mariona...
MARIONA: Ei, Sandra! Quina cara més llarga!
SANDRA: És que estic fatal.
MARIONA: Per què? Què et passa?
SANDRA: Estic molt empipada.
MARIONA: Amb qui?
SANDRA: Amb els meus pares.
MARIONA: Per què? Que t'han renyat?
SANDRA: No, no. És perquè no em deixen fer un pírcing al nas.
MARIONA: Un pírcing?
SANDRA: Sí, un foradet per posar-me una arracada o un brillant.
MARIONA: I per què no te l'hi deixen posar?
SANDRA: Diuen que soc massa petita, que fa lleig i...
MARIONA: Això no és pas veritat. Els teus pares són fets a l'antiga, oi?
SANDRA: Sí, jo també ho penso. Quin rotllo!
MARIONA: Ja en parlarem. Ara me n'haig d'anar. Fins demà!
SANDRA: Adeu, Mariona.

» GRAMÀTICA

L'adjectiu

FITXA 1 » LES PROPIETATS DE L'ADJECTIU

SIGNIFICAT. Un **adjectiu** és una paraula que atribueix una característica al nom que acompanya: *un soroll estrany*. Alguns adjectius serveixen per classificar el nom dins un grup concret: *els animals herbívors*.

FORMA. En general, els adjectius són paraules **variables**, ja que **concorden** en gènere (masculí / femení) i **nombre** (singular / plural) amb el nom. La majoria tenen **quatre formes**, però n'hi ha alguns que només en tenen **dues**:

estrany	*estranya*	*estranys*	*estranyes*
alegre		*alegres*	

FUNCIÓ. Els adjectius poden fer **dues funcions** diferents:

1. **Complement del nom (CN)**: l'adjectiu va **darrere d'un nom** i, normalment, en precisa el significat. Per exemple:

   el cotxe vermell — N ← CN
   el cotxe groc — N ← CN

2. **Atribut (Atr)**: l'adjectiu **va darrere d'un verb** (normalment *ser*, *estar* o *semblar*) que atribueix la característica expressada per l'adjectiu al subjecte de l'oració. Per exemple:

   El cotxe és vermell. — Subjecte ← Atribut
   Aquest cotxe sembla nou. — Subjecte ← Atribut

RECORDA

Alguns adjectius accepten al davant un **adverbi de grau**: *és **molt bonic**, és **ben estrany***. El conjunt forma un **sintagma adjectival (SAdj)**.

1.1. Identifica els dotze adjectius del text:

> Dos ulls petits i sangonosos lluïen al seu davant enmig d'una cara blanca com el paper; una cabellera espessa queia en blens desiguals sobre una capa negra i bruta. La boca, enorme, vermella com la sang, s'obria i es tancava, i les dents, blanques i esmolades, carrisquejaven amb un soroll espantós.
>
> ANGELA SOMMER-BODENBURG: *El petit vampir*.

1.2. Llegeix les oracions següents i indica quins dels adjectius subratllats complementen un nom (CN) i quins altres atribueixen una característica al subjecte de l'oració (Atr):

a) *Aquesta brusa* està molt arrugada.
b) Els mecànics solen anar vestits amb *una granota* blava.
c) Quan vaig a fer dansa, em poso *unes malles* elàstiques.
d) *Les gavardines* solen ser impermeables.

1.3. Fes una taula com la que hi ha a continuació i canvia el gènere i el nombre dels adjectius per fer la concordança amb el nom corresponent. Tingues en compte que un dels adjectius és invariable (només té dues formes).

Singular		Plural	
Masculí	Femení	Masculí	Femení
un crim *espantós* un vestit *llarg* un rostre *pàl·lid* un cotxe *lluent*	una notícia ... una faldilla ... una pell ... una bicicleta ...	uns indrets ... uns cabells ... uns colors ... uns ulls ...	unes imatges ... unes orelles ... unes ungles ... unes arracades ...

FITXA 2 » LA POSICIÓ DELS ADJECTIUS RESPECTE AL NOM

En general, els adjectius van **darrere del nom** que acompanyen:

Els papàs tenen coses estranyes. (coses: N; estranyes: Adj) *No diguis paraules lletges.* (paraules: N; lletges: Adj)

Tanmateix, hi ha alguns casos en què els adjectius van **davant del nom**:

1. Adjectius que, davant del nom, adquireixen un **significat diferent**:

DAVANT DEL NOM	DARRERE DEL NOM
És una **gran** persona. ['de gran vàlua']	És una persona **gran**. ['d'edat']
És un **pobre** home. ['desventurat o infeliç']	És un home **pobre**. ['sense diners']
És un **vell** amic. ['de fa molt de temps']	És un amic **vell**. ['d'edat']
És un **trist** empleat. ['insignificant']	És un empleat **trist**. ['no alegre']

2. Adjectius usats per **realçar la magnitud** del nom o per transmetre una **valoració personal**:

   Això que dius és un autèntic disbarat.
   [L'adjectiu *autèntic* **realça la magnitud** del nom *disbarat*.]

   La Joana és una excel·lent jugadora.
   [L'adjectiu *excel·lent* transmet la **valoració personal** de l'emissor.]

3. En algunes **altres expressions**:

   una falsa alarma — *en legítima defensa* — *a mitjà termini* — *l'última oportunitat* — *és un bon home* — *és un mal negoci* — *estimat amic* — *distingida senyora*

RECORDA

Davant del nom, l'adjectiu *bo / bona* pren les formes *bon / bona*: *un bon dia*; *una bona notícia*.
I l'adjectiu *dolent / dolenta* pren les formes *mal / mala*: *un mal dia*; *una mala notícia*.

• És el mateix *una falsa alarma* que *una alarma falsa*? Comenteu la resposta entre tota la classe.

2.1. Explica quina diferència de significat hi ha entre les formes subratllades en funció de la posició de l'adjectiu respecte al nom:

a) 1. Algun dia aquesta noia serà una *gran escriptora*.
   2. L'autora d'aquest llibre és una *escriptora molt gran*.

b) 1. Aquest professor és de la *vella escola*.
   2. A mi no m'agradaria anar a una *escola tan vella*.

c) 1. La companyia teatral farà un *únic espectacle*.
   2. El que veurem és un *espectacle únic*.

d) 1. *Pobra gent*, no es mereixia una desgràcia com aquesta!
   2. Al barri hi viu molta *gent pobra*.

e) 1. El pis que vam visitar només tenia una *trista habitació*.
   2. La seva era una *habitació trista*.

f) 1. El públic exigia una *simple explicació*.
   2. Hauries de fer una *explicació simple* perquè tothom l'entengui.

2.2. Classifica en una taula com la del model els sintagmes nominals subratllats en funció del paper que hi té l'adjectiu destacat en cursiva:

a) Faran una campanya per fomentar la higiene *dental*.
b) No em puc treure del cap aquesta *maleïda* idea!
c) Diuen que ja han detingut el *presumpte* assassí.
d) Les aus *marines* són les més amenaçades del planeta.
e) Això sí que és una *magnífica* notícia!
f) Al pati d'aquella casa hi ha un pou *cec*.
g) En aquest *calorós* desert, no s'hi pot viure!
h) A casa separem la matèria *orgànica* i en fem compostatge.

Adjectius que precisen el significat del nom	Adjectius que realcen la magnitud del nom
...	...

FITXA 3 » LA CONCORDANÇA

Els adjectius **concorden** en **gènere** i **nombre** amb el **nom** que acompanyen:

un comportament estrany ← *una paraula estranya* ←

uns éssers estranys ← *unes petjades estranyes* ←

Quan van darrere dels verbs *ser*, *estar* o *semblar*, els adjectius **concorden** amb el **subjecte**:

Aquest nom és molt bonic. *Aquesta paraula és molt bonica.*

Quan es refereixen a dos o més noms, els adjectius han d'anar en **plural**:

- Si els dos noms són **masculins**, l'adjectiu hi concorda en **masculí**:

  En Joan i l'Albert són molt simpàtics. ← masc. pl. *Voldria uns pantalons i un jersei nous.* ← masc. pl.

- Si els dos noms són **femenins**, l'adjectiu hi concorda en **femení**:

  La Rosa i la Isabel són molt simpàtiques. ← fem. pl. *Voldria una bufanda i una gorra vermelles.* ← fem. pl.

- Si un dels noms és **masculí** i l'altre és **femení**, l'adjectiu adopta la forma del **masculí**:

  En Joan i la Rosa són molt simpàtics. ← masc. pl. *Ens han robat una joia i un rellotge molt valuosos.* ← masc. pl.

PRACTICA

- Com es diu: *tinc els peus i les cames **fredes*** o *tinc els peus i les cames **freds***?

3.1. Transforma les expressions següents de manera que un sol adjectiu complementi els dos noms. Per exemple: *els préssecs madurs i les maduixes madures* → *els préssecs i les maduixes* ***madurs*** o bé *les maduixes i els préssecs* ***madurs***

a) els homes *pagesos* i les dones *pageses*
b) les noies *extravertides* i els nois *extravertits*
c) el cotxe més *vell* i la furgoneta més *vella*
d) els lliris són *grocs* i les roses són *grogues*
e) les estovalles són *noves* i els tovallons són *nous*

FITXA 4 » LES MARQUES DE GÈNERE I NOMBRE

En general, el gènere i el nombre dels adjectius s'expressen amb aquestes **marques** o **morfemes**:

	SINGULAR				PLURAL			
	MASCULÍ		FEMENÍ		MASCULÍ		FEMENÍ	
1	Ø	tranquil	*-a*	tranquil·**la**	*-s*	tranquil**s**	*-es*	tranquil·**les**
2	Ø	dolç	*-a*	dolç**a**	*-os*	dolç**os**	*-es*	dolc**es**
3	*-e*	còmod**e**	*-a*	còmod**a**	*-es*	còmod**es**	*-es*	còmod**es**
4	*-o*	fond**o**	*-a*	fond**a**	*-os*	fond**os**	*-es*	fond**es**
5	Ø	capaç	Ø	capaç	*-os*	capaç**os**	*-es*	capac**es**

RECORDA

En la formació del femení i del plural d'alguns adjectius es produeixen canvis ortogràfics:

*poru**c**, poru**g**a, poru**c**s, poru**gu**es*
*boni**c**, boni**c**a, boni**c**s, boni**qu**es*
*gro**s**, gro**ss**a, gro**ss**os, gro**ss**es*
*bo**ig**, bo**j**a, bo**j**os, bo**g**es*
*mi**g**, mi**tj**a, mi**tj**os, mi**tg**es*

4.1. Fes una taula com la següent i escriu-hi les formes adequades dels adjectius en funció del gènere i el nombre:

Singular		Plural	
Masculí	Femení	Masculí	Femení
un gerani *pansit*	una rosa ...	uns lliris ...	unes fulles ...
un gos *manyac*	una gata ...	uns vedells ...	unes eugues ...
un informàtic *eficaç*	una enginyera ...	uns remeis ...	unes solucions ...
un pont *movedís*	una terra ...	uns terrenys ...	unes arenes ...
un vestit *roig*	una bandera ...	uns llavis ...	unes galtes ...
un costum *lleig*	una acció ...	uns gestos ...	unes paraules ...
un jersei *blau*	una jaqueta ...	uns pantalons ...	unes sabates ...

4.2. Completa els exemples del diccionari tenint en compte que alguns adjectius dupliquen la essa:

a) **confús -usa** *adj.* Poc clar. *Una idea* ▮, *uns arguments* ▮
b) **escàs -assa** *adj.* Insuficient en nombre o quantitat. *Dues cullerades* ▮, *recursos* ▮
c) **espès -essa** *adj.* Dens. *Xocolata* ▮, *arbres* ▮
d) **gelós -osa** *adj.* Que sent gelosia. *Amics* ▮, *parelles* ▮

4.3. Escriu les formes dels adjectius definits segons els noms que complementen:

a) Que es mou a gran **veloc**itat: animal *veloç*, nau ▮, animals ▮, naus ▮
b) Que va sense **calç**at: nen ▮, nena *descalça*, nens ▮, nenes ▮
c) Que ataca amb **feroc**itat: tigre ▮, hiena ▮, tigres *feroços*, hienes ▮
d) Que no té **eficàc**ia: remei ▮, solució ▮, remeis ▮, solucions *ineficaces*
e) Que té **capac**itat: home ▮, dona ▮, homes ▮, dones ▮
f) Que té **dolç**or: pastís ▮, galeta ▮, pastissos ▮, galetes ▮
g) Que no gaudeix de **felic**itat: home ▮, dona ▮, homes ▮, dones ▮

FITXA 5 » ELS ADJECTIUS INVARIABLES

Pel que fa al gènere, hi ha adjectius que són invariables: tenen la **mateixa forma** per al **masculí** i per al **femení**.

SINGULAR		PLURAL	
MASCULÍ	FEMENÍ	MASCULÍ	FEMENÍ
ø		-s	
actual		actual**s**	
cruel		cruel**s**	
fàcil		fàcil**s**	
constant		constant**s**	
diferent		diferent**s**	
familiar		familiar**s**	
superior		superior**s**	
amable		amable**s**	
alegre		alegre**s**	
breu		breu**s**	

RECORDA

Són variables els adjectius següents:

*calent, calent**a**, calent**s**, calent**es***
*valent, valent**a**, valent**s**, valent**es***
*corpulent, corpulent**a**, corpulent**s**, corpulent**es***
*fraudulent, fraudulent**a**, fraudulent**s**, fraudulent**es***
*tendr**e**, tendr**a**, tendr**es**, tendr**es***
*pobr**e**, pobr**a**, pobr**es**, pobr**es***

- El nom *gegant* té dues formes: el *gegant* i la *geganta*. Però l'adjectiu *gegant*, és variable o invariable? Què hem de dir: *una tortuga gegant* o *una tortuga geganta?*; *unes tortugues gegants* o *unes tortugues gegantes?*

5.1. Fixa't en les entrades de diccionari i digues quins adjectius són variables i quins són invariables. Després, completa els exemples.

agre -a *adj.* Que té un gust àcid desagradable. *El vi s'ha tornat* ▮, *la llet s'ha fet* ▮

apte -a *adj.* Que té aptitud per fer una cosa. *Un infermer* ▮, *una metgessa* ▮

cèlebre *adj.* Molt famós. *Un inventor* ▮, *una investigadora* ▮

culte -a *adj.* Propi de l'àmbit de la cultura. *Un estil* ▮, *una llengua* ▮

5.2. Substitueix les expressions destacades en cursiva per adjectius de significat equivalent. Per exemple: *Aquestes ametlles amarguen: són ametlles **amargants***.

a) Aquesta criatura *actua amb innocència*: és una criatura ▮.
b) Aquesta persona *té una gran corpulència*: és una persona ▮.
c) Vigila que l'oli ja *bull*: és oli ▮.
d) Aquesta pregunta *s'ha fet amb intel·ligència*: és una pregunta ▮.
e) Això *es fa amb facilitat*: és una tasca ▮.

BARCANOVA EDITORIAL

» ACTIVITATS

Les propietats de l'adjectiu

23. Identifica els dotze adjectius d'aquest text:

> **El futbolista que va esgotar els adjectius**
>
> Era un noi escardalenc, de mirada tímida i amb unes cames primes i veloces. Tenia un estil vibrant, audaç i lleuger. Al camp era imprevisible, genial, màgic. I amb els companys, generós. Fins i tot esplèndid.

24. Utilitza els mateixos adjectius que has identificat en l'activitat anterior i completa aquest altre text. Fes la concordança amb el nom corresponent. Després, digues quins són els quatre adjectius invariables que has utilitzat.

> **La futbolista que va esgotar els adjectius**
>
> Era una noia ▮, de caràcter ▮ i amb uns peus ▮ i ▮. Tenia una forma de jugar ▮, ▮ i ▮. Al camp era ▮, ▮, ▮. I amb les companyes, ▮. Fins i tot ▮.

25. Converteix els noms destacats en cursiva en adjectius. Per exemple: *Conserva una gran <u>lucidesa</u> mental.* → *Conserva una ment **lúcida**.*

a) Aquella acròbata tenia una gran *agilitat*.
Aquella acròbata era molt ▮.

b) Em va sorprendre la *frivolitat* d'aquella conversa.
Em va sorprendre aquella conversa tan ▮.

c) Exigim un resultat amb total *exactitud*.
Exigim un resultat del tot ▮.

d) Aquesta artista ha demostrat una gran *creativitat*.
Aquesta artista ha demostrat ser molt ▮.

e) La pau al món pateix d'una gran *fragilitat*.
La pau al món és molt ▮.

f) Us demano molta *prudència*.
Us demano que sigueu molt ▮.

26. Indica quins adjectius complementen un nom (CN) i quins altres atribueixen una característica al subjecte (Atr). Per exemple:

*Conserva una <u>ment</u> <u>molt **lúcida**</u>.*
N ← CN

*<u>Aquella acròbata</u> era <u>molt **àgil**</u>.*
Subj ← Atr

a) Les il·lusions *<u>òptiques</u>* són percepcions *<u>visuals</u>* que no s'ajusten a la realitat.

b) Quan la informació és *<u>ambigua</u>*, no sabem si estem veient un ànec o un conill.

c) Unes rectes *<u>paral·leles</u>* poden semblar *<u>obliqües</u>* per influència d'unes línies *<u>diagonals</u>*.

La posició dels adjectius respecte al nom

27. Digues en quins casos l'adjectiu ha d'anar darrere del nom (en precisa el significat) i en quins altres ha d'anar davant (en realça la magnitud o en fa una valoració):

a) Això és un *bon* presagi / un presagi *bo*.

b) Hem de quedar a una *precisa* hora / una hora *precisa*.

c) Per sort, ha estat una *falsa* alarma / una alarma *falsa*.

d) Per Reis ens han regalat una molt *resistent* vaixella / una vaixella molt *resistent*.

e) La *vinent* setmana / La setmana *vinent* anirem a esquiar.

La concordança

28. Aplica la regla de la concordança i escriu la forma adequada dels adjectius:

a) Una noia i un noi de l'escola han estat ▮ (*premiat*).

b) Felicitem les alumnes i els alumnes ▮ (*seleccionat*).

c) Les persones ferides han estat ▮ (*ingressat*).

d) L'Ot té una moto i un cotxe molt ▮ (*atrotinat*).

e) Aquest any les síndries i els melons són molt ▮ (*gustós*).

f) L'estudi geològic i el projecte d'obra ens resultaran molt ▮ (*car*).

Les marques de gènere i nombre

29. Fes una taula com la següent i escriu-hi les formes adequades dels adjectius:

Singular		Plural	
Masculí	Femení	Masculí	Femení
Ø	*-a*	*-s / -os*	*-es*
raïm *verd*	herba ...	vidres ...	fulles ...
preu ...	renda *fixa*	ulls ...	idees ...
personatge ...	roba ...	cabells *grisos*	parets ...
plat ...	aigua ...	peus ...	mans *calentes*
peu *coix*	pota ...	homes ...	cadires ...
territori ...	alzina *immensa*	camps ...	ciutats ....
moviment ...	multitud ...	mars *turbulents*	ventades ...
sentit ...	estança ...	llocs ...	propostes *comunes*
noi *poruc*	noia ...	nois ...	noies ...
animal ...	bèstia *grossa*	troncs ...	branques ...
paisatge ...	vista ...	llocs *bonics*	rutes ...
dia ...	sensació ...	sentiments ...	experiències *agredolces*

Els adjectius invariables

30. Fixa't en les entrades de diccionari i digues quins adjectius són variables i quins són invariables. Després, completa els exemples.

audaç *adj.* Que té audàcia o atreviment. *Una acció* ■, *unes decisions* ■

breu *adj.* De curta durada. *Una conferència* ■, *uns contes* ■

dolç -a *adj.* Tendre, agradable. *Una veu* ■, *uns records* ■

exigent *adj.* Que exigeix molt, rigorós. *Una persona* ■, *unes proves* ■

inepte -a *adj.* Que no té la capacitat necessària. *Un operari* ■, *una funcionària* ■

nu -nua *adj.* Que no va vestit. *Homes* ■, *dones* ■

paral·lel -a *adj.* Equidistant. *Raïls* ■, *barres* ■

solemne *adj.* Majestuós, cerimoniós. *Un discurs* ■, *una inauguració* ■

somnolent -a *adj.* Que està mig adormit, endormiscat. *Un aspecte* ■, *una cara* ■

termal *adj.* Que té una temperatura elevada en brollar de terra. *Aigua* ■, *instal·lacions* ■

31. Un noi ha posat un anunci per trobar una noia per compartir pis. Escriu les qualitats que hi busca utilitzant els adjectius que s'atribueix a si mateix, però seguint la regla de la concordança. Després, digues quins dels adjectius que has escrit són variables i quins són invariables.

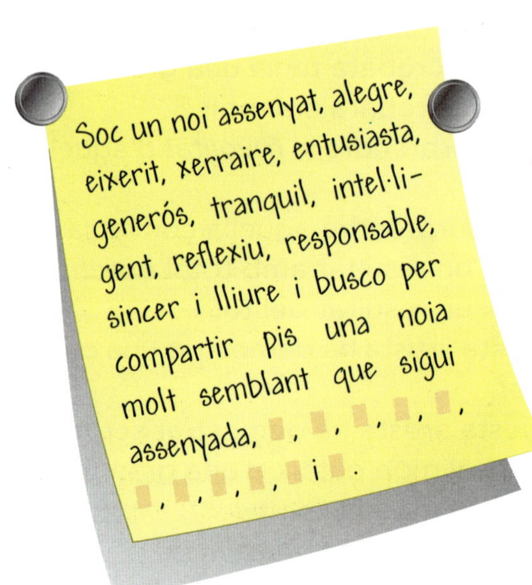

» ORTOGRAFIA

1. Els signes de puntuació (II). La coma

La **coma** és el signe de puntuació que indica una **pausa menor**; per tant, la seva funció és separar diversos elements que formen part d'una mateixa unitat oracional.

Els usos més habituals de la coma són els següents:

USOS DE LA COMA	
Vocatiu: nom o expressió amb què cridem l'atenció d'una persona	El nom o l'expressió que utilitzem per cridar l'atenció de la persona a la qual ens dirigim se separa de la resta d'oració amb una coma: ***Sandra,*** *em pots dir quin dia és avui?* *Escolta,* ***noi,*** *a mi no em vinguis amb romanços!* *Ets conscient del que has fet,* ***Manel****?*
Sèrie d'elements homogenis: enumeració de diverses coses	Els elements de la mateixa categoria que formen una sèrie se separen amb una coma, excepte els dos últims si van coordinats per *i* o per *o*: *L'equip número 1 és format per* ***la Sara, en Xavier i l'Andrea****.* *Heu de dur* ***una carpeta, unes tisores, un regle i un bolígraf vermell****.*
Incís: explicació o aclariment intercalat enmig d'una oració	Les explicacions o aclariments que fem enmig del discurs s'escriuen entre comes i es pronuncien en un to de veu més baix: *El noi,* ***trist i abatut,*** *va reconèixer el seu error.* *El ciríl·lic,* ***l'alfabet que utilitzen les llengües eslaves,*** *té 33 lletres.* *Sòfocles,* ***que és un dels grans dramaturgs grecs,*** *va viure al segle V aC.* Alguns incisos s'escriuen entre parèntesis o entre guions: *L'ONU* ***(Organització de les Nacions Unides)*** *es va fundar l'any 1945.* *Vam pujar centenars d'esglaons* ***—no sé pas quants—*** *abans d'arribar a dalt.*
Connectors textuals: mots o expressions que estableixen relacions significatives entre oracions independents.	Els connectors textuals tenen una entonació independent dins de l'oració en què es troben adjuntats i, per tant, apareixen emmarcats per dues pauses que, en l'escriptura, es representen per signes de puntuació: *Han acabat el pont nou.* ***Per tant,*** *ja no haurem de passar pel pont vell.* *Han acabat el pont nou;* ***per tant,*** *ja no haurem de passar pel pont vell.* *Els mariners van abandonar el vaixell.* ***En canvi,*** *el capità s'hi va quedar.* *Els mariners van abandonar el vaixell; el capità,* ***en canvi,*** *s'hi va quedar.*
Circumstancial: complement que aporta informació sobre alguna circumstància que envolta el predicat de l'oració.	Els circumstancials que expressen el marc general de l'oració (ordre, moment, lloc, causa, condició, concessió, etc.) solen anar delimitats per una coma: ***Abans de començar,*** *deixeu-me que presenti els músics que m'acompanyen.* ***En aquesta situació,*** *val més no arriscar-se.* ***En aquell moment, com que no veia ningú,*** *vaig començar a cridar.* *Jo,* ***si fos de vosaltres,*** *no ho faria.* *El jutge ha decidit,* ***tenint en compte els seus antecedents,*** *condemnar-lo.*

USOS DE LA COMA	
Coordinació d'oracions adversatives	Davant de les conjuncions adversatives *però* i *sinó que* se sol escriure una coma: *M'agradaria estudiar més i treure notes millors, **però** no sé com fer-ho.* *L'estiu passat no van fer vacances, **sinó que** van treballar.*
Element ja conegut: es presenta com a tema, al marge de l'oració	L'element que es presenta com a tema de l'oració i que es pronuncia de manera aïllada per una petita pausa sol anar separat de la resta de l'oració per una coma. Aquesta coma és opcional si el tema va al principi, però obligatòria si el tema va al final: ***En Ramon** (,) fa més de mig any que no el veig.* ***Aquest jersei** (,) no el fiquis mai a la rentadora.* *Em va deixar a deure més de sis mil euros, **aquell pocavergonya**!* ***De tot això que ha passat,** no crec que en sàpiguen res, **els seus pares**.*
Verb sobreentès	En les oracions en què hi ha un verb sobreentès, se sol escriure una coma en el lloc que aquest hauria d'ocupar: *La paraula veí s'escriu amb accent i **la paraula** veïna, **amb dièresi**.*

1.1. Casos en què no es posa la coma

Ja hem dit que la coma indica una pausa menor; tanmateix, no totes les pauses que fem quan parlem o llegim s'han de representar amb una coma. Per exemple: sovint fem una petita pausa entre el subjecte i el verb de l'oració; malgrat això, en el lloc d'aquesta pausa no escriurem una coma. Fixa-t'hi:

SUBJECTE I VERB DE L'ORACIÓ	
No hem d'escriure una coma entre el subjecte i el verb de l'oració.	
ORACIONS MAL ESCRITES	**ORACIONS BEN ESCRITES**
Les pluges de finals de tardor, van provocar inundacions en molts pobles de la costa. *La desfilada de gegants i capgrossos, començarà a les dotze del migdia.*	*Les pluges de finals de tardor van provocar inundacions en molts pobles de la costa.* *La desfilada de gegants i capgrossos començarà a les dotze del migdia.*
Tanmateix, convé recordar que entre el subjecte i el verb de l'oració hi pot haver un incís (una explicació o un aclariment), que va entre comes: *Ramon Llull**, que és el primer gran escriptor de la literatura catalana,** va escriure més de 250 obres.*	

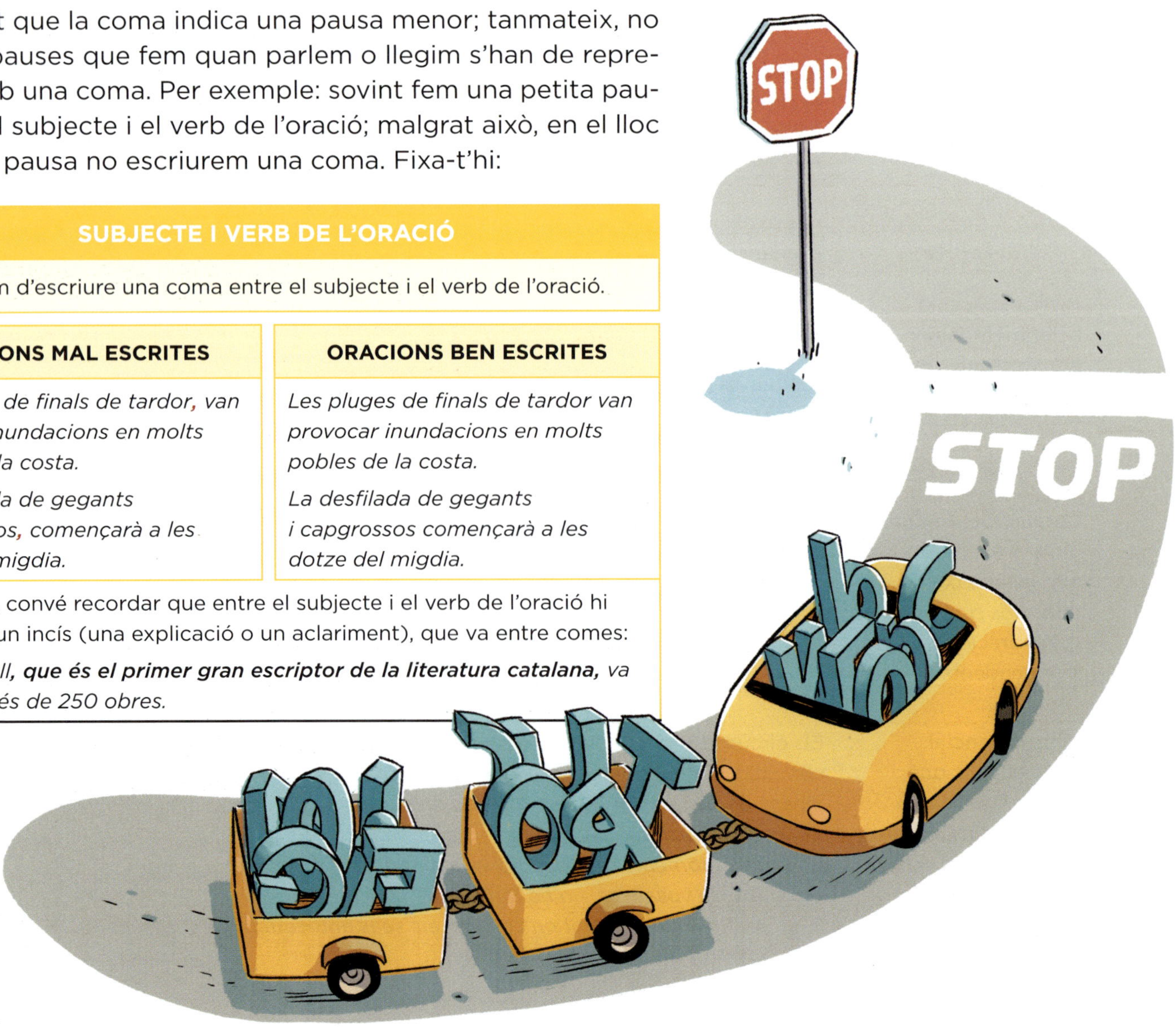

» ACTIVITATS

Els usos de la coma

32. Escriu una coma o dues en cadascuna de les oracions següents. Després, justifica'n l'ús.

a) Te'l pots baixar d'internet aquest poema.
b) Va lluitar fins al final però no se'n va sortir.
c) Tenim la casa plena de màquines: nevera rentavaixella assecadora...
d) La paraula *harmonia* s'escriu amb hac i la paraula *ermita* sense.
e) Bram Stoker l'autor de la novel·la *Dràcula* era un gran aficionat al teatre.
f) Si no pots arribar a l'hora telefona'm amb temps.
g) Ernest aquest acudit qui te l'ha explicat?
h) El pont vell era molt estret i tenia a més a més el paviment molt deteriorat.

33. Llegeix les oracions següents, pensa en quines has de posar alguna coma i en quines no i, després, escriu-les:

a) *1.* Els ocells s'ajoquen a les branques dels arbres quan es fa fosc. *2.* Els ocells quan es fa fosc s'ajoquen a les branques dels arbres. *3.* Quan es fa fosc els ocells s'ajoquen a les branques dels arbres.
b) *1.* La directora ha encarregat una feina molt delicada a l'Eloi. *2.* A l'Eloi la directora li ha encarregat una feina molt delicada. *3.* La directora li ha encarregat una feina molt delicada a l'Eloi.

34. En cada una de les frases següents, hi falta com a mínim una coma. Escriu les que calgui on correspongui i indica quin dels usos que hi ha entre parèntesis té cada una.

a) Uns 1.300 milions de persones viuen en la pobresa amb greus mancances en tres àmbits: la salut l'educació i l'alimentació. (*delimitació del circumstancial / separació d'elements homogenis*).
b) L'agricultura que és el sector que ocupa més persones al món proporciona mitjans de supervivència al 40 % de la població mundial. (*incís explicatiu / separació d'elements homogenis*).
c) Una de cada nou persones al món pateix desnutrició, i un de cada quatre infants retards en el creixement (*delimitació del circumstancial / verb sobreentès*).
d) Des de principis del 1900 prop del 75 % de la diversitat de conreus s'ha perdut en l'agricultura del planeta. (*incís / delimitació del circumstancial*).
e) És un dels objectius de desenvolupament sostenible la fam zero. (*desplaçament del subjecte al final de l'oració / vocatiu*).
f) Les dones agricultores haurien de poder accedir als mateixos recursos que els homes però hi tenen més dificultats. (*connector textual / coordinació d'oracions adversatives*).
g) Els grans productors d'aliments obtenen molts beneficis. Els agricultors familiars en canvi lluiten per sobreviure (*connector textual / incís*).

DICTAT

Copia el text i escriu les vuit comes que hi falten. Després, torna'l a escriure mentre te'l dicten. La persona que dicti el text haurà de fer una pausa allà on hi hagi una coma.

En el moment del seu naixement els grans planetes són boles de foc incandescents. Com més massís és el planeta més important és l'escalfor i més temps cal per evacuar-la. En el cas dels cossos molt petits com els asteroides el procés és molt ràpid. La Lluna va dissipar la seva escalfor inicial a l'espai en uns quants centenars de milions d'anys. Des de fa molt temps aquest astre ja no té foc interior. La Terra en canvi encara guarda al seu cor un braser que provoca uns moviments que originen desplaçaments de continents erupcions volcàniques i terratrèmols.

DIVERSOS AUTORS: *La història més bella del món.*

» POSA'T A PROVA

Llegeix aquest text i comprova si l'has entès

Ensurt a Yellowstone per l'envestida d'un bisó

Tots els parcs nacionals solen tenir unes normes bàsiques de seguretat que indiquen com s'han de comportar els visitants, especialment si hi ha animals perillosos. En general, s'hi fan recomanacions sobre la distància que cal guardar amb els animals i com s'hi ha d'interactuar. En aquest sentit, el Parc Nacional de Yellowstone, als Estats Units, no és pas una excepció. Tot i així, els visitants d'aquest parc sovint intenten acostar-se als animals tant com poden, fet que pot tenir conseqüències greus.

Sense anar més lluny, dilluns passat, a la zona d'observació de l'Old Faithful Geyser, un grup de persones es va acostar perillosament a un bisó que, en veure's acorralat per la gent, va envestir una nena de nou anys i la va llançar uns tres metres enlaire. Segons els testimonis, una cinquantena de persones feia més de vint minuts que encerclava el bisó i li feia fotografies de ben a prop. Entre elles hi havia una parella de l'estat de Florida i la seva filla, la nena que va volar enlaire. L'incident va acabar amb la nena ferida a l'hospital d'Old Faithful, per sort sense conseqüències greus.

Mentre la direcció de Yellowstone investiga els fets, Hailey Dayton, una treballadora del parc, ja ha penjat a la xarxa les imatges de l'envestida; és un vídeo que ja han vist milions de persones. Dayton lamenta l'assetjament que va patir l'animal: «Això és el que passa quan t'interfereixes en la vida salvatge i no respectes l'espai vital de l'animal». Però la crítica no acaba aquí, ja que denuncia l'actitud dels pares, que van córrer per salvar-se i es van desentendre de la nena: «Com podeu veure en el vídeo, ells corren i se'n despreocupen. Estic indignada».

Aquest no és pas el primer incident que es produeix en aquest parc. L'any 2018, per exemple, va passar un cas molt semblant: una dona de cinquanta-nou anys també va ser envestida per un bisó en una zona pròxima.

Aquests incidents es produeixen perquè els visitants no respecten les normes del parc. En una advertència pública, la direcció del parc recorda que la distància de seguretat és de 23 metres respecte als bisons i de 90 metres en el cas dels ossos i els llops. Així mateix, demana d'evitar la interacció amb els animals. Tot i així, sempre hi ha gent que no vol fer cas de les recomanacions.

MARÍA ARAGÓN: «L'impressionant atac d'un bisó a una nena de nou anys a Yellowstone», dins *El Periódico* (25/7/2019).

1. Digues en quin paràgraf del text apareix cadascun d'aquests continguts:

a) Avaluació global dels fets a manera de conclusió.
b) Marc contextual i presentació del tema.
c) Confirmació de l'incident mitjançant un altre exemple.
d) Narració dels fets essencials.
e) Divulgació d'imatges i avaluació del que ha passat.

2. Quina oració transmet una informació, quina es fa ressò d'una instrucció i quina argumenta uns fets amb una denúncia?

a) Aquests incidents es produeixen perquè els visitants no respecten les normes del parc.
b) Un bisó va envestir una nena de nou anys i la va llançar uns tres metres enlaire.
c) La direcció del parc recorda que la distància de seguretat és de 23 metres respecte als bisons.

3. On creus que es va publicar aquest text?

a) En una xarxa social.
b) En un diari en paper o digital.
c) En una guia turística.
d) En un informatiu audiovisual, ja sigui de ràdio o de televisió.

4. A quin gènere periodístic pertany el text?

a) Notícia.
b) Reportatge
c) Entrevista
d) Crònica

5. Completa el text amb el connector textual escaient:

Tots els parcs nacionals recorden als visitants que no s'han d'acostar als animals perillosos. ▮, sempre hi ha persones temeràries que s'hi acosten tant com poden.

a) Per tant
b) De fet
c) Tot i així
d) Així mateix

6. Completa cada frase amb la més escaient d'aquestes paraules sinònimes: *atacat*, *envestit*, *abordat* i *assaltat*.

a) Uns lladres han ▮ una dona al carrer.
b) Una vaca ha ▮ un noi que feia senderisme.
c) Els gossos d'una masia han ▮ uns ciclistes que passaven pel davant.
d) Un lleó del zoo ha ▮ un vigilant.

7. Troba en el primer paràgraf dos adjectius variables i dos d'invariables pel que fa al gènere i fes-ne la flexió.

8. Escriu un sinònim de cadascuna d'aquestes paraules: *norma*, *recomanació*, *acostar-se*, *encerclar*.

9. Quina funció fan les comes en aquest grup d'oracions?

A la zona d'observació de l'Old Faithful Geyser, un grup de persones es va acostar perillosament a un bisó que, en veure's acorralat per la gent, va envestir una nena.

10. Justifica les comes d'aquesta frase: «Hailey Dayton, una treballadora del parc, ha penjat a la xarxa les imatges de l'atac».

Per escrit

Escriu una notícia breu que informi d'un incident que hagis viscut (si cal, te'l pots inventar). Per donar-hi un valor d'actualitat, situa'l en el dia d'ahir: *Ahir, a ▮ (lloc), ▮*

De viva veu

Per parelles, imagineu que heu de retransmetre en directe una entrevista a una persona que ha estat testimoni de l'incident. Un de vosaltres farà de periodista i l'altre serà el testimoni dels fets.

» LA MEMÒRIA FAMILIAR

Aquest projecte té com a finalitat elaborar una biografia dels vostres avis i les vostres àvies. Per això caldrà que busqueu informació sobre les diferents etapes de la seva vida: la infantesa, l'escola, la feina, la família, etc. També us haureu de fixar en el seu aspecte físic, la seva personalitat i els seus interessos.

Què hem de fer?

1. **Conversar i entrevistar.** Enraoneu amb els avis i les àvies i feu una entrevista formal a un d'ells per tal d'obtenir la informació necessària per fer les altres tasques.

2. **Narrar.** Narreu la història de la vida d'un dels avis o les àvies, és a dir, feu-ne una biografia. Fixeu-vos principalment en el naixement i la infantesa, l'ambient familiar i l'entorn en què va créixer, els estudis, la feina, la família que va formar i les aficions.

3. **Donar instruccions.** Doneu les instruccions per elaborar un plat tradicional. Demaneu a un dels avis o les àvies quins productes es necessiten i quins passos cal seguir per fer el plat. Després, redacteu la recepta.

4. **Descriure.** Descriviu un dels avis o les àvies, és a dir, feu un retrat del seu aspecte físic i de la seva personalitat.

En primer lloc, fixeu-vos en l'aspecte general del cos: la constitució, la manera de moure's, la manera de vestir...; en segon lloc, en la cara: la forma, els ulls, el nas, la boca...; en tercer lloc, en l'expressió: la mirada, el somriure, la manera de gesticular...; finalment, en la seva personalitat: el temperament, el caràcter, les habilitats, les aficions...

És important que en destaqueu els trets més singulars, és a dir, aquells que caracteritzen millor la persona.

5. **Explicar.** Expliqueu les característiques fonamentals de dues etapes vitals de les persones: la que vosaltres comenceu (l'adolescència) i la que correspon als avis i les àvies (la vellesa).

Podeu consultar una enciclopèdia, algun llibre especialitzat o internet o bé recórrer a les vostres experiències.

6. **Debatre.** Debateu sobre les diferències en la manera de veure les coses que tenen el jovent i les persones grans.

Podeu escenificar un debat en què uns alumnes defensin la visió dels joves i uns altres, la de les persones grans (parleu amb els avis i les àvies per saber què pensen). Es tracta de confrontar opinions i arguments. Per exemple:

- L'ús del telèfon mòbil, dels grups en els programes de missatgeria instantània, de les xarxes socials...
- L'edat en què els nois i les noies han de tenir llibertat per sortir de nit, anar a concerts, festes...

Com ho hem de fer?

Feu un treball cooperatiu en grups de quatre o cinc alumnes. Prèviament, cada alumne ha de parlar amb els seus avis i les seves àvies i fer un treball de recerca d'informació. Un cop recollida la informació, poseu-la en comú i prepareu els diversos textos proposats. Finalment, escenifiqueu el debat.

1. Cerqueu informació a través de converses amb els avis i les àvies i d'una entrevista formal (que podeu enregistrar) amb un d'ells.

Podeu preparar les preguntes de l'entrevista entre tots els membres del grup. Per exemple: *On vas néixer i quin any? Com eren els teus pares? Què feien? Quants fills van tenir? Com era la casa on vivíeu? Quines comoditats teníeu (aigua, llum, lavabo, ràdio, televisió...)? Quan vas començar a anar a l'escola? Com era? Què fèieu? Les nenes i els nens, anàveu junts? A quins jocs jugàveu? Quines distraccions teníeu? Què fèieu el diumenge? Anàveu al cinema? Anàveu de vacances?*

2. Redacteu els diversos textos proposats amb l'ordinador. És important que tots els membres del grup contribuïu a fer que els textos tinguin una bona estructura, que la informació sigui l'adequada i que l'expressió sigui clara, precisa i correcta.

Finalment, reviseu tots els textos per evitar errors de puntuació i d'ortografia.

3. Cada grup ha d'escenificar un petit debat sobre algun dels temes proposats. Un alumne adopta el paper de moderador, que ha de presentar el tema sobre el qual gira el debat, establir els torns d'intervenció i fer una breu conclusió final. Per la seva banda, la resta d'alumnes han de defensar opinions diferents sobre la qüestió amb arguments més o menys convincents.

Recordeu que cal parlar amb veu alta i amb una bona dicció.

Material complementari i models

BIOGRAFIA D'UNA ÀVIA NARRADA ORALMENT

L'àvia Maria va néixer a Llessui, un poble de l'Alt Pirineu, l'any 1947. Aleshores era un poble de ramaders que vivien del bestiar que pasturava els prats, dels animals de corral i de l'hort... (podeu escoltar la biografia completa en l'espai personal del web *www.barcanova.cat*)

OPINIÓ PERSONAL SOBRE ELS AVIS

Vaig tenir uns avis excepcionals. Ho eren per moltes coses, però, sobretot, eren excepcionals perquè eren els meus avis. Amb ells era feliç i em sentia protegit i, a més a més, aprenia un munt de coses, que, en definitiva, són les coses que després m'han servit per viure: explicar i escoltar històries, obviar les coses que no m'agraden, anar a la meva, tenir bons amics, creure en la família, viure com si la vida fos un joc que dura una estona, però que cal deixar endreçat per als que vindran després, pensar per mi mateix...

JAUME COPONS, escriptor

ARTICLE SOBRE LA RELACIÓ ENTRE ELS AVIS I ELS NETS

Un estudi recent conclou que els adolescents que han rebut les atencions educatives dels avis tenen una capacitat de comunicació més gran, fan més activitats socials, es mostren menys hiperactius i es comporten més bé.

Al mateix temps, s'ha comprovat com la salut mental dels avis millora quan tenen l'oportunitat de responsabilitzar-se dels seus nets. Sense oblidar la importància que tenen els avis en la transmissió dels valors i de la cultura de la societat.

JOSEP CORNELLÀ I CANALS, psiquiatre

RECEPTA D'OUS AL NIU

Ingredients per a 4 persones:

- 4 panets de Viena
- 4 ous grossos
- 100 g de foie
- oli i sal

1. Amb un ganivet, tallem la part de dalt dels panets i en traiem la molla de l'interior.
2. A la base dels panets hi posem un trosset de foie.
3. A sobre, hi posem el rovell d'un ou (separat de la clara) sense que es desfaci i hi tirem un pessic de sal.
4. Batem a punt de neu les clares i, amb una cullera, acabem d'omplir els panets.
5. En una paella, fregim els panets farcits amb oli d'oliva fins que quedin rossos. Hi anem tirant oli calent per sobre perquè la clara també s'enrosseixi.
6. Traiem els ous i els deixem un minut sobre paper absorbent per eliminar l'excés d'oli. I ja els podem servir!

UNITAT 4

LECTURA » *Tot el que li cal saber a una zebra per sobreviure a la sabana*

LITERATURA » La narrativa

GRAMÀTICA » Els determinants

ORTOGRAFIA » La síl·laba

Preparem la lectura

1. Doneu un cop d'ull al títol i a les il·lustracions del text de la lectura i digueu de què deu tractar.
2. Llegiu les definicions del vocabulari i, després, digueu quin adjectiu equival a 'constant, persistent', quin verb significa 'renyar amb duresa i severitat' i quin nom es refereix a 'una il·lusió òptica'.
3. Responeu oralment: a) Cal fer cas dels ensenyaments i dels consells dels més grans per poder superar les dificultats de la vida? Què n'opineu? b) I quan els ensenyaments i els consells no ens ajuden prou, quina actitud hauríem de tenir per superar les dificultats amb èxit? c) Creieu que el comportament dels animals ens pot servir per extreure lliçons de conducta? Per què?
4. Intercanvieu comentaris i opinions sobre el significat d'aquesta afirmació del biòleg i investigador Daniel Closa: «El fet d'interpretar el comportament dels animals segons els patrons de comportament humà és un error que els humans sempre hem comès. Les pel·lícules animades de Walt Disney en són un exemple».

BARCANOVA EDITORIAL

» LECTURA

VOCABULARI

abeurador *m.* Indret on solen anar a beure els animals.

cot -a *adj.* Inclinat cap a terra.

dreçar les orelles *fig.* Parar atenció.

embranzida *f.* Arrencada, acceleració inicial.

perseverant *adj.* Constant, persistent.

natja *f.* Part posterior del cos que hi ha a sobre la cuixa.

Tot el que li cal saber a una zebra per sobreviure a la sabana

Qui no s'ha deixat captivar, almenys alguna vegada, pel món de les faules! Aquestes històries d'animals intel·ligents que ens diverteixen i, alhora, ens fan reflexionar sobre nosaltres mateixos: perquè les faules parlen de nosaltres, dels nostres defectes i de les nostres virtuts. I ens eduquen, i ens alliçonen...

«Tot el que li cal saber a una zebra per sobreviure a la sabana» és una faula moderna. La protagonista és una zebra que ha d'aprendre les tècniques de la supervivència en un món ple de depredadors. Les lliçons de la mare són imprescindibles; ara bé, la vida és plena de sorpreses...

Durant milers i milers d'anys les zebres han transmès la seva saviesa a les seves filles. Cada generació ha perfeccionat l'anterior, les zebres ben ensenyades han prosperat, i s'han reproduït, i per això hi ha milions de zebres a la sabana. Un dia com qualsevol altre, una zebra com qualsevol altra té set. I mentre s'apropa a la bassa, recorda la primera lliçó que va aprendre de la seva mare:

Quan beguis, no et refiïs. Els lleons s'amaguen pels voltants dels ***abeuradors****, aprofiten que tens el cap* ***cot*** *i estàs distreta. Sigues prudent:* ***dreça les orelles*** *i gira-les per escoltar el que no pots veure.*

La lliçó li salva la vida. D'entre uns matolls de color crema salta un cos de color crema. Una massa felina de músculs i tendons, urpes i ullals, dirigits i coordinats per un instint assassí. Afortunadament és temporada seca. En el moment d'agafar impuls per al gran salt, la bèstia trepitja una branqueta. Amb el petit espetec n'hi ha prou perquè la zebra es giri i fugi.

Per regla general els lleons es cansen aviat. Si pots escapolir-te de la primera ***embranzida****, no hauràs de patir gaire. Per als lleons caçar zebres és una activitat més aviat esportiva i de seguida se n'avorreixen.*

La zebra s'adona que per desgràcia no la persegueix un lleó. És una lleona. Les lleones són més **perseverants**, molt més, perquè en depenen els cadells dels lleons. Fins i tot és possible que la lleona estigui tan desesperada com la zebra. Aquelles quatre potes poderoses no renuncien i li van darrere, els ullets de la fera clavats en les **natges** de la zebra.

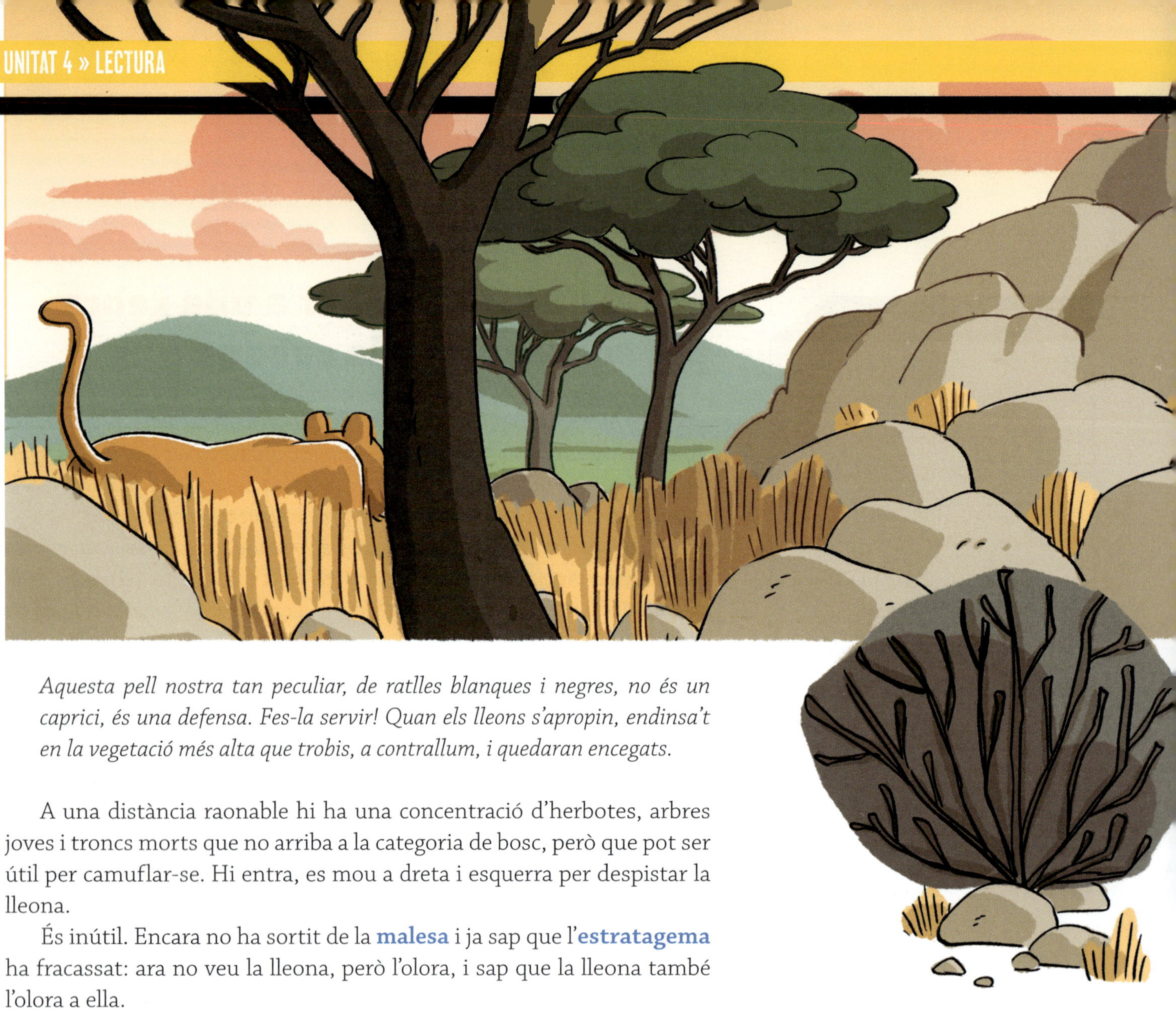

Aquesta pell nostra tan peculiar, de ratlles blanques i negres, no és un caprici, és una defensa. Fes-la servir! Quan els lleons s'apropin, endinsa't en la vegetació més alta que trobis, a contrallum, i quedaran encegats.

A una distància raonable hi ha una concentració d'herbotes, arbres joves i troncs morts que no arriba a la categoria de bosc, però que pot ser útil per camuflar-se. Hi entra, es mou a dreta i esquerra per despistar la lleona.

És inútil. Encara no ha sortit de la **malesa** i ja sap que l'**estratagema** ha fracassat: ara no veu la lleona, però l'olora, i sap que la lleona també l'olora a ella.

*Les zebres som unes escaladores mediocres, però els lleons són penosos. En cas d'emergència, busca l'**empara** de pedres i rocams.*

Quan la zebra surt de la malesa, el terreny es torna **escabrós**. Normalment el defugiria. En aquestes circumstàncies, tira amunt per una elevació **granítica**. Els cascos ressonen quan trepitgen les roques netes d'herba. La façana és irregular, plena de traus i petits abismes. Amunt, amunt!

La lleona gruny de disgust, odia els espais trencats i verticals. I tanmateix no s'atura. Salta de pedra en pedra amb un estil de granota. Aquella mirada, obsessivament concentrada en la zebra, ara ha de dividir-se. Primer enfoca la pedra on vol anar a parar, calcula, salta, alça els ulls per localitzar la zebra i torna a buscar la següent superfície. La zebra topa amb un ramat de cabres africanes que s'esvaloten, fugen i la **increpen**.

Abandona el rocam. Les pedres li han desfet les articulacions. L'aire que respira li crema els pulmons. Les cuixes li tremolen d'angoixa i de fatiga. La seva última esperança és que ara corre per espais oberts i la

VOCABULARI

malesa *f.* Bosc espès.

estratagema *m.* Artifici ideat per enganyar l'enemic.

empara *f.* Protecció.

escabrós -osa *adj.* Que presenta dificultats, ple d'entrebancs.

granític -a *adj.* Que és de la naturalesa de la roca de granit.

increpar *v.* Renyar amb duresa i severitat.

VOCABULARI

miratge *m.* Il·lusió òptica.

lúcid -a *adj.* Clarivident, que comprèn les coses.

alè *m.* Aire que surt dels pulmons.

inhalar *v.* Aspirar, agafar aire.

ancorar *v.* Fixar a terra.

atrotinat -ada *adj.* En molt mal estat.

llast *m.* Rèmora, obstacle que no deixa avançar.

franquejar *v.* Travessar.

lleona encara està entretinguda baixant les roques. Això li permet guanyar terreny.

No. Només és un **miratge**. Quan la bèstia toca terra, accelera i redueix les distàncies a una velocitat prodigiosa. La zebra sap que tot s'acaba, i ho sap perquè mai no ha tingut un pensament tan **lúcid** com el que avui l'assalta: mai no s'havia parat a pensar que les zebres han sobreviscut milions d'anys a la sabana, i s'han reproduït, i han prosperat, en efecte. Però els lleons, també.

*Filla, si estàs desesperada, quan notis l'**alè** mortal a la cua, no et rendeixis. Juga-t'ho tot. Busca un riu i llança-t'hi de cap. És possible que et devori el cocodril. Però si no ho fas, segur que et matarà el lleó.*

Un riu! Un riu! Però on són els rius, a la sabana? N'hi ha molt pocs i duen molt poc cabal. I ves per on, quina sort! Just davant seu li barra el pas un corrent d'aigua. Ni tan sols s'atura per descobrir morros de cocodril. Tant se val. S'hi capbussa. Mou les potes, treu el cap, **inhala** un oxigen que bull. Avança cap a l'altra banda amb una lentitud desesperant. Quan hi és, el fang brut de la riba fa que llisqui i es torni a submergir. Clava dues peülles al fang, s'hi **ancora**. Es dona impuls. No es pot creure que hagi aconseguit sortir.

La zebra ha escalat fins a terra ferma. Respira, defallida i **atrotinada**. Mira enrere i, oh, horror! La lleona fa servir arbres caiguts i la punta de roques mig submergides per creuar el riu a salts, més o menys com quan era al rocam.

És el final. Aquí s'acabaven les lliçons de la mare. Esgotada, no pot córrer més enllà d'un trot penós. Xopa, el pes de l'aigua es converteix en un **llast**. La lleona gairebé ha **franquejat** el riu. En un instant serà carronya.

VOCABULARI

congènere *adj.* Que és del mateix gènere, és a dir, que també pertany al gènere de les zebres.

esma *f.* Aptitud per fer una cosa maquinalment.

flanc *m.* Costat, part lateral.

esvair-se *v.* Dissipar-se, desaparèixer.

amanerat -ada *adj.* Que no actua amb naturalitat.

La zebra sent un renill. El pànic la dominava tant que ni havia vist que molt a prop hi havia una **congènere**. Es mou en la seva direcció per demanar-li auxili, sense **esma**. Però quina ajuda pot oferir-li una zebra vella, mig coixa i guenya? A més, la zebra vella, coixa i guenya, que també ha vist la lleona, fuig tan de pressa com pot, que no és gaire.

Durant uns moments, sota la capa del sol, en tota la immensa extensió de la sabana, per a la zebra no existeix res més que ella i la zebra coixa, guenya i vella. Corren en paral·lel. Tots dos animals es freguen amb la pell dels **flancs**. La zebra avança la zebra vella. La supera. Un moment després, el soroll rítmic de les vuit potes és interromput per un esclat de fúria. La zebra no mira enrere. No ho veu, ho sent: la zebra coixa ha caigut, abatuda, i la lleona li clava les mandíbules al coll.

L'esgotament s'ha **esvaït** en un tres i no res. Ara la zebra s'allunya de la tragèdia fent ziga-zaga i amb uns saltironets de gasela, àgils i **amanerats**. És feliç, sí. Perquè avui s'ha mort una zebra, però la zebra morta no és ella. L'endemà, davant de les altres zebres, plorarà de llàstima. I serà un plor sincer. Però ella és viva. I ha après la lliçó suprema de la sabana, que transmetrà a la seva filla.

I aquesta lliçó no té res a veure amb els lleons. Tot el que li cal saber a una zebra per sobreviure a la sabana és que n'hi ha prou de córrer més que una altra zebra.

Albert Sánchez Piñol:
Tretze tristos tràngols.

» ACTIVITATS

Comprensió lectora

La identificació del tema

El **tema** d'una història és la **gran idea sobre la vida** que l'autor o l'autora vol que aprenguem després d'haver-la llegit. Normalment, l'autor no anuncia el tema, sinó que s'ha d'inferir a partir de l'argument de la història.

1. Per tal d'identificar el tema d'una història, és molt útil que ens fem aquestes preguntes. Pensa-hi i respon:

a) Quin és el gran problema que planteja la història?
b) Què aprèn el personatge protagonista?
c) Al final, com ha canviat el personatge principal?

2. Digues quin dels temes següents correspon al text de la lectura i explica les raons de la teva tria completant el text que hi ha més avall:

a) la confiança en les pròpies forces
b) la salvació dels forts a costa dels més febles
c) l'amor maternal
d) la superació dels reptes
e) les lliçons de l'experiència
f) l'acceptació dels propis límits

El tema d'aquesta faula moderna és ▮. Al final, la zebra jove comprova que els ▮ de la mare, tot i que li han estat ▮ per escapar de la ▮, ja no li són ▮. Ara necessita, a més a més, el factor sort: ▮-se amb una zebra més ▮ que ella. I, en efecte, això és el que li permet ▮-se, ja que la ▮ de la lleona serà una zebra coixa, ▮ i vella que es troba ▮ en el moment més ▮ de la seva fugida.

La lliçó de la vida salvatge

Aquesta narració és **una lliçó** de supervivència per als animals de la sabana, és a dir, una **regla de conducta** per poder salvar la vida en una situació extrema i desesperada.

3. Quines són les dues lliçons que es poden treure d'aquesta faula?

a) L'animal més experimentat sempre guanya.
b) Sempre cal fer cas dels consells dels animals experimentats.
c) Cal ser més forts, córrer més que els altres animals de l'espècie.
d) Cal col·laborar amb els altres animals de l'espècie.

4. Quina lliçó podem treure de la faula? Ordena els fragments i trobaràs la resposta.

- i totes les precaucions
- ja no ens serveixen,
- en la fortuna
- Quan tots els consells
- hem de confiar
- que els nostres competidors.
- d'estar més ben capacitats

En podem treure cap altra lliçó?

La caracterització dels personatges

En una història, podem obtenir del narrador una idea del caràcter dels personatges per mitjà de diversos procediments.

5. Tria dos procediments pels quals obtenim la caracterització de la zebra:

a) La descripció del seu caràcter.
b) La revelació dels seus pensaments i sentiments.
c) La reproducció de les seves paraules.
d) El relat de les seves accions i la seva manera d'actuar.

6. Digues quin grup d'adjectius que descriuen trets de caràcter podríem aplicar a cada una de les accions que hi ha a continuació:

sensible, bondadosa, compassiva

conseqüent, racional, intel·ligent, espavilada

prudent, cauta, previsora

perseverant, constant, aplicada

clarivident, lúcida, perspicaç

a) La zebra, quan va a la bassa, dreça les orelles per escoltar el que no pot veure. Per tant, és molt *prudent*, ▮.
b) La zebra recorda cadascun dels consells de la mare i els aplica l'un darrere l'altre, sense defallir. Per tant, és molt ▮.
c) La zebra entén que les altres zebres s'han reproduït i han prosperat. Però també és conscient que els lleons han fet el mateix i, per tant, el perill es manté. Així doncs, és molt ▮.
d) La zebra plora de llàstima la mort de la seva companya. Per tant, és ▮.
e) La zebra és capaç d'aprendre de la vida perquè, de la seva experiència, en sap treure un ensenyament. Així doncs, és ▮.

El resum objectiu

Un **resum objectiu** és un escrit o una explicació oral que exposa breument el que es considera més important d'un assumpte, però sense manifestar opinions ni sentiments personals.

7. Completa el resum del text de la lectura amb els fragments següents:

- en perill de ser capturada per una lleona
- una faula moderna
- fil per randa
- no és prou eficaç per allunyar-la del perill
- les lliçons que li havia donat la seva mare
- sortir-ne sana i estàlvia
- amb córrer més que una altra zebra
- una zebra vella, mig coixa i guenya
- serà devorada per la lleona

«Tot el que li cal saber a una zebra per sobreviure a la sabana» és ▮ protagonitzada per una zebra que es troba ▮. Per tal de salvar-se, la zebra recorda ▮ i intenta seguir-les ▮. Malgrat la seva perseverança, la zebra s'adona que cap de les regles de conducta que li havia transmès la mare ▮ i salvar-li la vida. Finalment, un fet imprevist li permetrà ▮: trobarà ▮, que no podrà córrer tant, ocuparà el seu lloc i ▮. I la jove zebra haurà après que, per sobreviure a la sabana, n'hi haurà prou ▮.

Paraules i expressions

La precisió lèxica

La **precisió lèxica** consisteix a utilitzar el **vocabulari precís** en el context adequat i, així, evitar l'ús de paraules massa generals. Per exemple, la paraula *peu*, per anomenar la part inferior de les potes dels animals, de vegades és massa genèrica i, segons el cas, haurem d'utilitzar *unglot*, *urpa* o *peülla*.

8. Substitueix les definicions, que estan subratllades, per la paraula precisa. En cas de dubte, consulta el vocabulari de la lectura.

a) Els lleons s'amaguen pels voltants dels indrets on acostumen a anar a beure els animals.
b) Els lleons aprofiten que tens el cap inclinat cap a terra.
c) Els ullets de la fera estaven clavats en les parts posteriors del cos que hi ha sobre les cuixes.
d) La zebra ja sap que l'artifici ideat per enganyar l'enemic no li funciona.
e) El pes de l'aigua es converteix en un obstacle que no la deixa avançar.

BARCANOVA EDITORIAL

9. Escriu el nom de l'animal adequat en cada cas:

la **peülla** de la ___ / l'**urpa** de la ___

l'**esperó** del ___ / l'**unglot** del ___

el **bec** del ___ / el **musell** del ___

la **crinera** del ___ / la **cresta** del ___

la **ganya** del ___ / el **queix** del ___

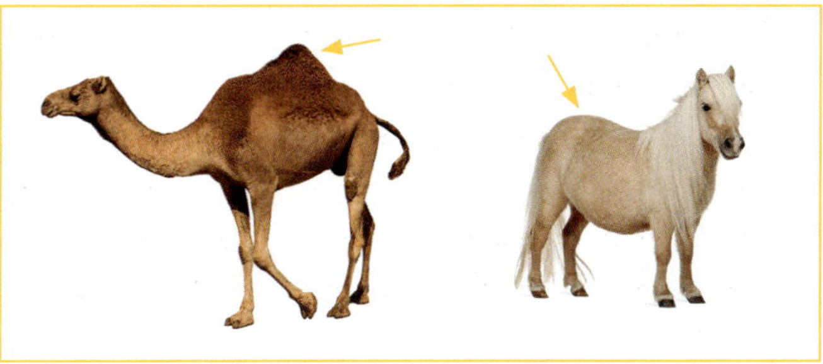

el **gep** del ___ / la **gropa** del ___

Mots reduplicatius

Hi ha unes quantes paraules de **caràcter expressiu** que estan formades per la **reduplicació del mateix mot** (*poti-poti, ziga-zaga*). Aquestes paraules s'escriuen amb guionet.

10. Identifica les reduplicacions en cada frase i infereix-ne el significat a partir del context:

a) La zebra camina xino-xano i de cop i volta arrenca a córrer fent ziga-zaga.
b) A l'abeurador s'hi aplega un poti-poti d'animals indescriptible.
c) Després de salvar-se, la zebra jove ha anat fent la viu-viu i ara ja és mare.
d) La mare diu a la zebra que no sigui una baliga-balaga, que no prengui les decisions sense considerar els avantatges i els inconvenients.

11. Relaciona les definicions amb les reduplicacions de l'activitat anterior:

a) ___ → *m.* Barreja d'elements en desordre.
b) fer ___ → *loc. v.* Traçar una línia trencada en forma de Z.
c) fer la ___ → *loc. v.* Saber superar les dificultats.
d) ___ → *adv.* A poc a poc, però sense aturar-se.
e) ___ → *m. i f.* Persona que actua sense reflexió, tarambana.

» POSA-HO PER ESCRIT

Instruccions per tenir cura d'un orangutan

Suposem que una tieta vostra, que treballa de veterinària al centre de rehabilitació d'orangutans *The Orangutan Center and Quarantine*, situat a l'illa de Borneo (Indonèsia), us convida a passar-hi les vacances. Allà, entre moltes altres coses, us ensenyen com cal tenir cura de les cries d'orangutans que han quedat òrfenes. Ara, després d'aquesta experiència, quins consells donaríeu a algú que hagués de tenir cura d'una cria d'orangutan?

Què hem de fer?

Per parelles, informeu-vos sobre la situació dels orangutans, que estan en perill d'extinció, i dels aspectes que cal tenir en compte per rehabilitar les cries d'aquests primats que han quedat òrfenes i escriviu la informació.

Com ho hem de fer?

Accediu als enllaços que trobareu en l'espai personal del web *www.barcanova.cat* i, a partir de la informació obtinguda, escriviu un text que tingui aquestes dues parts:

1. Una breu introducció sobre les causes de l'extinció dels orangutans i la tasca que fan a l'associació The Orangutan Center and Quarantine.
2. Sis consells per criar un orangutan nounat que ha quedat orfe.

Contingut dels consells

Els consells de criança d'un orangutan nounat s'han de referir a aquests aspectes:

- La visita a un veterinari.
- Les mesures higièniques que necessita.
- El tipus d'alimentació.
- El contacte físic amb la persona que en té cura.
- Les condicions que ha de tenir el lloc on es cria.
- L'edat en què es recomana donar-lo a un centre de recuperació d'animals.

Tots els consells han d'anar acompanyats de les raons que els acrediten.

» PREN LA PARAULA

Salvem els orangutans

Què podem fer per impedir l'extinció dels orangutans? Els interessos econòmics són tan forts que, si tots plegats no alcem la veu en contra d'aquesta amenaça, no ho podrem evitar. Això és el que pretén una campanya que va començar l'organització ambientalista Greenpeace l'any 2018.

Què hem de fer?

Amb la mateixa parella amb qui has escrit el text sobre els orangutans, prepareu una presentació del curtmetratge d'animació *Rang-tan: the story of dirty palm oil*. Aquest curt aborda el problema de l'extinció dels orangutans a causa de la desforestació produïda per les plantacions de palma per obtenir oli a la selva tropical d'Indonèsia. Feu de dobladors i poseu la veu en la versió en català.

Com ho hem de fer?

Cal que seguiu els passos següents:

a) Llegiu la notícia «Un curt de Greenpeace sobre l'extinció dels orangutans, prohibit a la televisió britànica per ser massa polític», publicada en el diari *Ara*, i mireu el curtmetratge al qual fa referència. En trobareu els enllaços en l'espai personal del web *www.barcanova.cat.*

b) Pareu atenció a l'àudio del curtmetratge: fixeu-vos en l'expressivitat i la modulació de la veu de la narradora.

c) Torneu a escoltar l'àudio del curt tot seguint la lletra original en anglès i, alhora, la versió adaptada al català, que trobareu en l'espai personal del web *www.barcanova.cat.*

d) Amb la vostra parella, feu una breu presentació de la peça animada davant la resta de la classe en què expliqueu els motius que han dut l'organització Greenpeace a gravar-la.

e) Mentre es projecta el vídeo, poseu la veu en la versió catalana. Parleu alt i clar i amb el ritme adequat. Doneu intensitat i expressivitat a la història animada per mitjà de la modulació de la veu.

» LITERATURA

1. La narrativa

Com que la vida quotidiana no té prou misteri ni prou encant per captivar-nos, a les persones ens agraden les **històries** imaginades o inventades que ens transporten a una altra realitat, a un món **de ficció**.

Les diverses fórmules d'inici de les rondalles ja indiquen aquest fet: ens avisen que, quan entrem en una narració literària, cal deixar la realitat quotidiana de banda i admetre un altre ordre de coses, **una realitat de ficció**. I les fórmules finals que tanquen la finestra oberta a la imaginació ens retornen a la nostra realitat, al món de cada dia. Per exemple:

La **narrativa** és el gènere que engloba els textos literaris que expliquen una **història de ficció**, ja sigui basada en fets reals, ja sigui imaginària o fantàstica.

RECORDA

La **narrativa popular** és el conjunt de relats anònims que, des de temps immemorial, la gent ha transmès oralment de generació en generació. Són, principalment, les rondalles i les llegendes.

1.1. Formes d'expressió

En l'època antiga les **narracions èpiques** es presentaven preferentment **en vers** (poesia èpica), com les grans epopeies gregues (la *Ilíada* i l'*Odissea*). En l'actualitat, les **narracions** es presenten **en prosa**.

Explicar una història de ficció és una tasca complexa que exigeix a l'autor o autora l'ús de **formes expressives** diverses:

BARCANOVA EDITORIAL

1. LA DESCRIPCIÓ

La descripció ens diu **com són** els personatges, els objectes, els llocs, els ambients, etc. L'**adjectiu** (paraula que expressa característiques) és la categoria lèxica més significativa de la descripció.

EXEMPLE

En un reialme perdut hi vivia un rei amb tres filles. La gran es deia Blanca, era ***lletja*** *com un pecat,* ***envejosa*** *i* ***egoista****; la mitjana es deia Bruna, era* ***bruta*** *com el sutge,* ***orgullosa*** *i* ***rabiüda****; la més petita es deia Estel, era* ***dolça*** *com la mel,* ***bonica*** *com un lliri blanc de primavera i* ***bondadosa*** *com la que més.*

2. EL RELAT DE FETS I ACCIONS

El relat o narració ens diu **què passa** i **què fan** els personatges. El **verb** (paraula que expressa accions i esdeveniments) és la categoria lèxica més significativa del relat.

EXEMPLE

La pobra Estel ***va marxar*** *per corriols de muntanya.* ***Camina que caminaràs, passà*** *dies i nits a sol i serena, fins que* ***va ser*** *molt lluny de casa i ningú no la podia conèixer. Un bon dia* ***arribà*** *a una masia i* ***es llogà*** *per fer de pastoreta de les oques i els ànecs de la casa. Els* ***portava*** *a pasturar a la vora del riu i* ***s'emmirallava*** *en les tranquil·les aigües mentre* ***es pentinava*** *amb una pinta de vori.*

3. LA VEU DELS PERSONATGES: EL DIÀLEG I EL MONÒLEG INTERIOR

El **diàleg** ens reprodueix en estil directe **allò que diuen** els personatges. Es tracta, doncs, d'un estil molt similar al que trobem en les obres de teatre, però en la narració el diàleg és introduït i comentat per la veu del narrador.

EXEMPLE

El rei cridà la seva filla petita i li va demanar:

—Filla meva, digues, com m'estimes?

L'Estel s'ho va rumiar una bona estona i, finalment, exclamà:

—Us estimo tant com la sal amb què adobem els menjars.

El rei, en sentir aquesta resposta inesperada, se sentí molt decebut i li digué:

—El teu amor és com la sal que crema les ferides, que encega els ulls i fa venir set? Així m'estimes? Desagraïda, fuig del meu costat, no et vull veure mai més!

El **monòleg interior** ens reprodueix de manera directa **allò que pensen i senten** els personatges.

EXEMPLE

L'Estel no entenia per què el seu pare l'havia fet fora de casa. ***Les meves germanes*** *—es deia—* ***van triar el pa i el vi per manifestar-li el seu amor, i el pare en va estar molt satisfet. En canvi, quan va sentir que jo l'estimava tant com la sal, em va rebutjar per sempre més.***

Els exemples són de la rondalla «La Margarideta», extreta de *Contes catalans retrobats*, de Sílvia Caballeria i M. Carme Codina.

1.2. La veu narrativa

La primera cosa que fa l'autor o l'autora d'una narració és determinar la veu narrativa, és a dir, **qui narrarà** la història. Per tant, ha de decidir entre les opcions següents:

1. UN NARRADOR EXTERN

El **narrador extern** és un **ésser inventat** per l'autor perquè expliqui la història sense intervenir-hi. Normalment és **omniscient**, és a dir, ho sap tot sobre els personatges de la història, fins i tot els seus pensaments.

El narrador extern utilitza la **tercera persona**.

EXEMPLE

Hi havia una vegada una noia que ***es passava*** *el dia somiant. De vegades* ***somiava*** *que* ***es comprava*** *una gran nevera americana i que* ***omplia*** *tot el congelador de terrines de gelat de xocolata belga i de cafè, i que* ***tenia*** *un armari immens fet de fusta de cirerer i tot ple de porcellanes xineses i de copes de cristall de Bohèmia amb rivets daurats. D'altres vegades* ***somiava*** *que* ***tenia*** *un munt de conjunts de roba interior de seda: un per a cada dia de la setmana.*

2. UN NARRADOR INTERN

El **narrador intern** és **un dels personatges** de la història. Pot ser el protagonista o bé un personatge secundari que actua com a observador o testimoni dels fets narrats.

El narrador intern utilitza la **primera persona** quan intervé en l'acció i la **tercera persona** quan fa de simple observador del que fan els altres personatges.

EXEMPLE

Em *pregunto què hi* ***faig*** *aquí, en aquest món. Per què* ***m'****hi* ***he*** *quedat?*

*Recordo la mare cantant-****me*** *cançons, acariciant-****me*** *els cabells, petant-****nos*** *de riure... De tant en tant acostumava a dir: «Tu i jo som diferents, fill. Ningú no ens acaba d'entendre...». I quan* ***jo*** *li preguntava per què, ella* ***em*** *contestava que ja hi estava acostumada. I llavors rèi****em****, i* ***ens*** *inventàv****em*** *un joc que consistia a dir-****nos*** *les* ***nostres*** *virtuts per mirar d'animar-****nos*** *una mica. I* ***jo*** *li deia* bonica. *I ella em deia* bonic, *i* llest, *i* simpàtic, *i* extraordinari, *i* petit príncep, *i* amor meu...

El primer exemple és del conte «Somnis de paper», extret d'*Estimat, t'he de deixar*, d'Hermínia Mas. El segon exemple és del llibre *Wolfgang (extraordinari)*, de Laia Aguilar.

El punt de vista que adopta el narrador crea el to i l'atmosfera de la història narrada.

El **to** és l'**actitud** que el **narrador** mostra envers allò que explica. Per exemple, el to del narrador pot ser *humorístic*, *sarcàstic*, *seriós*, *trist*, *indignat*, etc. L'**atmosfera** són els **sentiments** o les **sensacions** que el lector obté llegint o escoltant la història narrada. Per exemple, l'atmosfera de la narració ens pot resultar *tranquil·la*, *romàntica*, *esgarrifosa*, *tensa*, *tenebrosa*, *de suspens*, etc.

1.3. L'argument i l'estructura

Parlem d'**argument** per referir-nos als **fets principals** que s'esdevenen en una narració i parlem d'**estructura** quan ens referim a les **parts** en què es pot dividir l'argument de la narració. La majoria de les històries narrades consten de tres parts i segueixen l'**ordre lineal** del temps en forma de muntanya russa:

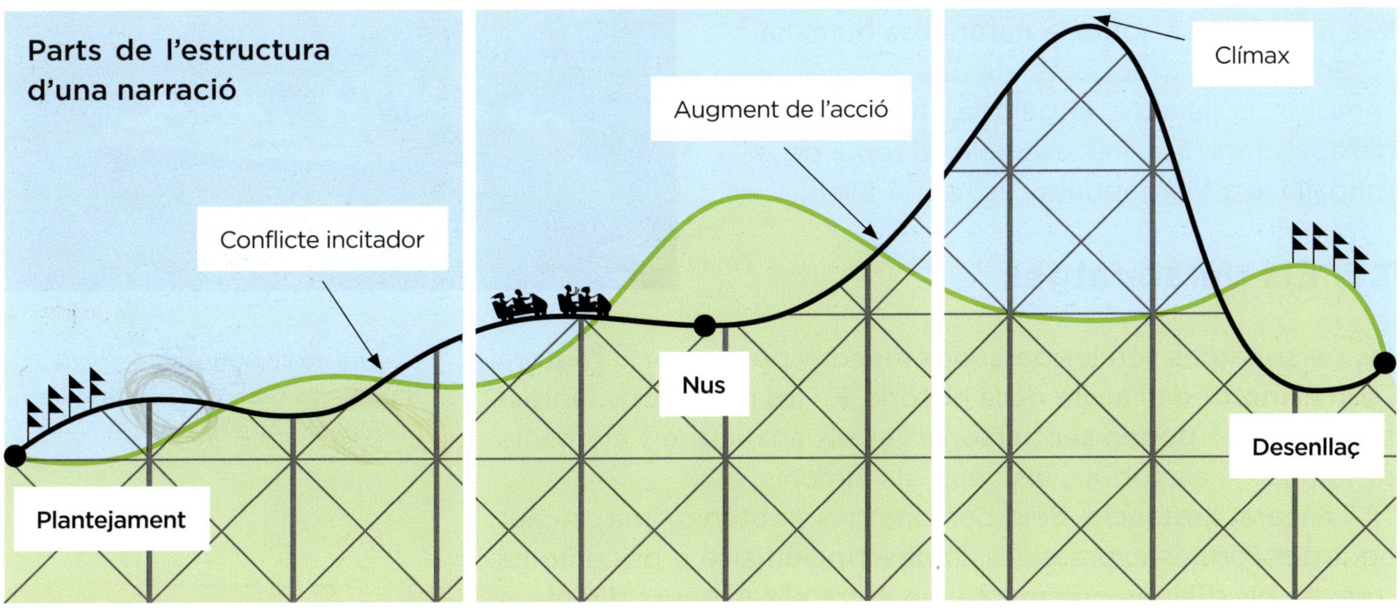

PART 1

El **plantejament** és la part inicial de la narració i té diverses funcions:

a) Presentar el **protagonista** i altres personatges principals.
b) Descriure l'**escenari**, és a dir, el temps, el lloc i l'ambient on es desenvoluparà la història.
c) Plantejar un **conflicte** que **incita a actuar**, a l'entorn del qual girarà la història.

PART 2

El **nus** és la part central de la narració i té diferents funcions:

a) Augmentar l'acció i **complicar el conflicte**.
b) **Desafiar** el **protagonista** perquè prengui part activa en el conflicte.
c) **Posar obstacles** al protagonista a fi que s'esforci a superar-los per aconseguir el seu **objectiu**.

PART 3

El **desenllaç** és la part final de la narració i té diverses funcions:

a) Crear el clímax, el **moment àlgid**: el conflicte arriba al seu punt més intens.
b) Enfrontar el protagonista a l'**obstacle definitiu**, que finalment aconsegueix superar.
c) **Resoldre el conflicte** central de la història.
d) Fer tornar el **protagonista** a una situació estable i mostrar com ha **canviat**.

ARGUMENT

Un rei pregunta a les seves tres filles com l'estimen. La gran respon que l'estima com el pa, la mitjana diu que com el vi i la petita respon que com la sal. Aquesta última resposta enfureix el pare perquè troba que no l'estima prou, i la fa fora de palau.	*La noia arriba a una masia i es lloga per fer de pastoreta de les oques i els ànecs de la casa. La noia i l'hereu de la masia s'enamoren i decideixen casar-se. Conviden el pare d'ella a la festa del casament. La noia cuina el dinar per al seu pare, però no hi posa sal, i l'hi serveixen.*	*El pare diu que l'àpat no es pot menjar perquè li falta tot el gust del món: la sal. La noia li recorda que ell va rebutjar una filla que «l'estimava com la sal» i es dona a conèixer. El pare admet el seu error. La princesa i l'hereu tornen a palau i la noia es converteix en la reina del reialme.*

1.4. El tema

En literatura, el **tema** és un **concepte universal** que impregna tota la narració; és com el batec del cor o l'ànima de la història. Totes les històries tracten de la condició humana. Fins i tot si tracta de robots, alienígenes o déus, el motor invisible que condueix la història revelarà alguna cosa sobre la **naturalesa humana**.

Són temes freqüents de les narracions l'amistat, la lleialtat, la gelosia, la revenja, el perdó, l'amor, etc. Per exemple, el tema de la rondalla «La Margarideta» és l'amor filial.

Escena de l'òpera *André Chénier*, d'Umberto Giordano, representada a Bregenz (Àustria) el 2011.

1.5. Els personatges

Els personatges són les **persones ideades** per l'autor o l'autora i són el **motor de l'acció** de la història. En les narracions fantàstiques també poden ser personatges els animals, els elements de la natura, els robots, els déus, els dimonis, etc.

La **caracterització** dels personatges l'obtenim mitjançant aquestes formes expressives: la **descripció** física o psicològica (retrat), els **diàlegs** que mantenen entre ells (discurs directe o indirecte), els **monòlegs** i les **accions** que duen a terme.

Els personatges es classifiquen en funció de **quatre criteris**:

1. Segons la **importància** que adquireix el seu paper al llarg de la història	El **personatge principal**, que s'anomena ***protagonista***, i l'**antagonista**, en cas que hi hagi un personatge que s'hi enfronti.
	Els **personatges secundaris**. Si el seu paper és de molt poca importància, s'anomenen **figurants**.
2. Segons l'**evolució** que experimenta el seu comportament	Els **personatges dinàmics**, que van canviant a mesura que avança el relat.
	Els **personatges estàtics**, que sempre es comporten de la mateixa manera.
3. Segons la **profunditat psicològica** amb què els presenta el narrador	Els **personatges rodons**, que apareixen descrits de manera detallada, principalment pel que fa al seu caràcter, els seus pensaments, les seves reaccions...
	Els **personatges plans**, que apareixen descrits de manera esquemàtica o superficial.
4. Segons el **model de conducta** que encarnen, fixat per la tradició	Els **personatges** s'anomenen ***arquetips*** si encarnen un model de conducta fixat per la tradició (l'heroi, l'antiheroi, el somiador, el realista...); si encarnen un grup social, s'anomenen ***estereotips*** (el soldat, el lladregot, l'avar, el criat...).

1.6. Els gèneres narratius

Els textos narratius es poden classificar en diversos gèneres i subgèneres:

NARRATIVA CURTA	Faula	Narració breu protagonitzada generalment per animals i que té com a finalitat transmetre un ensenyament moral.
	Rondalla	Narració popular, normalment de caràcter fantàstic, que té com a objectiu entretenir els infants.
	Llegenda	Narració breu, generalment de caràcter popular, d'aparença més o menys històrica, però amb elements fantàstics.
	Conte	Narració breu d'autor conegut que descriu fets reals o ficticis.
NARRATIVA LLARGA	Novel·la de cavalleries	Gènere medieval que neix al voltant del món dels cavallers que lluiten per una dama i pels valors cristians.
	Novel·la d'aventures	Gènere caracteritzat pel viatge i les aventures en terres remotes, amb episodis inquietants.
	Novel·la romàntica	Gènere que narra històries d'amor apassionat en què els amants fan tot el possible per tal de vèncer les dificultats que s'interposen entre ells.
	Novel·la realista	Gènere que narra una història amb uns personatges i uns ambients que la fan molt pròxima a la realitat.
	Novel·la de terror	Gènere que desenvolupa històries que volen fer por en uns escenaris truculents i carregats de misteri.
	Novel·la de ciència-ficció	Gènere que explora indrets possibles des del punt de vista científic, però encara no imaginables com a reals.
	Novel·la negra	Gènere basat en la novel·la policíaca que tracta els aspectes més tèrbols de la societat contemporània: la corrupció, la violència i l'abús de poder.
	Novel·la psicològica	Gènere que aprofundeix en el caràcter, els sentiments i l'evolució psicològica dels personatges.

» ACTIVITATS

La narrativa

12. Completa l'oració amb l'opció adequada:

Una obra narrativa és...

a) una composició que expressa sentiments i estats d'ànim.
b) una composició que explica una història de ficció.
c) una història dialogada destinada a ser representada per actors i actrius.
d) un escrit en què s'exposen les reflexions i les opinions sobre un tema determinat.

Formes d'expressió

13. Llegeix les definicions següents i digues a quina d'aquestes formes expressives correspon cada una: *relat, descripció, monòleg interior, diàleg*.

a) Reprodueix en estil o discurs directe les paraules que s'intercanvien els personatges.
b) Reprodueix directament els pensaments i els sentiments dels personatges.
c) Explica les característiques dels personatges i la seva manera d'actuar, i també les característiques dels objectes i dels ambients.
d) Explica els fets i les accions que duen a terme els personatges.

14. Copia el fragment narratiu extret d'una de les obres de Conan Doyle sobre el detectiu Sherlock Holmes i fes el següent:

- Subratlla de color blau les expressions que formen part del relat de fets i accions.
- Subratlla de color verd les expressions que descriuen personatges, objectes o maneres de fer o d'estar.
- Subratlla de color vermell les expressions que formen part del diàleg dels personatges.

> Sherlock Holmes i jo sèiem al costat de l'acollidora llar de foc, parlant del seu últim cas, quan ens fou anunciada una visita. Al cap d'un moment aparegué una dama, vestida completament de negre i amb un espès vel que li cobria la cara. El meu amic li oferí una butaca al costat del foc i li pregà que ens expliqués a què devíem aquella inesperada visita.
>
> —En què la podem ajudar? —va preguntar amb veu paternal i tranquil·litzadora.
>
> —Pateixo de neguit, un terrible neguit!
>
> La dama parlava en veu baixa. Tremolava.
>
> —He hagut de venir urgentment a Londres, senyor. Ja no puc suportar aquesta situació. El pitjor és que no hi trobo cap explicació.
>
> ARTHUR CONAN DOYLE:
> «La cinta de clapes», dins *El robí blau*.

La veu narrativa

15. Llegeix el text i fes les activitats:

> De vegades, quan estic tan cansada que no desitjaria altra cosa que ficar-me al llit i dormir sense aturador, m'esforço per recordar que la meva vida no sempre ha estat així. Em costa, aleshores, situar-me en aquells altres temps i no em sé reconèixer en la nena de les trenes rosses, en la noia inquieta i insolent ni en l'estudiant que va deixar la carrera a mig fer. Tinc l'estranya sensació que hi ha hagut diverses persones en mi, com si les diferents etapes que he viscut estiguessin tancades en compartiments ben aïllats els uns dels altres.
>
> GLÒRIA LLOBET: *Llàgrimes de quitrà*.

a) Explica per què aquest fragment està narrat en forma de monòleg interior.
b) La veu narrativa, és la d'un narrador extern o la d'un narrador intern?
c) Tria els tres adjectius de la llista següent que consideris que defineixen més bé el to de la narradora: *meditatiu, sever, indiferent, reflexiu, irritat, confessional*.

d) Tria entre els adjectius següents els tres que creguis que defineixen més bé l'atmosfera narrativa del fragment: *plàcida*, *inquietant*, *familiar*, *íntima*, *esborronadora*, *enigmàtica*.

L'argument i l'estructura

16. Llegeix l'argument de la narració de la lectura «Tot el que li cal saber a una zebra per sobreviure a la sabana», inclosa en el llibre *Tretze tristos tràngols*, i ordena'l d'acord amb les tres parts de l'estructura de la narració: plantejament, nus i desenllaç.

A La lleona persegueix la jove zebra amb el seu instint assassí. La zebra intenta despistar-la corrent, fent ziga-zagues i enfilant-se per un terreny escabrós. En acabat, es capbussa al riu i neda fins a l'altra riba, però la lleona no la deixa de petja. La zebra defalleix i sent que s'acosta el seu final.

B Aleshores apareix una segona zebra vella i coixa que corre menys que ella. La lleona atrapa la zebra vella i coixa i li clava les mandíbules al coll. La primera zebra s'ha salvat i s'allunya de la tragèdia mentre pensa que acaba d'aprendre la lliçó suprema de la sabana: córrer més que una altra zebra.

C Una jove zebra de la sabana té molta set i decideix baixar amb molta cautela a l'abeurador. Ella sap que, en qualsevol moment, pot aparèixer un lleó d'entre els matolls i convertir-se en la seva víctima. De cop i volta apareix una lleona famolenca.

17. A partir del diagrama que hi ha a continuació, desglossa en vuit punts el plantejament, el nus i el desenllaç de «Tot el que li cal saber a una zebra per sobreviure a la sabana». Per exemple: *1. Una jove zebra de la sabana té molta set i decideix baixar amb molta cautela a l'abeurador. 2. Ella sap que...*

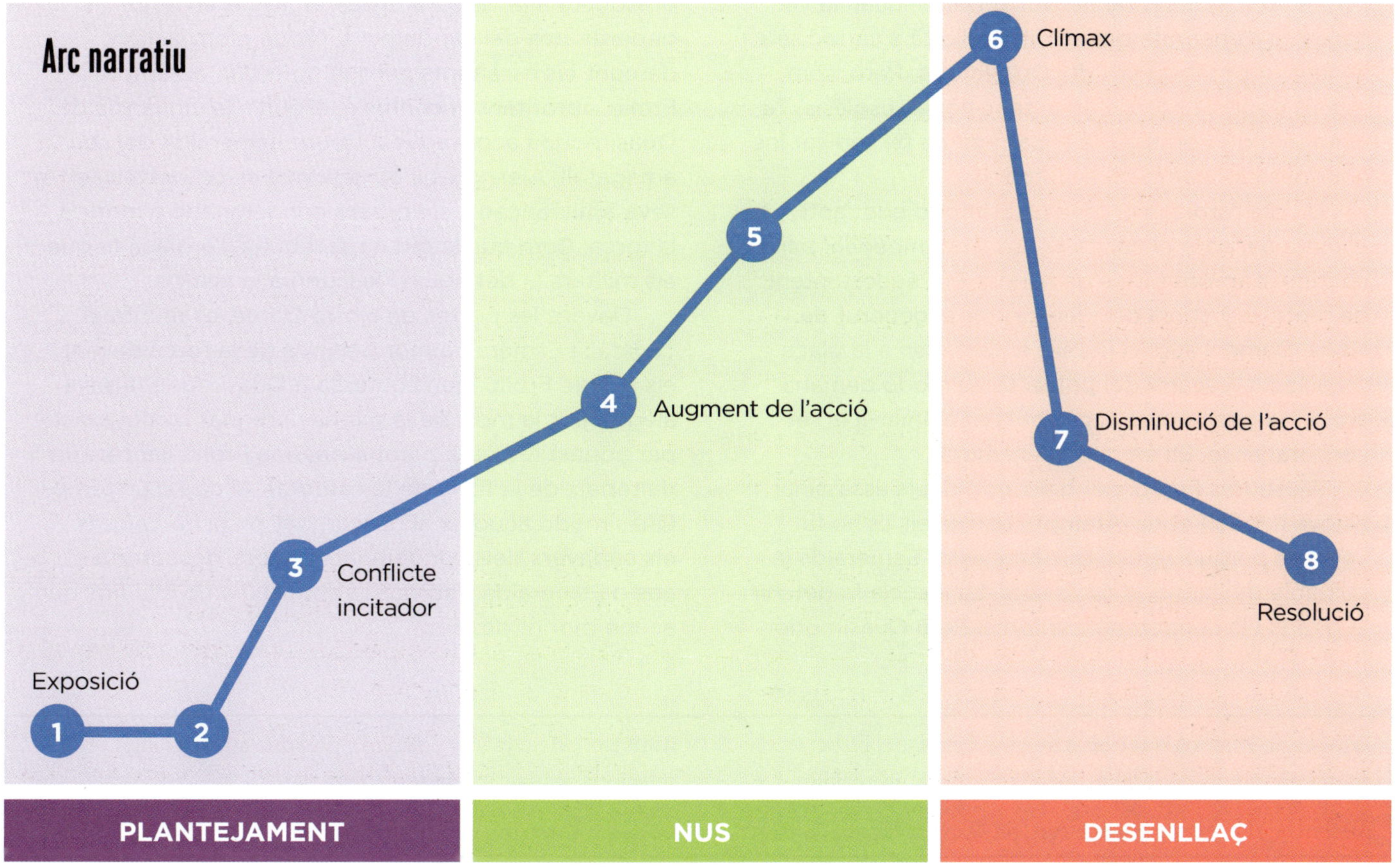

El tema

18. Llegeix les sinopsis argumentals que hi ha a continuació i tria quin és el tema en cada cas:

En una illa deshabitada un grup de joves estudiants crea una nova societat, però els membres més forts es fan els amos i sotmeten la resta de joves.

a) Llei de vida
b) El poder corromp
c) L'ésser humà *versus* la natura

Una corredora amb talent i favorita a guanyar una cursa perd davant una rival inesperada perquè afluixa el ritme a meitat de la competició.

a) La il·lusió *versus* la realitat
b) L'ésser humà necessita competir
c) L'excés d'autoconfiança i complaença

Encara que els indicis fan pensar que es convertirà en una persona malvada, un jove estudiant desitja ser bo.

a) El bé *versus* el mal
b) La llibertat individual *versus* el destí
c) La màgia de la vida

L'amor d'un noi i una noia esdevé impossible perquè ella pertany a una família benestant i ell, a una família humil.

a) Les desigualtats socials
b) La il·lusió *versus* la realitat
c) La fragilitat de l'amor

Els personatges

19. Llegeix l'argument de la novel·la *Nostra Senyora de París*, de Victor Hugo (1802-1885), i respon a les preguntes que hi ha a continuació:

En una festa popular que se celebra a París l'any 1482, Esmeralda, una jove ballarina gitana òrfena, atreu fatalment els homes per la seva gran bellesa. Frollo, l'**ardiaca** de la catedral de Notre-Dame, quan la veu ballar, se n'enamora bojament. Frollo té a càrrec seu un jove adoptat que es diu Quasimodo. Però, com que és geperut i sordmut, el té reclòs a l'església. Té una força descomunal i s'encarrega de fer repicar les enormes campanes de la catedral.

Un dia l'ardiaca ordena Quasimodo que rapti Esmeralda, però el capità Febus li ho impedeix per continuar aprofitant-se de la noia. Per aquest intent de rapte, la justícia decideix portar el geperut de Notre-Dame a suplici públic: el fuetegen a la plaça i rep l'odi i l'escarni del poble. Quasimodo demana aigua i la gitana puja al **patíbul** per calmar-li la set i encoratjar-lo. Ell en queda enamorat.

Aleshores Frollo, per gelosia, planeja assassinar el jove capità Febus. Atempta contra ell, i s'ho fa venir bé perquè sembli que hagi estat Esmeralda la culpable de l'intent d'assassinat. La justícia fa detenir la gitana i la condemna a la forca. Però Quasimodo la rescata i la protegeix dins la catedral, un terreny sagrat on no es permet que hi entrin els guàrdies. Les tribus de gitanos, en saber que Esmeralda està presonera a la catedral, intenten alliberar-la. El geperut, des del capdamunt, llança plom bullent damunt els assaltants perquè no entrin al temple. Frollo, aprofitant la confusió, esquiva la vigilància de Quasimodo i aconsegueix treure Esmeralda del seu amagatall. Aleshores li exigeix que es converteixi en la seva **amistançada**, si no, serà condemnada a morir a la forca. Com que la gitana el rebutja, l'ardiaca fa que els militars la detinguin i la lliurin a la justícia.

Davant les portes de Notre-Dame, es munta el cadafal, i Esmeralda mor penjada de la forca davant els ulls de Frollo, que confessa a Quasimodo la seva alegria per la mort de la gitana. Indignat i enfurismat per aquest fet, el geperut assassina Frollo llançant-lo daltabaix de la torre de la catedral. Al cap d'un temps, Quasimodo acudeix al descampat on hi ha **colgats** els cadàvers dels condemnats a mort, desenterra el cos d'Esmeralda, l'abraça i s'està així amb ella fins que acaba morint de fam.

ardiaca *m.* Persona que s'encarregava d'ajudar el bisbe, d'administrar els béns de l'església i d'assistir els malalts.

patíbul *m.* Lloc, normalment elevat, on s'executa la pena de mort.

amistançat -ada *m.* i *f.* Amant, persona amb qui algú té relacions sexuals sense ser la seva parella.

colgar *v.* Enterrar, cobrir amb terra.

a) Quins són els tres personatges principals de la novel·la? Qui és el protagonista? Qui és l'antagonista? Quin dels tres personatges és l'objecte del desig?
b) Segons l'evolució del comportament dels personatges, quins són els dos més dinàmics?
c) Segons la profunditat psicològica amb què són presentats, quin personatge és el més rodó i quin és el més pla?
d) A quin dels arquetips que hi ha a continuació correspon cadascun d'aquests personatges de la novel·la: *Frollo*, *Febus*, *Esmeralda*, *Quasimodo*?

a És un personatge que respon a l'arquetip del monstre que la gent tem per les seves deformacions físiques, però que amaga un cor bo i generós.

b És un personatge que respon a l'arquetip del poderós malvat: manipula les institucions i abusa dels seus súbdits per aconseguir els seus desitjos inconfessables.

c És un personatge que respon a l'arquetip de la noia òrfena que està abocada a un destí fatal per motius de raça i d'origen social i pel fet d'encarnar un desig disputat.

d És un personatge que respon a l'arquetip del fals heroi, que aparenta defensar els desvalguts, però que, en realitat, actua per interès propi .

Els gèneres narratius

20. A quins subgèneres novel·lescos corresponen cadascun d'aquests fragments narratius?

a Una nit en Jonathan va veure com el comte Dràcula sortia per una de les finestres del castell i reptava pels murs com si fos un llangardaix. Al cap d'una estona van aparèixer tres noies molt boniques que intentaven besar-lo. Davant la seva sorpresa, una el va mossegar. Llavors, en Jonathan va entrar en un estat hipnòtic.

BRAM STOKER: *Dràcula.*

b El cel i la terra van començar a vibrar amb una mena de trepidació sorda que s'anava accentuant, i un dels tres nois, que havia alçat el cap, digué:

—Mireu.

Tots tres van poder veure una gran formació d'aparells que s'atansava remorosament de la llunyania, i n'hi havia tants que cobrien l'horitzó. L'altre noi va dir:

—Són platets voladors, tu!

MANUEL DE PEDROLO: *Mecanoscrit del segon origen.*

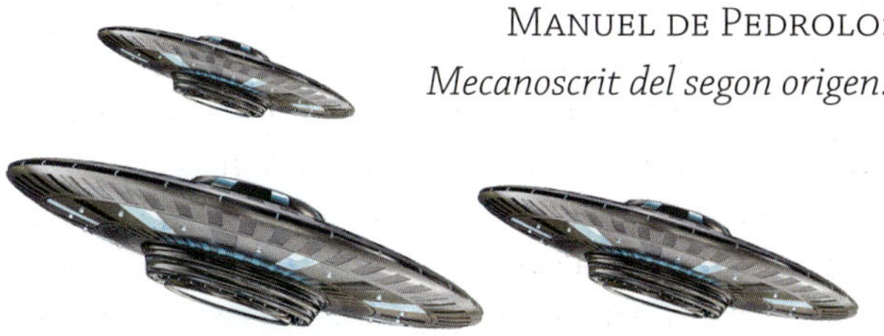

21. De quin subgènere de narrativa curta forma part la narració de la lectura inicial d'aquesta unitat, «Tot el que li cal saber a una zebra per sobreviure a la sabana»? Explica les característiques bàsiques d'aquest subgènere.

22. A quin d'aquests subgèneres de narrativa llarga pertany la novel·la *Nostra Senyora de París*: novel·la realista, novel·la romàntica o novel·la d'aventures? Explica en què bases la teva afirmació.

» GRAMÀTICA

Els determinants

FITXA 1 » LES PROPIETATS DELS DETERMINANTS

FORMA. Els determinants són paraules **variables** que **concorden** en **gènere** i **nombre** amb el nom que acompanyen. Per això tots els determinants tenen quatre formes:

el lleó	**la** zebra	**els** lleons	**les** zebres
aquest riu	**aquesta** vall	**aquests** rius	**aquestes** valls

FUNCIÓ. Els determinants fan la funció d'**especificador del nom**. Aquesta funció consisteix a presentar el nom i a assignar-li, d'acord amb el context, el **significat precís**:

Una *zebra tenia molta set.*	El determinant *una* presenta el nom *zebra* i ens indica que es refereix a un **element nou** (**no conegut** anteriorment).
La *zebra va veure una lleona.*	El determinant *la* presenta el nom *zebra* i ens indica que es refereix a un **element conegut** (perquè ja se n'ha parlat abans).
Aquella *lleona tenia molta gana.*	El determinant *aquella* presenta el nom *lleona* i ens **mostra l'element** al qual es refereix.

CLASSIFICACIÓ. Els determinants es classifiquen en **tres grups**:

ARTICLES	**DEFINITS**	el, la
	INDEFINITS	un, una
DEMOSTRATIUS	**DE PROXIMITAT**	aquest, aquesta
	DE LLUNYANIA	aquell, aquella
POSSESSIUS	**D'UN POSSEÏDOR**	meu, meva; teu, teva; seu, seva
	DE DIVERSOS POSSEÏDORS	nostre, nostra; vostre, vostra; seu, seva

RECORDA

Com que els determinants presenten el nom, ocupen la primera posició del sintagma nominal:

una zebra coixa
Det N Adj

• Quina diferència hi ha entre ***una*** *zebra* i ***la*** *zebra*?

BARCANOVA EDITORIAL

1.1. Identifica els tretze determinants que apareixen en les oracions que hi ha a continuació. Després, classifica'ls en articles, demostratius i possessius.

a) Durant milers i milers d'anys les zebres han transmès la seva saviesa a les seves filles.

b) Aquelles potes poderoses li van darrere, els ulls de la fera clavats en les natges de la zebra.

c) Aquesta pell tan peculiar no és un caprici; és una defensa.

1.2. Especifica cadascun dels noms de les notícies breus següents amb el determinant adequat:

a) ▮ avió s'ha estavellat a Indonèsia. ▮ avió ha caigut poc després d'enlairar-se. No se saben ▮ causes de ▮ accident.

b) ▮ conductor ha resultat ferit en caure-li a sobre ▮ bloc de gel a ▮ carretera N-230. ▮ conductor ha estat traslladat a ▮ Hospital Arnau de Vilanova, on es recupera de ▮ ferides causades per ▮ impacte.

FITXA 2 » ELS ARTICLES

CLASSIFICACIÓ. Hi ha dues classes d'articles: els **definits** i els **indefinits**.

ARTICLES DEFINITS	
el genoll	**els** ullals
la peülla	**les** dents

ARTICLES INDEFINITS	
un tronc	**uns** matolls
una branca	**unes** herbes

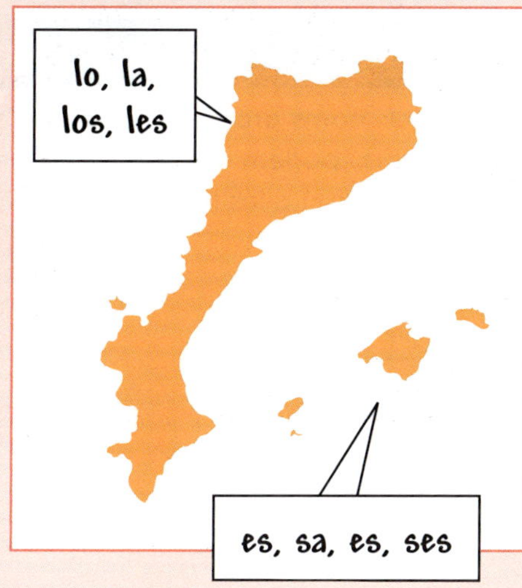

PER SABER-NE MÉS

En els parlars de les illes Balears s'usa, com a article definit, l'article salat: ***es** ganivet*, ***sa** taula*, ***es** ganivets*, ***ses** taules*.
En alguns parlars occidentals es mantenen vives les formes antigues del masculí *lo* i *los*: ***lo** ganivet*, ***los** ganivets*.

APOSTROFACIÓ. Les formes *el* i *la* **s'apostrofen** quan es troben **davant d'un so vocàlic**: ***l'**arbre*, ***l'**embranzida*, ***l'**impuls*, ***l'**herba*, ***l'**hivern*, ***l'**huracà*, ***l'**ungla*, ***l'**onze*. També davant les **xifres** (*l'1*, *l'11*) i les **sigles** que comencen amb un so vocàlic (***l'**ADN*, ***l'**AP-7*, ***l'**FBI*, ***l'**NBA*).

La forma *la* no s'apostrofa davant els **sons àtons** de la *i* i la *u*: *la **i**matge*, *la h**i**stòria*, *la **u**nió*, *la h**u**mitat*, *la **I**TV*, *la **U**GT*.

CONTRACCIONS. Quan les formes *el* i *els* es troben darrere de les preposicions *a*, *de* o *per* i de la forma *ca* ('casa'), perden la vocal i s'hi uneixen per formar una sola paraula: *al*, *als*; *del*, *dels*; *pel*, *pels*; *cal*, *cals*. Aquestes formes reben el nom d'**articles contractes**.

No fem contracció quan l'article ha d'anar **apostrofat**:

FEM CONTRACCIÓ	NO FEM CONTRACCIÓ
*S'ha enfilat **al** pi.*	*S'ha enfilat **a l'**arbre.*
*Bufa vent **del** nord.*	*Bufa vent **de** l'est.*
*Passa **pel** bosc.*	*Passa **per l'**horitzó.*
*Viuen a **cal** Sastre.*	*Viuen a **ca l'**Oriol.*

2.1. Completa les oracions següents amb la forma adequada de l'article definit:

a) ▮ dependenta no ens treia ▮ ull de sobre.
b) Això és molt antic, ja ha passat a ▮ història.
c) ▮ humor anglès és un humor molt subtil.
d) Hem d'anar tots a ▮ una: ▮ unió fa ▮ força.

2.2. Completa amb la preposició que s'indica entre parèntesis i l'article definit corresponent:

a) Es queixen (*de*) ▮ soroll. / Es queixen ▮ arbitratge. / Es queixen ▮ aldarulls.
b) M'esperen (*a*) ▮ hotel. / M'esperen ▮ carrer. / M'esperen ▮ Estats Units.
c) El pis està orientat cap (*a*) ▮ nord. / El pis està orientat cap ▮ est. / El pis està orientat cap ▮ Pirineus.
d) Vindrà (*per*) ▮ volts de Nadal. / Vindrà ▮ aniversari d'en Joan. / Vindrà ▮ meu casament.
e) Vull un remei per (*a*) ▮ polls. / Vull un remei per ▮ asma. / Vull un remei per ▮ cruiximent d'ossos.
f) La biblioteca estarà tancada (*de*) ▮ 1 (*a*) ▮ 20 de març. / La biblioteca estarà tancada ▮ 6 ▮ 11 de maig.
g) Anirem des (*de*) ▮ Empordà fins (*a*) ▮ Ebre. / Anirem des ▮ Canigó fins ▮ Montseny.

FITXA 3 » L'ARTICLE DAVANT DELS NOMS PROPIS

Davant dels **noms propis de persona** (anomenats ***antropònims***) podem utilitzar les formes de l'**article personal** (*en*, *na*) o les formes pròpies de l'article definit (*el*, *la*):

MASCULÍ: *EN / EL*	FEMENÍ: *NA / LA*
en Jaume / el Jaume n'Ignasi / l'Ignasi	na Margalida / la Margalida n'Antònia / l'Antònia

*Les formes subratllades són les preferents en els parlars de Catalunya.

RECORDA

En llenguatge formal no s'usa l'article davant dels noms de **personatges històrics** o de **persones famoses**:

Joan Miró *va viure molts anys a Mallorca.*
Acabo de llegir una gran novel·la de ***Mercè Rodoreda****.*

Pel que fa als **noms propis de lloc** (anomenats ***topònims***), alguns van amb article i d'altres sense:

TOPÒNIMS	AMB ARTICLE	SENSE ARTICLE
NOMS DE LOCALITATS	la Seu d'Urgell, es Mercadal	Lleida, Valldemossa
NOMS DE COMARQUES	el Maresme, l'Alt Urgell	Osona
NOMS DE MUNTANYES	el Puigmal, la Pica d'Estats	Montserrat, Montjuïc
NOMS D'OCEANS, MARS I RIUS	l'Atlàntic, l'Adriàtic, el Segre, l'Ebre	–
NOMS DE PAÏSOS	el Japó, el Marroc, l'Índia	França, Rússia, Egipte

RECORDA

Les preposicions i l'article personal *en* no fan la contracció:
Això és ***d'en*** *Pere.* *Dona això* ***a en*** *Joan.*

En canvi, sí que fan la contracció la forma *ca* ('casa') i l'article *en*:
Ara viuen a ***can*** *Pla Xic; abans vivien a* ***can*** *Guitarra (però: han comprat* ***ca n'****Eroles).*

3.1. Substitueix l'article definit de davant dels noms de persona per l'article personal *en*:

a) *El* Martí viu a Blanes.
b) Aquesta bici és *del* Roger.
c) Hem de telefonar *al* Mateu.
d) Ho hem sabut *pel* Marc.
e) Compra-ho per *al* Gabriel.

3.2. Classifica els noms d'aquests països africans segons si van amb article o sense:

Camerun • Etiòpia • Tanzània • Sudan
Nigèria • Senegal • Angola • Txad
Congo • Egipte

3.3. Classifica els noms d'aquestes poblacions segons si van amb article o sense:

Banyoles • Vendrell • Ametlla de Mar
Puigcerdà • Escala • Guissona
Garriga • Pobla de Lillet • Tàrrega
Castelló de la Plana • Seu d'Urgell
Ciutadella de Menorca • Borges Blanques
Palma de Mallorca

3.4. Quina de les frases següents és més adequada per a una crítica d'una sèrie de televisió?

a) Els actors són Joan Oller i Neus Mir.
b) Els actors són en Joan Oller i la Neus Mir.

FITXA 4 » L'ARTICLE NEUTRE

L'**article neutre** és aquell que introdueix un grup de paraules que fa la funció d'un **nom abstracte**:

L'incident

*Tot **el** que ha passat és molt greu.*

La gran sorpresa

***El** més sorprenent és que ho negui.*

La llengua col·loquial, de vegades, fa servir la forma ***lo*** com a article neutre: ***lo** que ha passat*, ***lo** més sorprenent*. Tanmateix, la llengua formal utilitza l'article neutre ***el*** o bé opta per altres construccions:

***Això que** ha passat és molt greu.* ***El fet més** sorprenent és que ho negui.*

Hi ha diverses **expressions fixes** que contenen l'article neutre:

***Pel que fa** al projecte, la impressió és satisfactòria.*
***Pel que sembla**, la recuperació serà llarga.*
***Pel que es veu**, no hi ha hagut ferits.*

4.1. Substitueix els noms abstractes destacats per un article neutre i un adjectiu en singular. Per exemple: *No s'esforça gaire, fa la feina justa i prou.* → *No s'esforça gaire, fa **el** just i prou.*

a) *La situació ideal* per a aquesta gent seria que no hagués de marxar del seu país.
b) Amb aquesta tempesta de neu i vent, l'*opció millor* és quedar-se a casa.
c) Farem tot *l'esforç necessari* perquè vingui.
d) Què t'agrada més: *els menjars dolços* o *els salats*?

4.2. Substitueix el demostratiu neutre *això* o *allò* per l'article neutre. Per exemple: *Hauries de fer això que et dic.* → *Hauries de fer **el** que et dic.*

a) Això que ha passat avui és millor oblidar-ho.
b) Em reconforta recordar tot allò que vam viure junts.
c) Allò que no vulguis per a tu no ho vulguis per a ningú.
d) Això que dius no és veritat.
e) Li va dir que faria tot allò que estigués al seu abast.

FITXA 5 » ELS DEMOSTRATIUS

CLASSIFICACIÓ. Els **determinants demostratius** es classifiquen en dos grups:

INDIQUEN PROXIMITAT		INDIQUEN LLUNYANIA	
aquest pis	**aquesta** casa	**aquell** pis	**aquella** casa
aquests pisos	**aquestes** cases	**aquells** pisos	**aquelles** cases

Els **demostratius de proximitat** s'utilitzen per indicar les situacions següents:

1. Que l'element designat pel nom es troba **a prop** de la persona que parla (*jo*) o de la **persona que escolta** (*tu*):
   Aquest *jersei que portes m'agrada molt.*
   Aquestes *tisores que m'has deixat no tallen gens.*
2. Que l'element designat pel nom es troba immers dins un **període** de temps **present** o molt pròxim:
   Aquest *cap de setmana anirem a esquiar.*
   Aquesta *proposta que presenteu avui no prosperarà.*

Els **demostratius de llunyania** s'utilitzen per indicar les situacions següents:

1. Que l'element designat pel nom es troba **lluny** de la **persona que parla** (*jo*) i de la **persona que escolta** (*tu*):
   Aquell *pantà d'allà baix és el pantà de Sau.*
   Aquella *paret d'allà té una taca d'humitat.*
2. Que l'element designat pel nom forma part del **passat**:
   Aquell *any, a Califòrnia, hi va haver un terratrèmol de 6 graus.*
   Aquella *proposta que vau presentar l'any passat no va prosperar.*

PER SABER-NE MÉS

A més dels determinants demostratius, hi ha altres elements que també tenen propietats demostratives i que pertanyen a altres categories:

PRONOMS DEMOSTRATIUS	ADVERBIS DEMOSTRATIUS
això (a prop), *allò* (lluny)	*aquí* (a prop), *allà* / *allí* (lluny)

5.1. Quina d'aquestes expressions es refereix *a la nit passada* i quina *a la nit que ve*?

a) Aquesta nit no vindré a sopar.
b) Aquesta nit no he pogut dormir.

5.2. Completa aquestes oracions amb el demostratiu *aquesta* o *aquella*:

a) ▮ setmana neva sovint.
b) ▮ setmana nevava sovint.
c) ▮ setmana ha nevat molt.
d) ▮ setmana va nevar molt.

5.3. Tria el demostratiu adequat tenint en compte la proximitat a les persones gramaticals (*jo*, *tu*, *ell* o *ella*...) destacades. Per exemple:

Aquestes *ulleres que porto jo tenen més diòptries que no pas* ***aquelles*** *que porta ella.*

a) ▮ butaca on seus tu és més còmoda que ▮ sofà on sec jo.
b) ▮ mitjons que portes tu són més elegants que no pas ▮ que porta en Marc.
c) ▮ ordinador que tenim nosaltres funciona millor que ▮ que teniu vosaltres.

FITXA 6 » ELS POSSESSIUS

CLASSIFICACIÓ. Els **determinants possessius** es classifiquen en dos grups:

REFERITS A UN SOL POSSEÏDOR			
el **meu** amic	la **meva** amiga	els **meus** amics	les **meves** amigues
el **teu** amic	la **teva** amiga	els **teus** amics	les **teves** amigues
el **seu** amic	la **seva** amiga	els **seus** amics	les **seves** amigues

REFERITS A MÉS D'UN POSSEÏDOR			
el **nostre** veí	la **nostra** veïna	els **nostres** veïns	les **nostres** veïnes
el **vostre** veí	la **vostra** veïna	els **vostres** veïns	les **vostres** veïnes
el **seu** veí	la **seva** veïna	els **seus** veïns	les **seves** veïnes

Els possessius són paraules que expressen relacions de **pertinença** (*el **meu** patinet elèctric, les **meves** propostes*) o d'**interrelació** (*els **meus** amics, la **meva** tutora, el **meu** llibre*).

Generalment, el possessiu ocupa la posició que hi ha entre **l'article definit** i **el nom**: *el **meu** ordinador*; *la **meva** guitarra*.

Quan el nom no va determinat per l'article definit, el possessiu acostuma a anar darrere el nom:

*És un problema **meu**.*
*Són companyes **nostres**.*
*Se'n van a casa **seva**.*
*Això és cosa **teva**.*
*Tots van a favor **vostre**.*
*El regal és de part **nostra**.*

Amb **preposicions de lloc**, el possessiu va **davant o darrere**, segons el cas:

PREPOSICIONS SENSE ARTICLE	PREPOSICIONS AMB ARTICLE
seia davant **meu**	seia al **teu** davant / al davant **teu**
van darrere **vostre**	van al **seu** darrere / al darrere **seu**
viuen a prop **nostre**	viuen al **nostre** costat / al costat **nostre**

6.1. Completa les oracions amb l'article i el possessiu adequats. Recorda que, en alguns casos, l'article pot formar una contracció amb la preposició que el precedeix.

a) Tu fes ▮ camí i no et preocupis pels comentaris de ▮ companys.
b) Quan viatjo m'agrada anar a ▮ aire.
c) Tots hi podem posar ▮ granet de sorra.
d) Si ho voleu aconseguir, heu de fer valer ▮ opinió.
e) He corregut ara ja no puc ni amb ▮ ànima.

6.2 Completa amb un possessiu:

a) Nosaltres no podrem venir a l'aniversari de la teva germana. Felicita-la de part ▮ .
b) No m'agrada anar a casa de la Sara. A casa ▮ hi fa molt fred.
c) Heu de reconèixer que heu guanyat perquè l'àrbitre anava a favor ▮ .
d) Nosaltres agafarem el tren de les vuit. Vosaltres feu la ▮ .
e) Han hagut de protestar molt, però al final s'han sortit amb la ▮ .

» ACTIVITATS

Les propietats dels determinants

23. Especifica els noms subratllats d'aquestes notícies breus amb el determinant adequat:

a ▮ noia de divuit anys s'ha querellat contra ▮ pares per haver publicat més de cinc-centes fotografies de ▮ infància a ▮ xarxes socials. ▮ filla va oferir a ▮ pares ▮ oportunitat d'esborrar ▮ imatges, però aquests van desatendre ▮ demanda al·legant que formaven part de ▮ records.

b ▮ cap de setmana tindran lloc ▮ festes en honor a santa Eulàlia, ▮ copatrona de ▮ ciutat de Barcelona. ▮ celebració és coneguda com ▮ Festa Major d'Hivern. No hi faltaran ▮ gegants i ▮ típics falcons per fer passar ▮ bona estona a tota ▮ família.

Els articles

24. Copia les oracions i escriu els sintagmes subratllats en singular. Per exemple: *No t'enfilis als arbres, que pots caure. → No t'enfilis **a l'arbre**, que pots caure.*

a) Va rebre una trucada dels encarregats de les altres empreses.
b) Els lladres van fugir per les escales del terrat.
c) A casa de les àvies han deixat un paquet per als oncles.
d) Caldrà estudiar fort per als exàmens finals.
e) S'ha capbussat a les aigües gèlides dels estanys.

25. Completa les oracions següents amb la forma adequada de l'article definit:

a) Ella no es preocupa per res, s'ho tira tot a ▮ esquena.
b) ▮ higiene personal evita ▮ infeccions.
c) Mai no s'assabenta de res, sembla que baixi de ▮ hort.
d) Amb ▮ ultimàtum, ens ha posat entre ▮ espasa i ▮ paret.
e) ▮ hiena i ▮ voltor són animals carronyaires.
f) És una gran especialista, però clava ▮ ungla: és molt cara.
g) ▮ humitat ambiental és la quantitat de vapor d'aigua present a ▮ aire.

26. Escriu la forma adequada de l'article definit davant les sigles:

a) ▮ UGT o Unió General de Treballadors és un sindicat.
b) ▮ NBA (National Basketball Association) organitza la lliga nord-americana de bàsquet.
c) ▮ IVA és ▮ impost sobre el valor afegit.
d) ▮ ITV és ▮ inspecció tècnica de vehicles.
e) ▮ AP-7 és l'autopista del Mediterrani que va de la Jonquera a Múrcia.
f) ▮ ADN és l'àcid desoxiribonucleic, que conté la informació genètica hereditària.

L'article davant dels noms propis

27. Completa els espais buits del text, si cal, amb la forma adequada de l'article:

—Hola, ___ Àngela! Que has vist ___ Eduard?

—No. Crec que se n'anava a ___ Empordà amb ___ Manel, ___ Susanna i ___ Elisabet. Volen visitar el museu de ___ Salvador Dalí, el famós pintor surrealista, i la masia on va viure ___ Josep Pla, el conegut escriptor empordanès.

—I què en saps, de ___ Francesc i ___ Iolanda?

—No res. L'últim cop que els vaig veure va ser a ___ Vall d'Aran. Practicaven esports de muntanya.

—Doncs bé, et demano un favor, ___ Àngela. Quan els vegis, digue'ls que em truquin. D'acord?

28. Completa amb la forma *ca* ('casa') i l'article corresponent:

a) Viuen a ___ Rierol.
b) Comprarem el dinar a ___ Oliver.
c) Dinarem a ___ Joana.
d) Soparem a ___ Elvira.

29. La meitat dels noms d'aquests països americans van precedits d'article definit. Classifica'ls en dos grups segons si van amb article o sense.

Brasil • Mèxic • Salvador • Nicaragua • Bolívia
Paraguai • Equador • Xile • Uruguai • Cuba
Costa Rica • Estats Units

30. Copia el text i completa els espais buits, si cal, amb la forma correcta de l'article:

A ___ Catalunya hi ha diversos parcs naturals, entre els quals podem destacar ___ Aiguamolls de ___ Empordà, ___ Cadí-Moixeró, ___ Delta de ___ Ebre i ___ zona volcànica de ___ Garrotxa. A més a més, hi ha un parc nacional, ___ d'Aigüestortes i ___ Estany de Sant Maurici; una reserva natural, ___ Delta de ___ Llobregat, i una reserva marina: ___ Illes Medes.

L'article neutre

31. Identifica l'article neutre que hi ha en cada una d'aquestes oracions:

a) Travessar el riu nedant sense que et mossegui un cocodril és el més perillós.
b) Tot el que li cal saber a una zebra per sobreviure a la sabana és que n'hi ha prou de córrer més que una altra zebra.
c) Ser el millor no és pas el més important.

32. Substitueix les formes destacades per l'article neutre:

a) Tot *això* que m'estàs dient són simples conjectures.
b) *Això* que expliques és tan diferent d'*allò* que jo recordo!
c) La descripció segueix un ordre: sol anar d'*allò* més general a *allò* més concret.
d) Recorda: *allò* que no s'anomena no existeix!
e) *La cosa* important és que ja et trobis millor.
f) Poseu a la motxilla només *l'equipatge* indispensable.
g) El grup mostrarà al públic *el fragment* més significatiu de l'obra.

Els demostratius

33. Un pare i una filla han anat a comprar roba. Són al davant d'una parada. Fixa't si les peces de roba a què es refereixen són a prop seu o lluny i, en funció d'això, escriu el demostratiu adequat en cada cas.

PARE: M'agrada molt (*aquest / aquell*) ▮ jersei. Crec que et quedaria molt bé.
FILLA: I què et sembla si em compro (*aquest / aquell*) ▮ abric d'allà?
PARE: Mira (*aquesta / aquella*) ▮ faldilla; crec que fa per a tu.
FILLA: Ara torna a ser moda dur armilla. M'aniria bé (*aquesta / aquella*) ▮ armilla?
PARE: Podries comprar-te uns mitjons. M'agraden molt (*aquests / aquells*) ▮ d'aquí.
FILLA: Necessito uns pantalons. I si em compro (*aquests / aquells*) ▮ d'allà?
PARE: Mira, (*aquestes / aquelles*) ▮ sabates les venen a molt bon preu.
FILLA: Creus que (*aquestes / aquelles*) ▮ botes s'adiuen amb els pantalons que em van regalar?

Els possessius

34. Escriu els possessius *nostre / nostra* o *vostre / vostra* segons correspongui. Fixa't bé en el gènere del nom al qual es refereix cada possessiu.

a) El *nostre* aniversari és pel març, i el ▮, quan és?
b) La ▮ comarca té uns cinquanta mil habitants. I la ▮?
c) Crec que el ▮ ofici és més variat que el ▮.
d) Quan la ▮ germana va néixer, la ▮ ja tenia cinc anys.
e) El ▮ equip ha guanyat més partits que el ▮.

35. Copia aquestes frases i completa-les amb l'opció més adequada:

a) Van sempre junts, però cadascú viu a ▮ (*la seva casa / casa seva*).
b) ▮ (*Vostra casa / La vostra casa*) és la més acollidora de totes.
c) Prou, això no és ▮ (*la teva cosa / cosa teva*).
d) Aquesta gestió és ▮ (*la teva responsabilitat / responsabilitat teva*).
e) Sempre em toca a mi endreçar ▮ (*coses seves / les seves coses*).
f) ▮ (*Amics meus / Els meus amics*), us haig de donar una bona notícia.
g) He llegit ▮ (*tres seus llibres / tres llibres seus*).

36. Escriu el possessiu que correspon a la persona o a les persones a què fa referència cada dibuix:

a)

b)

c)

d)

e)

f)

37. Observa l'arbre genealògic i completa les oracions indicant les relacions de parentiu amb els possessius àtons (*mon, ma, mos, mes*...):

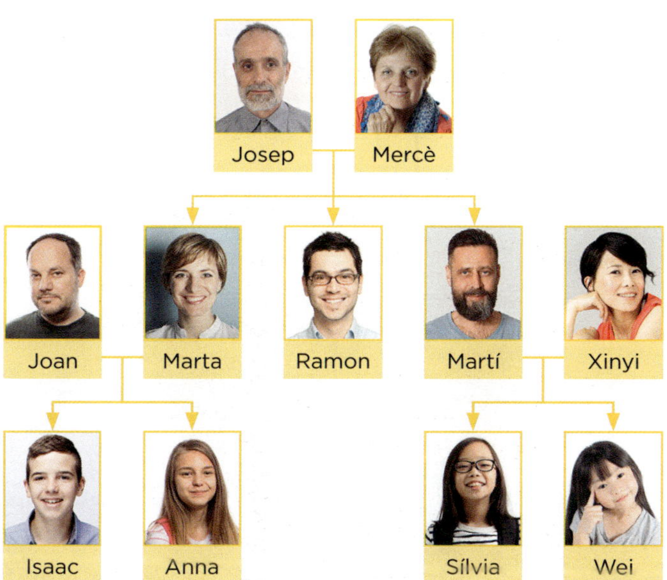

a) La Marta diu: «*Mon* pare es diu Josep i ▮ mare, Mercè».

b) La Marta diu: «L'Anna és ▮ filla i l'Isaac és ▮ ▮».

c) L'Isaac diu: «L'Anna és ▮ ▮ i la Sílvia i la Wei són *mes* ▮».

d) En Ramon diu: «L'Isaac és ▮ ▮, i l'Anna, la Sílvia i la Wei són ▮ nebodes».

e) La Wei diu a la Sílvia: «En Ramon és *ton* ▮ i la Marta, ▮ ▮».

f) La Wei diu que l'Isaac és ▮ cosí i l'Anna és *sa* ▮.

g) La Sílvia i la Wei diuen que en Josep i la Mercè són *sos* ▮.

h) En Josep i la Mercè diuen que l'Anna, la Sílvia i la Wei són ▮ ▮.

i) En Josep diu que en Joan és *son* ▮ i la Xinyi, ▮ nora.

» ORTOGRAFIA

1. La síl·laba

Una **síl·laba** és un so o un grup de sons pronunciats en una sola emissió de veu. Per exemple, *rapidesa* té quatre síl·labes: *ra-pi-de-sa*.

Les paraules, segons la quantitat de síl·labes, es classifiquen en **monosíl·labes** (paraules d'una sola síl·laba) i **polisíl·labes** (paraules de dues o més síl·labes).

Per separar correctament les síl·labes d'una paraula, ens fixarem en els cops de veu que fem en pronunciar-la:

con-ge-la-da	*fa-ça-na*	*fei-na*	*fred*
1 2 3 4	1 2 3	1 2	1

Però en alguns casos ens hem de regir per certes regles gramaticals referents als **dígrafs**, els **diftongs** i els **hiats**.

RECORDA

Quan separem les **paraules compostes** en síl·labes, hem de respectar els elements que les formen:
nos-*al-tres*
a-les-*ho-res*
bes-*a-vi*
in-*a-de-quat*
trans-*at-làn-tic*
re-*u-ni-ó*

1.1. Els dígrafs

Un **dígraf** és un grup de dues lletres que representa un so. Per exemple: el grup *ny* de la paraula *ca**ny**a*, el grup *rr* de la paraula *ca**rr**er* o el grup *l·l* de la paraula *pà**l·l**id*.

Hi ha dígrafs que se separen (una lletra en cada síl·laba) i d'altres que no (les dues lletres en la mateixa síl·laba):

DÍGRAFS QUE SE SEPAREN	ix → *co**i**-**x**í* l·l → *ra**l**-**l**i*	rr → *to**r**-**r**e* ss → *go**s**-**s**os*
DÍGRAFS QUE NO SE SEPAREN	ll → *pa-**ll**a* gu → *or-**gu**e*	ny → *lle-**ny**a* qu → ***qu**i-et*

RECORDA

També se separen els grups consonàntics següents:
nn → *A**n**-**n**a*
tz → *a**t**-**z**ar*
tj → *pla**t**-**j**a*
sc → *e**s**-**c**e-na*
cc → *a**c**-**c**ent*
ts → *po**t**-**s**er*
dj → *a**d**-**j**ec-tiu*
tll → *ra**t**-**ll**a*
ct → *a**c**-**t**e*
tg → *fe**t**-**g**e*
tx → *co**t**-**x**e*

1.2. Els diftongs i els hiats

Un **diftong** és la unió de dues vocals que s'integren en una sola síl·laba. Els diftongs es classifiquen en dos grups:

DIFTONGS CREIXENTS	Sempre hi ha un diftong creixent en els grups següents: - **gua**, **güe**, **güi**, **guo** (*ai-**gua**, llen-**gües**, pin-**güí**, ai-**guós***) - **qua**, **qüe**, **qüi**, **quo** (***qua**-tre, **qües**-ti-ó, o-bli-**qüi**-tat, **quo**-ta*)
	Sempre hi ha un diftong creixent en les paraules que comencen amb els grups següents: - **ia-**, **ie-**, **io-**, **iu-** (***ia**-ia, **ie**n, **io**-gurt, **iu**-gos-lau*) - **hia-**, **hie-**, **hio-** (***hia**t, **hie**-na, **hio**i-de*)
	Sol haver-hi un diftong creixent en els grups següents, sempre que es pronunciïn amb un sol cop de veu i vagin darrere una vocal: - **ia**, **ie**, **io** (*no-**ia**, se-**ie**nt, es-pa-**iós***) - **ua**, **ue**, **uo** (*ni-**ua**-da, cre-**ue**r, bro-**uós***)
	No hi ha diftong si aquests grups no es pronuncien amb un sol cop de veu o bé si van darrere una consonant: *tra-**du-ï-a**, o-**be-í-em**, per-pè-**tu-a**, Ma-**ri-a***.
DIFTONGS DECREIXENTS	Sol haver-hi un diftong decreixent en els grups següents, sempre que es pronunciïn amb un sol cop de veu: - **ai**, **ei**, **ii**, **oi**, **ui** (***mai**, **llei**, no-**vii**, **noi**, **ui***) - **au**, **eu**, **iu**, **ou**, **uu** (***cau**-re, **veu**-re, **viu**-re, **mou**-re, **duu***)
	No hi ha diftong si aquests grups no es pronuncien amb un sol cop de veu: ***pa-ï**-sos, **pa-í**s, **o-ï**-da, **di-ü**rn*.

Un **hiat** és el contacte de dues vocals seguides que pertanyen a síl·labes diferents: *his-tò-**ri-a**, **nu-e**-sa, i-**de-a**, **pa-e**-lla*.

1.3. La partició de paraules a final de ratlla

Quan hem de partir paraules a final de ratlla, hem de respectar les regles anteriors i, a més a més, hem de vigilar de no deixar mai cap lletra sola a final de ratlla o a principi de la següent. Per exemple, la paraula *albergínia*, que té cinc síl·labes, només es pot partir de tres maneres:

... al- bergínia ...	... alber- gínia ...	... albergí- nia ...

1.4. La síl·laba tònica

En una paraula polisíl·laba, la **síl·laba tònica** és aquella que es pronuncia amb més força.

Segons la posició de la síl·laba tònica, les paraules es classifiquen en els tres grups de la pàgina següent:

AGUDES	La síl·laba tònica ocupa l'**última posició**: *ma-ri-**ner**, hu-ra-**cà***.
PLANES	La síl·laba tònica ocupa la **penúltima posició**: *fi-**gue**-ra, **nú**-vol*.
ESDRÚIXOLES	La síl·laba tònica ocupa l'**antepenúltima posició**: ***fà**-bri-ca, his-**tò**-ri-a*.

Els **mots monosíl·labs**, segons la força amb què es pronuncien, es classifiquen en dos grups:

MONOSÍL·LABS TÒNICS	La vocal de la gran majoria de monosíl·labs és tònica: *pal, dit, mai, riu*.
MONOSÍL·LABS ÀTONS	Són monosíl·labs àtons els articles (*el, la*...), els pronoms febles (*em, et, es, ens*...), algunes preposicions (*a, de, en, amb, per*), la paraula *que* i alguns més.

» ACTIVITATS

La síl·laba

38. Llegeix a poc a poc les paraules següents remarcant els cops de veu. Després, classifica-les segons el nombre de síl·labes que tenen i separa-les amb un guionet.

a) euga
b) intranquil·litat
c) est
d) quantitat
e) esborrany
f) peix
g) energia
h) maquillatge
i) eixut
j) enhorabona

39. Separa amb un guionet les síl·labes de les paraules següents. Tingues en compte el nombre indicat entre parèntesis.

a) guardiola (4)
b) freqüència (4)
c) balneari (4)
d) conrear (3)
e) enfeinat (3)
f) quadern (2)
g) iogurt (2)
h) aigüera (3)
i) roureda (3)
j) pèrdua (3)
k) aïllar (3)
l) història (4)

40. Separa en síl·labes els versos del poema «Festa major de tu» i digues quantes síl·labes tenen d'acord amb les regles mètriques. Per exemple: *Mil-ban-de-res-de-gi-nes-ta.*

Festa major de tu

Mil banderes de ginesta
guarneixen el meu terrat.
El dissabte ha fet neteja.
El diumenge campaneja
dins el cel esbatanat.

JORDI SARSANEDAS

Els diftongs i els hiats

41. Separa les síl·labes de les paraules següents i classifica-les segons que tinguin un diftong o que no en tinguin cap:

a) joier
b) persiana
c) claraboia
d) gàbies
e) estàtua
f) clauer
g) grua
h) fuetejar
i) estiuejar
j) espècie
k) desunió
l) reialme
m) mensual
n) estiuenc
o) lleialtat

42. Fes el mateix que en l'activitat anterior amb aquestes altres paraules:

a) ploure
b) diürn
c) preveure
d) descriure
e) països
f) veïnatge
g) remei
h) greuge
i) suís
j) heroi
k) increïble
l) veí
m) espai
n) raïm
o) país

43. Classifica aquestes paraules en unes taules com les següents. Tingues en compte que en cada columna hi ha d'haver cinc paraules. Separa les síl·labes amb un guionet.

aquàtic • iarda • voleiar • enlairar • naufragi
malaltia • traïdor • hieràtic • freqüentment
comboi • pèrdua • hiena • neutral • conduïa
baieta • escriuen • genuí • guarniment
feinejar • passió • iode • roure • peülla
somriure • creuer • fugitiu • increïble • rèiem
suís • lingüística • fuita • veí • presència
ianqui • adequar • cuina • àrdues • produís
peücs • conduíem

Diftongs creixents		
Darrere *q* o *g*	*hi* o *i* a principi de paraula	*i* o *u* entre vocals
a-quà-tic ...	*iar-da* ...	*vo-le-iar* ...

Diftongs decreixents	
i darrere *a, e, o, u*	*u* darrere *a, e, i, o*
en-lai-rar ...	*nau-fra-gi* ...

Hiats		
Darrere consonant	Amb dièresi	Amb accent
ma-lal-ti-a ...	...	...

La síl·laba tònica

44. Classifica aquestes paraules en agudes, planes i esdrúixoles i subratlla'n la síl·laba tònica:

a) humit	f) fórmula	k) segon
b) telèfon	g) cactus	l) cérvol
c) vàlua	h) mandrós	m) fàbrica
d) clavell	i) tendresa	n) plàtan
e) angines	j) rèptil	o) tómbola

45. Completa l'explicació de la taula amb la paraula adequada i escriu els mots següents en el lloc corresponent. Tingues en compte que en cada fila hi ha d'haver quatre paraules. Separa les síl·labes amb un guionet i subratlla'n la síl·laba tònica.

rebutjar • angoixa • assolellat • teulada
pàl·lida • quilòmetre • caràcter • escàndol
assassí • horitzó • intempèrie • província

Paraules agudes	La síl·laba tònica ocupa l'última posició.	*re-but-<u>jar</u>* ...
Paraules planes	La síl·laba tònica ocupa la ... posició.	*an-<u>goi</u>-xa* ...
Paraules esdrúixoles	La síl·laba tònica ocupa l'... posició.	...

DICTAT

Llegeix el text i identifica-hi tres paraules que tinguin un diftong creixent, tres que tinguin un diftong decreixent i tres més que tinguin un hiat. Després, escriu el text mentre te'l dicten.

Una mirada àmplia insereix la novel·la *Vint mil llegües de viatge submarí*, de Jules Verne, en la línia literària que corre des de *Robinson Crusoe*, de Daniel Defoe, fins a *El senyor dels anells*, de J. R. R. Tolkien. Però les aventures del *Nautilus,* que recorre les aigües submarines, i el seu capità continuen vives avui dia: podem entrar i veure el submarí si visitem les instal·lacions d'Eurodisney, a París, i trobem el protagonista en les pantalles de cinema, convertit en un peix pallasso, anomenat *Nemo*, a qui busca el seu pare, en una pel·lícula de dibuixos animats guanyadora d'un Oscar.

» POSA'T A PROVA

Llegeix aquest text i comprova si l'has entès

Què és l'Agenda 2030?

L'Agenda 2030 és un pla estratègic que han acordat 193 països, en el si de les Nacions Unides, i que inclou disset objectius de desenvolupament sostenible (ODS) que afecten cinc grans àmbits: persones, planeta, prosperitat, pau i aliances.

El primer àmbit focalitza les persones i consta de cinc objectius: erradicar la pobresa del món i fer que tothom tingui accés als serveis bàsics; assegurar una alimentació sana, nutritiva i suficient; garantir una sanitat de caràcter universal; promoure una educació de qualitat inclusiva i equitativa, i aconseguir la igualtat real i efectiva entre homes i dones.

El segon àmbit atén el planeta i comprèn cinc objectius més: adoptar mesures urgents per combatre el canvi climàtic i reduir l'emissió de gasos; conservar els oceans i els mars, i utilitzar els seus recursos de manera sostenible; aturar la degradació de la terra i la pèrdua de la biodiversitat; fer una gestió sostenible de l'aigua, i utilitzar energies netes que no contaminin.

El tercer àmbit, que fa referència a la prosperitat, té un caràcter transversal i inclou diversos objectius ja esmentats en els blocs anteriors. Però, a més a més, s'hi destaca la necessitat de reduir les desigualtats, de promoure un creixement econòmic que doni feina i sous dignes a tota la població i, alhora, garantir uns sistemes de producció i consum sostenibles.

El quart àmbit té com a objectius promoure societats pacífiques, reduir significativament totes les formes de violència com, per exemple, el maltractament, l'explotació i la tortura, i facilitar a tothom l'accés a la justícia.

Finalment, el cinquè àmbit té com a objectiu crear aliances d'associació i col·laboració entre tots els sectors (institucions, societat civil, empreses, etc.) perquè sumin esforços en la mateixa direcció: aconseguir que l'any 2030 s'hagin assolit aquests objectius en tots els països del món. I tot això perquè el planeta sigui un espai habitable per a aquesta generació i per a les generacions futures.

1. L'objectiu primer del text és...

a) exposar una situació que pot condicionar greument el futur.
b) divulgar els objectius fonamentals d'un projecte mundial.
c) instruir i educar la població perquè lluiti contra el canvi climàtic.
d) argumentar una decisió que afecta tot el planeta.

2. L'Agenda 2030 de les Nacions Unides és...

a) un diagnòstic de la crisi ecològica i climàtica del planeta.
b) la conclusió d'un estudi científic de caràcter planetari.
c) un pla estratègic per a un desenvolupament sostenible.
d) una anàlisi del desenvolupament econòmic dels diferents països.

3. Què entenem per desenvolupament sostenible?

a) Un progrés social i econòmic que no afecti l'equilibri ecològic.
b) Una contenció sostinguda de l'economia per protegir el medi.
c) Un creixement progressiu de l'economia dels països menys desenvolupats.
d) Una transformació radical de l'activitat econòmica dels països desenvolupats.

4. Quina d'aquestes afirmacions no es pot inferir del text?

a) El planeta Terra es troba en una situació ecològica i climàtica insostenible.
b) No tothom té les mateixes opcions econòmiques, sanitàries i educatives.
c) No totes les persones que pateixen violència tenen accés a la justícia.
d) L'any 2030 la societat serà igualitària i els sistemes de producció i consum seran sostenibles.

5. Escriu els mots utilitzats en els dos primers paràgrafs per expressar el següent:

a) Ben coordinat per assolir els objectius.
b) Que aporta a l'organisme les substàncies necessàries.
c) Que inclou tothom sense discriminació.
d) Que és justa i equànime.

6. Escriu aquests sintagmes en singular:

a) els àmbits
b) les igualtats
c) les institucions
d) les emissions

7. Identifica els determinants que introdueixen aquests sintagmes nominals: *els seus recursos*, *un pla estratègic*, *aquests objectius*, *l'explotació infantil*. Després, classifica'ls segons siguin article definit, article indefinit, demostratiu o possessiu.

8. Separa en síl·labes: *terra*, *necessitat*, *desigualtat*, *tothom*, *mateixa*, *direcció*.

9. Classifica les paraules següents segons que tinguin un diftong o un hiat: *feina*, *països*, *qualitat*, *pèrdua*, *espai*, *oceans*, *reduir*.

10. Digues si les paraules següents són agudes, planes o esdrúixoles: *pèrdua*, *aliances*, *objectiu*, *universal*, *justícia*, *caràcter*.

Per escrit

Escriu quatre consells per tal que els nostres hàbits de consum siguin més sostenibles.

De viva veu

Formeu parelles i repartiu-vos els disset objectius de l'Agenda 2030. Cada parella presentarà l'objectiu que li hagi tocat i explicarà què cal fer per assolir-lo.

UNITAT 5

LECTURA » *El flautista d'Hamelín*

LLENGUA I SOCIETAT » *Les llengües del món*

GRAMÀTICA » Els numerals

ORTOGRAFIA » L'accentuació

Preparem la lectura

1. Doneu un cop d'ull al títol i a les il·lustracions del text de la lectura. Després, digueu de què deu tractar.
2. Llegiu les definicions del vocabulari i, després, digueu quina paraula és sinònima d'*alcalde*; quin adjectiu apliquem a una persona per expressar 'que és decrèpita, que té l'enteniment poc clar i parla malament perquè té molts anys'; quin verb utilitzem per dir 'anar d'un lloc més alt a un altre de més baix', i quin verb significa 'desfer-se d'alguna cosa que molesta'.
3. Responeu oralment: a) Quan algú us ha fet una promesa important que després no ha complert, quina ha estat la vostra reacció: la indiferència, la comprensió, la recriminació o la represàlia? b) Creieu que s'ha de complir la paraula donada en qualsevol cas? Per què? c) Com explicaríeu que encara avui es facin tractes comercials de paraula? d) Quina diferència hi ha entre el fet de ser una persona formal i el fet de ser una persona informal?
4. Intercanvieu comentaris i opinions sobre el significat d'aquesta frase de l'emperador romà Tit Flavi Vespasià: *Verba volant*, *scripta manent* ('les paraules se les enduu el vent, els escrits perduren').

» LECTURA

El flautista d'Hamelín

VOCABULARI

contrada *f.* Territori determinat per límits naturals o polítics.

davallar *v.* Anar d'un lloc més alt a un altre de més baix.

A la ciutat alemanya d'Hamelín hi ha una inscripció que diu el següent: «El 22 de juliol de l'any 1378 cent trenta nens nascuts a Hamelín van ser seduïts per un flautista vestit de molts colors i es van perdre en el lloc del calvari, prop de les muntanyes». Què devia passar? Van ser segrestats per un individu que, amb falses promeses, els va vendre com a esclaus? O és que el flautista era la mort en persona i va anar al poble a recollir els nens moribunds d'un brot de pesta infantil?

Potser sí o potser no. El cas és que, finalment, la llegenda dels infants desapareguts es va fusionar amb la faula de les rates i va donar lloc a la meravellosa història del flautista d'Hamelín.

Ben endins d'una de les **contrades** d'Alemanya hi ha una vila situada al peu d'una muntanyola que té, al cim, una gran pedra en forma de teulada. Des d'aquí **davallen** tots els carrers cap a un riu molt ample. I una cosa que crida l'atenció del foraster que hi arriba per primera vegada és que a totes les botigues on venen menjar, fideuers, carnissers, forns, confiteries..., s'hi veuen... rates! Rates de xocolata; de grosses, de mitjanes i de xiques.

El foraster es queda estranyat i de vegades pregunta:

—Per què teniu tantes rates a les botigues?

—Perquè aquesta vila és Hamelín. No ho sabíeu?

—Però què hi té, amb les rates, la vila d'Hamelín?

—És la vila del flautista. No sabeu la història del flautista d'Hamelín? —li contesten.

Si el viatger no la sap, que és la cosa més segura, aleshores la hi expliquen.

Molts, molts d'anys enrere, aquesta vileta estava empestada de rates: rates a les cases, rates a les teulades, rates a les esglésies, rates pertot. No se les podien treure del damunt.

Rates pujant per les parets,
rates fent nius dins els barrets,
esgarrapant gossos i gats,
mossegant nois tots espantats,
***esgavellant** taules parades,*
*robant formatge i **arengades**,*
***esparverant** totes les gents*
amb crits aguts i llargues dents.

La cosa es posava cada dia pitjor; fins que a la fi els veïns es van presentar a l'ajuntament per veure el senyor **batlle** i li van dir:

—Sembla que us hi esteu molt tranquil, ací, vós, a la Casa de la Vila; com si no fóssim nosaltres els qui paguem. I nosaltres estem empestats de rates pertot arreu i ja n'estem tips i **cuits**. O les feu fora d'una vegada o us farem fora a vós.

El pobre batlle va romandre tot **aclaparat**. Es va asseure a la seva cadira de braços, va posar el cap entre les mans i vinga a **rumiar**, vinga a rumiar, vinga a rumiar...

Tot d'una es va sentir un sorollet a la porta: «Clic, clic, clic». El pobre batlle, que s'havia mig endormiscat, va sobresaltar-se. «Una d'aquestes remaleïdes rates, de segur», va pensar. «Clic, clic, clic, clic.» El sorollet continuava, com si truqués algú. El batlle va refregar-se els ulls:

—Entreu!

La porta es va obrir i va deixar pas a l'home més extravagant que us pugueu imaginar: llarg, prim, barbeta punxeguda, llavis estrets, nas de ganxo, **ulls de fura** d'un color verdós. Duia un vestit mig blau i mig groc, i al coll, penjant d'una llarga cinta groga, portava una flauta, que repassava amb els dits **escardalencs**.

Va acostar-se al batlle i li va dir tranquil·lament:

—Tinc entès que les rates us empipen força en aquesta vila.

—I tant! —va rondinar el batlle.

—Voleu que jo les acabi?

—Vós? Com us ho fareu?

VOCABULARI

esgavellar *v.* Posar en complet desordre un conjunt de coses o de persones.

arengada *f.* Sardina preparada amb salmorra i premsada.

esparverar *v.* Fer venir molta por.

batlle *m.* Alcalde.

cuit -a *adj.* Molt fatigat d'una cosa que dona molèstia.

aclaparar *v.* Quedar desorientat i sense forces.

rumiar *v.* Pensar i repensar.

ulls de fura *f.* Ulls petits i vius com els de la fura, mamífer carnívor que s'utilitza en la caça del conill.

escardalenc -a *adj.* Molt prim i de poques carns.

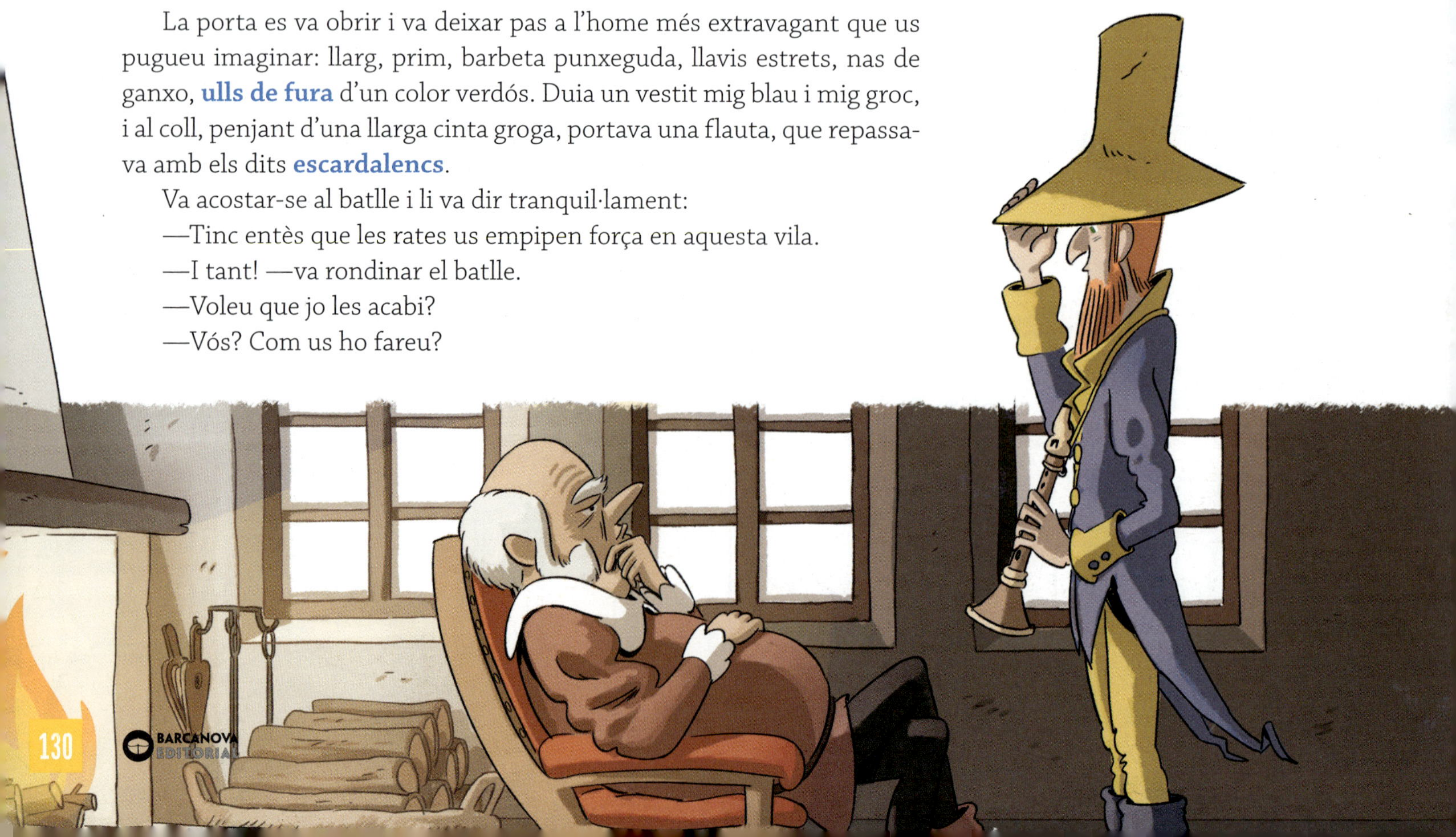

VOCABULARI

desempallegar-se *v.* Desfer-se d'alguna cosa que molesta.

brogit *m.* Successió confusa de sorolls.

entranya *f.* Part interior i profunda d'un cos.

esquinçar *v.* Rompre, separar les parts d'una cosa estirant-la.

negar *v.* Ofegar.

—Això és cosa meva —va fer el desconegut—. Em diuen l'home de la flauta i sé la manera de fer seguir tot el que camina, neda o vola. Quant em donareu si us **desempallego** de les rates?

—Tot quant voldreu —va dir el batlle—. No crec pas que us en pugueu sortir; però si ho fèieu, us donaria deu mil francs.

—Molt bé, entesos —va dir l'home de la flauta.

Va passar la porta, va sortir al carrer, va aturar-se una estona, va posar-se la flauta als llavis i va començar a tocar una tonada misteriosa.

La flauta llança tonada estranya,
un ***brogit*** *sord es fa sentir,*
*com si la terra obrís l'****entranya***
per treure enfora un mal verí.
Després, com llamp que ***esquinça*** *l'aire,*
rates i rates d'ací d'allà,
cercant la via, la punta, el caire
que els deixi el pas segur i pla.
Totes caminen, totes segueixen,
totes escolten, com somiant
les notes dolces que en l'aire deixen
l'home i la flauta que va tocant.

Com us deia, l'home caminava, caminava per tots els carrers amunt i avall, avall i amunt, i les rates sortien a ramades, a centenars, a milers i el seguien corrent, saltant, ballant, fins que van arribar al riu. Allà l'home es va aturar de cop, però les rates, amb l'empenta que duien, van caure dins l'aigua i es van **negar** totes, totes, totes, totes menys una de vella que, de tan grossa, no va poder enfonsar-se; va nedar fins a l'altra banda del riu i, saltant a terra, va córrer a amagar-se. Aleshores el flautista se'n va tornar a la Casa de la Vila. Tothom l'aclamava i l'aplaudia. El batlle, molt content, va dir que farien una gran festa al mig de la plaça amb un castell de focs artificials, i van convidar l'home de la flauta a veure-ho.

—Sí, sí, molt bé —va dir l'home—; però de primer jo voldria els meus deu mil francs.

—Oh, oh! —va dir el batlle tot gratant-se l'orella—. Ha estat una brometa, home, una brometa. És empipador de pagar una cosa quan ja no es necessita.

—No era una brometa; era un tracte —va dir l'home tranquil·lament—. La meva paga, sisplau.

—Vaja, vaja —va fer el batlle—. No valia ni deu cèntims la cançoneta que heu tocat; una cançoneta de no res... Us donaré vint francs i ja podeu estar content.

—Tractes són tractes —va fer el flautista—. Per darrera vegada, em doneu els meus diners, sí o no?

—Us donaré un bon dinar amb cafè, copa i puro —va dir el batlle, malhumorat.

Els ulls de fura del flautista van relluir estranyament i va dir amb pausa:

—En sé una altra, de cançoneta, i la toco quan em volen enganyar.

—Toqueu el que vulgueu. Au, fora d'aquí! —va cridar el batlle.

Aleshores el flautista va quedar-se a les escales de la Casa de la Vila. Va posar-se la flauta als llavis i va començar a tocar. Era una tonada ben diferent de la primera. I aleshores...

La flauta sona amb fina dolcesa,
un brogit sord es fa sentir,
tota la vila resta sorpresa...
els infants volen fugir!
Totes les nenes, tots els noiets,
dels més petits als més grandets,
sense escoltar les pobres mares,
sense fer cas dels crits dels pares,
de quatre en quatre, de sis en sis,
corren **ullpresos** *sota l'encís*
de la tonada que els fa seguir
darrere l'home, pel seu camí.

—Atureu-lo! Atureu-lo! —cridaven tots.

—Ens pren les criatures! Atureu-lo, senyor batlle!

—Us pagaré els deu mil francs! Us els pagaré! —exclamava el batlle provant de seguir el flautista.

Però la mateixa música que feia seguir tot dansant els infants tenia aturada i **estacada** la gent gran en el seu lloc. I van veure com el flautista travessava la plaça i seguia tot al llarg dels carrers tocant, tocant la flauta, i els infants li corrien al darrere fins que arribaren al riu.

—Els ofegarà! Els ofegarà! —cridava la gent, esgarrifada.

Però el flautista aleshores va decantar-se i va pujar amunt, amunt, cap a la muntanya que tenia, al cim, una gran pedra com una teulada.

VOCABULARI

ullprendre *v.* Embruixar, fascinar.

estacar *v.* Encallar-se en un lloc, no poder anar endavant.

I quan va arribar-hi, la muntanya es va obrir com una portalada. El flautista va entrar-hi tocant sempre la mateixa tonada, i els infants van seguir-lo saltant i dansant. I quan el darrer peuet va quedar dintre la muntanya, va tornar-se a tancar, i quedaren a dins tots els infants; tots menys un que era coixet i no va tenir temps d'arribar-hi. Aquest va tornar a casa, però, dels altres, no se'n va saber mai més res.

Quan molt, molt de temps després, aquella rata que s'havia salvat era ja una vella **xaruga**, les seves netes li preguntaven:

—**Padrina**, per què la seguíeu, la música?

—Filletes —ella els responia—, quan vaig sentir aquella tonada tan deliciosa, em va semblar que veia obrir-se tot de llaunes de conserves, que sentia l'olor de tot de tallades de cansalada, que veia tot de formatges rodons i dolços que em cridaven: «Vine, vine a viure dintre nostre, com si fossis a casa teva». Aleshores vaig caure dins l'aigua, i no sé encara com em vaig salvar.

I quan la gent, tota plorosa, preguntava al noi coixet:

—Per què la seguíeu, la música?

—Jo no sé què sentien els altres —contestava ell—; però a mi em semblava escoltar una veu que em parlava d'uns països meravellosos on els cavalls tenen ales, on cada flor és com un vas de mel, on els arbres tenen unes fruites de tots els colors de l'arc de Sant Martí, on ningú no és pobre, ni està cansat, ni malalt. I en el moment que ja hi arribava, la muntanya es va tancar i em va deixar fora.

Això és tot el que la gent va poder saber, perquè de la muntanya no en va sortir mai més ningú. De l'home de la flauta, només en va quedar el record al llarg del carrer que davalla fins al riu i que s'anomena «Carrer del Flautista».

Àngels Garriga: «El flautista d'Hamelín»,
dins *12 contalles de l'àvia de Saifores*.

VOCABULARI

xaruc -uga *adj*. Que és decrèpit, que té l'enteniment poc clar i parla malament pel fet que té molts anys.

padrí padrina *m*. i *f*. Avi, àvia.

» ACTIVITATS

Comprensió lectora

Episodis recurrents

En les narracions populars és habitual que hi hagi **episodis recurrents**, això és, fets molt semblants que s'esdevenen repetidament.

1. Ordena numèricament els episodis de la contalla tal com es van succeint i digues quins són els dos episodis recurrents:

a) Tot seguit la flauta va tornar a sonar, i tots els infants de la vila, sota l'encís de la tonada, van córrer al darrere del flautista fins a arribar a una muntanya. Un cop al cim, s'obrí una portalada per on van passar tots els infants i, en acabat, es tancà. Només se'n salvà un, que no tingué temps d'arribar-hi.

b) Quan l'home tocà la flauta, totes les rates el seguiren corrent, saltant i ballant, fins que arribaren a un riu. El flautista el travessà sense deixar de tocar, i les rates, encisades, de cap al riu!, i totes s'hi negaren menys una que surà a l'aigua.

c) Molts, molts anys enrere, la vila d'Hamelín estava empestada de rates. Aleshores un home molt estrafolari es presentà al batlle de la vila i se li oferí per exterminar-les. El batlle li prometé deu mil francs si superava aquell repte.

d) Però el batlle, a l'hora de pagar, digué al flautista que tot havia estat una broma, i aquest li respongué que el que havien fet era un tracte i li exigí la paga del deute. Veient que el batlle no volia pagar, el flautista li digué que sabia una altra cançó per a quan el volien enganyar.

2. Compara els dos episodis recurrents i digues quines variants hi ha entre l'un i l'altre. Pots començar així: *En el primer episodi, ..., mentre que, en el segon, ...*

Els testimonis dels fets

Entre els personatges secundaris d'una narració, n'hi ha que tenen la funció de ser testimonis dels fets, és a dir, expliquen què van veure o van sentir.

3. Quins personatges són testimonis de la desaparició de les rates i dels infants? Per què van poder ser-ne testimonis? Cita les paraules que diuen per referir-se a les sensacions que els produïa la música del flautista dins el cervell.

La moralitat

La moralitat és l'**ensenyament moral** que s'extreu d'una història o d'un fet. Una actitud o una acció és **moral** quan té en compte el que és bo o és dolent, el que està ben fet o mal fet.

4. Amb quin d'aquests temes té a veure la moralitat de la contalla?

a) El poder de la música i els efectes de la màgia.
b) La proliferació de les rates per manca d'higiene.
c) El pagament dels deutes contrets i el compliment de la paraula donada.

5. Per què, en la primera part, el flautista fa una obra beneficiosa i, en canvi, en la segona, actua malèficament?

6. Digues per quins sentiments es deixa emportar el flautista en la segona part: l'odi, la simpatia, la revenja, el perdó, la compassió, la represàlia. Són sentiments moralment bons o dolents? Per què?

BARCANOVA EDITORIAL

Paraules i expressions

El discurs directe i el discurs indirecte

Repetir literalment (al peu de la lletra) allò que algú ha dit és fer servir el **discurs directe** (*direct speech*). En canvi, explicar aproximadament allò que algú ha dit és fer servir el **discurs indirecte** (*indirect speech*). Compara:

Discurs (o estil) directe

Discurs (o estil) indirecte

7. Escriu junts els fragments en discurs directe de la primera vinyeta: uneix la veu del narrador i la veu dels personatges amb els guions i els espais per omplir corresponents.

8. Digues si en els fragments narratius que hi ha a continuació es fa servir el discurs directe o l'indirecte. Justifica la resposta.

A Quan molt, molt de temps després, aquella rata que s'havia salvat era ja una vella xaruga, les seves netes encara li preguntaven per què havia seguit aquella música.

B Quan molt, molt de temps després, aquella rata que s'havia salvat era ja una vella xaruga, les seves netes encara li preguntaven:

—Per què la seguíeu, la música?

9. Canvia les frases del discurs directe a l'indirecte. Caldrà que facis canvis de persona, de lloc i de temps verbal. Trobaràs més informació en l'espai personal del web *www.barcanova.cat*.

a) —Vine cap aquí! —li va manar la professora.
La professora li va manar que *anés* cap ___.

b) Els va demanar: «Vigileu-me això».
Els va demanar que *li* ___ *allò*.

c) Els va preguntar: «Aquest any nevarà?».
Els va preguntar *si* ___ any ___.

d) «Demà hi aniré», ens va assegurar el pare.
El pare ens va assegurar *que* l'*endemà* hi ___.

e) Em van aconsellar això: «Truqui demà passat».
Em van aconsellar que ___ *dos* ___ *després*.

10. Passa aquest diàleg a discurs indirecte. Fixa't en el principi, que ja tens resolt més avall.

L'Alba s'aturà en sentir que en Dídac deia:

—Posa-li el teu nom.

I quan l'Alba va mirar-lo, el noi va explicar-li:

—Aquesta nit hi he pensat molt, en això: els fills haurien de portar el nom de la mare.

—Ho dius perquè tu portes el nom de la mare? —li preguntà l'Alba irònicament.

—No, no és per això. És perquè ets tu qui l'ha dut nou mesos i qui l'ha parit —va argüir en Dídac.

Ella va objectar-li:

—Però és de tots dos!

—És clar. Posa-li el teu nom i després el meu —va suggerir-li en Dídac.

Manuel de Pedrolo:
Mecanoscrit del segon origen (text adaptat).

L'Alba s'aturà en sentir que en Dídac deia que li posés el seu nom. I quan l'Alba va mirar-lo, el noi va explicar-li que aquella nit hi havia pensat molt, en allò...

» POSA-HO PER ESCRIT

Jo acuso

Els habitants d'Hamelín devien sentir un gran dolor i una gran indignació per la desaparició de les seves criatures. I de ben segur que no es devien quedar de braços plegats. Posa't en el seu lloc i prepara una denúncia per presentar a un jutjat de la vila d'Hamelín acusant tant el batlle com el flautista pels fets ocorreguts i els danys causats.

Una **denúncia** és un document en què una o més persones fan una declaració escrita per posar en coneixement del jutge, el fiscal o la policia uns fets que consideren que poden constituir un delicte.

Què hem de fer?

A partir de la informació anterior, imagina't que ets la mare o el pare d'un dels infants desapareguts i prepara una denúncia per presentar a un jutjat d'Hamelín en què acusis el batlle i el flautista de la desaparició dels infants.

Com ho hem de fer?

Copia el formulari de la denúncia que hi ha al costat, en què els pares acusen el batlle d'Hamelín per no haver pagat els deutes contrets i també el flautista per la seva actuació criminal, i completa'l. Redacta la relació dels fets de manera clara i concisa i procura que el text no sobrepassi gaire més l'extensió marcada.

Noms i cognoms dels denunciants, adreça i localitat

Excel·lentíssim senyor jutge,

Com a pares de la Rosa i l'Albert, desapareguts fa uns quants dies, volem presentar-vos una denúncia contra el batlle de la ciutat i contra un flautista que ronda per la contrada.

DENUNCIEM

1. Que el batlle de la vila, després d'haver fet un tracte amb ____________

____

____

____

____

____

2. Que el flautista ____________________

____

____

____

____

____

Esperem que, en nom de la justícia, us avingueu a jutjar-los i condemnar-los pels seus actes delictius.

Amb les salutacions més distingides,

Signatura *Municipi, dia, mes i any*

JUTJAT DE LA VILA D'HAMELÍN

» PREN LA PARAULA

Interpretem tot llegint

L'obra de teatre *El retaule del flautista*, de Jordi Teixidor, (1939-2011) és una farsa que parteix del conte clàssic «El flautista d'Hamelín». Per mitjà de la sàtira, denuncia la corrupció política i posa en relleu les contradiccions humanes. És una obra clàssica del teatre català contemporani que continua sent tan vàlida ara com ho era fa més de trenta anys, quan es va estrenar.

Què hem de fer?

Us proposem que feu un exercici de dramatització: en grups de cinc, llegiu en veu alta el fragment de l'obra *El retaule del flautista* de la dreta i interpreteu els personatges.

Com ho hem de fer?

Cal que seguiu els passos següents:

a) Repartiu-vos els cinc personatges que apareixen en el fragment que heu de representar.
b) Mireu el vídeo de la representació de l'obra *El retaule del flautista*, emesa per La 2 de RTVE a Catalunya l'any 1977, que és en l'espai personal del web *www.barcanova.cat*, i fixeu-vos en les intervencions dels personatges.
c) Interpreteu en veu alta els personatges; doneu-los un caràcter ben definit a través d'una lectura dramatitzada.
d) Valoreu el resultat entre tots.

ESCENA II

(El barber HANS *ensabona la cara del Burgmestre.)*

SCHMID: Estova'm bé la barba, que l'altre dia vas fer-me tres talls.

HANS: I tres osques a la navalla. Mai no he vist una barba tan dura.

*(Entra l'*AGUTZIL.*)*

AGUTZIL: Senyor alcalde, el síndic Weis i el síndic Baun voldrien parlar amb vós.

SCHMID: I ara! Que tornin a la tarda, tinc Consell a les onze.

AGUTZIL: Diuen que és un assumpte referent al Consell i que és molt urgent.

SCHMID: Bé, que passin.

*(L'*AGUTZIL *surt i entren els dos síndics.)*

TOTS DOS: Burgmestre...!

SCHMID: Bon dia, bon dia.

WEIS: Hem sabut que l'Ajuntament vol llançar una gran ofensiva contra els rats.

SCHMID: Efectivament, l'Ajuntament no pot ignorar el problema. Farem el que calgui, i més, per tal d'exterminar-los.

WEIS: Burgmestre, la Corporació d'Apotecaris posa la seva ciència a disposició de l'Ajuntament.

BAUN: I el Gremi de Manyans, el seu enginy.

SCHMID: L'Ajuntament agraeix aquestes valuoses col·laboracions. Suposo que són desinteressades...

BAUN: Almenys fins on ho permetin les nostres possibilitats.

SCHMID: I no perjudiqui la vostra butxaca.

WEIS: Burgmestre, no ens mou solament l'interès material...

BAUN: Pensem sobretot en les famílies que pateixen la plaga.

WEIS: I hem estudiat la manera de millorar els mata-rates.

BAUN: I de perfeccionar les rateres.

WEIS: Burgmestre, la Corporació d'Apotecaris ha compost un nou mata-rates doblement mortífer.

SCHMID: Oh!

BAUN: Per la nostra banda, el Gremi de Manyans ha inventat un nou model de ratera doblement mortífer: aquí el té. Aquesta ratera porta dues molles. Resultat: matem dues rates d'un sol cop.

SCHMID: Permeteu-me que us feliciti. I... digueu-me, resulta gaire car?

WEIS: El nou mata-rates val... el doble.

BAUN: I la nova ratera també.

SCHMID: Refoina! *(El* BARBER *li ha fet un tall.)*

» LLENGUA I SOCIETAT

1. Les llengües del món

Les persones tenim la facultat del llenguatge, és a dir, la capacitat de comunicar als altres una gran diversitat de missatges mitjançant un sistema de signes, oral o escrit, que anomenem ***llengua*** o ***idioma***.

Al llarg de la història, els humans hem format grups socials molt diversos, més o menys aïllats els uns dels altres. Aquests grups han donat diverses cultures i diverses llengües. En l'actualitat, arreu del món, es parlen entre 5.000 i 6.000 llengües.

1.1. Les famílies lingüístiques

Les llengües del món se solen classificar en famílies. Una **família lingüística** és un conjunt de llengües emparentades; per tant, són llengües que tenen un origen comú i que presenten determinades característiques comunes.

En el mapa s'indica, amb pics, l'expansió que han tingut algunes llengües indoeuropees en altres continents (Amèrica, Àfrica i Oceania) a causa de les grans colonitzacions europees, fins al punt que aquestes llengües (l'anglès, el castellà, el portuguès i el francès) s'han convertit en les llengües majoritàries en aquests territoris; en canvi, les llengües indígenes han esdevingut minoritàries i algunes estan en perill d'extinció.

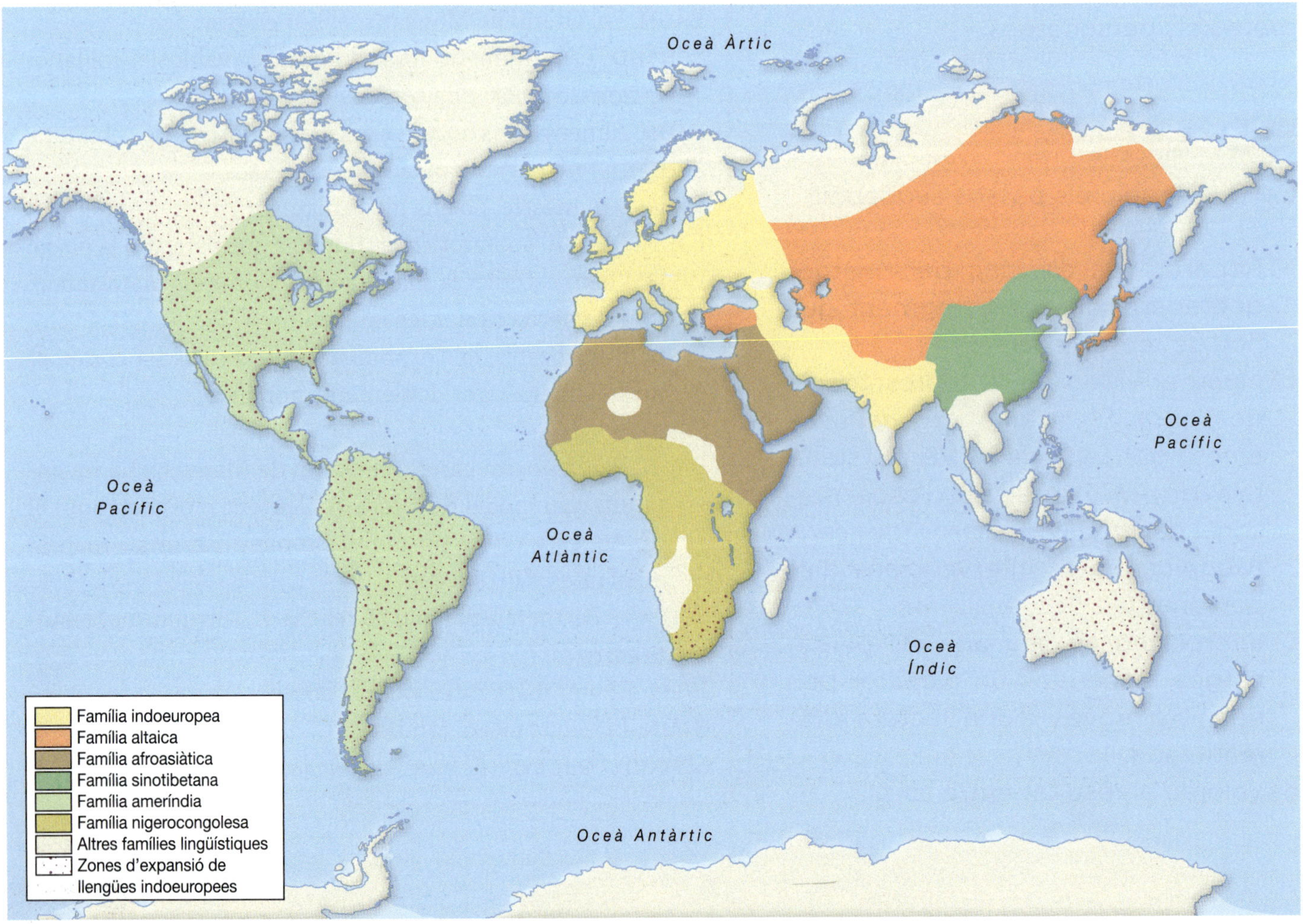

FAMÍLIES LINGÜÍSTIQUES AMB MÉS PARLANTS		
FAMÍLIA	**PARLANTS**	**LLENGÜES**
Indoeuropea	2.000.000.000	anglès, alemany, espanyol, català, francès, rus, polonès, hindi, persa, etc.
Altaica	250.000.000	turc, coreà, japonès, mongol, manxú, etc.
Afroasiàtica	175.000.000	àrab, hebreu, tamazic, haussa, somali, etc.
Sinotibetana	1.000.000.000	xinès o mandarí, cantonès, tibetà, etc.
Ameríndia	27.000.000	yurok, cheyenne, kwakiutl, cherokee, nàhuatl, quítxua, etc.
Nigerocongolesa	180.000.000	mandinka, suahili, shona, igbo, etc.

La majoria de les llengües europees actuals formen part de la família **lingüística indoeuropea**.

L'**indoeuropeu** era la llengua que parlava, fa uns sis mil anys, un poble que habitava les estepes del sud de Rússia, entre Europa i Àsia. Aquest poble va emigrar del seu país i, en diverses onades, va ocupar un vast territori que comprenia Europa, l'Àsia Menor, l'Iran i l'Índia. L'indoeuropeu es va fer cada vegada més divers i va donar pas a diferents llengües com el grec, el llatí i el sànscrit (llengua antiga de l'Índia). Exagerant una mica, podríem dir que el català i l'hindi són dues llengües cosines.

La família lingüística indoeuropea és la més estesa al món i les llengües que n'han derivat són parlades per 2.000 milions de persones.

Els grups de llengües que formen part de la família indoeuropea a Europa són els següents:

GRUPS DE LLENGÜES INDOEUROPEES A EUROPA	
FAMÍLIA	**LLENGÜES**
Llengües romàniques	portuguès, gallec, castellà, català, occità, francès, romanx, italià, sard, romanès
Llengües germàniques	alemany, anglès, danès, holandès, islandès, noruec, suec
Llengües eslaves	bielorús, búlgar, eslovac, eslovè, polonès, rus, serbocroat, txec, ucraïnès
Llengües cèltiques	bretó, escocès, gal·lès, irlandès
Llengües bàltiques	letó, lituà

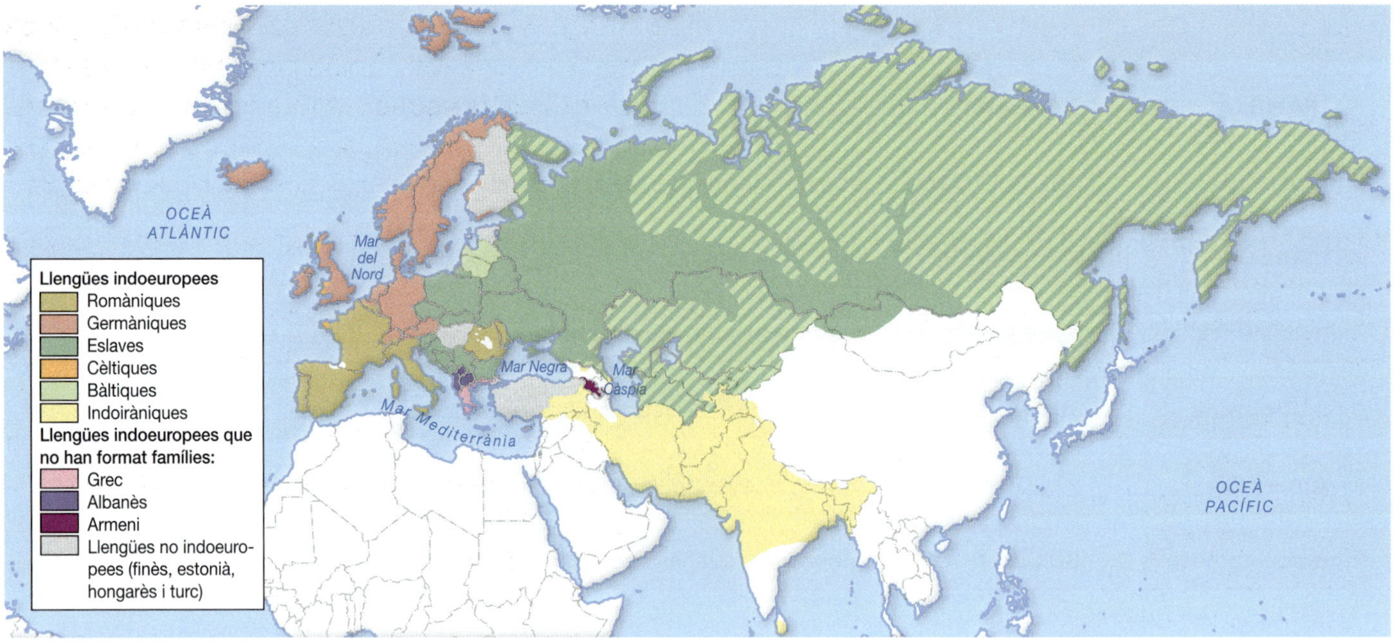

1.2. Llengües amb més parlants

Hi ha 10 llengües que superen els cent milions de parlants; 70 que tenen entre deu i cent milions de parlants; 240 que tenen entre un i deu milions de parlants (en aquest grup hi ha el català), i les aproximadament 5.500 llengües restants tenen menys d'un milió de parlants. Algunes d'aquestes llengües minoritàries podrien desaparèixer al llarg del segle XXI.

Malgrat que les llengües són sistemes de comunicació equiparables, diversos factors culturals, socials i polítics han contribuït a fer que no totes les llengües tinguin la mateixa consideració social i internacional.

Les **llengües** que gaudeixen del suport d'un estat i són considerades **oficials** tenen un reconeixement jurídic que no tenen les altres; les llengües que han tingut una tradició literària rica són considerades **llengües de cultura** i poden tenir un paper més rellevant en l'àmbit cultural; les llengües amb molts parlants tenen el reconeixement com a **llengües majoritàries**.

Actualment, la llengua que té més prestigi internacional i que és utilitzada arreu del món en les trobades internacionals és l'**anglès**. Tanmateix, són moltes les llengües que lluiten per tenir un espai en aquest àmbit de les relacions internacionals. La **llengua catalana**, per exemple, ha fet diversos passos importants per tal de ser reconeguda com a oficial per les institucions europees. Això representa, entre altres coses, que qualsevol ciutadà es pugui dirigir a les institucions europees en català i que aquestes tinguin l'obligació d'atendre la seva comunicació.

SABIES QUE...?

Les deu llengües més parlades del món (en milions de parlants) són les següents:

xinès (mandarí)	900
anglès	340
espanyol	330
hindi	300
àrab	215
bengalí	190
rus	175
portuguès	170
japonès	125
alemany	110

En aquesta classificació només s'han considerat els parlants que utilitzen la llengua corresponent com a llengua familiar (nativa o materna).

» ACTIVITATS

Les famílies lingüístiques

11. Observa el mapa de la distribució al món de les principals famílies lingüístiques (pàg. 138) i digues a quina família pertanyen la majoria de les llengües d'aquestes zones geogràfiques:

a) Zona europea
b) Zona xinesa
c) Zona del nord d'Àfrica
d) Zona de l'Àfrica central
e) Zona central d'Àsia
f) Zona indoirànica

12. Segons el mapa de la distribució al món de les principals famílies lingüístiques, explica quina és la situació de les llengües a Austràlia i al continent americà. Després, consulta els enllaços que trobaràs en l'espai personal del web *www.barcanova.cat* i explica l'origen de la diversitat lingüística d'aquests continents.

Llengües del món i nombre de parlants

13. Escriu una definició d'aquests termes que han aparegut en l'explicació:

a) Facultat del llenguatge
b) Família lingüística
c) Llengua majoritària
d) Llengua minoritària
e) Llengua oficial
f) Llengua de cultura

14. Contesta breument les preguntes que hi ha a continuació:

a) Què és una llengua?
b) Quantes llengües hi ha aproximadament al món?
c) Com s'agrupen les llengües? Què tenen en comú les llengües que formen un d'aquests grups?

15. Digues a quina d'aquestes paraules o grups de paraules fa referència cada una de les definicions que hi ha a continuació: *mite de Babel, substitució lingüística, comunitat lingüística, bilingüisme, família lingüística, indoeuropeu.*

a) Llengua d'un poble molt antic que habitava les estepes del sud de Rússia. Amb els segles va originar la família de llengües indoeuropees, entre les quals hi ha la majoria de les llengües d'Europa.
b) Procés històric pel qual una llengua pròpia d'un territori desapareix i és reemplaçada per una altra.
c) Llegenda bíblica segons la qual els constructors d'una gran torre a Babel van ser condemnats a parlar diverses llengües i a no entendre's entre ells.
d) Grup de persones que comparteixen una mateixa llengua.
e) Grup de llengües que tenen un origen comú i, per tant, comparteixen moltes característiques.
f) Capacitat que tenen algunes persones d'utilitzar dues llengües en un nivell d'igualtat.

16. Llegeix aquesta entrevista al lingüista Jesús Tuson i digues quines de les respostes a les diferents preguntes que hi ha a continuació són certes:

«Centenars de llengües estan a punt de desaparèixer»

S'imagina un món amb una sola llengua?
Sí, però no seria un món sàpiens. És un fet incontestable que les llengües representen moltes coses: adaptacions específiques dels grups humans a entorns variats, conceptualitzacions diferents del món, maneres diverses de relacions entre els individus. Tota aquesta riquesa desapareixeria i la humanitat seria molt avorrida.

Hi ha poca cultura de respecte a la diferència lingüística?
Sí. Vivim carregats de tòpics irracionals que ens diuen que hi ha llengües internacionals i de cultura. Totes les llengües estan perfectament adaptades per dir tot allò que els membres d'una cultura hagin de dir.

Hi ha motius per ser pessimistes quant al futur de les llengües?
No podem ser gaire optimistes perquè hi ha centenars de llengües que només són parlades per la generació dels avis i que desapareixeran amb la seva mort. La paradoxa és que hi ha més activistes lluitant per mantenir la diversitat animal i vegetal que no pas combatent contra la pèrdua dramàtica de les llengües, darrere les quals hi ha persones.

Quin futur augura al català?
És un misteri. El català no té un estat darrere, ha rebut cops molt forts durant tres segles i, malgrat tot, continua viu, i potser podria aguantar dos o tres segles més. El que em preocupa, però, és el seu estat de salut. El català té una salut acceptable en el món de la ràdio, però està pràcticament agonitzant en l'àmbit del cinema; o no està malament a l'escola, però la seva presència en les actuacions judicials és gairebé inexistent.

Revista *Sàpiens*, núm. 55, maig de 2007 (text adaptat).

a) S'imagina un món amb una sola llengua?
   1. Sí, però desapareixeria la gran riquesa de cultures que representen les llengües.
   2. Seria un gran avenç: les persones de diferents països es podrien entendre sense cap problema.

b) Hi ha poca cultura de respecte a la diferència lingüística?
   1. No. Hi ha llengües que són superiors a les altres perquè són internacionals i llengües de cultura.
   2. Totes les llengües són equiparables: totes estan perfectament adaptades per dir allò que els seus parlants necessiten dir.

c) Hi ha motius per ser pessimistes quant al futur de les llengües?
   1. No n'hi ha, perquè cada vegada hi ha més activistes combatent contra la pèrdua de les llengües en perill d'extinció.
   2. Sí que n'hi ha, perquè hi ha centenars de llengües que només són parlades per la generació dels avis i desapareixeran amb la seva mort.

d) Quin futur augura a la llengua catalana?
   1. El català té molt bona salut, principalment en els mitjans de comunicació, a l'escola i en les actuacions judicials.
   2. És un misteri, perquè no té un estat que li doni suport i el seu estat de salut no és igual en tots els àmbits d'ús: en alguns és acceptable, però en d'altres està agonitzant.

BARCANOVA EDITORIAL

» GRAMÀTICA

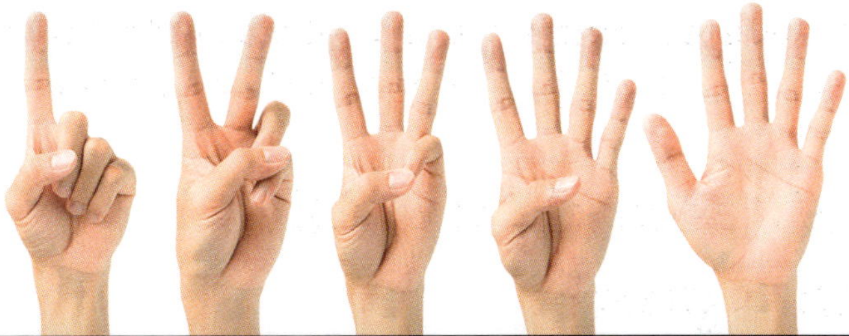

Els numerals

FITXA 1 » LES PROPIETATS DELS QUANTIFICADORS DEL NOM

SIGNIFICAT. Els **quantificadors nominals** expressen una **quantitat numèrica** (*cinc-centes abelles*), l'**ordre** en una sèrie (*la tercera* columna), el **grau** en una escala (*poca mel*, *força mel*, *molta mel*) o un **nombre indeterminat** (*algunes aranyes*).

FUNCIÓ. Els quantificadors nominals, igual que els determinants, també fan la funció d'**especificador del nom**. Per això van davant del nom i en precisen la quantitat.

CLASSIFICACIÓ. Els quantificadors del nom es classifiquen en els **quatre grups** de la dreta:

NUMERALS	**Cardinals**: vuit, setze
	Ordinals: quart, desè
	Fraccionaris o **partitius**: terç, dècim
	Multiplicatius: doble, quàdruple
	Col·lectius: parell, centenar, miler
QUANTITATIUS	massa, molt, força, prou, poc, gaire, gens
INDEFINITS	algun, qualsevol, cap, diversos, uns quants
INTERROGATIUS I EXCLAMATIUS	quin, quant

PRACTICA

Entre tota la classe, llegiu aquest text i responeu a les preguntes que hi ha a continuació:

En aquest rusc no puc recollir ***gens de*** *mel perquè no hi ha* ***cap*** *abella. Abans recollia* ***una mica de*** *mel perquè encara hi havia* ***unes quantes*** *abelles.*

- D'aquests dos noms, *mel* i *abella*, quin és comptable i quin és no comptable?
- Per què diem ***gens de*** *mel* i ***una mica de*** *mel* i, en canvi, diem ***cap*** *abella* i ***unes quantes*** *abelles*?

1.1. Identifica els catorze quantificadors del nom que hi ha en aquesta entrevista. Després, classifica'ls en una taula segons que siguin numerals, quantitatius, indefinits o interrogatius.

—Quants anys viu una abella?
—Una abella reina sol viure cinc anys. En canvi, les abelles obreres només viuen uns quants mesos.
—Quantes famílies d'abelles hi ha?
—Fins ara s'han trobat set famílies d'abelles mel·líferes, que alhora es divideixen en diverses espècies.
—Quin nombre d'abelles hi pot haver en un rusc?
—Hi pot haver moltes abelles; el seu nombre pot arribar als cent mil individus.
—Quins perills amenacen les abelles?
—Des de no fa gaires anys, força ruscos es van despoblant. En alguns indrets, la població d'abelles ha disminuït notablement. Com va dir Albert Einstein, si les abelles desapareguessin, a la humanitat només li quedarien quatre anys de vida.

FITXA 2 » ELS NUMERALS CARDINALS

Els **numerals cardinals** designen una **quantitat numèrica**:

1	(u) un / una	**11**	onze	**10**	deu
2	dos / dues	**12**	dotze	**20**	vint
3	tres	**13**	tretze	**30**	trenta
4	quatre	**14**	catorze	**40**	quaranta
5	cinc	**15**	quinze	**50**	cinquanta
6	sis	**16**	setze	**60**	seixanta
7	set	**17**	disset	**70**	setanta
8	vuit	**18**	divuit	**80**	vuitanta
9	nou	**19**	dinou	**90**	noranta
0	zero	**100** **200**	cent dos-cents / dues-centes	**1.000**	mil
10^6	milió	**10^9**	miliard	**10^{12}**	bilió

Els altres cardinals es formen mitjançant una **combinació** de numerals simples:

60.428 → *seixanta mil quatre-cents vint-i-vuit*

En les combinacions de numerals, cal tenir en compte quins elements s'han d'unir amb **guionet** (**recorda: D-U U-C**):

S'escriu guionet entre les **desenes** i les **unitats** (D-U).	vint-i-un, trenta-dos, quaranta-tres, cinquanta-quatre, seixanta-vuit, setanta-nou, noranta-cinc
S'escriu guionet entre les **unitats** (a partir de dos / dues) i ***cents*** / ***centes*** (U-C).	dos-cents, dues-centes; tres-cents, tres-centes; quatre-cents, quatre-centes; cinc-cents, cinc-centes

En els altres casos no s'ha d'escriure guionet:

2.105.130 → *dos milions cent cinc mil cent trenta*

RECORDA

De vegades utilitzem els **cardinals** darrere del nom per indicar **ordre** o **posició**. En aquest cas, fem servir sempre la forma del masculí:

*Aneu a la pàgina **202** (dos-cents dos).*
*Viu al número **291** (dos-cents noranta-u).*
*Lluís **XIV** (catorze) de França és el Rei Sol.*

- Per parelles, digueu quina d'aquestes frases és correcta i argumenteu-ho:
  a) Obriu el llibre per la pàgina vint-i-una.
  b) Obriu el llibre per la pàgina vint-i-u.
  c) Obriu el llibre per la pàgina vint-i-un.

2.1. Digues en veu alta els nombres senars o imparells fins al 99. Després, enumera els nombres parells fins al 100.

2.2. Identifica els numerals en les oracions següents i escriu-los amb lletres:

a) Va néixer l'any 1988; per tant, encara no té 35 anys.
b) Hem de fer les activitats de les pàgines 5, 6, 17, 21, 59 i 84.
c) Té el carnet de soci número 3.028.

2.3. Continua aquestes sèries amb cinc nombres més. Per exemple: *Tres (3), sis (6), nou (9)* → *Tres, sis, nou, dotze, quinze, divuit, vint-i-un, vint-i-quatre*

a) Nou (9), divuit (18), vint-i-set (27)
b) Dotze (12), vint-i-quatre (24), trenta-sis (36)
c) Nou-cents noranta-nou (999), vuit-cents vuitanta-vuit (888), set-cents setanta-set (777)
d) Vint-i-un mil dotze (21.012), trenta-dos mil cent vint-i-tres (32.123), quaranta-tres mil dos-cents trenta-quatre (43.234)

FITXA 3 » ELS NUMERALS ORDINALS

Els **numerals ordinals** expressen l'**ordre** de col·locació o aparició en una sèrie ordenada:

1r	primer	**1a**	primera
2n	segon	**2a**	segona
3r	tercer	**3a**	tercera
4t	quart	**4a**	quarta
5è	cinquè	**5a**	cinquena
6è	sisè	**6a**	sisena
7è	setè	**7a**	setena
8è	vuitè	**8a**	vuitena
9è	novè	**9a**	novena
10è	desè	**10a**	desena
11è	onzè	**11a**	onzena
12è	dotzè	**12a**	dotzena
13è	tretzè	**13a**	tretzena
14è	catorzè	**14a**	catorzena
15è	quinzè	**15a**	quinzena
16è	setzè	**16a**	setzena

20è	vintè	**20a**	vintena
21è	vint-i-unè	**21a**	vint-i-unena
22è	vint-i-dosè	**22a**	vint-i-dosena
30è	trentè	**30a**	trentena
31è	trenta-unè	**31a**	trenta-unena
32è	trenta-dosè	**32a**	trenta-dosena
40è	quarantè	**40a**	quarantena
50è	cinquantè	**50a**	cinquantena
100è	centè	**100a**	centena
101è	cent unè	**101a**	cent unena
1.000è	milè	**1.000a**	milena

Els numerals ordinals solen anar **entre l'article** i **el nom** (*el tercer aniversari, una segona oportunitat*). Però en certs casos apareixen darrere del nom: *l'article sisè, el segle III (tercer), Jaume I (primer)*. En l'enumeració de segles i personatges, se sol utilitzar el cardinal a partir del deu: *segle XII (dotze), Benet XVI (setze)*.

RECORDA

Darrere de noms de personatges i de segles utilitzem les **xifres romanes**:

*Isabel **II** (segona)* — *el segle IV (quart)*
*Joan **XXIII** (vint-i-tres)* — *el segle XIX (dinou)*

També se solen utilitzar les xifres romanes per fer referència a certs esdeveniments:

VI Congrés de Literatura Infantil i Juvenil (sisè)

3.1. Tenint en compte que el número indica el lloc de l'equip en la classificació, completa les frases següents:

a) L'equip dels Dragons (8) ocupa la ■ posició. És el ■ equip classificat.
b) L'equip de les Fletxes (17) ocupa la ■ posició. És el ■ equip classificat.
c) L'equip del Llampec (10) ocupa la ■ posició. És el ■ equip classificat.
d) L'equip dels Crancs (9) ocupa la ■ posició. És el ■ equip classificat.
e) L'equip dels Mags (13) ocupa la ■ posició. És el ■ equip classificat.
f) Els Trons són últims (18). Ocupen la ■ posició.

FITXA 4 » ALTRES NUMERALS

ELS NUMERALS FRACCIONARIS O PARTITIUS. Indiquen **fracció** o **part** d'una unitat: *mig minut, dos terços de la població, un quart d'hora*.

La majoria dels numerals fraccionaris coincideixen amb els ordinals: *quart, cinquè, sisè, setè, vuitè*... Tenen formes diferents els fraccionaris de 2, 3, 10, 100 i 1.000:

1/2	mig / mitja	*Falta **mig** minut. Falta **mitja** hora.*
1/3	terç (*pl.* terços)	*Representa un **terç** de la població (dos **terços**).*
1/10	dècim	*Li pertoca una **dècima** part dels guanys.*
1/100	centèsim	*Ha guanyat per una **centèsima** de segon.*
1/1.000	mil·lèsim	*No ho ha aconseguit per sis **mil·lèsimes** de segon.*

ELS NUMERALS MULTIPLICATIUS. Indiquen el **nombre de vegades** que s'augmenta una quantitat: *doble, triple, quàdruple, quíntuple, sèxtuple*... Sovint expressem aquests valors utilitzant l'expressió «*x* vegades més»:

*Ara té el **triple** d'amics. → D'amics, ara en té tres vegades més.*

ELS NUMERALS COL·LECTIUS. Són **noms quantificadors** que expressen una col·lecció o un grup d'elements:

*Un **parell** de sabates.* *Un **centenar** de persones.*
*Una **dotzena** d'ous.* *Un **miler** d'assistents.*

4.1. Designa les quantitats subratllades en aquestes oracions mitjançant l'ús de numerals col·lectius i fraccionaris. Per exemple: *La pagesa m'ha regalat 6 ous. → La pagesa m'ha regalat **mitja dotzena d'ous**.*

a) M'he comprat 2 sabates.
b) Necessitaríem 12 plats i 24 gots.
c) Tenim la botiga oberta durant els primers 15 dies d'agost.
d) A la manifestació hi havia unes 100 persones, però els organitzadors diuen que n'hi havia 500.
e) Arribaré 1 de les 4 parts en què dividim l'hora tard.
f) Ja has consumit 2 de les 3 parts del teu temps.
g) La temperatura li ha pujat 3 de les 10 parts que té un grau.

» ACTIVITATS

Les propietats dels quantificadors del nom

17. Troba els onze quantificadors que hi ha en aquest text i classifica'ls:

cardinal (1) • ordinal (1) • fraccionari (1)
col·lectiu (1) • quantitatius (2) • indefinits (4)
exclamatiu (1)

Avui en Lluís ha fet tretze anys. Per celebrar el seu tretzè aniversari, ha convidat uns quants amics a berenar. Entre tots els assistents s'han menjat la meitat dels entrepans de pernil que hi havia preparats i s'han begut una cinquantena de refrescos. Cadascun dels convidats li ha fet un regal. Quan a en Lluís li han portat el compte, ha vist que no duia prou diners i n'ha hagut de demanar a alguns amics. Li han deixat més diners dels que necessitava. Quina sort!

Els numerals cardinals

18. D'acord amb el model, escriu amb lletres les quantitats d'uns xecs destinats a pagar factures de 389 euros, 21.612 euros i 203.095 euros:

Alter- nativa
BANCA
Carrer de la Solidaritat, 75
08729 Vilagermana

Entitat	Oficina	Control	Núm. compte
3145	0867	35	0100003790

IBAN ES89 3145 0867 3501 0000 3790

Euros #3.850.00#

Pagueu, per aquest xec, a L PORTADOR

Euros (en lletres) TRES MIL VUIT-CENTS CINQUANTA --

Vilagermana, onze de març de 20XX
Data (en lletres)

NÚM. 4968594 2 | 4200 | 0

4968594 3145 0867 0100003790 4200

19. Continua aquestes sèries numèriques amb tres nombres més:

a) Quaranta-vuit (48), cinquanta-sis (56), seixanta-quatre (64)
b) Sis-centes seixanta-sis (666), cinc-centes cinquanta-cinc (555), quatre-centes quaranta-quatre (444)
c) Mil dos-cents trenta-quatre (1.234), dos mil tres-cents quaranta-cinc (2.345), tres mil quatre-cents cinquanta-sis (3.456)

Els numerals ordinals

20. Llegeix en veu alta els ordinals que hi ha en les oracions següents i, després, escriu-los amb lletres:

a) Jo soc el 10è i aquesta noia d'aquí davant és la 9a.
b) Vivim al 4t 3a.
c) Celebrem el 21è aniversari de l'Associació.
d) Ha quedat 17a en la classificació general.
e) XLI Congrés de la Societat Catalana d'Oftalmologia.
f) El Concili Vaticà II es va celebrar entre el 1962 i el 1965.
g) XXXII Mitja Marató de Granollers.

21. Escriu amb lletres les xifres següents. Fes servir els numerals cardinals o bé els ordinals segons correspongui.

Per exemple: *l'1 de maig → l'u de maig*

a) quilòmetre 71
b) pàgina 21
c) fila 12, seient 8
d) segle V aC
e) segle XIX
f) segle IV
g) el rei Pere IV
h) el papa Benet XVI
i) 42a edició del Ral·li Dakar

Altres numerals

22. Llegeix les oracions següents i escriu amb lletres les fraccions amb els numerals fraccionaris. Per exemple: *El documental dura 1/2 hora.* → *El documental dura* ***mitja*** *hora*.

a) Un hemisferi és la 1/2 d'una esfera.
b) 1/3 dels electors va votar en blanc.
c) Aquest any la passa de grip ha afectat 2/3 de la població.
d) Posi'm 3/4 de quilo de carn magra.
e) 2/5 parts dels animals de la reserva són carnívors.
f) Es troba malament i té 8/10 de febre.
g) L'atleta jamaicana ha rebaixat en 2/100 el rècord dels 100 m llisos.
h) El pilot manresà ha superat l'olotí per només 2/1.000 en la cursa de motos.

23. Quins són els numerals fraccionaris (*meitat*, *terç*, *quart*) i quins els múltiples (*doble*, *triple*, *quàdruple*) que corresponen a aquests casos?

a) Trenta-tres (33) és un ▯ de noranta-nou (99) i noranta-nou (99) és el ▯ de trenta-tres (33).
b) Vint-i-quatre (24) és el ▯ de dotze (12) i dotze (12) és la ▯ de vint-i-quatre (24).
c) Quatre-cents quaranta-quatre (444) és el ▯ de cent onze (111) i cent onze (111) és un ▯ de quatre-cents quaranta-quatre (444).

24. Escriu quina hora és utilitzant les fraccions d'hora (els quarts). Per exemple:

03.15 → Un quart de quatre.

a 06.30 | b 11.45 | c 13.15 | d 17.30 | e 22.45

25. Substitueix les quantitats destacades per numerals col·lectius. Per exemple:

Els primers quinze dies de març estarà tancat.
→ ***La primera quinzena*** *de març estarà tancat.*

a) Hi ha molts pobles de muntanya que no arriben a *mil* habitants.
b) *Al voltant de quaranta* joves participaran en les jornades musicals.
c) A l'hospital estem desbordats per l'epidèmia de grip i hem hagut d'ajornar *unes trenta* operacions.
d) Ofereixo dos *conjunts de dos* guants d'esquiar gairebé nous.
e) *Al voltant de cent* persones es van concentrar davant de la central nuclear per exigir-ne el tancament.
f) Aquests dies s'han enregistrat *al voltant de vint* grans flamarades solars.

26. A partir de les dades pluviomètriques següents, completa les frases amb un numeral multiplicatiu i amb l'expressió equivalent formada per «*x* vegades més»:

Pluges de juliol (l/m²)			
Figueres	80	Tortosa	20
Mataró	60	Palma	15
Olot	50	Valls	10
El Pont de Suert	40	Castelló	5
Maó	30	Cornellà	1

Per exemple:
A Maó ha plogut ***el sèxtuple*** *que a Castelló.*
A Maó ha plogut ***sis vegades més*** *que a Castelló.*

a) A Figueres ha plogut el ▯ que al Pont de Suert.
A Figueres ha plogut ▯ vegades ▯ que al Pont de Suert.
b) A Mataró ha plogut el ▯ que a Tortosa.
A Mataró ha plogut ▯ vegades ▯ que a Tortosa.
c) A Tortosa ha plogut el ▯ que a Castelló.
A Tortosa ha plogut ▯ vegades ▯ que a Castelló.
d) A Olot ha plogut el ▯ que a Valls.
A Olot ha plogut ▯ vegades ▯ que a Valls.

» ORTOGRAFIA

1. L'accentuació

Algunes paraules s'escriuen amb un **accent gràfic** sobre la **vocal tònica**. Aquest signe ens ajuda a diferenciar paraules com ara les següents:

fàbrica / fabrica
*Treballa a la **fàbrica** de teixits. / Ell **fabrica** fil.*

avis / avís
*Han vingut els **avis** d'en Gil.*
*Encara no han rebut l'**avís** de l'Ajuntament.*

1.1. Les regles d'accentuació

Per escriure correctament els accents, cal saber les **regles d'accentuació**:

PARAULES AGUDES	S'accentuen quan acaben en una d'aquestes dotze terminacions: *-a, -e, -i, -o, -u; -as, -es, -is, -os, -us; -en, -in*. Els mots aguts acabats en diftong no s'accentuen: *canta**reu**, espl**ai**, pal**au***.
PARAULES PLANES	S'accentuen quan no acaben en cap de les terminacions anteriors: ***fà**cil, **pré**stec, **sò**lid*. Els mots plans acabats en diftong sí que s'accentuen: *can**tà**veu, sor**tí**eu, sa**bé**ssiu*.
PARAULES ESDRÚIXOLES	S'accentuen totes: *ci**èn**cia, **pèr**dua, **úl**tima*.

RECORDA

Les paraules agudes tenen la tònica en l'última síl·laba: *cava**ller**, orgu**llós***.

Les paraules planes tenen la tònica en la penúltima síl·laba: *inven**ci**ble, reco**nèi**xer*.

Les paraules esdrúixoles tenen la tònica en l'antepenúltima síl·laba: *pre**sèn**cia, mi**nús**cula*.

1.2. Els tipus d'accent

L'**accent** pot ser **obert** (*à*, *è*, *ò*) o **tancat** (*é*, *ó*, *í*, *ú*). Per escriure l'accent adequat, hem de recordar els punts següents:

a) La ***a*** és una vocal oberta i només pot dur l'accent obert.
b) La ***i*** i la ***u*** són vocals tancades i només poden dur l'accent tancat.
c) La ***e*** pot tenir el so obert [ɛ] (*novè*) i el so tancat [e] (*també*).
d) La ***o*** pot tenir el so obert [ɔ] (*això*) i el so tancat [o] (*camió*).

RECORDA

L'accent pot ser **obert (`)** o **tancat (´)**. L'accent obert també s'anomena ***greu*** i l'accent tancat, ***agut***.

ACCENT OBERT		ACCENT TANCAT	
à	è	é	í
	ò	ó	ú

Per saber si hem d'accentuar la ***e*** i la ***o*** amb accent obert (`) o amb accent tancat (´), podem recórrer a paraules comodí:

a) Si la ***e*** sona com la ***e*** oberta de *b**e*** (el crit del xai), l'escriurem amb accent obert: *cel ser**è**, r**è**tol lluminós, fer com**è**dia*.
b) Si la ***e*** sona com la ***e*** tancada de *t**é*** (del verb *tenir*), l'escriurem amb accent tancat: *ser**é** amable, animal fer**é**stec, l'esgl**é**sia del poble*.
c) Si la ***o*** sona com la ***o*** oberta de *b**o*** (antònim de dolent), l'escriurem amb accent obert: *tenir gran ress**ò**, trucar pel m**ò**bil, fer una c**ò**pia*.
d) Si la ***o*** sona com la ***o*** tancada de *n**o*** (adverbi de negació), l'escriurem amb accent tancat: *cosir un bot**ó**, c**ó**rrer la marat**ó**, f**ó**rmula magistral*.

Hi ha unes quantes normes que poden ser de gran ajut en alguns casos concrets:

LA *E* ÉS OBERTA [ɛ]	**LA *E* ÉS TANCADA [e]**
La **majoria de les paraules esdrúixoles**: *anècdota, matèria, pèrdua, mètode*.	La terminació de la **primera persona del futur**: *cantaré, vindré, faré, sortiré, riuré*.
La majoria de paraules acabades en ***-ès***: *anglès, burgès, interès, promès, encès*.	Les terminacions accentuades de l'**imperfet de subjuntiu**: *cantés, cantéssim, cantéssiu*.
La terminació **-è** dels **ordinals**: *cinquè, desè, divuitè, vintè, vint-i-unè, vint-i-dosè*.	Els compostos de ***bé***, ***té*** i ***ve***: *també, gairebé, malbé, conté, sosté, convé, prové*.
Paraules usuals: *què, perquè, vostè, cafè, alè, comprèn, aprèn*.	Paraules usuals: *després, només, través, accés, progrés*.

LA *O* ÉS OBERTA [ɔ]	**LA *O* ÉS TANCADA [o]**
La **majoria de les paraules esdrúixoles**: *història, crònica, colònia, quilòmetre*.	**Algunes paraules esdrúixoles**: *fórmula, pólvora, tómbola*.
La **majoria de les paraules planes**: *lògic, mòbil, pròleg, pròxim, bòlid, fenòmens*.	**Algunes paraules planes**: *estómac, córrer, recórrer, fóssim, fóssiu*.
Algunes paraules agudes: *això, allò, però*.	**La majoria de paraules agudes**: *atenció, cançó, camió, verinós, gelós, monstruós*.

1.3. L'accent diacrític

Els **monosíl·labs** (mots d'una sola síl·laba) **no s'accentuen** (*pla, pi, bo...*) d'acord amb les regles generals. N'hi ha alguns, però, que s'accentuen per tal de distingir-los d'uns altres que s'escriuen igual. D'aquest accent, en diem **accent diacrític** (o sigui, distintiu).

AMB ACCENT DIACRÍTIC		SENSE ACCENT	
bé **béns**	Adverbi: *Parla molt **bé**.* Propietats: *Acumula **béns**.*	**be** **bens**	Xai: *Un **be** negre. Un ramat de **bens**.*
déu **déus**	Divinitat: *El **Déu** cristià. Els **déus** de l'Olimp.*	**deu** **deus**	Nombre: *N'he comptat **deu**.* Font: *Una **deu** d'aigua termal.* Del verb **deure**: *Li **deu** molts diners.*
és	Del verb ***ser***: ***És** de ferro.*	**es**	Pronom feble: *Com **es** diu?*
mà	Part del cos: *Dona'm la **mà**.* En plural, sense accent: *Tens les **mans** fredes.*	**ma**	Possessiu: *Vindrà **ma** mare.*
més	Quantitatiu: *Posa-n'hi **més**.* Nom masculí: *Les sumes s'indiquen amb un **més** entre les xifres.*	**mes**	Part de l'any: *El **mes** de juliol.* Possessiu: *Són **mes** germanes.* Conjunció adversativa: *Va dir que ho faria, **mes*** (= però) *no ho va fer.*
món	Univers: *L'origen del **món**.* En plural, sense accent: *Crea **mons** imaginaris.*	**mon**	Possessiu: *Vindrà **mon** pare.*
pèl **pèls**	Pilositat: *Un **pèl** de la barba. No té **pèls** a la llengua.*	**pel** **pels**	Contracció de *per* i *el* / *els*: *Passa **pel** pont. Corre **pels** carrers.*
què	Interrogatiu: ***Què** vols?* Relatiu: *Les coses en **què** crec.* Nom: *Ja em diràs el **què**.*	**que**	Conjunció: *Crec **que** plourà.* Relatiu: *El vestit **que** portes.* Quantitatiu: ***Que** n'és, de bonic!*
sé	Del verb ***saber***: *No ho **sé**.*	**se**	Pronom feble: *No **se** sent gens.*
sí **sís**	Afirmatiu: *Ha dit que **sí**.* *S'aprovà per set **sís** i tres nos.*	**si**	Pronom reflexiu: *Parla de **si** mateix.* Conjunció: *No sortirem **si** neva.*
sòl **sòls**	Superfície del terreny: ***Sòl** edificable.* ***Sòls** sorrencs.*	**sol** **sols**	Astre: *La llum del **sol**.* Adjectiu: *Es troba molt **sol**. Us deixarem **sols**.* Adverbi: *Tan **sols** en queda un.* Del verb **soler**: *Ell **sol** llevar-se d'hora.*
són	Del verb ***ser***: *Tots **són** iguals.*	**son**	Ganes de dormir: *Tinc una **son**!* El fet de dormir: *Té un **son** profund.* Possessiu: ***Son** pare el vigila.*
té	Del verb ***tenir***: ***Té** molta gana.*	**te** **tes**	Pronom feble: *No **te** la deixaré.* Infusió: *El **te** i el cafè. Uns **tes** de l'Índia.* Nom de lletra: *La **te**. Dues **tes** seguides.*
ús	Aplicació, servei: *Fer-ne bon **ús**.*	**us**	Pronom feble: ***Us** enyoro molt.*
vós	Pronom fort: *El tracten de **vós**.*	**vos**	Pronom feble: *Emporteu-**vos** això.*

» ACTIVITATS

L'accentuació

27. Completa les frases següents amb la paraula adequada:

a) *record / rècord*
   1. En tinc un bon ▮.
   2. Aquell noi ha superat el meu ▮.

b) *avís / avis*
   1. Hi ha un ▮ al tauler d'anuncis.
   2. Si venen els ▮, hauran de dormir a la vostra habitació.

c) *anglès / angles*
   1. La professora d' ▮ és australiana.
   2. Els ▮ rectes fan 90°.

d) *compren / comprèn*
   1. El pare no ▮ per què li consenten tantes coses.
   2. Els pares els ▮ moltes joguines.

e) *mitja / mitjà*
   1. He sabut per ▮ del servei d'informació que l'avió porta un retard considerable.
   2. La classe d'avui ha durat una hora i ▮.

f) *còpia / copia*
   1. Fes una ▮ del document.
   2. Vigila: ▮ bé el document.

g) *pública / publica*
   1. Està prohibit aparcar autocaravanes a la via ▮.
   2. Avui el diari ▮ un anunci de roba feta amb material reciclat.

Els tipus d'accent

28. Pronuncia aquests mots d'acord amb l'obertura de la vocal tònica i accentua'ls.

a) cafe [ɛ]	d) congres [e]	g) cinque [ɛ]
b) nomes [e]	e) coneixer [ɛ]	h) comedia [ɛ]
c) perdua [ɛ]	f) prestec [e]	i) creixer [e]

a) arros [ɔ]	d) boiros [o]	g) monoton [ɔ]
b) solid [ɔ]	e) correr [o]	h) diposit [ɔ]
c) verinos [o]	f) historia [ɔ]	i) raco [o]

29. Identifica la síl·laba tònica de les paraules següents i classifica-les en una taula com la que hi ha a continuació segons que siguin agudes, planes o esdrúixoles. Accentua-les si cal.

esparrec	mural	optic	proleg
molestia	estatues	orbita	preso
municipi	ogre	prestec	progres
muntanyos	oloros	present	musica

Agudes	Planes	Esdrúixoles
...	...	...

30. Repassa la taula de la pàgina 150 i escriu l'accent obert o tancat en els mots en cursiva d'aquestes frases:

a) *Arribare* tard.
b) És dur *pero* delicat.
c) Crida'l *perque* vingui.
d) *Aixo* no t'ho *donare*.
e) Tant de bo *aproves*!
f) *Allo* és un *ximpanze*.
g) Jo *tambe* en volia.
h) Viu al *vuite* pis.
i) És una *colonia* fresca
j) No són quatre *sino* cinc.
k) Feia un dia *boiros*.
l) *Nomes* que *estudies* una mica...

31. Separa les síl·labes de les paraules següents, subratlla'n la síl·laba tònica i accentua-la si cal:

a) valvula d'escapament
b) joia autentica
c) bustia de correus
d) examen dificil
e) familia llunyana
f) llengua germanica
g) gimnas diari
h) poble nomada
i) pero aixo rellisca
j) bruixola necessaria
k) motos aquatiques
l) linies paral·leles

32. Canvia el gènere de les paraules següents:

Per exemple: *rodona / rodó*

rodona • precisa • ingènua • quotidià
menorquí • catorzè • anglesa • amena
pedregós

33. Canvia el nombre de les paraules següents:

Per exemple: *telèfon / telèfons*

telèfon • examen • glaçó • difícil • origen
molí • plàtan • pingüí • replà

34. Accentua correctament les paraules en cursiva de les frases següents:

a) Feia *comedia*. Era *holandes* i es feia passar per *irlandes*, *pero* curiosament *ningu* no se *n'adona*.

b) —No *se* per *que* *estas* tan *neguitos*.
—Doncs *perque*, si no m'afanyo, al final *perdre l'avio*.

c) Si *volgues*, aprovaria; *nomes* que hi *poses* una mica de voluntat.

d) No tan sols *es vergonyos*, *sino* que *tambe es gelos*.

e) No recordo ben *be* si viu al *cinque* pis o al *sise* pis.

f) Aquesta *historia* no m'acaba de *convencer*. *Despres* ja et *dire* per *que*.

g) No vull *aixo*, *sino allo* que tens al pis de dalt.

h) *Te interes* per saber si la persiana *despres tambe es tornara* a fer *malbe*.

i) S'ha *apres* de *memoria* la *lliço* amb un *metode* innovador.

35. Copia les frases i completa-les amb la paraula adequada en cada cas:

a) 1. Els pisos són ▮ (*bens / béns*) immobles.
2. Dels fills de les ovelles en diem *xais* o ▮ (*bens / béns*).

b) 1. Les pomades són medicaments d' ▮ (*us / ús*) extern, és a dir, ▮ (*us / ús*) les heu d'aplicar a la pell.

c) 1. Aquest terreny és ▮ (*sol / sòl*) edificable.
2. Anem a prendre el ▮ (*sol / sòl*).
3. Vol viure ▮ (*sol / sòl*).

d) 1. Parla sense embuts, vinga, home, no tinguis ▮ (*pels / pèls*) a la llengua!
2. Explica-m'ho amb ▮ (*pels / pèls*) i senyals.
3. Ha vingut ben bé d'un ▮ (*pel / pèl*) que no caiem ▮ (*pel / pèl*) barranc.

e) 1. Posidó és el ▮ (*deu / déu*) grec del mar.
2. Del naixement d'una font o d'un riu, en diem una ▮ (*deu / déu*) d'aigua.
3. Vaig sortir el ▮ (*deu / déu*) de setembre.

f) 1. Com ▮ enraona, ▮ s'embolica (*més / mes*).
2. El ▮ (*més /mes*) que ve parlaré amb ▮ (*mes / més*) candidates al premi.

g) 1. Diu el ▮ (*què / que*) li convé.
2. No sé per ▮ (*què / que*) li fas cas.
3. ▮ (*que / què*) n'és, d'estrany, aquest edifici!
4. ▮ (*Que / Què*) vols ▮ (*que / què*) et digui... No crec ▮ (*què / que*) guanyin.

DICTAT

Copia les paraules destacades en cursiva; tingues en compte que totes s'escriuen amb accent. Després, torna a escriure tot el text mentre te'l dicten.

Aixo que ara us *explicare es* un problema *logic d'allo mes* antic. La *qüestio es* saber com s'ho faria una persona que *anes* juntament amb un be, un llop i una col i, *despres* d'haver recorregut *moltissims quilometres*, *hagues* de passar un riu en el qual *nomes* hi *hagues* una barqueta que no *pogues* sostenir *mes* que el pes de la persona i d'una de les dues *besties*.

» POSA'T A PROVA

Llegeix aquest text i comprova si l'has entès

Barcelona, capdavantera en l'abocament de plàstics al Mediterrani

L'àrea metropolitana de Barcelona és la segona regió que aboca més plàstics al mar Mediterrani, segons un informe publicat l'any 2019 per l'organització ecologista WWF (World Wildlife Fund). Únicament la supera la costa de Cilícia, a Turquia. Investigadors de l'Institut de Ciències del Mar (ICM-CSIC) han afegit més dades amb un informe que conclou que un 38 % del que capturen els vaixells de pesca que treballen a les aigües que van des de Barcelona fins a Vilanova i la Geltrú, al Garraf, són deixalles, tot i que alguns pescadors asseguren que aquest percentatge és molt inferior.

La Confraria de Pescadors de Barcelona es va comprometre el 2015 amb les administracions a retornar a port els residus que caiguin a les seves xarxes. La brutícia procedeix eminentment de terra ferma —un 80 %, segons la Comissió Europea— i els rius Llobregat i Besòs són les principals *autopistes* de sortida al mar de les deixalles. Els corrents, els temporals i les setmanes d'estiueig també són determinants.

L'estudi de l'equip de l'ICM-CSIC destaca que aquests detritus «poden fer malbé l'equip de pesca, reduir les captures i fer que el temps requerit per reparar o netejar les xarxes sigui més gran». Carlos Martín, amb trenta anys d'experiència com a pescador, destaca que avui recullen menys deixalles que abans, excepte per un fenomen nou des de fa uns quants anys: les tovalloletes higièniques de cel·lulosa. «Són un maldecap», diu, «perquè s'enreden a les xarxes i després costa molt de netejar-les».

Les xarxes porten a la superfície productes industrials de fa dècades: un recipient de iogurt de pinya del 1977 amb un sorell atrapat a dins; una petita bossa de xampú d'una antiga marca, amb el preu encara visible en pessetes; la tapa d'una capsa de sabons d'una marca avui ja desapareguda... També hi ha objectes que procedeixen de creuers, com ara un cendrer de plàstic d'una coneguda naviliera o una bossa de productes de bellesa d'una marca italiana. «La gent està cada cop més conscienciada; aquest problema se soluciona amb educació», diu Martín, evocant la seva infància, quan a la platja del seu barri, la Barceloneta, havien de creuar una perenne barrera de brutícia flotant per poder banyar-se al mar.

CRISTIAN SEGURA: «A bord del *Bona Mar 2*», dins *El País*, 24-9-2019 (text adaptat).

1. Quin és l'objectiu principal de l'organització World Wildlife Fund?

a) Defensar els drets dels infants.
b) Lluitar contra la fam al món.
c) Protegir el medi ambient.
d) Dur a terme tasques humanitàries.

2. Assenyala l'única opció que no apareix en el text:

L'abocament de plàstics al mar...

a) fa que la pesca disminueixi.
b) espatlla els aparells de pesca.
c) fa que costi més netejar les xarxes de pesca.
d) fa que els pescadors perdin temps recollint deixalles.

3. Quina és la principal via d'entrada al mar de la brutícia?

a) Els rius.
b) Els creuers.
c) Els banyistes.
d) El turisme.

4. Com es pot conscienciar la població sobre la magnitud d'aquest problema mediambiental?

a) Aplicant sancions.
b) Prohibint les bosses de plàstic.
c) Educant-la.
d) Restringint l'accés a les platges.

5. Per fer aquest reportatge, el periodista s'ha embarcat en un vaixell de pesca. Quin és el nom d'aquest vaixell?

6. Identifica dos quantificadors nominals en aquesta oració: «Carlos Martín destaca que avui recullen menys deixalles que abans, excepte per un fenomen nou des de fa uns quants anys: les tovalloletes higièniques de cel·lulosa».

7. En quina d'aquestes sèries totes les paraules són esdrúixoles?

a) brutícia, experiència, plàstic, ciències
b) infància, dècades, fenomen, detritus
c) ciències, experiència, educació, plàstic
d) brutícia, higièniques, dècades, infància

8. Per no repetir sempre la mateixa paraula, l'autor utilitza quatre mots sinònims per referir-se al plàstic i altres materials que els pescadors treuen del mar. Quines són aquestes paraules?

residus, escorrialles, detritus, excrements, escòria, brutícia, immundícies, deixalles

9. Un dels productes «pescats» pel vaixell és «un recipient de iogurt de pinya de 1977 amb un sorell atrapat a dins». Què és un sorell?

10. El 38 % de les captures són deixalles. Assenyala el partitiu més aproximat:

a) Un terç del total.
b) La meitat.
c) Quatre desenes parts.
d) Tres quartes parts.

Per escrit

Elabora un cartell per conscienciar la població de la necessitat d'evitar la contaminació per l'abocament de plàstics. Busca una fotografia impactant o fes un dibuix i pensa un lema cridaner.

De viva veu

Per parelles, prepareu una hipotètica entrevista a Carlos Martín, el pescador que apareix en el text, sobre la contaminació del mar i com això afecta la seva feina. Després, representeu l'entrevista davant la resta de la classe: l'un ha de fer d'entrevistador i l'altre, de la persona entrevistada.

UNITAT 6

LECTURA » *Bestiari*

LITERATURA » La poesia

GRAMÀTICA » Els quantitatius, els indefinits, els interrogatius i els exclamatius

ORTOGRAFIA » La dièresi

Preparem la lectura

1. Doneu un cop d'ull al títol de la lectura i a les il·lustracions dels textos. Després, digueu de què deuen tractar.
2. Llegiu les definicions del vocabulari i, després, digueu quin adjectiu equival a 'encantador, fascinador', quin verb significa 'completar alguna cosa amb ornaments' i quin nom es refereix a una 'candela gran de cera que s'encén a les esglésies'.
3. Responeu oralment: Quina d'aquestes definicions creieu que és la que correspon al significat de *bestiari*?
   1. Gènere narratiu en què es dona un ensenyament útil o una lliçó moral per mitjà d'una història imaginària on els personatges són animals que parlen i actuen com les persones.
   2. Gènere poètic de to humorístic, reflexiu o afectuós que consisteix en la caracterització d'un conjunt d'animals que són presentats amb atributs o comportaments humans.
4. Com definiríeu la poesia? Quina ha estat la vostra experiència amb aquest gènere literari?
5. Intercanvieu comentaris i opinions sobre el significat d'aquesta frase del poeta i crític Sam Abrams: «Un poema que no s'ha llegit en veu alta és com una partitura musical que no s'ha interpretat».

» LECTURA

Bestiari

Els humans sempre hem sentit una gran atracció pels animals. En la nit dels temps, ja els pintàvem a les coves i ens disfressàvem d'animal quan fèiem danses rituals. Encara avui conservem festes populars en què fem sortir àguiles, mulasses i dracs en danses i correfocs.

En el camp de la literatura, hem atribuït als animals, ja des de molt antic, les nostres qualitats i, per fer-ne burla, els nostres defectes. Així han esdevingut els protagonistes d'unes narracions curtes anomenades faules.

Però també hi ha hagut poetes que han tractat els animals amb una humanitat generosa. És el cas dels llibres de poemes anomenats bestiaris, *en els quals ens descriuen bèsties i bestioles amb amor i simpatia, de vegades amb humor i compassió, però també amb un punt d'admiració.*

VOCABULARI

mancar *v. intr.* No existir.

ciri *m.* Candela grossa de cera que s'encén a les esglésies.

guarnir *v. tr.* Completar alguna cosa amb ornaments.

Les abelles

—Collim i collim, feineres,
del millor pol·len les flors
mentre les vespes recullen
aranyotes i cucots.

Si **manquéssim** no hi hauria
mel per a petits ni grans,
i mai no veuríeu **ciris**
que **guarnissin** els altars.

¿I aquest món com ho faria,
tan vell i cansat de tot,
si no dúiem en volades
pol·len de flors a les flors?

Ja digué la nostra reina:
—Heus ací com ho cal fer:
per a nosaltres, la tasca,
per als altres, els plaers.

JOSEP CARNER

El cargol

—Tinc banyes que no fereixen,
menjo tant de verd com puc
i, com una joia viva,
porto un estoig al damunt.

Temo sabates distretes
i peus **feixucs** o **ferrats**
que sabrien esclafar-me
damunt la pols o l'**herbam**.

I quan sento criatures
que a la voreta o de lluny
canten un «cargol treu banya!»,
mig em moro de poruc.

JOSEP CARNER

VOCABULARI

feixuc -uga *adj*. Que es mou pesadament pel cansament o la fatiga.

ferrat -ada *adj*. Proveït de ferradures o claus als peus.

herbam *m*. Conjunt d'herbes que creixen de manera abundant en un terreny.

Diu la papallona

—Papallona **encisadora**,
jo, lleugera i voladora,
tendrament, en dia bo,
vaig de l'una a l'altra flor.

Com a il·lusió tan bella,
cal no **haver**-me; **fora** un crim.
Per als ulls soc meravella
i, dins una mà, **polsim**.

JOSEP CARNER

VOCABULARI

encisador -a *adj*. Encantador, fascinador.

haver *v. tr*. Capturar.

fora *v. intr*. Seria.

polsim *m*. Pols finíssima.

El grill

—Em plau d'ésser vora l'home;
soc veí seu molt antic;
tafanejo vora els marges
i és de pau el meu **xerric**.

Tot sovint, d'una aigua fresca
vora el regueró m'estic;
m'enamora l'estelada,
i ella, ¿escolta el que li dic?

Bona ànima que em somrigui
m'ha pagat tot el **fatic**;
xerricant, faig a qui trobo:
—No m'esclafis; soc un amic—.

Val a dir-ho: de vegades,
sense cap projecte **inic**,
m'acosto a la llar de l'home
i és per escalfar-me **un xic**.

Clar de lluna, boira fina,
si soc lleig i no soc ric,
la veu meva us acompanya;
i, al que deia, **poso pic**.
Ric, ric,
el que us deia és un **nyic-nyic**;
ric, ric,
ai, amic,
m'entristeixo si no ho dic.

Josep Carner

VOCABULARI

tafanejar *v. intr*. Satisfer la curiositat.

xerric *m*. Soroll estrident, com el que fa el grill quan canta.

fatic *m*. Treball penós causat per una tasca cansada.

inic -iqua *adj*. Malvat.

un xic *m*. Una mica.

posar pic *loc. v*. Posar veu.

nyic-nyic *interj*. Onomatopeia que imita el parlar insistent.

Mosques i mosquits

La natura
diligent ens procura
una bèstia
per a cada molèstia.

Si a les fosques
ja no piquen les mosques,
hi ha els mosquits,
que treballen de nits.

PERE QUART

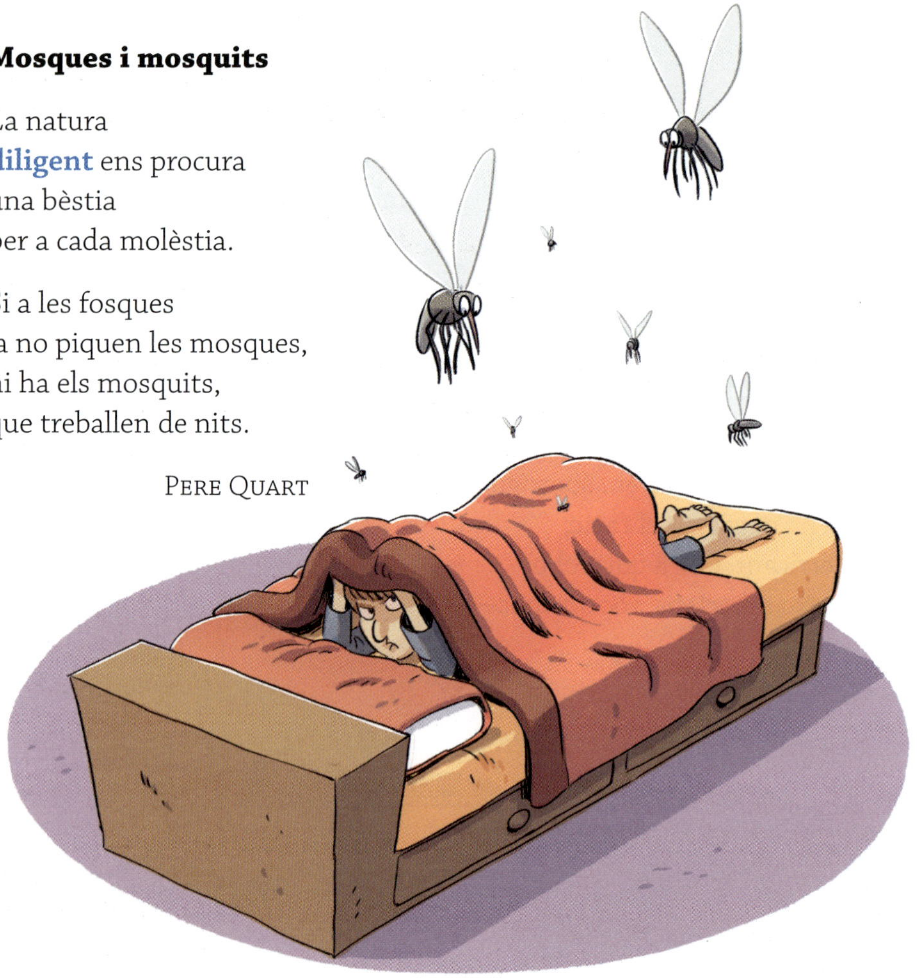

VOCABULARI

diligent *adj.* Que fa la feina amb cura, promptitud i rapidesa.

blanc *m.* Punt on s'intenta fer arribar un tret.

au *f.* Ocell.

cau *m.* Amagatall, refugi.

molsa *f.* Planta menuda que forma unes clapes denses al terra humit dels boscos.

a doble queix *loc. adv.* En gran quantitat i molt de pressa.

brama *f.* Veu, notícia, rumor.

Colomí

L'home voldria tenyir
les teves ales de sang.
No et paris, colomí blanc.
No paris **blanc**, colomí.

PERE QUART

Gripau

Ets àgil, ets **au**,
s'eixampla ton **cau**,
les ales espolses
i voles suau
per un cel de **molses**.

Somnia el gripau
i passa hores dolces.

PERE QUART

Musclo

Anà perdent la salut
de tant beure **a doble queix**.
Fou enterrat en taüt
al fons d'un arròs de peix.

PERE QUART

Zebra

Pel desert corre la **brama**
que no et saps treure el pijama.

PERE QUART

» ACTIVITATS

Comprensió lectora

Comprensió del missatge

Un **missatge** és una informació que es transmet a un destinatari concret. Per comprendre bé un missatge, cal saber què significa i copsar amb quina intenció es diu.

1. Torna a llegir els poemes de Josep Carner i digues quina bestiola ens transmet cada un d'aquests missatges:

a) És un insecte que, en nom del col·lectiu al qual pertany, reivindica la feina que fa i el benefici que aporta a la natura i, especialment, als humans.
b) És un mol·lusc que descriu els seus trets més singulars i manifesta el seu temor de ser esclafat per qualsevol vianant.
c) És un insecte que descriu l'encant que causa als nostres ulls en dies de bonança, però ens adverteix que mai no l'hem de tocar perquè, si no, la seva bellesa s'esvairia a l'instant.
d) És un insecte que manifesta que el satisfà viure a prop dels humans i que el seu cant estrident és senyal de pau. Si causa un somriure, ja es dona per pagat. Finalment, demana que ningú no l'esclafi, que és un amic.

2. Copia l'estrofa (4 versos) de cada un dels quatre poemes de Josep Carner en què trobem els missatges següents:

a) La meva bellesa és per contemplar-la, no pas per ser agafada.
b) Soc inofensiu malgrat tenir banyes i la closca és per a mi un tresor.
c) Un somrís ja paga la meva feina. A qui trobo dic que no m'esclafi: soc un amic.
d) Adoneu-vos que fem una tasca imprescindible: fecundar les plantes.

Identificació del to

El **to** és l'actitud amb què l'escriptor, en aquest cas el poeta, enfoca l'assumpte que tracta. El to es manifesta per mitjà de la selecció de paraules i la creació d'imatges que el poeta incorpora en cada poema.

3. Elabora una taula com la que hi ha al peu de la pàgina i completa-la amb el títol del poema de Pere Quart a què fa referència el missatge. Després, tria el parell d'adjectius que sigui el més adequat per descriure el to del poeta:

afectuós i tendre • fúnebre i trist
graciós i burleta • clarivident i resignat
compassiu i protector

Missatge	Títol del poema	To del poema
1. Exhorta un ocell, càndid i pur, que fugi davant el perill d'una mort imminent.	...	...
2. Explica humorísticament per què el quadrúpede té la pell tacada de ratlles.	...	...
3. Descriu el somni de l'amfibi que es veu fent d'ocell: no s'accepta tal com és.	...	...
4. Explica el destí mortal d'un mol·lusc per haver menjat amb tanta voracitat.	...	...
5. Revela la missió que la natura ha encarregat a dos insectes que són molt familiars entre els humans.	...	...

Paràfrasi d'un poema

Parafrasejar un poema és explicar la mateixa informació que conté però de forma més planera i entenedora. Això requereix **convertir en prosa** el poema i **interpretar els sentits figurats** amb paraules transparents.

4. Acaba la paràfrasi del poema «Les abelles»:

> Les abelles es vanten que són treballadores i que cullen el millor pol·len de les flors, mentre que les vespes recullen insectes innobles, com aranyes i cucs. A continuació, fan notar que ▮ . Tot seguit es pregunten com ▮ . Finalment, reporten les paraules de la seva reina, que va dir: « ▮ ».

Paraules i expressions

El sentit recte i el sentit figurat

Parlem de **sentit recte** d'una paraula quan ens referim al seu significat originari i propi (**1**) i de **sentit figurat** quan ens referim al seu significat metafòric (**2** Fig.) Fixa't en les definicions següents:

> **gallina 1** *f* Femella del gall, més petita que el mascle, amb la cresta menys desenvolupada i els tarsos sense esperons. *La gallina pon molts ous.*

> **gallina 2** *m i f* Fig. Persona molt covarda, que de seguida s'espanta. *L'Ot fuig cames ajudeu-me. És un gallina.*

Procés de creació del sentit figurat			
Característiques semblants		Comparació	Metàfora
La gallina és molt *espantadissa*.	L'Ot és molt *covard*.	L'Ot és tan covard que reacciona *com una gallina*.	L'Ot és *un gallina*.

5. Digues quins dels mots destacats de les oracions següents tenen un sentit recte i quins tenen un sentit figurat:

a) La polseguera em feia aclucar els *ulls*.
b) El cotxe li deu haver costat un *ull* de la cara.
c) No para atenció: sempre està a la *lluna*.
d) La nau espacial explorarà la cara fosca de la *lluna*.
e) No tinguis tants *fums*. No ets el millor.
f) Els *fums* dels motors de combustió són contaminants.
g) A l'entrada hi posarem una porta de *ferro*.
h) L'Ada no es posa mai malalta. Té una salut de *ferro*.

6. Substitueix els mots de sentit figurat de les frases de l'activitat anterior per un d'aquests mots o expressions de sentit recte:

> molt resistent • caríssim • distret • una actitud tan pretensiosa

7. Digues el significat de les paraules o expressions de sentit figurat:

a) Aquesta noia és una *llumenera*.
b) Això que has fet és un *bunyol*.
c) Tot just comença, és un *passerell*.
d) L'Agustí és un *figaflor*.
e) Aquest home té *llengua d'escurçó*.

Les frases fetes

A més de trobar paraules de sentit figurat en el llenguatge poètic, en el llenguatge corrent trobem **expressions fixades** per l'ús que també tenen un sentit figurat; són les **frases fetes**: *Des del seu balcó, l'Oriol es distreu* ***fent la rateta*** *amb un mirallet als altres nois que juguen al carrer.*

> **fer la rateta** (a algú) *loc. v.* Projectar sobre algú o sobre alguna cosa la llum reflectida per un mirall o un altre objecte semblant.

8. Localitza les frases fetes de les citacions següents:

a) Un lladre es troba en una situació adversa i pensa: «Jo també he col·laborat en el robatori. Em convé més agafar el bou per les banyes i confessar el delicte».
b) Un alumne ha fet un examen de matemàtiques sense haver estudiat gens, però s'emporta una sorpresa en veure les notes, i diu: «He tingut sort d'aprovar l'examen, perquè el cert és que anava peix de mates».
c) Una noia comenta a una altra: «Que n'era, d'ignorant, en Pol! Per fi ha caigut del ruc i s'ha adonat que l'enganyaven».
d) La Mariona ensenya una esgarrapada que té en un braç i confessa: «De tant estirar-li la cua, al gat li ha pujat la mosca al nas i m'ha esgarrapat».
e) L'Anna considera que el seu germà es fa massa il·lusions i li diu: «Tot just acabes de fer la primera prova de selecció i ja fas volar coloms. Encara no t'han dit que t'agafaran».

9. Relaciona les frases fetes de l'activitat anterior amb la definició corresponent:

a) No haver estudiat, no saber una lliçó, una matèria.
b) Encarar decididament una situació difícil o dolenta.
c) Il·lusionar-se, tocar poc de peus a terra.
d) Adonar-se, a la fi, d'una cosa que, fins feia poc, no es comprenia.
e) Perdre la paciència, enutjar-se.

Ús metafòric de noms d'animals

Algunes propietats que són característiques de certs animals han originat un **ús metafòric**, que consisteix a aplicar a les persones el nom d'aquell animal les peculiaritats del qual els atribuïm. Per exemple:
A la casa del davant hi viu ***una aranya de forat****.*
L'Andreu ***és una aranya*** *a l'hora de fer calers.*

> **aranya de forat** *f.* Persona que viu retirada i fuig de la gent.
>
> **ésser una aranya** *loc. v.* No deixar escapar cap ocasió de guany, saber-se aprofitar de tot.

10. Relaciona els noms d'aquests animals amb l'ús metafòric que en fem: *escurçó*, *colomí*, *borinot*, *gata maula*, *sangonera*.

a) Persona innocent, càndida o excessivament tendra.
b) Persona malèvola, maldient i murmuradora.
c) Persona que dissimula les seves intencions amb un posat quiet i innocent.
d) Persona que viu o s'enriqueix a costa d'altres, als quals exhaureix els béns.
e) Persona impertinent i pesada que no calla mai, que fa nosa, que sempre és al damunt.

11. Per parelles, escriviu oracions en què el sentit figurat dels noms d'animals de l'activitat anterior quedi ben palès. Per exemple: *No t'ho dirà clarament perquè és una* ***gata maula****, però t'anirà criticant d'amagat.*

12. Per parelles, busqueu en un diccionari el significat metafòric dels noms d'animals següents i digueu a quina mena de persones s'aplica. Per exemple: *Es diu* ***mussol*** *d'una persona ensopida, encantada i que parla poc.*

mico filós • paparra • mostela • xai • cotorra
gat vell • gamarús • passerell

» POSA-HO PER ESCRIT

Endevina endevinalla...

Si eliminem els títols d'alguns poemes de la lectura, només llegint el text podem endevinar a quin animal es refereixen. Això és així perquè el poeta ha triat els trets més peculiars de l'animal i els ha augmentat amb comparacions i metàfores, com si escrivís una endevinalla. Una **endevinalla** és una composició, generalment escrita en vers, que es refereix, d'una manera ambigua, a un objecte o a un concepte que cal endevinar. Per exemple:

Una senyora va de viatge,
sense maleta ni bastó.
Hi ha dies que sembla un formatge
i altres, una tallada de meló.

Què hem de fer?

En grups de quatre alumnes, escolliu sis objectes o conceptes d'un camp semàntic determinat (fruites, animals, vestits, oficis, etc.) i elaboreu una endevinalla de cadascun. Acompanyeu les endevinalles amb una il·lustració gran en què apareguin els sis objectes o conceptes entre d'altres. Finalment, exposeu la il·lustració i reciteu les endevinalles davant la resta de la classe. A veure qui endevina els objectes o conceptes amagats!

La nit estelada (1889), de Vincent van Gogh.

Com ho hem de fer?

A l'hora de crear una endevinalla, hem de seguir els passos següents:

- **Observació**: descrivim l'objecte com si el veiéssim per primer cop. *De nits la lluna senyoreja al cel, és un astre que es desplaça sol i que canvia de forma així que passen els dies.*
- **Metàfora**: a partir de la descripció anterior, fem una definició metafòrica. *És una senyora que va de viatge sense maleta ni bastó.*
- **Comparació**: associem la forma de l'objecte a la d'altres objectes i en fem comparacions. *Hi ha dies que sembla un formatge i n'hi ha d'altres que sembla una tallada de meló.*
- **Forma poètica**: componem quatre versos curts i, si pot ser, amb rima: *viatge / bastó / formatge / meló.*

Trobareu exemples d'endevinalles en l'espai personal del web *www.barcanova.cat.*

BARCANOVA EDITORIAL

» PREN LA PARAULA

Ai, que m'embarbusso!

A tots ens ha passat que, a l'hora de dir una paraula llarga i difícil de pronunciar, ens hem embarbussat, és a dir, hem parlat de manera poc clara, confonent els sons o deixant la paraula a mig dir. Per tal de no embarbussar-nos quan parlem, no hi ha res millor que aprendre a dir embarbussaments. Els **embarbussaments** són jocs de paraules que juguen amb la dificultat de pronunciar certs mots o frases encadenades basant-se en la similitud dels sons que contenen, la qual cosa fa que el locutor els confongui tot creant un efecte còmic. Per exemple:

Una polla[1]
xica,
pica,
pellarica,
camatorta
i becarica
va tenir sis polls
xics,
pics,
pellarics,
camatorts
i becarics.

Si la polla no hagués estat
xica,
pica,
pellarica,
camatorta
i becarica,
els sis polls no haurien estat
xics,
pics,
pellarics,
camatorts
i becarics.

1. Gallina jove.

Què hem de fer?

Aprèn-te de memòria dos o tres embarbussaments i dos o tres poemes de la lectura i recita'ls davant la resta de la classe. D'aquesta manera, milloraràs la teva dicció, és a dir, la manera de pronunciar les paraules, i practicaràs per fer-te entendre.

Com ho hem de fer?

Cal que seguiu els passos següents:

- Busca a la biblioteca o per internet un embarbussament (dos o tres si són curts), aprèn-te'l de memòria i digue'l davant la resta de la classe, primer, amb un ritme lent i, després, tan ràpidament com puguis.
- Aprèn-te de memòria un dels poemes de la lectura d'aquesta unitat (tres o quatre si són curts) i, en acabat, recita'l a poc a poc i amb veu prou alta i clara perquè tothom t'entengui bé.

Trobareu exemples d'embarbussaments i pautes per recitar un poema en l'espai personal del web *www.barcanova.cat.*

» LITERATURA

1. La poesia

Un poeta o una poetessa és la persona que té el do (o la «gràcia») de trobar dins seu alguna cosa interessant que pugui corprendre els altres i ser capaç d'expressar-la a través de la poesia.

¿La poesia?
Cal cercar-la on tu saps ja
que és, com la Gràcia
o l'aigua pura i dura
d'una font emboscada.

CARLES RIBA

La **poesia** és el gènere que engloba els textos literaris que expressen sentiments, impressions i pensaments d'un poeta (àmbit de la **poesia lírica**) o narren fets heroics de personatges reals o imaginaris (àmbit de la **poesia èpica**), mitjançant un **ús creatiu del llenguatge** i unes **formes mètriques** (versos, rima, ritme...) que l'acosten a la música.

A l'antiga Grècia, els **aedes** cantaven els poemes acompanyats d'una cítara o d'una lira. Els **rapsodes**, en canvi, es limitaven a recitar els poemes acompanyats d'un bastó amb el qual donaven cops a terra per marcar el ritme dels versos. A l'edat mitjana van ser els **joglars** els encarregats de cantar les composicions poètiques dels **trobadors**.

Representació d'un aede de l'antiga Grècia.

1.1. El llenguatge poètic

El llenguatge poètic pot alterar el sentit de les paraules i fer que no signifiquin exactament el que diu el diccionari. Per exemple, la paraula *arbre* dins un poema continua sent un arbre, però traspassa el seu significat i n'adquireix un altre perquè està envoltada d'altres paraules que també tenen un **sentit figurat**. Per això la poesia és tan diferent de la prosa.

POESIA	PROSA
Cérvol Com un arbre rabent, arrelat dins el vent. PERE QUART	El cérvol té unes banyes tan llargues i ramificades que semblen un arbre. Però, quan corre veloçment, sembla que estigui arrencat i que se l'endugui el vent.

1.2. Les figures retòriques

La poesia és el fruit d'una forma molt personal de mirar i interpretar el món. Aquesta mirada tan singular és l'origen de les imatges literàries, els jocs de paraules, els canvis de sentit, etc.; tota una sèrie de **recursos expressius** que el poeta utilitza per crear un llenguatge figurat.

PRINCIPALS FIGURES RETÒRIQUES

COMPARACIÓ

Dir que una cosa és semblant a una altra.

La lluna es gronxava amb quatre núvols ***com si fossin un bressol****.*

És un recurs per fer més intensa una descripció.

METÀFORA

Canviar el nom d'una cosa pel nom d'una altra amb la qual es podria comparar.

Ulls ***de foc****, urpes* ***de ferro****,*
és l'àguila, si no m'erro.

És un recurs per crear una imatge vívida i potent en la ment del lector.

SINÈCDOQUE

Designar el tot amb el nom d'una part.

Sabates xiques*, trotant, trotant,*
peuets descalços *saltironant.*

És un recurs per restringir el significat posant el focus de la descripció en una part del conjunt.

METONÍMIA

Designar una cosa amb el nom d'una altra amb la qual manté una relació de contacte físic o lògic: primavera → flors.

Ja esclata ***la primavera*** *a la finestra.*

És un recurs per connectar mentalment la cosa que es diu amb la que se sobreentén.

PERSONIFICACIÓ

Atribuir qualitats humanes a animals, plantes o éssers inanimats.

On és ***el vent****, mare,*
que ***el sento*** *i* ***no el veig****?*

És un recurs per estimular l'emoció i cridar l'atenció.

HIPÈRBOLE

Deformar la realitat amb expressions exagerades.

Cap nom és ***tan bell***
damunt la terra*.*

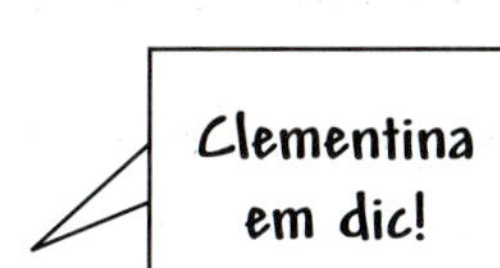

És un recurs per intensificar un fet, una qualitat o un defecte.

1.3. La mètrica

La poesia està lligada al cant i a la recitació. De fet, un poema està pensat per ser llegit en veu alta o recitat. En totes les cultures trobem la poesia en forma de cançons, i molts poemes de poetes coneguts han estat musicats per cantautors.

La **mètrica** és la tècnica que utilitzen els poetes per dotar de musicalitat les seves composicions. La mètrica té en compte, principalment, la **mesura dels versos**, la **rima**, el **ritme** i la composició d'**estrofes**.

Quan els versos d'un poema estan mesurats (és a dir, tenen el mateix nombre de síl·labes), però no presenten rima, s'anomenen **versos blancs**.

Quan els versos no segueixen cap tipus de mesura ni presenten rima, s'anomenen **versos lliures**.

La mesura dels versos

Un **vers** és una **seqüència de síl·labes** que ocupa una ratlla d'un poema. En la mètrica catalana els versos es mesuren segons la quantitat de síl·labes, que es compten des de la primera fins a l'última síl·laba tònica (si hi ha alguna síl·laba àtona al final, aquesta no es compta). Per exemple:

—Papallona encisadora,
jo, lleugera i voladora,
tendrament, en dia bo,
vaig de l'una a l'altra flor.

1	2	3	4	5	6	7	
–Pa	pa	llo	na en	ci	sa	**do**	ra

1	2	3	4	5	6	7	
jo,	lleu	ge	ra i	vo	la	**do**	ra

1	2	3	4	5	6	7
ten	dra	ment,	en	di	a	**bo**

1	2	3	4	5	6	7
vaig	de	l'u	na a	l'al	tra	**flor**

A l'hora de comptar les síl·labes dels versos, cal tenir en compte dos **fenòmens fonètics** que es poden donar quan pronunciem una seqüència de paraules:

L'ELISIÓ	Supressió d'una de les dues vocals que entren en contacte (normalment una *a* o una *e* àtones) de paraules diferents: *papallona'ncisadora*; *de l'un'a l'altra*.
LA SINALEFA (O DIFTONG SINTÀCTIC)	Unió en una sola síl·laba de la vocal final d'una paraula amb la vocal inicial de la següent: *lleugera i voladora*; *hi ha els mosquits*.

Segons el nombre de síl·labes, els versos es classifiquen en dos grups:

VERSOS CURTS	Són aquells que tenen menys de nou síl·labes. Els més freqüents són els **tetrasíl·labs** (4), els **pentasíl·labs** (5), els **hexasíl·labs** (6), els **heptasíl·labs** (7) i els **octosíl·labs** (8).
VERSOS LLARGS	Són aquells que tenen de nou a dotze síl·labes. Els més freqüents són els **decasíl·labs** (10) i els **alexandrins** (12).

Els versos llargs sovint tenen cesura. La **cesura** és una pausa mètrica (//) que divideix el vers en dues parts anomenades ***hemistiquis***. Tenint en compte això, el recompte de síl·labes es fa com si el final del primer hemistiqui fos el final del vers, és a dir, si acaba en paraula plana, deixarem de comptar una síl·laba. Per exemple:

Versos decasíl·labs amb cesura 4 + 6

1 2 3 4 1 2 3 4 5 6
Veles e vents // han mos desigs complir
1 2 3 4 1 2 3 4 5 6
faent camins // dubtosos per la mar.

AUSIÀS MARCH

Versos alexandrins amb cesura 6 + 6

1 2 3 4 5 6 1 2 3 4 5 6
Mon cor estima un ar(bre)! // Més vell que l'olive(ra),
1 2 3 4 5 6 1 2 3 4 5 6
més poderós que el rou(re), // més verd que el taronger.

MIQUEL COSTA I LLOBERA

La rima

La **rima** és la repetició d'uns mateixos sons al final dels versos a partir de l'última vocal tònica.

Parlem de **rima consonant** quan es repeteixen tots els sons i parlem de **rima assonant** quan sols es repeteixen els sons vocàlics.

Rima consonant

Ets àgil, ets au,
s'eixampla ton cau,
les ales espolses
i voles suau
per un cel de molses.

Somnia el gripau
i passa hores dolces.

PERE QUART

Rima assonant

Mireu-la com tremola,
la fulla d'alba;
de part d'amunt negrenca,
de sota blanca.
Tal és la vida:
porta en ses dues cares
la nit i el dia.

JACINT VERDAGUER

En paraules del poeta Joan Margarit, «la poesia s'acosta molt a aquella frontera traspassada la qual només hi ha la música».

El ritme

El **ritme** d'un poema s'obté alternant **síl·labes fortes** (tòniques) i **síl·labes febles** (àtones). Cada vers exigeix almenys **dos accents rítmics**: un de més intens al final, que recau en l'última síl·laba tònica, i un altre de no tan intens, que recau entre les quatre primeres síl·labes de cada vers.

La regularitat rítmica d'aquesta combinació —ben bé com el ritme donat per un instrument de percussió— facilita la recitació i dona musicalitat al poema. Per exemple:

Un vol d'infantons
al peu de la riba
abasta un niuet
del cim d'una alzina.

JACINT VERDAGUER

1	2	3	4	5	
Un	**vol**	d'in	fan	**tons**	
al	**peu**	de	la	**ri**	ba
a	**bas**	ta un	ni	**uet**	
del	**cim**	d'u	na al	**zi**	na.

Les estrofes

Una **estrofa** és un **conjunt de versos** que constitueix una part essencial del poema. Els versos d'una estrofa poden presentar un nombre igual de síl·labes i poden tenir una o més rimes. El conjunt de totes les estrofes forma el poema.

Les estrofes més habituals són l'**apariat** o **rodolí** (conjunt de 2 versos), el **tercet** (3), la **quarteta** (4 de curts), el **quartet** (4 de llargs), el **sextet** (6), l'**octava** (8), la **dècima** (10) i el **sonet** (combinació de 2 quartets i 2 tercets). Vegem un exemple de sonet:

Quan els **versos** són **llargs** (més de vuit síl·labes), la **rima** s'expressa amb **lletres majúscules** (ABBA).

Quan els **versos** són **curts** (menys de nou síl·labes), la **rima** s'expressa amb **lletres minúscules** (abba).

Un sonet per a tu que em fas més cl**ar** A
tant el dolor fecund com l'alegr**ia**, B
un sonet amb els mots de cada d**ia**, B
amb els mots de conèixer i estim**ar**. A
(Primer quartet)

Discretament l'escric, i vull pens**ar** A
que el rebràs amb discreta melang**ia**, B
com si es tractés d'alguna melod**ia** B
que sempre és agradable record**ar**. A
(Segon quartet)

Un sonet per a tu, només aix**ò**, C
però amb aquell toc lleu de fantas**ia** B
que fa que els versos siguin de deb**ò**. C
(Primer tercet)

Un sonet per a tu que m'ha perm**ès** D
de dir-te clarament el que vol**ia**: B
més enllà de tenir-te no hi ha r**es**. D
(Segon tercet)

MIQUEL MARTÍ I POL

» ACTIVITATS

La poesia

13. Tria l'opció més adequada en cada cas:

a) La poesia lírica...
   1. defineix coses de manera molt ambigua perquè puguin ser endevinades.
   2. expressa els sentiments, les impressions i els pensaments amb un llenguatge figurat.

b) La poesia èpica...
   1. narra els fets heroics de personatges que poden ser reals o imaginaris.
   2. explica en vers històries didàctiques perquè puguin ser memoritzades.

c) Les composicions poètiques...
   1. generalment s'escriuen en prosa.
   2. en general s'elaboren seguint unes regles mètriques determinades.

d) Les figures retòriques són...
   1. recursos expressius que s'utilitzen per crear un llenguatge figurat.
   2. imatges plàstiques que acompanyen els poemes per il·lustrar-los.

e) Una metàfora és un recurs que consisteix a...
   1. canviar el nom d'una cosa pel nom d'una altra amb la qual es podria comparar.
   2. deformar la realitat amb expressions exagerades.

f) Un vers és...
   1. una seqüència de síl·labes que ocupa una ratlla d'un poema.
   2. una frase més o menys curta que va seguida d'una pausa.

g) La rima és...
   1. la combinació regular de síl·labes fortes i síl·labes febles en cada vers.
   2. la repetició d'uns mateixos sons al final dels versos a partir de l'última vocal tònica.

h) Una estrofa és...
   1. una pausa mètrica que divideix el vers en dues parts.
   2. un conjunt de versos que constitueix una part essencial del poema.

El llenguatge poètic

14. Digues a quina de les figures retòriques següents correspon cadascun dels exemples que hi ha a continuació:

comparació • metàfora • sinècdoque
metonímia • personificació • hipèrbole

a) Pel desert corre la brama
que no et saps treure **el pijama**.

b) m'enamora l'estelada,
i **ella**, ¿**escolta** el que li dic?

c) Arrelar, **com un arbre**, dins la terra,
no ser núvol endut d'un poc de vent.

d) Temo **sabates** distretes
i **peus feixucs o ferrats**

e) I l'endemà serà com si ens alcéssim
després d'**una nit de vint segles**.

f) Volem uns jugadors compromesos; han de **sentir els colors** i han de **defensar l'escut**.

La mètrica

15. Copia les estrofes següents, separa'n les síl·labes amb un guionet i marca les elisions (⊔ o ⊔) i les sinalefes (◡). Tingues en compte que els versos llargs tenen cesura (5 + 5).

a)

Anà perdent la salut
de tant beure a doble queix.
Fou enterrat en taüt
al fons d'un arròs de peix.

PERE QUART

b)

Aigua matinera, rosada del prat,
dius bon dia a l'herba, dius bona hora als camps.
Aigua riallera de dintre els bassals,
quan el sol et crida, tu hi vas amb un salt.

NÚRIA ALBÓ

16. Fes el recompte de les síl·labes mètriques de les estrofes de l'activitat anterior i respon:

a) Quantes síl·labes mètriques tenen els versos curts? Són versos heptasíl·labs o pentasíl·labs?
b) Quantes síl·labes mètriques tenen els versos llargs? Són versos alexandrins o decasíl·labs?
c) La rima de la quarteta, és assonant o consonant? Per què?
d) La rima del quartet, és assonant o consonant? Per què?

17. Llegeix en veu alta l'estrofa següent i marca'n el ritme tot posant èmfasi en les síl·labes tòniques, que estan subratllades, i fent una pausa llarga al final de cada vers:

Si un estel es morís, qui en tindria, fidel,
recordança en el món, tan llunyà i adormit?
Qui mirés al seu lloc hi veuria la nit.
En el cel, qui sap mai on ha mort un estel?

JOSEP CARNER

18. Trieu algunes d'aquestes activitats poètiques i feu-les entre tota la classe. Trobareu informació complementària en l'espai personal del web *www.barcanova.cat.*

I. Recital poètic
Reciteu els vostres poemes favorits. Després, valoreu qui ho ha fet millor i proclameu el guanyador o la guanyadora.

II. El joc del farciment
Abans de recitar els poemes, copieu-los deixant un espai en blanc en el lloc d'un substantiu, un adjectiu i un verb. Després, demaneu als companys que el completin.

III. Que soni la música!
Seleccioneu diversos fragments musicals i demaneu a l'auditori que decideixi quin és el més adequat per il·lustrar musicalment un poema.

IV. Poemes amb imatges
Il·lustreu uns quants poemes amb fotografies o dibuixos i projecteu-los acompanyats de la recitació de cada poema.

V. Enduts pel ritme!
Reciteu uns quants poemes amb ritme de rap o bé canteu-los amb la música d'una cançó pop que s'hi adapti.

VI. Amb màscara d'actors
Trieu uns quants poemes que es puguin representar i interpreteu-los com si fóssiu un actor o una actriu.

VII. Poesia dibuixada
Feu un dibuix a partir d'un poema i enregistreu fragments de l'elaboració del dibuix. Després, acobleu i sincronitzeu les imatges obtingudes amb la veu de qui recita el poema.

Podries
Si haguessis nascut
   en una altra terra,
podries ser blanc,
   podries ser negre...
Un altre país
   fora casa teva,
i diries «sí»
   en una altra llengua.
T'hauries criat
   d'una altra manera
més bona, potser;
   potser, més dolenta.

JOANA RASPALL
(fragment)

» GRAMÀTICA

Els quantitatius, els indefinits, els interrogatius i els exclamatius

FITXA 1 » ELS QUANTITATIUS

Els **quantitatius** expressen un **grau** en una escala que va des de l'absència (*gens*) fins a una quantitat elevada (*molt*) o excessiva (*massa*).

Hi ha **massa** oli.

Hi ha **molt** d'oli.

Hi ha **força** oli.
Hi ha **bastant** d'oli.

Hi ha **poc** oli.
No hi ha **gaire** oli.

No hi ha **gens** d'oli.

Hi ha alguns quantitatius que són **variables** i n'hi ha d'altres que són **invariables**:

QUANTITATIUS VARIABLES			
molt	molta	molts	moltes
bastant	bastanta	bastants	bastantes
poc	poca	pocs	poques
tant	tanta	tants	tantes
gaire		gaires	

QUANTITATIUS INVARIABLES
massa, força, prou* gens, més, menys
*En el llenguatge informal, sovint s'utilitzen les formes de plural *masses* (*masses preguntes*), *forces* (*forces persones*) i *prous* (*prous diners*). Aquestes formes no són recomanables en el llenguatge formal.

Els quantitatius *gaire* i *gens* se solen utilitzar en oracions negatives (*No té **gaires** anys; Avui no hi ha **gens de** boira*). Però també poden aparèixer amb sentit positiu en preguntes (*Hi havia **gaire** gent?*) o en oracions condicionals (*Si et fa **gens de** mal, avisa'm*).

Davant d'un adjectiu o d'un adverbi, la forma *tant* perd la *t* final: *És **tan** amable; Ho fa **tan** bé!* Però: *Corre **tant**!*

PER SABER-NE MÉS

També actuen com a quantitatius els **noms quantificadors** o de **mesura**: *una **mica** de, un **tros** de, un **bocí** de, un **rajolí** de, un **munt** de, un **pessic** de, un **manat** de, una **colla** de, un **grapat** de, un **cabàs** de, un **quilo** de.*

- Per parelles, indiqueu quin nom de mesura és el més adequat per a cada imatge:

un ▯ de pa

un ▯ de julivert

un ▯ d'arròs

un ▯ de sal

1.1. D'acord amb el context, tria el quantitatiu adequat en cada oració:

a) Avui la verdura està salada. Hi he posat ▮ (*molta / massa*) sal.
b) Si vols que el pernil es curi bé, l'has de cobrir amb ▮ (*molta / massa*) sal.
c) La llet fresca s'ha de gastar de seguida. No la pots guardar ▮ (*molts / gaires*) dies.
d) No sé pas si tindré ▮ (*bastant / prou*) oli per fregir tantes patates.
e) A l'amanida no hi poso ▮ (*res / gens*) de sal.

1.2. Converteix les oracions següents en negatives utilitzant els quantitatius *gaire* (quantitat petita) i *gens* (quantitat inexistent o insignificant). Per exemple:
Aquest hivern fa molt de fred.
*Aquest hivern no fa **gaire** fred.*
*Aquest hivern no fa **gens de** fred.*

a) Aquesta rosa fa molta olor.
b) Enguany els apicultors han recollit molta mel.
c) Aquesta primavera, a l'aire hi ha molt de pol·len.
d) Pels torrents baixa molta aigua.

1.3. Identifica en les oracions següents els noms de mesura i digues si expressen una quantitat petita o una quantitat gran:

a) Ara ja corre un pèl d'aire.
b) La nevada ha deixat un bon tou de neu.
c) Fa una pila d'anys, de tot això.
d) Quan bulli l'aigua, llança-hi un pessic de sal.
e) Barreja l'ou amb un xic de llet.
f) Als prestatges hi ha un munt de llibres.
g) A l'aire hi havia un polsim de carbó.
h) Al corral hi ha un fotimer de mosques.
i) Al pa sucat hi falta un rajolí d'oli.

FITXA 2 » ELS INDEFINITS

Els **indefinits** són els quantificadors que expressen el següent:

- l'**existència** o la **inexistència** (*algun, cap*)
- una **quantitat imprecisa** (*uns quants, diversos*)
- la **tria d'un element** que forma part d'un grup (*qualsevol, cadascun, un altre*) o el **grup sencer** (*tots*).

<table>
<tr><th colspan="4">INDEFINITS PRINCIPALS</th></tr>
<tr><td>algun</td><td>alguna</td><td>alguns</td><td>algunes</td></tr>
<tr><td>cert</td><td>certa</td><td>certs</td><td>certes</td></tr>
<tr><td>altre</td><td>altra</td><td>altres</td><td>altres</td></tr>
<tr><td>tot</td><td>tota</td><td>tots</td><td>totes</td></tr>
<tr><td>cadascun</td><td>cadascuna</td><td></td><td></td></tr>
<tr><td></td><td></td><td>uns quants</td><td>unes quantes</td></tr>
<tr><td></td><td></td><td>diversos</td><td>diverses</td></tr>
<tr><td colspan="2">qualsevol</td><td colspan="2">qualssevol</td></tr>
<tr><td colspan="2">cada</td><td colspan="2"></td></tr>
<tr><td colspan="2">cap</td><td colspan="2"></td></tr>
<tr><td colspan="2"></td><td colspan="2">diferents</td></tr>
</table>

Altres característiques dels indefinits que cal tenir en compte són les següents:

1. Hi ha uns quants indefinits que tenen un significat gairebé idèntic: ***alguns** especialistes, **certs** especialistes, **diversos** especialistes, **uns quants** especialistes*. Cal evitar l'ús de l'adjectiu *varis* ('variables' o 'variats') davant del nom.
2. Per designar «les altres persones» o «la resta», podem dir *els altres*: *Nosaltres volem fer vaga, però **els altres**, no.* Amb aquest sentit, cal evitar l'ús de l'adverbi *demés* ('a més d'això').

3. La combinació *d'altres* se sol utilitzar quan l'indefinit apareix amb el pronom *en*: *Em valc d'aquests recursos, no* ***en*** *tinc* ***d'altres****.* També es pot utilitzar per referir-nos a «alguns altres»: *Alguns diuen que sí,* ***d'altres*** *diuen que no.*

4. L'indefinit *qualsevol* es refereix a un element sense concretar, sigui el que sigui, triat entre un conjunt: ***qualsevol*** *dia,* ***qualsevol*** *cosa*.

PER SABER-NE MÉS

Els indefinits seguits de la preposició *de* formen **construccions partitives**: ***molts dels*** *alumnes,* ***unes quantes de*** *les propostes,* ***qualsevol dels*** *candidats,* ***cap dels*** *assistents.*

Els indefinits *algú*, *ningú*, *cadascú* i *res* pertanyen a la categoria dels pronoms: ***Cadascú*** *és responsable dels seus actes.*

PRACTICA

- Identifica el quantificador indefinit que nega l'existència d'un element comptable en aquest embarbussament:

2.1. Completa les oracions que hi ha a continuació amb un d'aquests mots: l'indefinit *cap* (nega noms comptables), el quantitatiu *gens* (nega noms no comptables) o el pronom *res* (nega *qualsevol cosa*).

a) Ahir vaig rebre diversos missatges, però avui no n'he rebut ▮.
b) L'any passat els viticultors estaven molt contents perquè hi va haver molt raïm, però aquest any no n'hi ha hagut ▮.
c) Quan he sortit a regar el jardí aquest vespre he sentit alguna cosa que es movia entre els arbustos, però no he vist ▮.
d) Aquest pou donava molta aigua. Ara és sec: no en dona ▮.
e) Alguns companys de feina em fan el buit. No em diuen mai ▮.
f) Em demanen que expliqui un acudit, però ja els he dit que no en sé ▮.

2.2. Completa aquestes oracions amb els quantificadors nominals *algun* o *cadascun* o bé amb els pronoms *algú*, *ningú* o *cadascú*:

a) ▮ a casa seva fa el que vol.
b) L'organització va regalar un diploma a ▮ dels participants.
c) Coneixes ▮ que sàpiga alemany?
d) Coneixes ▮ electricista que em pugui instal·lar l'aire condicionat?
e) Tothom quiet! Que no es mogui ▮!

FITXA 3 » ELS INTERROGATIUS I ELS EXCLAMATIUS

Els **quantificadors interrogatius** serveixen per **preguntar** sobre un **element** concret que forma part d'un conjunt (*quin*) o sobre la **quantitat** (*quant*):

__Quin__ vol agafes?
A __quina__ hora surt l'avió?
__Quins__ llibres t'enduràs?
__Quines__ pel·lícules veuràs?
__Quant__ de temps falta?
__Quanta__ estona falta?
__Quants__ avions han sortit?
__Quantes__ pel·lícules veuràs?

Les mateixes formes també serveixen per fer **exclamacions**. Aleshores diem que són **quantificadors exclamatius**.

PER SABER-NE MÉS

S'ha de diferenciar el **quantificador *quant*** (***Quant** sucre s'hi ha de posar?*) del **temporal *quan*** (*Ho has de fer **quan** surti el sol*).

L'adverbi exclamatiu ***que*** sol anar davant d'un adjectiu o d'un adverbi: ***Que** bonic!*, ***Que** ràpid!* En canvi, davant d'un nom utilitzem el quantificador ***quin***: ***Quin** dia més bonic!*, ***Quina** sorpresa!*

3.1. Completa amb l'interrogatiu o l'exclamatiu adequat:

a) Però ■ mosca t'ha picat, ara?
b) ■ actors i ■ actrius actuen en aquesta obra?
c) No t'han seleccionat? ■ greu que em sap!
d) Va molt desorientat, no sap pas per ■ aigües navega!
e) Ui, ■ misèria! I ■ ignorància!

3.2. Completa amb *quan* o *quant / quanta*:

a) ■ vas néixer, ■ anys tenia la teva mare?
b) ■ vagis a la perruqueria, pregunta ■ val tenyir-se els cabells.
c) ■ temps fa que no el veus? I fins ■ no el tornaràs a veure?
d) A ■ puja la factura de les obres? Fixa-t'hi bé ■ la paguis.

» ACTIVITATS

Els quantitatius

19. Fes una taula com aquesta i completa-la amb les formes adequades dels quantitatius. Tingues en compte que alguns són invariables.

Masculí singular	Femení singular	Masculí plural	Femení plural
poc interès	▮ feina	▮ dies	▮ paraules
▮ neguit	*bastanta* afició	▮ cops	▮ vegades
▮ enginy	▮ traça	*força* recursos	▮ habilitats
▮ seny	▮ destresa	▮ coneixements	*gaires* notícies
massa aire	▮ paciència	▮ concerts	▮ actuacions
▮ temps	*prou* gent	▮ dies	▮ setmanes

20. Quants pèsols hi ha a cada plat? Completa les frases amb els quantitatius següents: *molts*, *prou*, *força*, *massa*, *cap*, *no gaires / pocs*.

Un nombre...					
excessiu	gran	considerable	suficient	petit	inexistent

Hi ha ▮ pèsols.	Hi ha *molts* pèsols.	Hi ha ▮ pèsols.	Hi ha ▮ pèsols.	Hi ha ▮ pèsols. No hi ha ▮ pèsols.	No hi ha ▮ pèsol.

21. D'acord amb el context, completa aquestes oracions amb el quantitatiu corresponent: *força*, *poca*, *molta*, *prou*, *gaire*, *mica*, *més*, *gens*, *tanta*, *menys*, *massa*.

a) Per no deshidratar-te, has de beure ▮ aigua. Però no és bona idea beure'n ▮ de cop. És recomanable beure'n ▮ però sovint.

b) Ahir, a la nevera de casa, no hi havia ▮ formatge, només una ▮. Però és que avui no n'hi ha ▮!

c) No podrem fer la pujada. El cotxe no té ▮ potència. Per fer-la, n'hauria de tenir ▮.

d) Les plantes del jardí estan negades. Hi has abocat ▮ aigua. A partir d'ara, no n'hi aboquis ▮: aboca-n'hi ▮.

22. En quina de les dues oracions podem substituir *gaire* per *molta*?

a) Que tens **gaire** feina avui?

b) Avui no tinc **gaire** feina.

23. Completa aquestes oracions amb el quantitatiu *gens* (quantitat inexistent / 'una mica') o amb el pronom *res* ('cap cosa' / 'alguna cosa'):

a) Aquest noi no té ■ al cap, no té ■ d'enteniment.
b) Si fa ■ de vent, és molt perillós fer foc. Però ara ja no hi ha ■ a fer.
c) Que voleu ■ de postres? De crema catalana, ja no me'n queda ■.

24. Substitueix el nom subratllat pel pronom *en* i escriu el quantitatiu adequat darrere del verb en les oracions següents. Per exemple:

—Necessitaràs més <u>pintura</u>?
—No, amb la que tinc ja <u>en</u> tindré ***prou****.*

a) —Vols que et deixi <u>diners</u>?
—No, crec que ja ■ tindré ■ amb els que m'ha deixat la mare.
b) —Té <u>febre</u> avui?
—Avui no arriba a 36,5°. Per tant, no ■ té ■, de febre.
c) —Vols que et posi més <u>arròs</u>? N'ha sobrat una mica.
—Ui, si no em puc acabar el que tinc al plat! Me ■ has posat ■.
d) —T'han vingut a veure gaires <u>companys</u> a l'hospital?
—Sí, al matí ■ han vingut uns quants, però no ■.
e) —He tirat sis grapats d'arròs a la paella. N'hi haurà prou?
—Per si de cas, afegeix-■'hi dos.

Els indefinits

25. D'acord amb el dibuix, substitueix les indicacions donades entre parèntesis en les frases de la pàgina següent per aquests indefinits: *alguns*, *algunes*, *tots* (2), *totes*, *cadascun*, *cadascuna*, *qualsevol*, *totes dues*, *cada* (2), *mateixa*, *mateixos*, *uns*, *altres*.

Per exemple:
■ (la totalitat) *aquests actors i* ■ (la totalitat) *aquestes actrius porten vestits d'època.*
Tots *aquests actors i* ***totes*** *aquestes actrius porten vestits d'època.*

a) ■ (*un cert nombre*) actors duen capa i ■ (*un cert nombre*) actrius duen guants.
b) Han donat un barret diferent a ■ (*tots, però un per un*) dels actors i ■ (*totes, però una per una*) de les actrius.
c) Hi ha dues actrius que duen els ■ (*idèntics*) vestits. ■ (*l'una i l'altra*) fan de minyones.
d) ■ (*un per un*) actor i ■ (*una per una*) actriu interpreten un paper diferent.
e) No tenen la ■ (*idèntica*) edat: els ■ (*un cert nombre*) són grans i els ■ (*els restants*) són més joves.
f) ■ (*la totalitat*) se saben el seu paper de memòria, però en ■ (*tant se val quin*) moment es poden equivocar.

26. Tria en cada cas la forma de l'indefinit més adequada entre les següents: *altres*, *un altre*, *una altra*, *els altres*, *les altres*, *d'altres* (2).

a) No t'hi amoïnis tant i ves-te'n a dormir, que demà serà ■ dia.
b) El conductor ha resultat ferit greu. ■ dues persones han resultat il·leses.
c) Multen una benzinera per haver pactat els preus amb ■ benzineres.
d) Hem perdut dues oportunitats, però segur que en vindran ■.
e) Nosaltres hi anirem a peu, ■ hi aniran amb bicicleta.
f) No t'entenc. M'ho pots explicar ■ vegada?
g) Utilitzo aquestes paraules perquè no en trobo ■.

27. Llegeix aquestes oracions i digues quines són equiparables (3) i quines presenten un matís que les fa diferents (3):

a) 1. Hi ha un client que no està del tot satisfet.
   2. Hi ha algun client que no està del tot satisfet.
b) 1. Si tens cap problema, només ens ho has de dir.
   2. Si tens algun problema, només ens ho has de dir.
c) 1. Ja no me'n queda cap.
   2. Ja no me'n queda gens.
d) 1. Alguns diuen que sí, alguns altres diuen que no.
   2. Alguns diuen que sí, d'altres diuen que no.
e) 1. Cadascun de vosaltres haurà de dur un plat.
   2. Cada un de vosaltres haurà de dur un plat.
f) 1. Hi anirem tots.
   2. Hi anirà tothom.

Els interrogatius i els exclamatius

28. Escriu la forma adequada de l'interrogatiu o l'exclamatiu amb el signe d'interrogació o d'exclamació al final de l'oració. Per exemple:

■ *pel·lícula t'ha agradat més* → ***Quina** pel·lícula t'ha agradat més**?***

a) ■ gentada que hi ha ■
b) Ui, ■ neu ■
c) ■ estovalles vols que posi a taula ■
d) ■ ensurt ■
e) ■ cullerades de sucre hi he de posar ■
f) ■ temps farà demà ■
g) ■ litres hi caben, en aquest dipòsit ■
h) Ei, ■ temps sense veure'ns ■

29. Tria l'interrogatiu o l'exclamatiu adequat en cada oració:

a) ■ (*Que / Quin*) relat més emocionant!
b) ■ (*Que / Quin*) emocionant que és, aquest relat!
c) ■ (*Quins / Que*) veïns més simpàtics que tens!
d) ■ (*Quins / Que*) simpàtics que són els teus veïns!
e) ■ (*Quant / Quan*) jugueu: dissabte o diumenge?
f) ■ (*Quant / Quan*) et falta per tenir trenta euros?

» ORTOGRAFIA

1. La dièresi

La **dièresi** és un signe que s'escriu sobre la *i* o la *u* per indicar que cal pronunciar-les d'una manera determinada, diferent de com ho faríem si anessin sense. Per exemple:

gue **güe**	*al**gu**es* *ai**gü**es*	→ el grup ***gu*** forma un dígraf, la ***u*** no es pronuncia → la ***ü*** es pronuncia i forma un diftong creixent amb la ***e***
ei **eï**	*b**ei**-na* *ve-**ï**-na*	→ el grup ***ei*** forma un diftong decreixent: la ***e*** i la ***i*** formen part de la mateixa síl·laba → la dièresi indica que no hi ha diftong: la ***ï*** forma part d'una altra síl·laba
ia **ïa**	*ve-**ia*** *o-be-**ï**-a*	→ el grup ***ia*** forma un diftong creixent: la ***i*** i la ***a*** formen part de la mateixa síl·laba → la dièresi indica que no hi ha diftong: la ***ï*** forma part d'una altra síl·laba

1.1. Les funcions de la dièresi

La dièresi pot fer dues funcions:

En els grups *güe, güi, qüe* i *qüi*	Indica que la ***u*** s'ha de pronunciar; per tant, forma un diftong creixent amb la vocal que ve darrere: *llen-**güe**-ta, pin-**güí**, fre-**qüe**nt, a-**qüí**-fer*.
En els altres casos	Indica que la ***i*** o la ***u*** no formen diftong amb la vocal que tenen al costat: *ve-**ï**-na, o-**ï**-da, Ra-**ül**, di-**ürn**, o-be-**ï**-a, tra-du-**ï**-en*.

1.2. Observacions sobre l'ús de la dièresi

A l'hora d'utilitzar la dièresi cal tenir en compte les observacions següents:

a) La dièresi ens ajuda a separar les síl·labes i a identificar la síl·laba tònica:
*ve-**ï**-na* ('situada a prop') / ***bei**-na* ('funda')
*con-du-**ï**-a* (del verb *conduir*) / ***du**-ia* (del verb *dur*)
*pe-**üc*** (mitjó per dormir a l'hivern) / ***peu***
*ra-bi-**üt*** (que s'enfada) / *op-ta-**tiu*** (no obligat)

Els Estats Units tenen el Canadà i Mèxic com a països veïns.

b) Algunes paraules duen dièresi en una síl·laba àtona per indicar que la *i* no fa diftong amb la vocal contigua:

*tra-ï̲-**dor***	*a-ï̲-**llar***	*con-ti-**nu**-ï̲n*
*su-ï̲-**ci**-di*	*a-gra-ï̲-**ment***	*con-ti-nu-ï̲-**tat***

c) La dièresi sovint alterna amb l'accent:

*pa-**ís*** → *pa-**ï**-sos*
*su-**ís*** → *su-**ïs**-sa*
*tra-du-**ís**-sim* → *tra-du-**ïs**-sin*

d) Les terminacions dels verbs acabats en *-ir*, com *agrair*, *obeir*, *reduir*, duen dièresi quan la vocal tònica no es pot accentuar d'acord amb les normes:

FORMES VERBALS AGUDES QUE NO ES PODEN ACCENTUAR					
a-gra-**ïm** a-gra-**ïu**	a-gra-**ït** a-gra-**ïts**	o-be-**ïm** o-be-**ïu**	o-be-**ït** o-be-**ïts**	re-du-**ïm** re-du-**ïu**	re-du-**ït** re-du-**ïts**

FORMES VERBALS PLANES QUE NO ES PODEN ACCENTUAR					
a-gra-**ï**-a a-gra-**ï**-en	a-gra-**ï**-da a-gra-**ï**-des	o-be-**ïs**-sis o-be-**ïs**-sin	o-be-**ï**-da o-be-**ï**-des	re-du-**ï**-res re-du-**ï**-ren	re-du-**ï**-da re-du-**ï**-des

e) En algunes formes verbals ens estalviem la dièresi:

ESTALVI DE LA DIÈRESI EN ALGUNES FORMES VERBALS			
FUTUR	**CONDICIONAL**	**INFINITIU**	**GERUNDI**
a-gra-i̲-**ran** o-be-i̲-**ran** re-du-i̲-**ran**	a-gra-i̲-**ri**-a o-be-i̲-**ri**-a re-du-i̲-**ri**-a	a-gra-**i̲r** o-be-**i̲r** re-du-**i̲r**	a-gra-**i̲nt** o-be-**i̲nt** re-du-**i̲nt**

f) En algunes paraules ens estalviem la dièresi:

ESTALVI DE LA DIÈRESI EN ALGUNES PARAULES			
Paraules derivades amb els sufixos *-isme* o *-ista*		**Paraules derivades amb els prefixos *re-*, *co-*, *contra-***	
e-go-i̲s-me	e-go-i̲s-ta	re-i̲n-ven-tar	co-i̲n-ci-dèn-ci-a
eu-ro-pe-i̲s-me	eu-ro-pe-i̲s-ta	re-u̲-ti-lit-zar	con-tra-i̲n-di-car
al-tru-i̲s-me	al-tru-i̲s-ta	co-i̲n-ci-dir	con-tra-i̲n-di-ca-ci-ó

» ACTIVITATS

La dièresi

30. Copia i col·loca la dièresi allà on calgui:

a) línia obliqua
b) paraigua tancat
c) construir un aqueducte
d) globus terraqui
e) guitarres acústiques
f) paraiguer ple de paraigues
g) quocient intel·lectual
h) qualitat d'oblic: obliquitat
i) unguent medicinal per a la pell
j) consequències greus
k) quedar-se quiet

31. Col·loca la dièresi en les set paraules que n'hagin de dur. Després, classifica-les en una taula com la que hi ha a continuació.

a) raim
b) oida
c) lliure
d) diurn
e) llengua
f) pasques
g) desmai
h) frequent
i) traidor
j) paisos
k) fruiter
l) piragua

Hi ha diftong creixent	Hi ha diftong decreixent	Hi ha un hiat
...	...	...

32. Separa les síl·labes d'aquestes paraules i subratlla els diftongs que hi ha. Per exemple: *freqüència → fre-güèn-ci-a*

a) aigüera
b) cruïlla
c) obliqüitat
d) xemeneia
e) rabiüt
f) quota
g) gratuïta
h) estiuenca
i) cloïsses
j) peüc
k) veïnatge
l) qüestionar
m) traïció
n) guanyar
o) llengües
p) ungüent

33. Escriu, quan calgui, l'accent o la dièresi en les paraules que hi ha a continuació. Després, classifica-les en tres grups, segons si porten dièresi, si porten accent o si no porten dièresi ni accent.

a) paisatge, pais, paisos, agraiem, raim, esvair
b) servei, obeieu, posseit, esmorteir, proveidor, vei
c) rabiut, captiu, conduissim, reduint, destruit, contribuis

Amb dièresi	Amb accent	Sense dièresi ni accent
...	...	...

34. Identifica les paraules d'aquestes frases que han de portar accent o dièresi i, després, copia les frases correctament:

a) Els suissos i les suisses son d'un pais centreeuropeu anomenat Suissa.
b) Els pinguins son ocells que acostumen a fer vida a les aigues mes fredes de l'hemisferi sud.
c) Aquest estiu la Silvia, en Raul i la Maria volen visitar diversos paisos tropicals.
d) Han conduit l'acusat a la preso; dema la policia el conduira al jutjat de guardia perque declari.
e) Han substituit les quatre tanques de plastic per unes altres que son metal·liques.

35. Conjuga l'imperfet d'indicatiu i l'imperfet de subjuntiu dels verbs *agrair* i *traduir*. Fixa't en els models:

Imperfet d'indicatiu	Imperfet de subjuntiu
obeïa	obeís
obeïes	obeïssis
obeïa	obeís
obeíem	obeíssim
obeíeu	obeíssiu
obeïen	obeïssin

36. Copia la taula i escriu-hi les formes verbals indicades. Recorda que l'infinitiu i el gerundi s'escriuen sense dièresi.

Infinitiu	Gerundi	Participi			
agrair	...	...	agraïda	...	...
...	obeint	...	...	obeïts	...
...	...	conduït	...	...	conduïdes
reduir	...	...	...	reduïts	...
...	traduint	...	...	...	traduïdes
...	...	traït	...	...	traïdes
corroir	...	...	corroïda	...	...

37. Copia la taula i escriu-hi les formes verbals del present de subjuntiu dels verbs *canviar*, *estudiar*, *continuar* i *insinuar*:

canviar	*estudiar*	*continuar*	*insinuar*
canviï	...	...	...
...	...	continuïs	...
...	estudiï	...	...
canviem	...	...	insinuem
...	...	continueu	...
...	estudiïn	...	...

38. Tots els temps dels verbs *aïllar*, *amoïnar*, *arruïnar* i *suïcidar-se* s'escriuen amb dièresi. Completa les frases següents amb el temps del verb adequat, indicat entre parèntesis:

a) Si no aconseguim sanejar l'empresa, ens … (futur).
b) Aquests materials … (futur) la casa perfectament: a l'estiu no hi entrarà la calor i a l'hivern no hi entrarà el fred.
c) Els bombers van arribar a temps per evitar que se … (imperfet de subjuntiu).
d) Vostè estigui tranquil, no s'… (present de subjuntiu) per res.

39. Forma paraules derivades utilitzant en cada cas un prefix i una base lèxica. Per exemple: *anti* + *inflamatori* → *antiinflamatori*

co- pre- re- infra- sobre- gastro-	incidir unió impressió industrial intestinal utilitzar

DICTAT

Fixa't en les paraules destacades i posa dièresi o accent en aquelles que n'hagin de dur. Després, escriu tot el text mentre te'l dicten.

La **Lluisa** era tinguda per una veritable **heroina** pel **veinat**. Deien que tots els seus actes **obeien** a unes causes nobles. A més a més, **posseia** una **fluidesa** de paraula tan gran que havia **conduit** més d'una persona a **contribuir-hi** amb quantitats molt elevades fins a quedar-se **arruinada**. La **questio** és que nosaltres li **agraiem** la seva **dedicacio** a tan nobles tasques i ningú no **s'amoinava** per la **destinacio** final dels diners amb els quals tots els **veins** hi **contribuien**.

» POSA'T A PROVA

Llegeix aquest text i comprova si l'has entès

Les paraules compartides

Compartir una llengua és compartir una part de la nostra imaginació. ¿T'has adonat que els poetes, quan escriuen, utilitzen els mateixos recursos que la gent quan parla? Els poetes aprenen a mirar, pensen molt les paraules, busquen amb cura la forma d'expressar el que volen dir, l'adjectiu exacte, la comparació suggeridora, la metàfora creativa. I tot això també ho fem quan parlem, però quasi sense adonar-nos-en, gràcies a la imaginació de l'idioma compartit. Com que som molt curiosos, escoltarem ara la conversa de la taula del costat:

—Hem de trucar a un paleta perquè ens arregli la volada de la casa.

—Papa, i què és la volada?

—La volada és la part de la teulada o dels balcons que surt enfora. La de la teulada s'ha esquerdat i, si no l'arreglem, la pluja tacarà la paret.

La paraula *volada* és molt poètica. La part de la teulada que surt enfora recorda les ales d'un ocell que vola pel cel. Per això fem servir la paraula *volada*.

Passa el mateix quan parlem de l'*ull d'un pont*. Del forat per on passen els rius sota els ponts, se'n diu *ull*. Sembla com si els ponts ens miressin amb els ulls oberts. I les pedres que cobreixen els ulls d'un pont ens recorden les celles d'una cara. Per això parlem dels *ulls d'un pont*.

Quan un nen està molt sa i és molt gros, diem que està més fort que un roure. Per parlar d'una persona utilitzem la qualitat d'un arbre. O al contrari, podem utilitzar una característica humana per parlar del món, i quan fa un dia molt ennuvolat, després de mirar per la finestra, comentem que *fa un dia molt trist*.

Aquests jocs poètics del llenguatge serveixen per expressar amb força el que volem dir. No és el mateix comentar que una persona està molt prima que dir: «En Pere *és un sac d'ossos*». I quan volem donar la nostra paraula d'honor, no és el mateix dir que expliquem la veritat que afirmar poèticament: «T'estic parlant *amb el cor a la mà*». El cor és una metàfora dels sentiments profunds, de l'amor, de la tendresa, de la sinceritat; i per això ens el traiem imaginàriament del pit, a través de les paraules, per parlar tenint-lo a la mà.

L'ús de tots aquests recursos sovint passa desapercebut per la rutina de l'idioma. Però són recursos poètics que compleixen una funció, i el poeta aprèn d'aquests recursos, els renova, inventa expressions similars, comparteix amb els altres la seva imaginació per aprendre a mirar millor les coses, a explicar-les més bé, a entendre els sentiments i la realitat.

LUIS GARCÍA MONTERO: *Lliçons de poesia per a nens i nenes inquiets* (text adaptat).

1. La idea central del text és que...

a) els poetes utilitzen recursos literaris que no trobem en la llengua comuna.
b) els poetes utilitzen recursos literaris que també trobem en la llengua comuna.
c) els poetes utilitzen recursos apresos exclusivament de la tradició literària.
d) els poetes utilitzen recursos que només trobem en la llengua comuna.

2. Compartir una llengua és compartir una part de la nostra imaginació perquè...

a) la llengua comuna només és fruit de la nostra imaginació.
b) la nostra imaginació crea constantment paraules noves.
c) la llengua comuna incorpora mots i expressions sorgits de la nostra imaginació.
d) la llengua comuna incorpora paraules i expressions extretes de la tradició literària.

3. Els jocs poètics del llenguatge serveixen...

a) per aprendre a mirar millor les coses.
b) per expressar amb força el que volen dir.
c) per entendre els sentiments i la realitat.
d) per donar la nostra paraula d'honor.

4. Quin és el significat originari de *volada*?

a) Acció de volar d'un punt a un altre.
b) Part d'un edifici que sobresurt del mur que la sosté.
c) Importància, envergadura, grandesa.
d) Conjunt d'arbres i de plantes llenyoses d'un bosc per oposició al sòl.

5. Quin és el significat que ha adquirit la paraula *ull* per analogia, és a dir, per semblança?

a) Òrgan de la visió.
b) Forat, especialment el que travessa de part a part alguna cosa.
c) Mirada vigilant.
d) Taca circular.

6. Quina semblança hi ha entre la *volada d'un ocell* i la *volada d'un edifici*?

7. Identifica la personificació, la comparació, la metàfora i la metonímia:

a) El nen està més fort que un roure.
b) La nit és una pissarra plena d'estels de guix.
c) La claror ja es pon per l'horitzó.
d) La boira humida dansa pels carrers.

8. Canvia el quantitatiu de l'oració «Som molt curiosos» per tal que expressi...

a) una quantitat excessiva.
b) una quantitat suficient.
c) una quantitat petita.
d) una quantitat nul·la.

9. Explica per què *llengua* no duu dièresi i, en canvi, *llengües* sí que en duu.

10. Escriu les formes del present de subjuntiu del verb *canviar*.

Per escrit

És característic dels bestiaris que un animal sigui la veu poètica i comuniqui les seves vivències o les seves emocions. Llegeix el poema «El mussol», de Josep Carner: *Jo tinc cara de setciències / i visc, de dia, ensopit; / totes les meves sentències / les penso, immòbil, de nit*. Després, escriu un poema de quatre versos en què posis veu a un animal.

De viva veu

Aprèn-te el poema i recita'l davant la classe. Entre tots, valoreu quins són els poemes que més us han agradat i com ho han fet els companys a l'hora de recitar.

» LA MALETA POÈTICA

Aquest projecte té com a finalitat elaborar una maleta amb diversos treballs poètics i visuals i, després, exposar-los juntament amb els que han fet els altres grups.

Què hem de fer?

1. Il·lustrar frases fetes

Trieu unes quantes frases fetes i, a partir del seu significat literal, creeu un disseny artístic que es pugui estampar en una samarreta, en una carpeta... En acabat, cal que expliqueu el sentit de cada frase. Per exemple:

A. Estar a la flor de la vida. Estar en plena joventut, en la millor època de la vida.

B. Tallar el bacallà. Dominar una situació, ser qui mana en un assumpte.

C. Anar-se'n a la quinta forca. Anar molt lluny.

A

B

C

Imatges extretes del projecte artístic Català il·lustrat, de Marta Montenegro (www.martamontenegro.net/project/catala-il·lustrat)

2. Crear un diccionari fantàstic

Definiu paraules del vocabulari bàsic d'una manera creativa i poètica. Després, amb totes les definicions obtingudes, heu d'elaborar un diccionari. Per exemple:

A

abella. És un helicòpter que fa la vida més dolça.
aigua. És un llençol transparent brodat amb llàgrimes dolces de les fades.
aire. És el gronxador de les fulles i les flors.
aranya. És la persona que passa tota l'estona cosint.
avis. Són manuals d'instruccions una mica rondinaires.

B

barret. És un gra que surt al cap de les persones calbes.
bomber. És una formiga vermella que lluita contra un gegant vermell.
bruixa. És la malícia voladora.

C

calendari. És una maledicció que ens va llançar una bruixa perquè els dies passessin més de pressa.

3. Dissenyar postals amb haikus

Un haiku és un poema d'origen japonès que consta de tres versos. La mètrica habitual és la següent: 4 + 6 + 4 o bé 6 + 6 + 4.

El contingut del poema ha de fer al·lusió a un instant de la vida quotidiana relacionat amb la contemplació d'algun fenomen de la natura. Per això convé utilitzar força noms (acompanyats d'adjectius o no) i pocs verbs.

Un cop escrits uns quants haikus, cal que trieu una fotografia per a cada un i que dissenyeu una postal.

Camí de sol.
Per les rutes amigues,
unes formigues.

JOAN SALVAT-PAPASSEIT

Sota la llum d'argent
en les branques, el vent
canta el meu nom.

ROSA LEVERONI

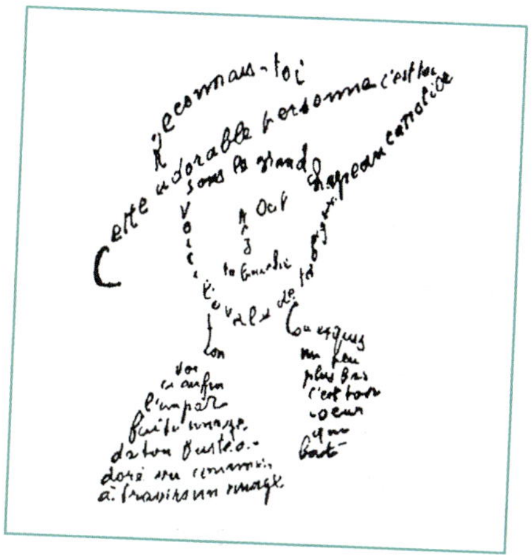

4. Crear un cal·ligrama

Un cal·ligrama és un poema visual que consta d'escriptura i dibuix. Es tracta d'un text, de vegades tan sols una frase, en què s'utilitza la disposició de les paraules, la tipografia o la cal·ligrafia per tal de representar visualment el contingut del poema. Les paraules que componen el poema dibuixen o formen un personatge, un animal, un paisatge o qualsevol objecte imaginable.

Reconnais-toi
Cette adorable personne c'est toi
Sous le grand chapeau canotier
Oeil
Nez
La bouche
Voici l'ovale de ta figure
Ton cou exquis
Voici enfin l'imparfaite imatge
de ton buste adoré
vu comme à travers un nuage
Un peu plus bas c'est ton coeur qui bat

Reconeix-te
Aquesta adorable persona ets tu
Sota el gran barret de palla
Ull
Nas
La boca
Heus aquí l'oval del teu rostre
El teu coll exquisit
Heus aquí finalment la imatge imperfecta
del teu bust adorat
vist com si fos a través d'un núvol
Una mica més avall hi ha el teu cor que batega

GUILLAUME APOLLINAIRE: «Reconnais-toi»

Com ho hem de fer?

1. Organització

Es tracta de fer un treball cooperatiu en grups de quatre o cinc alumnes diferents dels que vau formar en el primer trimestre. En primer lloc, cal que prepareu les frases fetes il·lustrades. Trieu quatre o cinc frases fetes que es puguin il·lustrar i feu un esbós del dibuix. No us oblideu d'explicar el sentit de cada frase.

En segon lloc, trieu unes quantes paraules i definiu-les d'una manera poètica d'acord amb els exemples de l'apartat anterior. Un cop tingueu unes quantes paraules definides, cal que les ordeneu alfabèticament per donar forma al diccionari fantàstic.

A continuació, cal que creeu uns quants haikus. Abans, però, cal que penseu, per a cada cas, en una imatge concreta per fer-ne una postal. Heu de posar a prova la vostra creativitat i dissenyar unes postals que siguin atractives visualment.

Finalment, creeu un cal·ligrama. Trieu una persona, un animal, un paisatge o un objecte que siguin fàcils de dibuixar. Un cop fet el dibuix amb un llapis en un full, creeu un petit poema i escriviu-lo seguint el perfil del dibuix. Per acabar, esborreu la figura feta amb llapis.

2. Cerca d'informació

A l'hora d'il·lustrar les frases fetes, podeu fer una cerca d'aquest tipus d'expressions en diccionaris, com ara Dites.cat (*locucions, frases fetes i refranys del català*), de Víctor Pàmies, publicat per Barcanova, o per internet, en llocs web com, per exemple, *rodamots.cat*.

Pel que fa als haikus, en trobareu més exemples en els webs següents: *rodapoemes.blogspot.com* i *magpoesia.mallorcaweb.com*.

Finalment, quant als cal·ligrames, trobareu un bon recurs interactiu per entendre'n el funcionament i uns quants exemples en la pàgina web *www.educaixa.com/microsites/Letras/Calligrama/*.

Trobareu els enllaços exactes d'aquestes pàgines web en l'espai personal del web *www.barcanova.cat*.

3. Treball escrit

És important que tots els membres del grup contribuïu a fer que els textos presentin una bona estructura, que la informació sigui l'adequada i que l'expressió sigui clara, precisa i correcta.

Finalment, reviseu tots els textos per evitar errors de puntuació i d'ortografia.

Material complementari i models

EXEMPLES DE FRASES FETES

- tenir la paella pel mànec
- remenar l'olla
- afegir llenya al foc
- agafar el rave per les fulles
- aixecar la camisa
- anar amb una sabata i una espardenya
- anar com l'anell al dit
- deixar amb un pam de nas
- donar carabassa
- estirar més el braç que la màniga
- fer uns ulls com unes taronges
- ficar els peus a la galleda
- ofegar-se en un got d'aigua
- pagar els plats trencats
- posar fil a l'agulla
- pujar (a algú) la mosca al nas
- ser el peix que es mossega la cua
- treure foc pels queixals

CAL·LIGRAMA

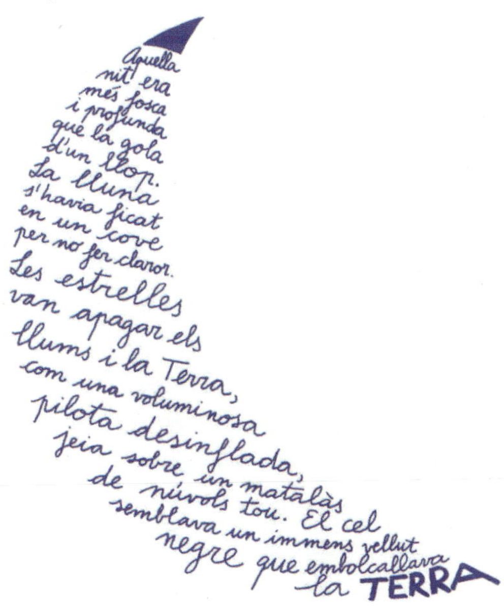

MIQUEL OBIOLS: «La lluna».

HAIKUS

Un haiku és
açò que està passant
ara i aquí.

Un tros de vida
escrit, instant fet art...
Tot en tres versos.

PONÇ PONS

L'aire colpeja
suaument la finestra.
La nit s'apropa.

MIQUEL MARTÍ I POL

La millor fita
d'una gran aventura
és la tornada.

JOANA RASPALL

UNITAT 7

LECTURA » *Robbie*

TEXTOS FUNCIONALS » L'entrevista

GRAMÀTICA » El verb

ORTOGRAFIA » Les vocals *a* i *e* àtones

Preparem la lectura

1. Doneu un cop d'ull al títol de la lectura i a les il·lustracions del text. Després, digueu de què deu tractar.
2. Llegiu les definicions del vocabulari i, després, digueu quin adjectiu equival a 'afligit, adolorit, entristit', quin verb significa 'contreure (alguna part de la cara) fins a arrugar-se la pell' i quin nom es refereix a la 'respiració brusca i sorollosa que sovint acompanya el plor desfet'.
3. Responeu oralment: a) ¿La intel·ligència, és només la capacitat d'entendre conceptes i resoldre problemes o també té a veure amb les emocions, la convivència i la felicitat de les persones? b) ¿Penseu que serà possible que un robot arribi a ser tan intel·ligent com les persones? ¿Creieu que tindrà la capacitat de resoldre problemes emocionals, afectius o socials? c) Ara imagineu que teniu un robot intel·ligent com l'amic perfecte. Quins requisits penseu que hauria de complir?
4. Intercanvieu comentaris i opinions sobre el significat d'aquesta afirmació de l'enginyer Pere Brunet: «La veritat és que costa entendre la relació d'amor-odi que tenim amb la ciència i la tecnologia. Sembla que la tecnologia sigui la font de tots els nostres mals, però, en canvi, no parem de somiar en un futur ple d'eines i objectes intel·ligents».

» LECTURA

VOCABULARI

arrufar *v. tr.* Contreure (alguna part de la cara) fins a arrugar-se la pell.

cautelosament *adv.* Amb cautela, prudència, precaució.

consternat -ada *adj.* Afligit, adolorit, entristit.

gambada *f.* Passa llarga.

giragonsa *f.* Canvi de direcció, ara a la dreta, ara a l'esquerra.

Robbie

En la societat del futur que descriu Isaac Asimov —un dels escriptors de ciència-ficció més destacats— els robots no representen cap amenaça per a les persones, més aviat al contrari, es converteixen en els seus servidors més fidels, ja que el seu comportament es regeix per les tres lleis de la robòtica. «Un robot no pot fer mal a cap ésser humà ni permetre que res ni ningú li faci mal», diu la primera llei. Fins i tot els robots arriben a suplir la manca d'afecte dels humans, com en aquest fragment del primer relat que va escriure Asimov sobre robots.

—Noranta-vuit, noranta-nou, cent —va acabar de comptar la Glòria, recolzada contra l'arbre. Llavors la nena es va treure el bracet de davant dels ulls i es va quedar un moment aturada **arrufant** el nas i parpellejant, enlluernada per la claror del sol. Després, mirant per totes bandes, es va apartar **cautelosament** unes quantes passes de l'arbre.

—M'hi jugo qualsevol cosa que ha entrat a casa, i li he dit mil vegades que això no s'hi val.

Amb cara d'enfadada, es va encaminar tota decidida cap a la casa que hi havia a l'altra banda del camí. Però ja era massa tard. Va sentir un cruixit darrere seu i, tot seguit, el cataclic-cataclac dels peus metàl·lics d'en Robbie. Es va girar i va veure com el seu amic, que tenia les de guanyar, sortia del seu amagatall i corria ràpidament cap a l'arbre de parar.

—Espera't, Robbie! No s'hi val! —va xisclar la Glòria, **consternada**—. M'has promès que no arrencaries a córrer fins que jo et veiés. M'has enganyat...

Les petites passes de la Glòria no tenien res a fer amb les grans **gambades** d'en Robbie. Però llavors, quan era a uns tres metres de l'arbre, en Robbie es va posar a caminar molt a poc a poc, i la Glòria, fent un esprint, el va avançar i va tocar l'escorça de l'arbre abans que ell.

—Robbie, tortuga! En Robbie no sap córrer, elis, elis! —cridava tan fort com podia amb la seva veueta de nena de vuit anys—. Et guanyo sempre! Et guanyo sempre!

En Robbie no va contestar, és clar, perquè no parlava. Va fer veure que es posava a córrer i es va allunyar una mica. Llavors la Glòria va començar a empaitar-lo. Quan ja estava a punt d'atrapar-lo, en Robbie l'esquivava i l'obligava a fer **giragonses**, amb els bracets estirats cap a ell, sense poder agafar-lo.

—Robbie, atura't! —va cridar cansada.

Finalment, en Robbie es va girar de sobte, la va agafar i li va fer fer una tombarella, de manera que el món li va desaparèixer un moment de la vista, però de seguida es va tornar a trobar damunt la gespa. Un cop recuperat l'alè, es va tirar enrere els cabells despentinats i es va inclinar per veure si s'havia estripat el vestit. Llavors va dir:

—Ara em toca a mi d'amagar-me, perquè tu tens les cames més llargues i m'havies promès que no arrencaries a córrer fins que jo et veiés.

En Robbie va fer que sí amb el cap i es va posar de cara a l'arbre. Una parpella fina de metall va amagar els seus ulls encesos i de dins del seu cos va sorgir un tic-tac metàl·lic que ressonava regularment.

—Ara no miris i no et saltis cap número —va avisar la Glòria, i va córrer a amagar-se.

En Robbie va anar marcant els segons i, en arribar a cent, va alçar les parpelles i els seus ulls resplendents van recórrer tot el que hi havia al voltant. De sobte, es van aturar un instant sobre un tros de tela de coloraines que sobresortia una mica darrere d'una roca. Va avançar unes quantes passes i es va assegurar que era la Glòria, que s'havia ajupit allà al darrere. Va avançar lentament cap a l'amagatall. I quan va tenir la Glòria a la vista, en Robbie va allargar una mà cap a ella i amb l'altra es va donar un cop a la cama i la va fer ressonar. I llavors la Glòria es va aixecar malhumorada.

—M'has espiat mentre comptaves! —va exclamar, fent una injustícia **descarada**—. A més, ja n'estic tipa, de jugar a fet i amagar. Vull anar a collibè.

En Robbie es va sentir ferit per aquella acusació tan injusta, de manera que es va asseure a terra i va començar a moure el cap d'un costat a l'altre.

—Vinga, Robbie. No ho deia pas de debò, això! Porta'm a passejar, vinga... —va dir la Glòria en un to de veu suau tot agafant-lo pel coll i abraçant-lo ben fort. Però, al cap de poc, canviant de sobte d'humor, se'n va apartar i va afegir—: Doncs si no ho fas, em posaré a plorar —i la seva cara va canviar totalment d'expressió com si estigués a punt de plorar.

Davant d'aquell **ultimàtum**, en Robbie va cedir i va fer que sí amb el cap, tan enèrgicament que el metall del coll va començar a fer clic-clac. Amb molt de compte, va alçar la nena i se la va carregar sobre les espatlles, amples i planes. La pell metàl·lica d'en Robbie, que es mantenia a una temperatura constant de vint-i-un graus gràcies a unes resistències elèctriques interiors, feia que la nena se sentís a gust i confortable.

—Ets un avió gros i platejat, Robbie. Has d'obrir els braços ben oberts. Au, vinga, Robbie!

Els braços d'en Robbie eren unes ales que agafaven els corrents d'aire i era un avió gros i platejat. La Glòria va decantar el cap del robot a la dreta i ell es va inclinar bruscament. La Glòria hi posava el motor: «brrrr...». I després hi va afegir les armes: «ra-ta-ta-ta». Els pirates els perse-

VOCABULARI

descarat -ada *adj.* Que ofèn l'honradesa, la dignitat.

ultimàtum *m.* Última oportunitat.

guien i els llançacoets de l'avió van entrar en acció. Els pirates queien com mosques.

—N'he tombat un altre! Dos més! —cridava ella—. Més de pressa, més de pressa, valents! Se'ns estan acabant les municions!

En Robbie va córrer camps a través fins a una zona plena d'herbes altes. En arribar-hi, s'hi va aturar tan bruscament que la seva conductora, entusiasmada, va fer un xisclet i va caure damunt aquella catifa flonja i verda.

La Glòria, **esbufegant**, exclamava:

—Mag... magnífic!... Ha sigut... fan... fantàstic!

En Robbie va esperar que ella recuperés l'alè i, aleshores, li va estirar suaument un **floc** de cabells.

—I ara què vols? —va dir la Glòria fent veure que no sabia de què anava la cosa. El robot va tornar a estirar-li els cabells, però aquesta vegada més fort—. Oh, ja ho sé, vols que t'expliqui un conte.

En Robbie va fer que sí amb el cap i va dibuixar un semicercle a l'aire amb un dit.

—Una altra vegada? —va protestar la nena—. T'he explicat «La Ventafocs» mil vegades. Encara no n'estàs tip? És un conte per a nens petits.

Un altre semicercle.

—Bé..., d'acord.

Aleshores, mentre en Robbie escoltava atentament el conte de «La Ventafocs» amb els ulls encesos, es va produir una interrupció brusca:

—Glòria!

Era la seva mare, que feia estona que la cridava i, per la veu aguda i nerviosa que feia, es notava que estava molt **neguitosa** i impacient.

—La mare em crida —va dir la Glòria, no gaire contenta—. Val més que em tornis a portar a casa, Robbie.

En Robbie va obeir ràpidament, perquè hi havia alguna cosa dintre seu que li deia que valia més creure la senyora Weston sense vacil·lar gens ni mica. La mare era un motiu permanent d'inquietud per a en Robbie, que sempre sentia l'impuls de fugir quan la veia.

—He perdut la veu de tant cridar, Glòria —va dir amb severitat la seva mare—. On eres?

—Era amb en Robbie —va dir la Glòria amb veu tremolosa—. Li estava explicant «La Ventafocs» i m'he oblidat que era l'hora de dinar.

—Bé, és una llàstima que en Robbie també se n'hagi oblidat —i de cop es va girar cap a ell—: Te'n pots anar, Robbie. La Glòria ara no et necessita. —I va afegir bruscament—: I no tornis si jo no t'ho demano.

En Robbie es va girar per anar-se'n, però va dubtar en sentir que la Glòria el defensava:

—Espera, mare: deixa'l que es quedi. Encara no he acabat d'explicar-li el conte. És el seu conte favorit i li agrada molt.

VOCABULARI

esbufegar *v. intr.* Respirar molt de pressa i amb dificultat a causa del cansament, d'una excitació.

floc *m.* Petita porció, manyoc.

neguitós -osa *adj.* Que té neguit; inquietud produïda per una forta excitació.

—Glòria!

—De debò, mare. S'estarà tan quiet que ni t'adonaràs que és aquí. T'asseguro que no farà res, oi, Robbie? Sisplau, mare, deixa que es quedi.

En Robbie va confirmar les paraules de la Glòria movent el cap amunt i avall.

—Glòria, si no pares d'insistir no veuràs en Robbie durant tota una setmana.

La nena va abaixar els ulls, el robot va sortir tot desconsolat i ella es va aguantar un **sanglot**.

En George Weston, el pare de la Glòria, es trobava molt a gust assegut còmodament al sofà amb el diari a les mans. Per això no li va fer cap gràcia veure entrar la seva dona.

Tot i el caràcter insuportable de la seva esposa, encara l'estimava i sempre s'alegrava de veure-la. Però les tardes de diumenge eren sagrades per a ell i tothom sabia que l'havien de deixar en pau dues o tres hores. De manera que va clavar els ulls a les notícies sobre l'última expedició a Mart i va fer veure que no veia la seva dona.

La senyora Weston es va esperar, amb impaciència, uns quants minuts. Al final, va decidir trencar el silenci:

—George!... George, que em sents? Vols deixar el diari i fer el favor de mirar-me?

—Hmmm? Què passa ara, amor meu?

—Ho saps prou bé, George. Es tracta de la Glòria i aquesta màquina horrible.

—Quina màquina horrible?

—Au, vinga, no facis el despistat! T'estic parlant d'aquest robot que la Glòria anomena Robbie. No se'n separa ni un instant.

—I què ha de fer, si no? Se suposa que la seva feina és estar amb ella. I, per descomptat, no és cap màquina horrible: és el millor robot que hi ha al mercat i, a més, m'ha costat la meitat del que guanyo en un any. Però s'ho val. És més intel·ligent que la meitat del personal de la meva oficina.

En George va fer el gest de tornar a agafar el diari, però la seva dona va ser més ràpida i l'hi va **arrabassar** de les mans.

—Ara escolta'm, George. No estic disposada a confiar la meva filla a una màquina. I tant se me'n dona que sigui molt intel·ligent. No té ànima i no se sap el que pot estar pensant. No es tenen fills perquè els cuidi un **artefacte** de metall!

El senyor Weston va arrufar les celles.

—Quan ho has decidit això? Ja fa dos anys que en Robbie és amb la Glòria i mai no havia vist que et preocupés, fins ara.

—Al principi era diferent. Era una novetat. M'estalviava una pila de feina i tothom tenia un robot. Però ara no ho sé. Els veïns...

—A veure: què hi tenen a veure els veïns, amb això? Escolta, un robot és molt més de fiar que una **cangur**. En Robbie ha estat construït amb una única finalitat: fer companyia a un nen petit. Tota la seva «mentali-

VOCABULARI

sanglot *m.* Respiració brusca i sorollosa que sovint acompanya el plor desfet.

arrabassar *v. tr.* Prendre violentament alguna cosa a algú.

artefacte *m.* Màquina o aparell de mida grossa.

cangur *m.* i *f.* Persona que té cura dels infants quan els pares són absents. Mainader o mainadera.

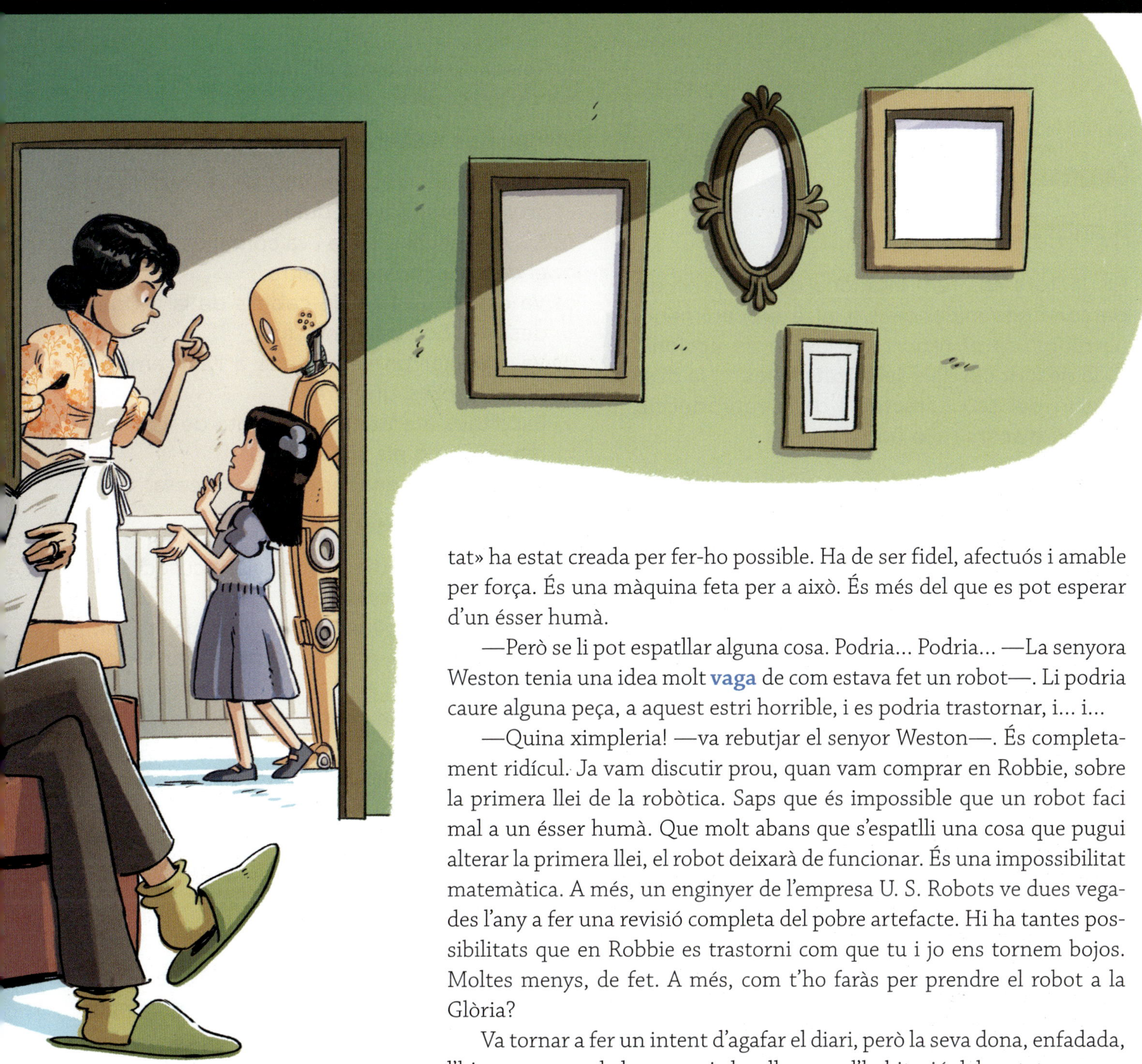

tat» ha estat creada per fer-ho possible. Ha de ser fidel, afectuós i amable per força. És una màquina feta per a això. És més del que es pot esperar d'un ésser humà.

—Però se li pot espatllar alguna cosa. Podria... Podria... —La senyora Weston tenia una idea molt **vaga** de com estava fet un robot—. Li podria caure alguna peça, a aquest estri horrible, i es podria trastornar, i... i...

—Quina ximpleria! —va rebutjar el senyor Weston—. És completament ridícul. Ja vam discutir prou, quan vam comprar en Robbie, sobre la primera llei de la robòtica. Saps que és impossible que un robot faci mal a un ésser humà. Que molt abans que s'espatlli una cosa que pugui alterar la primera llei, el robot deixarà de funcionar. És una impossibilitat matemàtica. A més, un enginyer de l'empresa U. S. Robots ve dues vegades l'any a fer una revisió completa del pobre artefacte. Hi ha tantes possibilitats que en Robbie es trastorni com que tu i jo ens tornem bojos. Moltes menys, de fet. A més, com t'ho faràs per prendre el robot a la Glòria?

Va tornar a fer un intent d'agafar el diari, però la seva dona, enfadada, l'hi va arrencar de les mans i el va llançar a l'habitació del costat.

—D'això em queixo, George. No vol jugar amb ningú més. Hi ha molts nens i moltes nenes de la seva edat amb qui podria fer amistat. Però no vol saber-ne res. No s'hi acosta si no la hi obligo. Així no es puja una nena. Tu vols que sigui normal, oi? Que sigui capaç d'ocupar un lloc en la societat...

—Tu veus visions, Grace. Imagina't que en Robbie fos un gos. He vist molts nens que s'estimen més el gos que el seu pare.

—Un gos és diferent, George. Ens hem de **desempallegar** d'aquesta cosa horrible! El pots tornar a vendre a la companyia. Ho he preguntat i es pot fer.

ISAAC ASIMOV: *Robbie i altres contes* (text adaptat).

VOCABULARI

vague -ga *adj.* Poc definit, no gaire clar.

desempallegar-se *v. intr. pron.* Alliberar-se d'algú o d'alguna cosa que ens molesta o que no ens agrada.

» ACTIVITATS

Comprensió lectora

La imatge d'en Robbie

Els lectors ens fem una idea de com són els personatges mitjançant quatre procediments narratius: a) el report de les seves **accions**; b) la descripció dels seus **trets físics**; c) la descripció del seu **caràcter**, i d) la reproducció del seu **discurs** (allò que diuen).

1. Quins procediments fa servir el narrador per transmetre'ns la imatge d'en Robbie? Quin és el procediment predominant? Ens en dona una imatge positiva, negativa o neutra?

2. Completa les paraules del pare de la Glòria amb els tres adjectius que fa servir per qualificar en Robbie:

ingrat • fidel • afectuós • indiferent
esquerp • amable

En Robbie ha estat construït amb una única finalitat: fer companyia a un nen petit. Tota la seva «mentalitat» ha estat creada per fer-ho possible. Ha de ser ____, ____ i ____ per força.

3. Cerca tres accions d'en Robbie que posin en evidència aquestes qualitats:

Certament, en Robbie és fidel perquè fa tot el que ____; es mostra afectuós quan ____, i és amable quan ____.

El llenguatge no verbal d'en Robbie

En Robbie és un robot que encara no parla, però, a través de certs sons, gestos i mirades, demostra que té sentiments, desitjos i temences. Podem dir, per tant, que fa servir el **llenguatge no verbal** per comunicar-se amb la Glòria.

4. Relaciona els ítems de la primera llista amb els de la segona:

Llenguatge no verbal d'en Robbie

a) Dins del seu cos va sorgir un tic-tac metàl·lic que ressonava regularment.
b) Es va asseure a terra i va començar a moure el cap d'un costat a l'altre.
c) Va estirar un floc de cabells de la Glòria i, després, ho va fer més fort.
d) Va dibuixar un semicercle a l'aire amb un dit i, després, un altre.
e) Escoltava atentament el conte de «La Ventafocs» amb els ulls encesos.
f) Va portar la nena ràpidament a casa.

Significat del missatge

1. Es va sentir ferit per aquella acusació tan injusta de la Glòria.
2. Volia que li expliqués un conte i va insistir.
3. Comptava fins a cent sense saltar-se cap número.
4. La mare era un motiu d'inquietud permanent per a ell.
5. Volia que li expliqués el conte de «La Ventafocs» i va insistir.
6. Fruïa molt escoltant la rondalla que més li agradava.

Les tres lleis de la robòtica

Asimov escriu que els robots han d'actuar respectant les tres lleis de la robòtica. Concep aquestes lleis per esvair la temença que els robots puguin rebel·lar-se i atacar els humans.

5. Ordena les lleis de la robòtica d'Asimov:

a) Un robot ha d'obeir les ordres dels humans, excepte en el cas que aquestes ordres contradiguin la primera llei.
b) Un robot ha de protegir la seva existència, sempre que això no contradigui la primera llei o la segona.
c) Un robot no pot fer mal a cap ésser humà ni pot permetre, per la seva passivitat, que un ésser humà prengui mal.

6. Digues almenys dues accions d'en Robbie que responguin a una de les tres lleis de la robòtica d'Asimov.

Els papers dels personatges

En una novel·la, un relat, un conte, etc. els personatges són els **elements motors** de l'**acció narrativa**. I la relació entre ells provoca un conflicte, perquè no tots tenen els mateixos interessos o objectius; d'aquí que no actuïn de la mateixa manera i, per tant, que interpretin **papers** diferents.

7. ✔ Relaciona els personatges del relat amb el paper que fa cadascun. Tingues en compte que un dels personatges interpreta dos papers.

Robbie • George Weston • Glòria
Grace Weston

Protagonista	Personatge principal que pretén aconseguir un objectiu motivat per un desig, una necessitat o un temor.
Antagonista	Personatge que determina el conflicte i posa obstacles al protagonista per impedir que aconsegueixi el seu objectiu.
Objecte	Personatge que és la força d'atracció, desig o temor del protagonista.
Àrbitre	Personatge que té influència en el destí de l'objecte, ja que decanta la balança cap a un determinat personatge i orienta el sentit de la narració.
Aliat	Personatge que col·labora amb el protagonista i l'ajuda a aconseguir el seu objectiu.

8. Asimov critica la por irracional cap als robots i la desconfiança de la gent per tot allò que representa un canvi important. Respon:

a) Quin és el personatge que manifesta aquesta concepció negativa envers els robots?
b) Quins arguments, basats en suposicions, dona Grace al seu marit per tal de foragitar el robot de la vida de la Glòria?
c) Quin és el personatge que té una actitud positiva envers els robots i que expressa el parer d'Asimov sobre aquestes màquines «intel·ligents».
d) Quin argument, basat en una de les tres lleis de la robòtica, dona George a Grace quan ella li diu que en Robbie pot ser perillós perquè es podria espatllar i posar en perill la vida de la nena?
e) Quin és el personatge que té una actitud afectiva amb el robot fins al punt que no en pot prescindir perquè és més que un amic?
f) Quin és el personatge que encarna la idea de la bondat dels avenços científics i tecnològics per a la societat?

9. A partir de les dues activitats anteriors, completa aquestes conclusions:

a) El personatge protagonista del relat és la nena ▮: és el centre d'interès de la ▮, actua amb l'▮ d'evitar haver de separar-se del robot i es mou pel ▮ d'estar al costat d'en ▮, el seu millor amic. Mostra els ▮ que poden obtenir les noves generacions dels ▮ científics i ▮.
b) El personatge ▮ és la ▮, Grace Weston: crea el ▮ de la història en no acceptar que un ▮ s'hagi convertit en l'únic ▮ de la seva filla i posa ▮ a l'objecte del ▮ de la nena. Representa la por ▮ d'una part de la societat envers els ▮.
c) El personatge ▮ i, alhora, àrbitre del relat és el ▮, George Weston. D'una banda, col·labora amb la ▮ quan defensa que en Robbie és un robot ▮ per a la nena, però, de l'altra, és qui finalment haurà de decidir si cedeix davant l'▮ i substitueix en ▮ per un gos.

Paraules i expressions

Paraules simples i paraules derivades

Les **paraules simples** consten d'una **base lèxica** (la part que aporta el significat bàsic) i d'unes **marques flexives** que ens indiquen les propietats gramaticals, com ara el gènere i el nombre.

passes

pas(s)-	***-es***
base lèxica (o també **arrel**): 'moviment d'una persona quan camina'	**marques flexives**: indiquen que és un nom femení i plural (***-es***)

Les **paraules derivades** s'han format afegint uns **afixos derivatius** al davant o al darrere de la base lèxica per modificar-ne el significat bàsic. Si van al davant, s'anomenen ***prefixos***; si van al darrere, ***sufixos***.

esbufegant

es-	***-buf-***	***-eg-***	***-ant***
afix derivatiu	**base lèxica**	**sufix derivatiu**	**marca flexiva**
prefix que indica alteració	**arrel** del nom que significa 'aire que es produeix bufant'	**sufix** que expressa la realització de l'acció del nom *buf*	**terminació** que indica la forma del gerundi del verb *esbufegar*

10. Les paraules derivades que comparteixen la mateixa base formen part d'una família de mots. Agrupa en quatre famílies les paraules següents: *braç*, *bufera*, *quietament*, *avantbraç*, *passejada*, *buf*, *contrapassa*, *abraçada*, *bufador*, *inquiet*, *passa*, *aquietar*, *passejar*, *braçal*, *esbufec*, *quiet*, *rebufada*, *bracejar*, *passeig*, *inquietud*.

1. braç, ■, ■, ■, ■
2. ■, bufador, ■, ■, ■
3. ■, ■, passejar, ■, ■
4. ■, ■, ■, inquiet, ■

11. Subratlla, en les paraules de l'activitat anterior, la base lèxica de color vermell, el prefix (si n'hi ha) de color blau i el sufix (si n'hi ha) de color verd. Per exemple: braç, abraçada...

12. A partir de les definicions i la taula de sota, cerca els diferents mots derivats:

a) Es diu d'algunes persones o coses que no es poden tolerar o suportar.
b) Es diu d'un tomb que es fa amb el cos, posant el cap i les mans a terra.
c) Es diu d'un home que actua amb cautela.
d) Es diu d'una cosa que sortia per damunt de les altres coses que tenia al voltant.
e) Es diu d'alguna cosa que tremola, com la veu.

prefix	base	sufix	marca flexiva
in-	tremol-	-abl-	-a (gènere: femení)
sobre-	-suport-	-ós	-ia (forma verbal)
	tombar-	-os-	-es (nombre: plural)
	-sort-	-ell-	
	cautel-		

Les onomatopeies

Les **onomatopeies** són unes paraules que **imiten** sons de la realitat: cops i espetecs, fressa de mecanismes, veus d'animals, etc. En el text de la lectura n'hi ha unes quantes (*brrrr, ra-ta-ta-ta...*) que són **lliures**, és a dir, que ha creat l'autor. Hi ha onomatopeies que s'han **lexicalitzat** i que formen part de la llengua.

Font del so imitat	Onomatopeies
Cop	*pataplaf* (caiguda o topada), *flist-flast* (fueteig), *pif-paf* (bufeteig), *xip-xap* (xipolleig)
Cruixit, trenc	*catacrac, crac* (trenc), *crec-crec* (cruixit)
Detonació, tret	*bum / pum* (esclat), *pam / pim-pam* (trets)
Moviments de líquids	*xup-xup* (bull lent), *gloc-gloc* (sortida d'un líquid d'un recipient de coll estret), *xim-xim* (plovisqueig)
Sons d'instruments musicals	*nyigo-nyigo* (so de violí o semblants mal tocats), *ning-nang* (campaneig), *tampatantam* (retruc de tambor o semblants), *tararí* (so de clarinet o semblants).

13. Fes un dibuix que il·lustri les accions següents i escriu, dins una bafarada, l'onomatopeia corresponent: *esclat, trenc, retruc de tambor, sortida d'un líquid d'un recipient de coll estret, plovisqueig*. Fixa't en l'exemple:

14. Completa aquestes frases amb l'onomatopeia adequada:

a) Caminava mirant enlaire i, de sobte, ▮, va caure de morros.
b) —Què és aquest ▮?
—Ah, res! Quan fa molt de vent, cruixen les fustes.
c) Deixa que el guisat faci ▮ una bona estona.
d) Quan el nen toca el violoncel, em molesta molt el ▮ que fa.
e) Li ha ventat una bufetada ben sonora, ▮!

15. Indica a quin d'aquests animals (*gallina, borinot, gos, pollet, gat, colom*) correspon cadascuna de les onomatopeies:

a) bub-bub (lladruc)
b) cloc-cloc (cloqueig)
c) piu-piu (piuladissa)
d) meu-meu (miol)
e) zum-zum (brunzit)
f) parrup (parrupeig).

16. Completa aquestes frases amb els sons de les accions que imiten: *atxim, ha ha ha, nyam-nyam, nyec-nyec, taral·larà, tris-tras, xiu-xiu, nyic-nyic*.

a) Em pica el nas. ▮! No m'he pogut aguantar l'esternut.
b) Canta la cançó sense dir-ne les paraules. Fa ▮.
c) Com menja! Li sento les mastegades i tot. ▮!
d) Ets un corcó. Quan vols una cosa, no calles, i vinga ▮.
e) Se senten les petjades dels veïns de dalt, ▮.
f) Es discuteixen i es barallen. Sempre estan ▮.
g) Xiuxiuegen perquè no els sentim. No sents el ▮?
h) Quines riallades que fa! ▮!

» POSA-HO PER ESCRIT

Els pensaments d'en Robbie

Tot i que en Robbie és «el millor robot que hi ha al mercat», encara no és capaç de parlar. El seu comportament, però, ens dona entenent que és intel·ligent, que té sentiments, emocions, opinions... i que, per tant, pensa.

Què hem de fer?

Imagina't les reflexions que es deu fer en Robbie i posa-les per escrit. Es tracta que preparis un **monòleg**, és a dir, que reprodueixis els pensaments d'un personatge en discurs directe i, per tant, en primera persona (des del *jo*). Del monòleg se'n diu **soliloqui** quan el personatge es troba sol i els altres personatges no l'escolten.

Com ho hem de fer?

Per escriure un bon monòleg o soliloqui, cal que segueixis els passos que hi ha a continuació. Pots complementar aquesta informació amb el material que trobaràs en l'espai personal del web *www.barcanova.cat*.

a) Rellegeix el text de la lectura i apunta't els pensaments d'en Robbie que puguis inferir a partir de les pistes que proporciona la narració.
b) Ordena els apunts que has pres i escriu un text en forma de soliloqui.
c) Pensa un inici del text que tingui grapa i que atregui l'atenció del lector.
d) Cerca les expressions més adequades per expressar els sentiments, les emocions i les opinions del robot.
e) Pensa un final audaç per al text.

Contingut del soliloqui

Els pensaments d'en Robbie han de respondre a aquestes situacions:

a) La Glòria acusa el robot d'haver-la enganyat i ell, per acontentar-la, li fa creure que és ella qui guanya la partida.
b) El robot diverteix la Glòria i obeeix totes les capricioses ordres de nena consentida.
c) El robot se sent ferit per l'acusació injusta de la Glòria d'haver trencat les regles del joc.
d) La Glòria afalaga en Robbie i li fa xantatge emocional perquè la passegi a collibè.
e) En Robbie afalaga la Glòria i li fa senyals perquè li expliqui «La Ventafocs».
f) En Robbie, primer, obeeix la mare de la Glòria, després, dubta si obeir la nena o la mare i, finalment, fa cas a la mare.

» PREN LA PARAULA

Quina opinió tenim dels robots?

Fins fa ben poc els robots es veien com una cosa de ciència-ficció. Actualment, els avenços d'aquestes màquines intel·ligents se succeeixen dia rere dia i els robots formen part cada cop més de la nostra vida.

Què hem de fer?

En grups de quatre, busqueu informació sobre els robots intel·ligents i prepareu una enquesta per saber l'opinió que tenen els vostres companys sobre aquests ginys. Finalment, presenteu els resultats davant la resta de la classe.

Com ho hem de fer?

Cal que seguiu els passos següents:

a) Busqueu informació sobre els robots (trobareu notícies que en parlen en l'espai personal del web *www.barcanova.cat*).
b) Prepareu una enquesta amb quatre o cinc preguntes sobre aquesta qüestió.
c) Repartiu-vos per les aules del vostre centre i feu l'enquesta oralment.
d) A partir de les dades obtingudes, elaboreu diversos gràfics amb els percentatges obtinguts.
e) Exposeu davant la resta de la classe els resultats de la vostra enquesta, precedits d'una introducció i seguits d'una conclusió.

» TEXTOS FUNCIONALS

1. L'entrevista

L'**entrevista** és un **diàleg** entre dues persones en el qual hi ha un **entrevistador** (el qui fa les preguntes) i un **entrevistat** (el qui respon a les preguntes). La finalitat d'una entrevista és **obtenir informació** de la persona entrevistada. Aquesta forma de text dialogat s'utilitza en molts àmbits professionals:

ENTREVISTA DE SELECCIÓ

Serveix per avaluar l'adequació d'un candidat a ocupar un lloc de treball en un organisme públic o privat.

ENTREVISTA MÈDICA

Serveix a l'equip mèdic per fer el diagnòstic i el tractament més adequat per a la salut d'un malalt.

ENTREVISTA ESCOLAR

Serveix per ajudar l'alumnat en el seu desenvolupament acadèmic i personal en un centre docent.

ENTREVISTA PERIODÍSTICA

Serveix per donar a conèixer la personalitat d'una persona rellevant o els seus coneixements sobre un tema determinat.

1.1. L'entrevista periodística

L'**entrevista periodística** és un **recurs informatiu** en què un **periodista** fa un seguit de preguntes a una **persona coneguda** per tal d'**obtenir informació interessant** i, després, reproduir-la a través d'un mitjà escrit (diari, revista, blog, premsa digital) o bé transmetre-la a través d'un mitjà audiovisual (ràdio, televisió, internet).

Tipus d'entrevistes periodístiques

El gènere periodístic de l'entrevista presenta tres **modalitats bàsiques** d'acord amb l'**objectiu informatiu**: l'entrevista **informativa**, l'entrevista **de personalitat** i l'entrevista **d'opinió**. Cal precisar, però, que una entrevista pot ser de **modalitat mixta**; per exemple, pot combinar perfectament l'entrevista informativa o de personalitat amb l'entrevista d'opinió.

MODALITAT	OBJECTIU INFORMATIU	EXEMPLE DE PREGUNTA
ENTREVISTA INFORMATIVA	La intenció del periodista és fer que la persona entrevistada doni informació sobre un fet d'actualitat del qual ha estat protagonista o testimoni.	*—Què hi vau anar a fer, els 60 joves de Fridays for future, al Parlament Europeu el dia 15 de març?*
ENTREVISTA DE PERSONALITAT	L'objectiu del periodista és fer que la persona entrevistada reveli diferents aspectes de la seva vida i la seva personalitat per tal de conèixer-la millor.	*—Com se't va acudir fer vaga a l'escola cada divendres per anar a protestar davant el Parlament suec?*
ENTREVISTA D'OPINIÓ	La finalitat del periodista és obtenir l'opinió d'una persona experta sobre un fet o un tema d'actualitat.	*—Quants anys ens queden per actuar contra el canvi climàtic i evitar una catàstrofe global?*

Guia per elaborar una entrevista periodística

Per fer una bona entrevista, cal seguir un procés de tres fases: la **preparació**, la **realització** i la **redacció** o edició. Vegem-ne els detalls:

FASE 1. ABANS DE L'ENTREVISTA: LA PREPARACIÓ	
1. DEFINIR L'OBJECTIU	Primer de tot, cal decidir quin és l'objectiu de l'entrevista: obtenir informació d'uns fets, conèixer a fons un personatge o bé obtenir l'opinió i els coneixements d'una persona experta.
2. DETERMINAR EL TEMA	D'acord amb l'objectiu, cal tenir clar el tema de què tractarem i quines qüestions plantejarem en l'entrevista.
3. INFORMAR-SE'N PRÈVIAMENT	Cal tenir coneixements previs del tema i de la persona a qui volem entrevistar. Com més coses en sapiguem, més bones preguntes farem i més bones respostes obtindrem.
4. ELABORAR UN QÜESTIONARI	És imprescindible triar les preguntes clau del qüestionari per encadenar el diàleg de l'entrevista i per evitar oblidar res d'important.
5. CONCERTAR LA CITA	Finalment, cal que ens posem en contacte amb la persona que volem entrevistar: presentar-nos i explicar-li el motiu de l'entrevista.

FASE 2. DURANT L'ENTREVISTA: LA REALITZACIÓ	
1. CREAR UN BON AMBIENT	En el contacte inicial, l'entrevistador ha de crear un ambient de confiança amb l'entrevistat. Es pot aconseguir fent que la conversa giri al voltant d'aspectes de la vida quotidiana.
2. SABER PREGUNTAR	Un cop esvaïda la fredor inicial, cal començar per les preguntes més senzilles i seguidament abordar les més complexes. Tanmateix, cal aprofitar algunes respostes interessants per fer noves preguntes que no s'havien previst.
3. ESCOLTAR I ACLARIR LES RESPOSTES	Cal escoltar amb interès i no interrompre les respostes de la persona entrevistada. Ara bé, cal insistir en aquelles preguntes que no s'han acabat de respondre. Es pot fer la mateixa pregunta de diferents maneres per tal d'obtenir la resposta buscada.
4. PRENDRE'N NOTA	És imprescindible recollir les respostes amb exactitud, ja sigui anotant les paraules de l'entrevistat directament, ja sigui enregistrant-les.
5. FER LA CLOENDA	L'entrevista ha d'acabar de manera cordial: cal agrair a l'entrevistat el temps que hi ha dedicat i la seva bona disposició. També convé demanar la seva col·laboració per aclarir algun detall o alguna dada després d'haver fet l'entrevista.

FASE 3. DESPRÉS DE L'ENTREVISTA: LA REDACCIÓ	
1. FER UNA PRESENTACIÓ	L'entrevista ha de començar amb una breu presentació del personatge entrevistat.
2. ORDENAR EL COS DE L'ENTREVISTA	El cos de l'entrevista és el conjunt de preguntes i respostes. Generalment, segueix l'ordre de les preguntes fetes, tot i que algunes es poden canviar de lloc.
3. AFEGIR TITOLETS I COMENTARIS	Entre el cos de l'entrevista s'hi poden intercalar alguns titolets amb frases curtes i interessants que ha dit la persona entrevistada.
4. CLOURE L'ENTREVISTA	També es pot tancar l'entrevista amb un comentari que faci una valoració global del contingut.
5. REVISAR I CORREGIR EL TEXT	Abans de publicar l'entrevista, cal revisar-la per comprovar si hem reproduït fidelment les idees de la persona entrevistada, tot i que no sempre cal que sigui exactament amb les seves paraules. També cal tenir cura dels canvis que s'han de fer en passar de la llengua oral a la llengua escrita.

Avui dia les entrevistes són molt presents en els diaris, a la ràdio i la televisió. Aquest gènere periodístic permet conèixer les persones entrevistades d'una manera més viva i directa.

A la pàgina següent tens un exemple d'entrevista.

Greta Thunberg: la nena sueca que vol salvar el clima

Als dotze anys Greta Thunberg va deixar de menjar carn i va decidir que no agafaria mai més un avió. I no només ho ha complert, sinó que ha fet canviar l'estil de vida de tota la família. Tot i que pateix la síndrome d'Asperger, Greta Thunberg té molt clar que per salvar el planeta del canvi climàtic calen accions molt dràstiques i valentes.

Quan et vas interessar pel canvi climàtic?

Quan tenia vuit anys, vaig començar a sentir a parlar de l'escalfament del planeta. Em va commoure pensar que fóssim capaços de canviar la faç de la terra i la preciosa fina capa de l'atmosfera que ens serveix de llar.

Fins a quin punt et va afectar això?

Als deu anys vaig caure en una depressió; vaig deixar de menjar i de parlar. Vaig estar prop d'un any sense anar a l'escola. No em podia treure del cap la preocupació pel canvi climàtic.

«Si els escolars són notícia per no anar a l'escola, imagineu-vos el que podríem aconseguir si ens ho proposéssim»

El teu trastorn hi té res a veure?

D'alguna manera sí. Admeto que això em fa pensar que hi ha coses a la vida que són blanc o negre. La meva malaltia m'ajuda a veure les coses més clarament, sense grisos. La solució per resoldre la crisi climàtica és tan simple que fins i tot un nen petit ho pot entendre: cal aturar les emissions de gasos d'efecte hivernacle. O ho fem o no ho fem. Blanc o negre.

Tanmateix, ara també has deixat d'anar a l'escola.

Després d'allò, vaig decidir deixar d'anar a l'escola cada divendres per dedicar aquest dia a protestar pel canvi climàtic a la porta del Parlament suec.

«Dieu que estimeu els vostres fills. Doncs no, els esteu robant el futur»

Quin ressò ha tingut la teva protesta?

Per sort, la meva iniciativa l'han imitat molts escolars de set a disset anys d'arreu del món, un moviment batejat com a School Strike 4 Climate ('Vaga escolar pel clima'), que té molta força. Si els escolars poden ser notícia per no haver anat a l'escola, imagineu-vos tot el que podríem aconseguir si realment ens ho proposéssim.

Quin sentit té aquesta protesta?

Faig això perquè ningú no fa res. És la meva responsabilitat moral fer el que pugui. Si tinc fills, potser em preguntaran per què la nostra generació no vam fer res quan encara hi havia temps per actuar.

Què esperes dels polítics?

Vull que els polítics donin prioritat al canvi climàtic, que el tractin com una crisi greu, que entrin en estat de pànic, com si casa seva estigués en flames. I quan ells em repliquen que la por és una mala consellera, jo els etzibo: «Vosaltres dieu que estimeu els vostres fills per sobre de totes les coses, oi? Doncs no, els esteu robant el futur».

«Vull que els polítics entrin en estat de pànic, com si casa seva estigués en flames»

Què vols ser quan siguis gran?

Hi ha moltes coses a què vull dedicar-me quan sigui gran. La política em sembla molt interessant i és una forma de marcar la diferència, a banda dels actes de protesta. Però si res no canvia, quan sigui prou gran per convertir-me en una política, potser ja serà massa tard.

Text elaborat a partir de les entrevistes d'Antonio Cerrillo a *La Vanguardia* (23-12-2018) i de Sònia Sánchez a l'*Ara* (2-2-2019).

» ACTIVITATS

L'entrevista

17. Completa la definició del gènere dialogat de l'entrevista amb l'opció correcta donada entre parèntesis:

L'entrevista és ■ (un debat / un diàleg) *entre dues persones en el qual hi ha una persona* ■ (entrevistadora / entrevistada), *que és la que fa les preguntes, i una persona* ■ (entrevistadora / entrevistada), *que és la que respon les preguntes. La finalitat d'una entrevista és obtenir* ■ (favors / informació) *de la persona entrevistada.*

18. Completa les definicions dels diferents tipus d'entrevistes amb les paraules següents:

mèdica • personalitat • periodística • candidat
selecció • diagnòstic • escolar • acadèmic
malalt • lloc • opinions • coneixements • alumnat

a) L'entrevista *mèdica* serveix per fer el ■ i decidir el tractament més adequat per a la salut d'un ■.
b) L'entrevista de ■ serveix per avaluar l'adequació d'un ■ a ocupar un ■ de treball.
c) L'entrevista ■ serveix per ajudar l' ■ en el seu desenvolupament ■ i personal.
d) L'entrevista ■ serveix per conèixer la ■ d'una persona rellevant o els seus ■ i les seves ■ sobre un tema determinat.

L'entrevista periodística i els diferents tipus

19. Digues quina modalitat d'entrevista farà servir el periodista d'acord amb l'objectiu que persegueix:

a) L'objectiu del periodista és fer que la persona entrevistada reveli diferents aspectes de la seva vida i la seva personalitat per tal de conèixer-la millor.
b) La intenció del periodista és fer que l'entrevistat doni informació sobre un fet d'actualitat del qual ha estat protagonista o testimoni.
c) La finalitat del periodista és obtenir l'opinió d'una persona experta sobre un fet o un tema d'actualitat.

20. L'entrevista a Greta Thunberg és...

a) una entrevista de personalitat.
b) una entrevista d'opinió.
c) una entrevista de modalitat mixta, és a dir, de personalitat i d'opinió alhora.

Guia per elaborar una entrevista

21. Digues quines són les dues activitats que consideres més importants en cada una de les tres fases de l'elaboració d'una entrevista. Pots seguir el text següent com a model:

Segons el meu criteri, les dues activitats més importants en la fase de la preparació són ■ *i* ■. *En la fase de la realització, jo destacaria* ■ *i* ■. *I en la fase de la redacció, per a mi les dues més importants són* ■ *i* ■.

22. Llegeix els fragments de l'entrevista d'opinió que hi ha a la pàgina següent i relaciona'ls amb les parts de què es componen: *títol i presentació* (un fragment), *cos* (tres), *titolets destacats* (dos), *cloenda* (un). Finalment, ordena els fragments de l'entrevista (1B, 2...).

A

És cert que els pèl-rojos estan en perill d'extinció?

Això és més o menys cert. El que és evident és que són una raresa. O, com a mínim, una curiositat de la naturalesa, perquè es tracta d'una mutació genètica que afecta un percentatge molt petit de la població general. L'extinció dels pèl-rojos és possible, perquè, com que són fruit d'un gen recessiu, tenen tendència a desaparèixer.

B

Ser o no ser pèl-roig

En èpoques passades les persones pèl-roges feien venir por i, fins i tot, podien arribar a patir els horrors de la foguera perquè la gent les associava amb el regne dels dimonis. Actualment, en canvi, per a molta gent resulten fascinants. I com diu el genetista Agustín Serés, sembla que cada vegada en seran menys.

C

«Els pèl-rojos podrien desaparèixer abans del 2060»

D

«Les persones pèl-roges són menys sensibles al dolor»

E

Com que aquestes conclusions científiques són recents, els prejudicis encara ronden els pèl-rojos. Però més enllà del color dels seus cabells, sí que hi ha moltes peculiaritats que els fan diferents dels altres.

F

D'on ve el color roig dels cabells?

L'origen de les persones pèl-roges és degut a una mutació genètica de la població establerta al nord d'Europa fa milers d'anys. Sembla que aquesta mutació té l'origen en les antigues migracions humanes cap a zones glaçades i en l'alteració d'un determinat gen a causa de la menor influència del sol. La pell clara associada al pèl-roig és un avantatge en climes d'altes latituds en què la llum solar és escassa.

G

Que té cap avantatge ser pèl-roig?

Doncs sí. Diversos estudis han trobat que les persones pèl-roges necessiten un 20 % menys d'anestèsia per esmorteir el dolor causat per un tall o una cremada. I les dones pèl-roges sembla que encara ho tenen millor, ja que perceben menys el dolor i responen més bé a alguns anestèsics.

23. Un cop llegida l'entrevista a l'activista pel clima Greta Thunberg, digues si aquestes afirmacions són vertaderes o falses:

a) El títol de l'entrevista no avança el tema; la seva funció principal és cridar l'atenció dels lectors.
b) El text introductori avança que es tracta d'una entrevista de personalitat i d'opinió.
c) La síndrome d'Asperger és un tipus d'autisme que limita les capacitats socials, però que proporciona unes capacitats intel·lectuals superiors.
d) Les preguntes del periodista no tenen res a veure les unes amb les altres i no s'encadenen d'acord amb les respostes.
e) Els titolets són citacions destacades d'algunes afirmacions que ha fet la persona entrevistada.
f) El periodista escriu una cloenda de l'entrevista.
g) La cloenda d'una entrevista és opcional.

24. Prepara i fes una entrevista periodística, de qualsevol de les tres modalitats (informativa, de personalitat o d'opinió), per ser publicada en la revista del centre on estudies. Tant si prens notes com si l'enregistres, després transcriu-la a l'ordinador.

» GRAMÀTICA

El verb

FITXA 1 » LES PROPIETATS DEL VERB

Significat. Un verb és una paraula que expressa una **acció** (*caminar*), un **procés** (*créixer*) o un **estat** (*estar*).

Funció. El verb fa la funció de **nucli** del grup de paraules que formen el **sintagma verbal** (SV). Així, una oració consta de dos grups: el SN i el SV. El **nom** és el nucli del SN i el **verb** és el nucli del SV.

Els seus	*ulls*	*resplendents*	*van recórrer*	*tot l'entorn.*
Especificadors	Nucli del SN	Complement del nom	Nucli del SV	Complement del verb

Forma. El verb és la **categoria lèxica més variable** ja que expressa:

- la **persona**: *jo canto, tu cantes, ella canta*...
- el **nombre**: singular (*canto*); plural (*cantem*)...
- el **temps**: present (*canto*); imperfet (*cantava*); futur (*cantaré*)...
- el **mode**: indicatiu (*cantes*); subjuntiu (*cantis*); imperatiu (*canta*)...

Concordança. El verb concorda en **persona** i **nombre** amb el nucli del sintagma nominal que fa de **subjecte** de l'oració:

La pell metàl·lica d'en Robbie (3a persona del singular) *es mantenia a una temperatura constant.* (3a persona del singular)

Els llançacoets de l'avió (3a persona del plural) *van entrar en combat.* (3a persona del plural)

RECORDA

L'**infinitiu** (*cantar, perdre, servir*) i el **gerundi** (*cantant, perdent, servint*) no tenen persona ni nombre.

El **participi** (*cantat, perdut, servit*) no té persona, però sí que té flexió de gènere i nombre (*cantat, cantada, cantats, cantades*).

1.1. Identifica el nom que fa de nucli del SN subjecte i el verb que fa de nucli del SV predicat en les oracions que hi ha a continuació. Per exemple:

Aquell ***artefacte*** *metàl·lic*
Nucli del SN

caminava *cap al seu amagatall.*
Nucli del SV

a) Les mans del robot van tocar l'escorça de l'arbre.
b) El món li va desaparèixer de la vista.
c) Els cabells despentinats li tapaven la cara.
d) Una parpella fina de metall va amagar els seus ulls encesos.
e) Del seu cos va sorgir un tic-tac metàl·lic.

1.2. Digues quina és la persona gramatical (*jo, tu, nosaltres, vosaltres*) que fa de subjecte de cadascun dels verbs destacats:

a) Ara no *miris* i no et *saltis* cap número!
b) *Esteu* castigats. No us *podreu* veure durant tota una setmana!
c) Ja *hem discutit* prou! A aquest pas, ens *tornarem* bojos!
d) *T'he explicat* «La Ventafocs» mil vegades. Avui *t'explicaré* «En Patufet».

1.3. Digues la persona, el nombre, el temps i el mode d'aquestes formes verbals: *rieu, jugàvem, vaig córrer, no miris, guanyarà, es preocupessin*.

BARCANOVA EDITORIAL

FITXA 2 » CLASSES DE VERBS

Els verbs es poden classificar des de diversos punts de vista:

SEGONS EL SIGNIFICAT I LA FUNCIÓ DINS DEL SV

VERBS PREDICATIUS	VERBS COPULATIUS
Són verbs de **significat ple** que funcionen com a **nucli del predicat**. Per tant, constitueixen la **part essencial** d'allò que s'afirma del subjecte. *La Glòria va arrufar el nas.* *El robot es va allunyar una mica.* *Els pirates queien com mosques.*	Són verbs de **significat lleuger** que tenen com a funció principal unir el **subjecte** amb l'**atribut**, que és la part essencial del predicat. Els verbs copulatius són *ser*, *estar* i *semblar*. *La pell del robot era metàl·lica.* *La Glòria estava molt contenta.* *En Robbie semblava un avió.*

SEGONS QUE EXIGEIXIN O NO UN COMPLEMENT DIRECTE (CD)

VERBS TRANSITIUS	VERBS INTRANSITIUS
Són verbs que demanen un **complement directe** que expressi sobre què o sobre qui recau l'acció: *El robot va enganyar <u>la Glòria</u>.* *La Glòria va sentir <u>un cruixit</u>.* *Li va estirar <u>un floc de cabells</u>.*	Són verbs que no admeten **complement directe**, per bé que poden dur altres complements: *La Glòria jugava amb en Robbie.* *El robot corria cap a l'amagatall.* *Els pirates queien com mosques.*

SEGONS QUE EXIGEIXIN O NO UN PRONOM ADJUNT

VERBS PRONOMINALS	VERBS NO PRONOMINALS
Són verbs que es conjuguen amb un **pronom feble** o amb més d'un: *La nena i el robot <u>es</u> barallaven.* *<u>Hi</u> havia una casa a prop.* *El robot <u>se'n</u> va anar.*	Són verbs que es conjuguen sense **cap pronom feble**: *La nena va caure a terra.* *El senyor Weston va callar.* *La senyora Weston li va dir que marxés.*

SEGONS QUE TINGUIN SUBJECTE O NO EN PUGUIN TENIR

VERBS PERSONALS	VERBS IMPERSONALS
Són verbs que necessiten un **subjecte**, el qual pot ser de primera, segona o tercera persona: *En George seia al sofà.* *Jo no vull una màquina de mainadera!* *La nena es va apartar de l'arbre.*	Són verbs que designen un esdeveniment sense atribuir-lo a **cap subjecte**: *Avui ha plogut tot el dia.* *Algun dia d'aquests nevarà.* *A l'altra banda hi havia una casa.*

PER SABER-NE MÉS

Alguns verbs exigeixen que una **preposició** encapçali el seu complement. Aquests verbs s'anomenen ***verbs de règim preposicional***. Per exemple:

adonar-se dels propis errors — *aspirar a un càrrec públic* — *optar pel mal menor*
confiar en les pròpies forces — *col·laborar amb els companys d'equip* — *rebel·lar-se contra l'autoritat*

2.1. Digues a quina classe de verbs pertanyen les formes verbals dels parells d'oracions que hi ha a continuació:

impersonals • copulatius • pronominals
predicatius intransitius • predicatius transitius

a) La nena *estava* enfadada.
El robot *era* un artefacte intel·ligent.

b) La nena *va caure* a terra.
La Glòria *esbufegava*.

c) *Te'n* pots *anar*.
M'he oblidat de l'hora de dinar.

d) *Empaito* el robot.
Estira els braços!

e) *Hi havia* una casa a l'altra banda del camí.
Allà no hi *plovia* mai.

2.2. Completa els verbs de règim preposicional de les oracions següents amb la preposició adequada: *amb*, *a*, *per*, *en*, *de*.

a) *Juguen* ▮ fet a amagar.

b) El robot *s'interessava* ▮ aquella conversa.

c) La noia no es *volia barallar* ▮ la seva mare.

d) La mare *s'havia oblidat* ▮ les prestacions del robot.

e) El pare *confiava* plenament ▮ aquell robot.

2.3. Fixa't en aquestes entrades de diccionari i digues quins verbs són pronominals i quins no:

callar *v. intr.* Guardar silenci, no dir res. *En Pol no calla mai.*
empassar-se *v. tr. pron.* Fer-se passar alguna cosa gola avall. *No t'empassis els pinyols!*
caure *v. intr.* Moure's pel propi pes de dalt a baix, perdre l'equilibri i anar per terra. *Va relliscar a la dutxa i va caure.*
queixar-se *v. intr. pron.* Expressar pena, dolor o descontentament. *Es queixa de mal al genoll.*

2.4. El pronom *es* pot fer que una oració tingui un subjecte indefinit i, per tant, que el verb esdevingui impersonal. En cada parell d'oracions, digues quin verb és personal (subjecte concret) i quin és impersonal (subjecte indefinit).

a) 1. Ara *es parla* molt del canvi climàtic.
2. Ara tothom *parla* del canvi climàtic.

b) 1. Amb la variant, ja no *s'ha* de *passar* pel poble.
2. Amb la variant, els cotxes ja no *han de passar* pel poble.

c) 1. Durant l'adolescència *es creix* molt.
2. Durant l'adolescència els nois i les noies *creixen* molt.

d) 1. Aquí *s'està* molt bé.
2. Aquí *esteu* molt bé.

FITXA 3 » LA CONJUGACIÓ VERBAL. ELS TEMPS SIMPLES

La **conjugació** és el conjunt de formes que adopta un verb per expressar la **persona**, el **nombre**, el **temps** i el **mode**.

Els verbs es classifiquen en **tres conjugacions**:

PRIMERA CONJUGACIÓ	SEGONA CONJUGACIÓ	TERCERA CONJUGACIÓ
Verbs que presenten una ***a*** en la terminació del gerundi: *cant**a**nt*, *menj**a**nt*.	Verbs que presenten una ***e*** en la terminació del gerundi: *perd**e**nt*, *tem**e**nt*.	Verbs que presenten una ***i*** en la terminació del gerundi: *dorm**i**nt*, *serv**i**nt*.

La conjugació verbal consta de **tres modes** bàsics i **vuit temps simples**:

MODE INDICATIU	MODE SUBJUNTIU	MODE IMPERATIU
Expressa una afirmació, una negació o una pregunta.	Expressa un fet incert, un dubte, una possibilitat o un desig.	Expressa una ordre, un consell o una instrucció.
TEMPS		
Present (*canta*) **Imperfet** (*cantava*) **Passat** (*cantà*) **Futur** (*cantarà*) **Condicional** (*cantaria*)	**Present** (*canti*) **Imperfet** (*cantés*)	**Present** (*canta*)

RECORDA

La conjugació verbal també presenta **tres formes no personals**: l'**infinitiu** (*cantar*), el **gerundi** (*cantant*) i el ***participi*** (*cantat, cantada, cantats, cantades*).

3.1. A quina conjugació pertanyen els verbs *recolzar*, *seure*, *vestir*, *córrer*, *ajupir-se* i *canviar*?

3.2. Digues a quin temps verbal pertanyen les formes destacades dels parells d'oracions que hi ha a continuació:

imperfet d'indicatiu • futur • condicional
present de subjuntiu • imperfet de subjuntiu

a) Em *posaria* a plorar.
Aquest estri horrible es *podria* trastornar.
b) Va esperar que *recuperés* l'alè.
Mai no havia vist que et *preocupés*.
c) La claror del sol l'*enlluernava*.
Mantenia una temperatura constant.
d) Vols que t'*expliqui* un conte?
No *facis* el despistat!
e) El robot *deixarà* de funcionar.
S'estarà tan quiet que no t'*adonaràs* que hi és.

3.3. Indica a quin mode verbal (*indicatiu, subjuntiu, imperatiu*) i a quina intenció (*ordre, afirmació, desig*) corresponen les formes verbals en les oracions següents:

a) Tant de bo *es quedi* amb mi.
b) Robbie, *queda't* amb mi.
c) Avui *es queda* amb mi.

FITXA 4 » LA CONJUGACIÓ VERBAL. ELS TEMPS COMPOSTOS

Els **temps compostos** es formen amb l'auxiliar ***haver*** i el **participi** del verb corresponent (*he guanyat*, *havia perdut*) i designen el resultat d'una **acció passada i acabada**. Per això s'anomenen ***temps perfets***.

Cadascun dels temps simples té **correlació** amb un **temps compost**:

TEMPS SIMPLE	EXEMPLE	TEMPS COMPOST	EXEMPLE
Present d'indicatiu	canta	**Perfet d'indicatiu**	ha cantat
Passat simple	cantà	**Passat anterior**	hagué cantat
Imperfet d'indicatiu	cantava	**Plusquamperfet d'indicatiu**	havia cantat
Futur	cantarà	**Futur perfet**	haurà cantat
Condicional	cantaria	**Condicional perfet**	hauria cantat
Present de subjuntiu	canti	**Perfet de subjuntiu**	hagi cantat
Imperfet de subjuntiu	cantés	**Plusquamperfet de subjuntiu**	hagués cantat
Infinitiu	cantar	**Infinitiu perfet**	haver cantat
Gerundi	cantant	**Gerundi perfet**	havent cantat

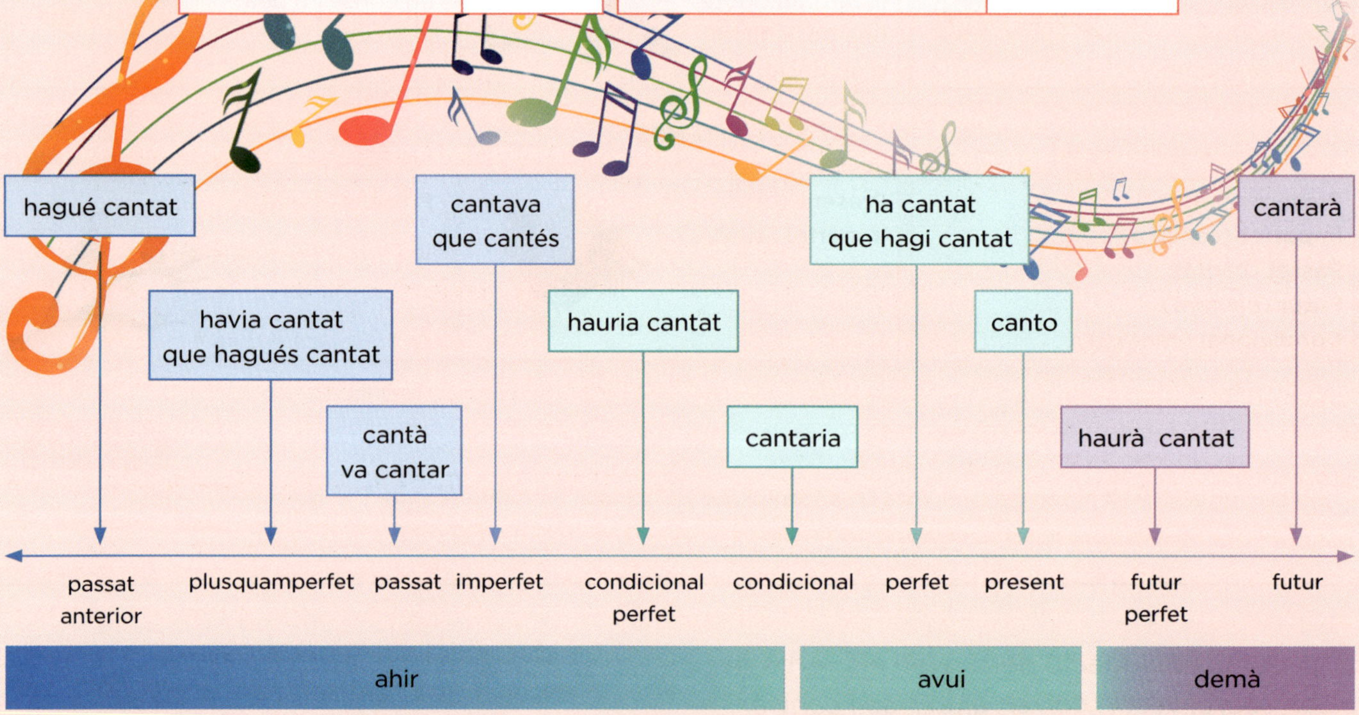

RECORDA

Amb les formes auxiliars *vaig*, *vas*, *va*, *vam*, *vau*, *van* seguides d'infinitiu es formen les **variants perifràstiques del passat**:

PASSAT SIMPLE	PASSAT PERIFRÀSTIC
cantí	vaig cantar
cantares	vas cantar
cantà	va cantar
cantàrem	vam cantar
cantàreu	vau cantar
cantaren	van cantar

- Identifica quin d'aquests temps és compost i quin és perifràstic:
  a) *Va córrer* camps a través.
  b) Llàstima que se n'*hagi oblidat*!

  Després, afegiu uns quants exemples més de cada.

BARCANOVA EDITORIAL

4.1. Relaciona les formes destacades de les oracions de la primera llista amb el nom del temps verbal corresponent de la segona:

a) Demà ja *se n'haurà anat*.
b) *Han desaparegut* del mapa.
c) *S'havia espatllat* el pany.
d) Quan *hagueren acabat*, van saludar.
e) Tant de bo *haguessis resistit*.
f) Ens *hauríem estalviat* una pila de feina.
g) Quan *hagis acabat* l'entrenament, truca'm.

1. Perfet d'indicatiu. 2. Plusquamperfet d'indicatiu. 3. Passat anterior. 4. Futur perfet. 5. Condicional perfet. 6. Perfet de subjuntiu. 7. Plusquamperfet de subjuntiu

4.2. Digues quins d'aquests temps expressen una acció acabada i quins altres, una acció en desenvolupament:

a) 1. En Marc ja *ha berenat*. 2. Ara *estudia*.
b) 1. A la tarda *feia* sol 2. Al matí *havia plogut*.

FITXA 5 » ELS VERBS REGULARS

Els **verbs regulars** són aquells que segueixen algun dels **cinc models** de conjugació. Aquests models són el verb *cantar* (model de la **primera conjugació**), els verbs *perdre* i *témer* (models de la **segona conjugació**) i els verbs *dormir* i *servir* (models de la **tercera conjugació**).

Cada forma verbal (*cantava, dormia*) consta de **radical** (*cant-, dorm-*) i **terminació** (*-ava, -ia*).

El **radical** dels verbs regulars és el mateix en totes les formes de la conjugació, encara que pot experimentar algun **canvi ortogràfic** en funció de quina sigui la consonant final (*jugo, jugues, juga; jutjo, jutges, jutja; explico, expliques, explica; caço, caces, caça*).

Les **terminacions** aporten al verb la informació de la **persona**, el **nombre**, el **temps** i el **mode**:

cant-**o**	1a persona del singular del present d'indicatiu	cant-**arem**	1a persona del plural del futur
cant-**aves**	2a persona del singular de l'imperfet d'indicatiu	cant-**aríeu**	2a persona del plural del condicional
cant-**à**	3a persona del singular del passat simple d'indicatiu	cant-**essin**	3a persona del plural de l'imperfet de subjuntiu

RECORDA

Els verbs que segueixen el model de *servir* presenten l'increment ***eix*** en algunes formes del present d'indicatiu, del present de subjuntiu i de l'imperatiu:

PRESENT D'INDICATIU	PRESENT DE SUBJUNTIU	IMPERATIU
serv**eix**o	serv**eix**i	
serv**eix**es	serv**eix**is	serv**eix**
serv**eix**	serv**eix**i	serv**eix**i
servim	servim	servim
serviu	serviu	serviu
serv**eix**en	serv**eix**in	serv**eix**in

- Conjuga el present d'indicatiu d'aquests verbs i digues quins presenten l'increment ***eix*** i quins no: *aplaudir, sentir, complir, bullir, patir, morir, traduir.*

Per estudiar la conjugació dels verbs regulars, pots consultar l'apèndix del llibre (pàg. 269).

5.1. Escriu les formes verbals indicades:

a) 1a persona del singular de l'imperfet de subjuntiu del verb *desempallegar*: La mare volia que me'n ■.

b) 2a persona del singular del present de subjuntiu del verb *insistir*: No ■ més.

c) 2a persona del singular del condicional del verb *arrencar*: ■ a córrer.

d) 3a persona del singular de l'imperfet d'indicatiu del verb *perdre*: Sempre ■.

e) 1a persona del plural del futur del verb *prendre*: ■ les mesures oportunes.

f) 2a persona del plural del present d'indicatiu del verb *discutir*: Sempre ■ per qualsevol cosa.

g) 3a persona del plural de l'imperfet d'indicatiu del verb *sentir*: ■ un soroll estrany.

5.2. Alguns verbs regulars experimenten petites variacions ortogràfiques. Fes una taula com la que hi ha a continuació i completa-la amb les formes adequades:

1a singular present d'indicatiu	2a singular present d'indicatiu	2a plural present d'indicatiu
mastego	...	...
...	feineges	...
...	...	col·loqueu
enllaço	...	...
...	...	netegeu
...	regues	...

FITXA 6 » ELS VERBS IRREGULARS

Els **verbs irregulars** són aquells que **no** segueixen els **models** dels verbs *cantar*, *perdre*, *témer*, *dormir* o *servir*. Les irregularitats poden presentar-se tant en el **radical** com en les **terminacions**.

En la taula següent pots comparar les formes dels models regulars amb els exemples de verbs irregulars:

1a CONJUGACIÓ			2a CONJUGACIÓ		
MODEL REGULAR	**VERBS IRREGULARS**		**MODEL REGULAR**	**VERBS IRREGULARS**	
cant**ar**	an**ar**	est**ar**	perd**re**	veu**re**	beu**re**
canto cantes canta cantem canteu canten	**vaig** **vas** **va** **an**em **an**eu **van**	esti**c** est**às** est**à** estem esteu est**an**	perdo perds perd perdem perdeu perden	**veig** veus veu **vei**em **vei**eu veuen	**bec** beus beu **bev**em **bev**eu beuen

Els verbs irregulars que presenten la primera persona del singular del present d'indicatiu acabada en **-c** fan el subjuntiu i algunes persones de l'imperatiu amb ***-gu-***:

INFINITIU	**PRESENT D'INDICATIU**		**PRESENT DE SUBJUNTIU**		**IMPERFET DE SUBJUNTIU**		**MODE IMPERATIU**	
est**ar** prend**re** conèix**er** ten**ir**	*jo*	esti**c** pren**c** cone**c** tin**c**	*jo*	esti**gui** pren**gui** cone**gui** tin**gui**	*jo*	esti**gués** pren**gués** cone**gués** tin**gués**	esti**gui** pren**gui** cone**gui** tin**gui**	*vostè*

PRACTICA

Completa el text d'en Robbie amb les formes verbals que li indica la Glòria:

Per estudiar la conjugació dels verbs irregulars, pots consultar l'apèndix del llibre (pàg. 274).

6.1. Compara aquests verbs de la primera conjugació i digues quins són regulars i quins són irregulars:

a) cantar: *Canto* molt bé. / No vol que *canti*. / *Canta*.
b) estar: *Estic* cansat. / Vol que *estigui* quiet. / *Estigues* quiet.
c) anar: *Vaig* a casa. / Vol que hi *vagi*. / *Ves*-hi ara mateix.
d) navegar: *Navego*. / Vol que *navegui*. / *Navega*.

6.2. Compara aquests verbs de la segona conjugació i digues si són regulars o irregulars:

a) perdre: *Perdo* sempre. / Volia que *perdés*. / *Perdré*.
b) aprendre: *Aprenc* molt. / Volia que *aprengués*. / *Aprendré* la lliçó.
c) témer: *Temo* el fred. / Volia que el *temés*. / El *temeré*.
d) veure: No *veig* res. / Volia que ho *veiés*. / Ho *veuré*.
e) conèixer: No *conec* ningú. / Fa com si no em *conegués*. / No us havia *conegut*.

6.3. Compara aquests verbs de la tercera conjugació i digues si són regulars o irregulars:

a) dormir: *Dorm* molt tranquil. / *Dormiran* al sofà. / Que *dormin* tranquils.
b) sortir: *Surt* de casa d'hora. / *Sortiran* aviat. / Que *surtin* d'aquí.
c) servir: *Serveix* la taula. / Ja no ens *serviran*. / Que *serveixin* ells.
d) venir: Això *ve* de lluny. / Ja no *vindran*. / Que *vinguin* demà.
e) tenir: Ara *tinc* moltes coses a fer. / *Tingues* paciència. / Demà *tindré* més temps.

FITXA 7 » LES FORMES NO PERSONALS

L'**infinitiu**, el **gerundi** i el **participi** són formes verbals que no tenen variació de persona. Per això s'anomenen ***formes no personals*** del verb.

INFINITIU		GERUNDI		PARTICIPI			
SIMPLE	**COMPOST**	**SIMPLE**	**COMPOST**	**MASC. SING.**	**FEM. SING.**	**MASC. PL.**	**FEM PL.**
cantar	haver cantat	cantant	havent cantat	cantat	cantada	cantats	cantades

1. Usos de l'infinitiu

- Precedit de les formes *vaig*, *vas*, *va*, *vam*, *vau*, *van* o variants, l'infinitiu forma el **passat perifràstic** d'indicatiu. I amb les formes del verb *ser*, es forma la **passiva perifràstica**.

PASSAT SIMPLE	PASSAT PERIFRÀSTIC	FORMES DE PASSIVA PERIFRÀSTICA	
cantí	vaig cantar	seré alliberat	vaig ser recompensat
cantares	vas / vares cantar	seràs alliberat	vas ser recompensat
cantà	va cantar	serà alliberat	va ser recompensat
cantàrem	vam / vàrem cantar	serem alliberats	vam ser recompensats
cantàreu	vau / vàreu cantar	sereu alliberats	vau ser recompensats
cantaren	van / varen cantar	seran alliberats	van ser recompensats

- Precedit d'alguns verbs auxiliars, l'infinitiu forma **perífrasis verbals** que serveixen per expressar possibilitat (*podem guanyar*), probabilitat (*deuen dormir*), obligació (*heu de marxar*), imminència (*estan a punt de sortir*), etc.

2. Usos del gerundi

- El gerundi expressa una acció que s'esdevé de manera **simultània** a l'acció principal (*va entrar a la sala cridant*) o bé una acció **finalitzada** (*havent dinat, sempre surt a fer un volt*).
- Precedit dels verbs auxiliars *estar*, *continuar* o *anar*, el gerundi forma **perífrasis verbals** que expressen durada (*està descansant, continua queixant-se*) o evolució (*va millorant*).

3. Usos del participi

- Precedit de les formes del verb *haver*, el participi forma els **temps compostos** (*he estudiat, hauré acabat, hagués vingut*).
- També pot fer les funcions que corresponen a un **adjectiu**. Per exemple: *portes uns pantalons ben arrugats, estic desconcertada*.

7.1. Completa aquestes frases amb la forma de l'infinitiu, el gerundi o el participi dels verbs que hi ha entre parèntesis:

a) El porter serà ▮ (*sancionar*) per ▮ (*insultar*, infinitiu perfet) l'àrbitre.
b) Havia ▮ (*insistir*) molt en la seva proposta.
c) ▮ (*discutir*, gerundi perfet) tan acaloradament, dubto molt que puguin ▮ (*reconciliar-se*).
d) L'Agustí encara continua ▮ (*treballar*) a l'aeroport.
e) ▮ (*cridar*, gerundi) d'aquesta manera, no aconseguiràs res.
f) En ▮ (*veure*, infinitiu) aquell desgavell, vam haver de ▮ (*marxar*).
g) El dipòsit anava ▮ (*perdre*) aigua.
h) Portes la camisa ben ▮ (*suar*).
i) L'espectacle està a punt de ▮ (*començar*).

» ACTIVITATS

Les propietats del verb

25. Explica quina diferència hi ha entre aquestes oracions tenint en compte la concordança del verb amb el subjecte:

a) Els pares no sempre *tenen* la raó. Malgrat tot, sempre són els pares.
b) Els pares no sempre *teniu* la raó. Malgrat tot, sempre sou els pares.
c) Els pares no sempre *tenim* la raó. Malgrat tot, sempre som els pares.

26. Hi ha noms col·lectius (*majoria*) i noms fraccionaris (*meitat*, *terç*) que permeten que el verb hi concordi tant en singular com en plural. D'acord amb això, escriu les dues formes possibles dels verbs de les oracions següents. Per exemple: *Una dotzena d'ous* ▮ (valer) *tres euros.* → *Una dotzena d'ous* ***val*** */* ***valen*** *tres euros.*

a) Més d'un terç dels alumnes ▮ (*superar*, perfet d'indicatiu) la prova.
b) Avui la meitat dels treballadors de l'empresa ▮ (*fer*, futur) vaga.
c) Ahir, al mercat central, un quilo de rovellons ▮ (*costar*, imperfet d'indicatiu) vint-i-cinc euros.
d) La majoria dels assistents ▮ (*aplaudir*, passat perifràstic) la conferenciant.
e) Una gran quantitat de veïns inscrits avui no ▮ (*presentar-se*, perfet d'indicatiu) a la reunió.

27. Identifica el nom que fa de nucli del SN subjecte i el verb que fa de nucli del SV predicat en les oracions següents. Per exemple:

El primer ***robot*** *de la història*
Nucli del SN
es va crear *l'any 1938.*
Nucli del SV

a) Aquest primer androide es deia Elektro the Moto-Man.
b) Els seus ulls fotoelèctrics distingien entre la llum vermella i la llum verda.
c) La robòtica social millora la qualitat de la vida de les persones.
d) Uns investigadors suïssos han dissenyat un robot administrador de fàrmacs.
e) Les aspiradores intel·ligents detecten automàticament els obstacles.

Classes de verbs

28. Els fragments subratllats de les oracions següents són la part essencial del predicat. Fixa't en la part subratllada del predicat i digues si el verb de l'oració és un verb predicatiu o bé un verb copulatiu.

a) Aquesta escultura és una obra genial.
b) El públic ha descobert un artista magnífic.
c) L'artista estava molt emocionat.
d) L'exposició es clausurarà el dia 12 de maig.
e) El comissari de l'exposició semblava molt animat.
f) La humitat de l'hivern ha malmès algunes pintures del museu.

29. Escriu un complement directe (*les cartes, els tertulians, un regal*) darrere els verbs que el demanin. Després, digues quins d'aquests verbs són transitius i quins són intransitius.

a) En senyal d'agraïment, *m'han fet* ▮.
b) A casa, cada dia a les nou ja *hem sopat* ▮.
c) El carter cada dia *distribueix* ▮.
d) La cortina de la dutxa *ha caigut* ▮.
e) La veu li *tremolava* ▮.
f) La moderadora de la tertúlia *va presentar* ▮.

30. Digues si les formes verbals destacades de les oracions següents corresponen a verbs pronominals o a verbs no pronominals:

a) Va, *baixa* del cotxe.
b) *M'he engreixat* tres quilos.
c) Per favor, *calla* d'una vegada!
d) *S'ha adormit* de seguida.
e) Compte, que no *caiguis*!
f) Sense ulleres, no *hi veig* gens.
g) *Marxa* d'aquí!
h) *Ves-te'n* a passeig!

31. Escriu la preposició que exigeix cada un dels verbs de règim preposicional d'aquestes oracions:

a) Aquest cap de setmana *ens enfrontarem* ▮ l'equip que lidera la classificació.
b) El poema *consta* ▮ vuit estrofes.
c) El pobre nàufrag *lluitava* desesperadament ▮ la seva salvació.
d) T'has de *fixar* ▮ els petits detalls.
e) Els teus companys es *conformen* ▮ qualsevol cosa.

La conjugació verbal

32. Escriu l'infinitiu, el gerundi i el participi d'aquestes formes verbals i digues a quina conjugació pertany cada una:

	Infinitiu	Gerundi	Participi	Conjugació
arribaran	arribar	...	...	...
perdríem	...	...	perdut, perduda	...
senten	...	...	...	3a conjugació
reberen	...	rebent	...	...
llegeixin	...	...	...	...
expliquen	...	...	...	...

33. Analitza les formes verbals del text que hi ha a continuació i digues a quin mode i a quin temps pertany cadascuna. Per exemple: *mirant* → *Forma no personal: gerundi (verb* mirar*)*

> Llavors la nena, mirant per totes bandes, es va apartar unes quantes passes.
> —M'hi jugo qualsevol cosa que ha entrat a casa.
> Amb cara d'enfadada, es va girar i va veure com el seu amic sortia del seu amagatall.
> —Espera't, Robbie! No s'hi val! —va xisclar la Glòria—. M'havies promès que no arrencaries a córrer fins que jo et veiés. M'has enganyat...

BARCANOVA EDITORIAL

Temps simples i temps compostos

34. Classifica les formes verbals següents segons si són simples o compostes:

demano, havies estudiat, combatríem, hauríem combatut, he demanat, hàgiu conduït, haguessin aplaudit, conduïu, treballarà, haurà treballat, estudiaves, aplaudeixin

35. Relaciona cadascuna de les formes destacades de les frases de la primera llista amb el temps verbal corresponent de la segona:

a) Quan *hagué acabat* l'espectacle, tothom se n'anà a casa ben satisfet.
b) Aquella noia li *ha caigut* en gràcia.
c) L'any vinent ja m'*hauré establert* a París i m'hi estaré uns quants anys.
d) Quan *va haver entrat*, tothom va callar.
e) Ahir encara no *havia presentat* la documentació a Secretaria.
f) Tant de bo li *haguéssim fet* cas, perquè ara no ens trobaríem perduts.
g) Ella segur que ens *hauria resolt* el dubte.
h) Quan ho *hagis vist*, canviaràs d'opinió.

1. Perfet d'indicatiu
2. Plusquamperfet d'indicatiu
3. Passat anterior
4. Passat anterior perifràstic
5. Futur perfet
6. Condicional perfet
7. Perfet de subjuntiu
8. Plusquamperfet de subjuntiu

Els verbs regulars

36. Analitza les formes verbals següents d'acord amb el model: *passegessin, serveixin, aplaudirem, perdíeu, agrairia, arribares, permeto.*

passegessin: 3a persona del plural de l'imperfet de subjuntiu del verb *passejar*. Es conjuga igual que *cantar* (model regular de la 1a conjugació).

Els verbs irregulars

37. Identifica, de cada parella de verbs, el que és regular i el que és irregular. Fes-ho a partir de les seves formes.

a) 1. *nedar*: nedo, nedes, neda, nedi
   2. *anar*: vaig, vas, va, vagi
b) 1. *estar*: estic, estigui, estigués, estigueu
   2. *caminar*: camino, camini, caminés, camineu
c) 1. *prémer*: premo, preméssim, premi, premut
   2. *conèixer*: conec, coneguéssim, conegui, conegut
d) 1. *riure*: ric, reia, rigui, rigués, rigut
   2. *rebre*: rebo, rebia, rebi, rebés, rebut
e) 1. *bullir*: bullo, bull, bullirà, bulli, bullís, bullit
   2. *venir*: vinc, ve, vindrà, vingui, vingués, vingut

38. Escriu les formes de la 1a persona del singular dels temps que s'indiquen i el participi:

Infinitiu	Present d'indicatiu	Imperfet d'indicatiu	Present de subjuntiu	Imperfet de subjuntiu	Participi
aprendre	aprenc	...	...	...	après, apresa
conèixer	...	coneixia	...	conegués	...
caure	...	...	caigui	...	...
veure	...	...	vegi	...	...
viure	...	vivia	...	visqués	...
escriure	escric	...	...	...	escrit, escrita

» ORTOGRAFIA

1. Les vocals *a* i *e* àtones

1.1. La neutralització

La paraula ***neutralització*** significa que dos sons o dues lletres diferents es pronuncien igual en una posició determinada. Per exemple: molts parlants pronuncien igual *mestr**e*** i *mestr**a***, *regl**e*** i *regl**a*** o *p**e**gar* i *p**a**gar*. Aleshores diem que aquests parlants neutralitzen les vocals *a* i *e* quan es troben en una síl·laba àtona (o fluixa).

Del so que tenen aquestes vocals àtones [ə], en diem ***vocal neutra***.

Les persones que neutralitzen la *a* i la *e* àtones tenen més problemes ortogràfics que no pas aquelles que diferencien els dos sons. Tanmateix, hi ha unes normes ortogràfiques, que repassarem a continuació, que faciliten l'escriptura de la vocal neutra.

1.2. Ortografia de la vocal neutra

Les normes ortogràfiques de la vocal neutra diferencien dues situacions: quan la vocal neutra forma part de la **terminació** d'una paraula (normes 1, 2 i 3) i quan es troba en la **base lèxica** (normes 4 i 5).

RECORDA

La **terminació** d'una paraula indica si és masculina o femenina i si és singular o plural: *un alumn**e***, *una alumn**a***, *uns alumn**es***, *unes alumn**es***.
Si es tracta d'un verb, indica també la persona gramatical i el temps: *cant**o***, *cant**es***, *cant**en***; *cant**ava***, *cant**aves***, *cant**aven***.

La **base lèxica** o **arrel** d'una paraula és la part invariable i la que hi aporta el significat bàsic: *un **alumn**e*, *una **alumn**a*, *uns **alumn**es*, *unes **alumn**es*; ***cant**o*, ***cant**es*, ***cant**en*.

VOCAL NEUTRA EN LA TERMINACIÓ D'UNA PARAULA

NORMA 1	
En els **noms** i en els **adjectius en singular**, s'ha d'escriure **-e** si són **masculins** i **-a** si són **femenins**: *un alumn**e*** — *una alumn**a*** *un arquitect**e*** — *una arquitect**a*** *un ministr**e*** — *una ministr**a*** *un uniform**e** negr**e*** — *una bufand**a** negr**a*** *un altr**e** tract**e*** — *una altr**a** fórmul**a*** *un cov**e** ampl**e*** — *una cov**a** misterios**a*** *un mestr**e** cult**e*** — *una mestr**a** cult**a*** *un regl**e** rect**e*** — *una regl**a** estrict**a*** *un sogr**e** pobr**e*** — *una sogr**a** pobr**a***	**Principals excepcions** • **Noms femenins** acabats en **-e**: *la febr**e***, *la mar**e***, *la torr**e***, *la class**e***, *la fras**e***, *la imatg**e***... • **Adjectius invariables** (acabats en **-e** tant en masculí com en femení): *un noi amabl**e*** — *una noia amabl**e*** *un cavall jov**e*** — *una euga jov**e*** *seient lliur**e*** — *entrada lliur**e*** • **Noms masculins** acabats en **-a**: *un espi**a***, *el di**a***, *el poem**a***, *el palet**a***, *el taxist**a***, *el monarc**a***, *el pesticid**a***...

NORMA 2	
En els **noms** i en els **adjectius en plural**, s'ha d'escriure sempre la terminació ***-es***: *uns alumn**es*** — *un**es** alumn**es*** *uns vestits negr**es*** — *un**es** bufand**es** negr**es*** *uns altr**es** cops* — *un**es** altr**es** vegad**es*** *uns cov**es** ampl**es*** — *un**es** cov**es** misterios**es***	**Canvis ortogràfics** El pas de la terminació ***-a*** (singular) a ***-es*** (plural) pot comportar alguns canvis ortogràfics en la base lèxica de la paraula: *palan**ca*** → *palan**ques*** — *arru**ga*** → *arru**gues*** *adre**ça*** → *adre**ces*** — *plat**ja*** → *plat**ges*** *ai**gua*** → *ai**gües*** — *pas**qua*** → *pas**qües***

NORMA 3	
En les **terminacions verbals**, s'ha d'escriure ***-a*** en la **1a** i la **3a persones del singular**; en canvi, s'ha d'escriure ***e*** en les **altres terminacions** (*-es*, *-em*, *-eu* i *-en*): **1a sing.** *cantav**a*** *perdi**a*** **2a sing.** *cantav**es*** *perdi**es*** **3a sing.** *cantav**a*** *perdi**a*** **1a pl.** *cantàv**em*** *perdí**em*** **2a pl.** *cantàv**eu*** *perdí**eu*** **3a pl.** *cantav**en*** *perdi**en*** També acaben en ***-e*** els **infinitius** de la **2a conjugació**: *prendr**e***, *caur**e***, *admetr**e**...*	**Excepcions** Acaben en ***-e*** les formes *vin**e***, *corr**e***, *obr**e*** i *ompl**e***. **Canvis ortogràfics** El pas de ***-a*** a ***-e*** pot comportar canvis ortogràfics en la base lèxica d'alguns verbs: *bus**co*** *ca**ço*** *men**jo*** *mosse**go*** *ade**quo*** *bus**que**s* *ca**ce**s* *men**ge**s* *mosse**gue**s* *ade**qüe**s* *bus**ca*** *ca**ça*** *men**ja*** *mosse**ga*** *ade**qua*** *bus**que**m* *ca**ce**m* *men**ge**m* *mosse**gue**m* *ade**qüe**m* *bus**que**u* *ca**ce**u* *men**ge**u* *mosse**gue**u* *ade**qüe**u* *bus**que**n* *ca**ce**n* *men**ge**n* *mosse**gue**n* *ade**qüe**n*

VOCAL NEUTRA EN LA BASE LÈXICA D'UNA PARAULA

NORMA 4	
S'escriu ***a*** quan hi ha una altra paraula de la mateixa família que té una ***a*** tònica en la mateixa posició: • *tardor* s'escriu amb ***a*** perquè deriva de *tard* (que té una ***a*** tònica en la mateixa posició) • *taulell* s'escriu amb ***a*** perquè deriva de *taula* (que té una ***a*** tònica en la mateixa posició)	S'escriu ***e*** quan hi ha una altra paraula de la mateixa família que té una ***e*** tònica en la mateixa posició: • *fredor* s'escriu amb ***e*** perquè deriva de *fred* (que té una ***e*** tònica en la mateixa posició) • *teulada* s'escriu amb ***e*** perquè deriva de *teula* (que té una ***e*** tònica en la mateixa posició)

NORMA 5	
Hi ha algunes paraules que s'han de memoritzar per saber amb quina lletra s'han d'escriure:	
• S'escriuen amb ***a***: *afaitar, ambaixada, arracada, assassí, avaluar, avantatge, avaria, davant, peixateria, racó, ramat, rancor, sanefa.*	• S'escriuen amb ***e***: *assemblea, enyorar, espàrrec, meravella, monestir, oreneta, polseguera, punxegut, ràfega, resplendor, sergent, treball, vernís.*

» ACTIVITATS

La neutralització

39. Per a molts parlants, els parells de paraules destacades de les frases següents sonen igual. Explica per què uns mots s'escriuen amb *a* i uns altres amb *e*.

a) Necessiteu un escaire i un *regle*. / Això és l'excepció de la *regla*.
b) Cal redactar una *acta* de la reunió. / Tothom hi pot assistir: és un *acte* públic.
c) L'Enric encara *compta* amb els dits. / Ha anul·lat el *compte* corrent del banc.
d) La va *besar*: li va fer un bes a la galta. / Té una bona base en què pot *basar* els seus arguments.
e) Aquest formatge és de *cabra*. / A la bossa, hi ha de *cabre* tot això.

Ortografia de la vocal neutra

40. Completa les paraules següents amb *a* o *e* d'acord amb la norma ortogràfica 1:

a) un altr▮ avantatg▮ / un▮ altr▮ vegad▮
b) un act▮ dign▮ / un▮ obr▮ dign▮
c) la mànig▮ esquerr▮ / el colz▮ esquerr▮
d) el pobr▮ alumn▮ / la pobr▮ alumn▮
e) el nostr▮ metg▮ / la nostr▮ adreç▮
f) el vostr▮ coratg▮ / la vostr▮ petj▮
g) un par▮ estrict▮ / un▮ regl▮ estrict▮

41. Completa les paraules següents amb *a* o *e* i explica per què són excepcions de la norma ortogràfica 1:

a) un enigm▮
b) el pirat▮
c) una espèci▮
d) la imatg▮
e) la mar▮
f) el diplom▮
g) el dentist▮
h) la class▮
i) la febr▮
j) un fantasm▮
k) el palet▮
l) la sèri▮
m) el panoram▮
n) un dram▮
o) la superfíci▮
p) la piràmid▮

42. Completa les paraules d'aquests sintagmes amb les terminacions del plural:

a) l▮ roder▮ de l▮ tartan▮ marcad▮ a l▮ drecer▮
b) l▮ vi▮ dels tramvi▮ arrencad▮ dels marg▮ de l▮ carreter▮
c) l▮ sabat▮ enllustrad▮ amb crem▮ select▮
d) els compt▮ de l▮ llibret▮ dels pensionist▮ a l▮ caix▮ d'estalvis

43. Escriu el plural d'aquests mots. Para atenció als canvis ortogràfics. Per exemple: *la fàbrica antiga → les fàbri**que**s anti**gue**s*

a) una raça autèntica
b) una piragua magnífica
c) una amiga poruga
d) una llengua eficaç
e) una càrrega feixuga
f) una platja sorrenca
g) una corretja elàstica
h) una taronja dolça
i) una euga feréstega
j) una roca volcànica

44. Completa les formes verbals d'aquestes frases amb *a* o *e* d'acord amb la norma ortogràfica 3:

a) Li explicàv▮m com es fei▮n les activitats perquè no ho sabi▮.
b) Ell ens havi▮ dit que les proves er▮n molt difícils. Te'n record▮s?
c) Per què corrí▮u i cridàv▮u tant? No sabí▮m què us passav▮.
d) M'escolt▮s? Endreç▮ l'habitació i netej▮-la.
e) Els infants cant▮n i ball▮n quan sent▮n la música.
f) Se n'aniri▮n, però no sabri▮n tornar.

45. Completa les formes del passat perifràstic d'aquestes frases segons correspongui:

a) Ells no *perderen* la cartera; *van* ▮ les claus.
b) Tu no *admeteres* cap crítica. No, no en *vas* ▮ mai cap.
c) —Quantes postals *rebé* la Sandra?
—Només en *va* ▮ una.

d) —Tots nosaltres *cabérem* al cotxe?
—Sí, hi *vam* ▮ tots.

e) Vosaltres *permetéreu* això. Com és que ho *vau* ▮?

f) Ells *interromperen* el concert. El *van* ▮ a posta.

46. Escriu totes les formes del present d'indicatiu dels verbs següents: *endreçar*, *envejar*, *arrossegar*, *aixecar* i *adequar.* Para atenció als canvis ortogràfics. Per exemple: *caçar* → *caço, caces, caça, cacem, caceu, cacen*

47. Completa els buits d'aquestes frases amb *a* o *e*. Després, digues quina norma ortogràfica has aplicat.

a) Ves al forn de pa i compra sis p▮nets de Viena.
b) Quin fred que fa! Aquesta fr▮dor em glaça els ossos.
c) Sempre va enf▮inat: diu que té moltíssima feina.
d) Un t▮ulell és una taula llarga que hi ha a les botigues.
e) S'han de canviar algunes teules de la t▮ulada de la casa.

48. Memoritza la grafia de les paraules de la norma ortogràfica 5. Després, completa les frases que hi ha a continuació amb *a* o *e* segons correspongui.

a) L'▮mbaixador tr▮balla en una ▮mbaixada.
b) *Arr▮conar* és deixar una cosa en un r▮có.
c) *D▮vantal* ve del mot *d▮vant*.
d) La catedral és una m▮ravella; tot el que té és m▮ravellós.
e) L'ass▮ssí és qui fa un ass▮ssinat.
f) En la sessió d'▮valuació els professors han ▮valuat els alumnes.
g) Tanta pols▮guera pot av▮riar el motor; hi pot provocar una av▮ria.
h) La taula s'ha d'env▮rnissar amb un v▮rnís especial.
i) Els av▮ntatges i els desav▮ntatges s'exposaran a l'ass▮mblea.

49. Hi ha uns quants mots que tenen un significat diferent segons si els escrivim amb *a* o amb *e*. Fixa't en les paraules que hi ha a continuació i completa les frases amb el terme adequat en cada cas:

a) avantatja (del verb *avantatjar*) / avantatge (distància que separa)
El primer atleta porta molt d'▮ al segon.
L'atleta algeriana ▮ totes les altres en la cursa dels 1.500 metres.

b) afecte (sentiment d'estimació) / efecte (resultat d'una causa)
L'▮ de les pluges serà beneficiós per a l'agricultura.
Sentia un gran ▮ pels seus avis.

c) espacial (relatiu a l'espai) / especial (que no és corrent)
El moble del rebedor és fet amb una fusta ▮.
La nau ▮ acaba d'enlairar-se de la plataforma de llançament.

d) espècia (condiment) / espècie (classe, mena de coses o d'éssers)
El pebre és una ▮ i el safrà també.
És una ▮ de llangardaix en perill d'extinció.

e) respecta (del verb *respectar*) / respecte (consideració i bon tracte)
Hem de tenir ▮ a les persones grans.
Ves amb compte i ▮ el límit de velocitat.

DICTAT

Copia el text i completa els buits amb *a* o *e* segons correspongui. Després, torna a escriure tot el text mentre te'l dicten.

Els tàrtars mai no s'estan en un mateix lloc. Així que s'acost▮ l'hivern, marx▮n a l▮s plan▮s més alt▮s d'algun▮ regió més càlid▮ per tal de trobar pastur▮s per als ramats. A l'estiu busqu▮n indrets frescos a la muntany▮, amb aigü▮s i herb▮s fresqu▮s on el b▮stiar estigui lliur▮ de mosqu▮s i altres insect▮s. Durant dos o tres mesos marx▮n cap a terr▮s més alt▮s perquè l'herb▮ s'acab▮ aviat, ja que els r▮mats són molt nombrosos.

» POSA'T A PROVA

Llegeix aquest text i comprova si l'has entès

La nostra ovella xisqueta es diu Pepa

Un centenar de famílies ja han apadrinat una ovella xisqueta de la vall d'Àssua, al Pallars Sobirà (Alt Pirineu), per tal de preservar aquesta raça protegida.

La xisqueta és una raça originària de les comarques del Pallars i de l'Alta Ribagorça, menuda, robusta, amb el cap petit i sense banyes. Té taques negres als ulls, a les orelles, al morro i a l'extrem de les potes. És una raça autòctona, sòbria, que sobreviu en ambients de gran duresa i que durant anys ha estat en perill d'extinció. Des del 2008 l'ovella xisqueta s'inclou en un projecte de dinamització local que impulsa l'Associació Obrador Xisqueta, des d'on es treballa per donar a conèixer i protegir tant l'ofici de pastor com els oficis relacionats amb el tractament de la llana. «Es tracta d'un projecte vinculat al territori, d'economia local i sostenible en què involucrem tant els artesans com els pastors de la zona. Volem mantenir viu el saber ancestral i adaptar-lo als nostres temps», explica Mariona Lloret, membre de l'entitat.

L'Associació Obrador Xisqueta compra la llana als pastors de les ovelles xisqueta a un preu just per transformar-la en peces de roba artesanes úniques i de qualitat. Treballen amb diferents tècniques, com feltre, ganxet i teler, i hi apliquen el color a través de tints naturals de plantes o insectes.

Viure l'ovella xisqueta

De juliol a setembre qui vulgui conèixer de primera mà el projecte de l'Obrador pot apuntar-se a una de les tres *Vivències Xisqueta* que organitzen: treballar la llana amb una artesana, crear una peça de feltre en un taller que organitza la Caravana Xisqueta o, la més emocionant, poder anar amb els pastors a la muntanya del Montsent de Pallars, a més de 2.000 metres d'altitud, i donar sal i fer les cures necessàries a un ramat de més de cinc mil ovelles.

Una altra opció és poder-ne apadrinar una, com ha fet la Mireia Argelich com a regal d'aniversari de la seva filla Lore, de 6 anys. La seva ovella es diu Pepa i l'han pogut conèixer en una trobada amb tots els padrins: «Vivim a Zarautz, al País Basc, i vam conèixer el projecte de l'Obrador a través del boca-orella. Visitar les ovelles amb la família i conèixer la Pepa va ser molt emocionant, n'hi havia moltes que havien acabat de parir», explica.

Apadrina una Ovella Xisqueta és un projecte de col·laboració que va començar fa just un any. En aquest temps, un centenar de persones han apadrinat un animal dels tres ramats que hi ha a la vall d'Àssua. «Quan una família apadrina, rep una carta on es veu la foto del pastor i la seva ovella juntament amb un cròtal (una arracada de plàstic amb el número per poder-la identificar). Quan arriben a les trobades, els padrins busquen la seva ovella per poder-la conèixer. És un moment molt divertit i emotiu!», diu Mariona Lloret.

Què suposa apadrinar una ovella xisqueta?

- Es calcula que el manteniment d'una ovella té un cost de 45 euros l'any.
- Apadrinant una ovella, s'ajuda els ramaders a fer front als costos derivats de l'alimentació i dels tractaments veterinaris d'una ovella durant un any sencer.

GEMMA CASTANYER: *Criatures*.
Diari *Ara*, 18/01/2020 (text adaptat).

1. Tria els dos títols que sintetitzen millor les idees essencials de l'article:

a) Un projecte per fer sostenible la cria de l'ovella xisqueta
b) L'ovella xisqueta, una raça protegida en perill d'extinció
c) L'apadrinament salvaguarda els oficis vinculats al tractament de la llana
d) Els oficis artesans al Pallars i a l'Alta Ribagorça

2. En l'article hi ha diversitat de veus: la de Mireia Argelich, la de Gemma Castanyer, la de Mariona Lloret. Respon:

a) Quina veu transmet la seva experiència personal com a padrina d'una ovella?
b) Quina veu informa de les accions que cal fer quan algú apadrina una ovella?
c) Quina veu informa del projecte de dinamització econòmica de la vall d'Àssua?

3. Les persones que apadrinen una ovella xisqueta ho fan perquè...

a) quan arriba l'estiu, els impulsors del projecte els donen un xai.
b) no volen que aquesta raça, que ha estat en perill d'extinció, desaparegui.
c) volen que els seus fills estiguin en contacte amb els animals i la natura.

4. A quin gènere periodístic pertany el text?

a) Entrevista.
b) Crònica.
c) Columna d'opinió.
d) Notícia breu.

5. Del contingut del text en podem inferir que...

a) la cria d'ovelles de raça xisqueta és un negoci altament rendible.
b) els pastors de la vall d'Àssua només crien ovelles per comercialitzar-ne la llana.
c) la cria d'ovelles xisqueta necessita subvenció econòmica per ser viable.

6. Relaciona cadascun d'aquests adjectius amb el seu antònim: *menuda*, *robusta*, *autòctona*, *sòbria*.

a) desmesurada
b) grossa
c) desnerida
d) forana

7. Digues el temps de cadascuna d'aquestes formes verbals: *impulsaven*, *inclouen*, *arribin*, *protegissin*.

8. Identifica els verbs de les oracions següents i classifica'ls en *copulatiu*, *transitiu*, *intransitiu* i *impersonal*:

a) L'ovella xisqueta sobreviu en ambients de gran duresa.
b) A la vall d'Àssua hi ha tres ramats d'ovelles de raça xisqueta.
c) Un centenar de famílies ja han apadrinat una ovella xisqueta.
d) La xisqueta és una raça del Pallars.

9. Escriu el plural d'aquesta oració: «L'ovella xisqueta és d'una raça autòctona de la comarca pirinenca».

10. Quina norma ens permet saber que la primera síl·laba de *g<u>a</u>nxet* s'escriu amb *a* i la primera síl·laba de *t<u>e</u>ler* s'escriu amb *e*?

Per escrit

Imagina que entrevistes la Mariona Lloret. Fes-li tres preguntes relacionades amb el projecte *Apadrina una Ovella Xisqueta* i inventa't les respostes. Transcriu l'entrevista com si es publiqués en un diari o una revista.

De viva veu

Per parelles, simuleu una entrevista oral a un padrí o una padrina d'una ovella xisqueta en què expliqui la seva experiència.

UNITAT 8

LECTURA » *Supertot*

LITERATURA » El teatre

GRAMÀTICA » L'adverbi

ORTOGRAFIA » Les vocals *o* i *u* àtones

Preparem la lectura

1. Doneu un cop d'ull al títol de la lectura i a les il·lustracions del text. Després, digueu a quin gènere literari pertany el text i de què deu tractar.
2. Llegiu les definicions del vocabulari i, després, digueu quin adjectiu equival a 'baixet i molt prim', quin verb significa 'llançar-se contra algú o alguna cosa' i quin nom es refereix a un 'gest estrany fet amb la cara'.
3. Responeu oralment: a) Com definiríeu el teatre? Quina ha estat la vostra experiència amb l'art teatral? b) Què trobeu d'especial en la representació de les obres de teatre que no tenen les pel·lícules de cinema?
4. Intercanvieu comentaris i opinions sobre el significat d'aquesta frase del poeta i dramaturg Federico García Lorca: «El teatre és poesia que surt del llibre per fer-se humana».

» LECTURA

Supertot

Quan em transformo en heroi, soc Supertot, un personatge d'una obra de teatre que duu el meu nom. Em va crear el dramaturg Josep M. Benet i Jornet. Si voleu saber quins van ser els meus orígens, llegiu què va dir l'autor de mi i de l'obra:

> *«Com que soc un impenitent lector de còmics, vaig pensar que el personatge del superhome oferia moltes possibilitats per escriure l'obra de teatre que m'havien encarregat. Vaig situar el meu heroi, Supertot, barreja de Superman i de Capità Marvel —tots dos personatges de còmic—, en el seu medi natural: la gran ciutat. La tècnica teatral procurava reproduir el ritme, les situacions i les actituds que ha divulgat l'art del "còmic", en què l'acció visual tingués tanta importància com el discurs oral».*

I ara jutgeu vosaltres si l'obra és del vostre grat.

VOCABULARI

atrafegat -ada *adj.* Molt ocupat en una tasca, una acció, un assumpte.

sinistre *adj.* Que inspira temor pel seu aspecte maligne.

facinerós *m.* Malfactor, delinqüent.

afluixar la mosca *loc. v.* Donar els diners.

PRIMERA PART
Episodi primer: *SUPERTOT ES PRESENTA*

VEU: Teniu davant vostre la gran ciutat, enorme i moderna, plena de llum i de color.

(La gent camina amunt i avall, **atrafegada***, repetida i sense anar enlloc. En un cantó,* GLADYS*, la noia amb ulleres que duu una bossa, i, a l'altre, dos individus d'aspecte* **sinistre***, que la contemplen amb amenaça i masteguen xiclet.)*

FACINERÓS 1r: Aquesta, Joe.
FACINERÓS 2n: OK. (*Barra el pas a* GLADYS.) On vas, preciosa?
GLADYS: Estic fent tard. Deixi'm passar. Si no em deixen passar, cridaré un guàrdia.
FACINERÓS 2n: Ui, quina por! Has vist com tremolo?
GLADYS: Fora d'aquí.
FACINERÓS 1r: Hauràs d'**afluixar la mosca**, a veure si m'entens la indirecta.
GLADYS: He dit que fora! Fora!

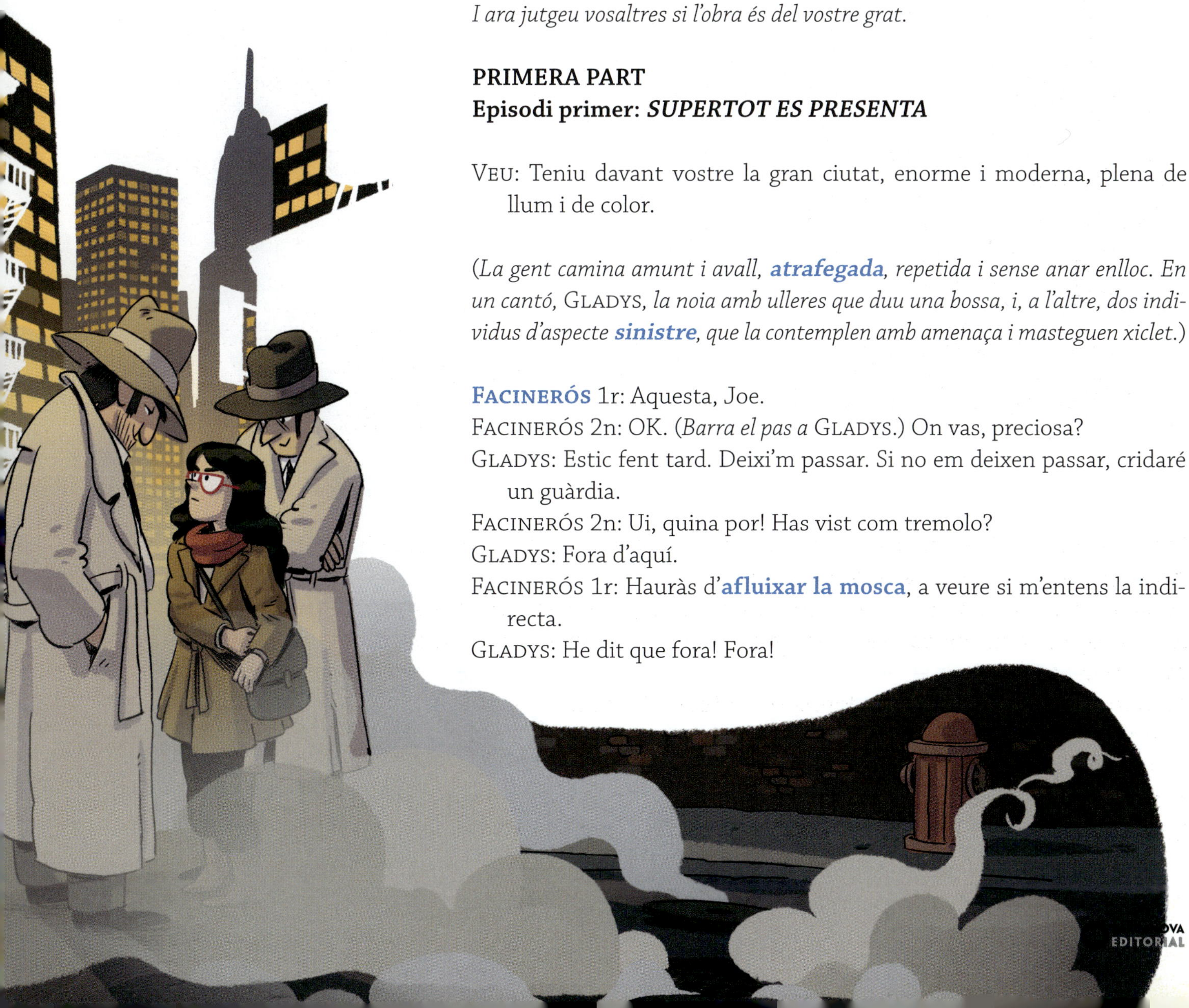

(Els agredeix amb la bossa, que el FACINERÓS 2n *deté i* ***engrapa*** *al vol.)*

FACINERÓS 2n: Gràcies, nena.
FACINERÓS 1r: I tot el que duguis de valor a sobre.
GLADYS: No! Auxili! Lladres! Auxili!
FACINERÓS 2n: Vinga, estúpida, acabem d'una vegada!

*(*GLADYS *intenta defensar-se, però és tirada a terra. De cop entra el capità* SUPERTOT. GLADYS, *caiguda a terra, mig incorporada, implora ajuda al capità estenent un braç. El capità* SUPERTOT *és alt, musculat i duu una mena d'uniforme cenyit al cos, amb un llamp pintat al pit. Un dels* ***brètols****, en percebre el capità, treu la pistola i dispara.)*

FACINERÓS 1r: Bang, bang!

(El capità, com si sentís ploure, cau damunt d'ells i comença a repartir llenya. Els dos miserables acaben fugint. El capità ajuda GLADYS *a aixecar-se.)*

SUPERTOT: Li han fet mal?
GLADYS: L'espant, únicament.
SUPERTOT: Aquí té la bossa i les ulleres.
GLADYS: Com li podria pagar tot el que ha fet per mi?
SUPERTOT: Miri'm. Somrigui. Ja m'ha pagat.
GLADYS: Quina bèstia! Tinc un pressentiment. Vostè és...
SUPERTOT: El capità Supertot, per servir-la.
GLADYS: Supertot! És clar que sí! Intensa emoció! Havia somiat tantes vegades poder-lo conèixer algun dia!
SUPERTOT: Cada cop que em necessiti tornaré a ser al seu costat, Gladys.
GLADYS: Recordaré aquest **encontre**, Supertot.
SUPERTOT: Ens tornarem a veure, Gladys.

*(*SUPERTOT *se'n va,* ***rabent****.* GLADYS, *sola.)*

GLADYS: Era ell, l'heroi preferit. Les meves amigues gasten desodorant Supertot, es renten les dents amb **dentifrici** Supertot, netegen amb detergent Supertot i es moriran d'enveja quan sàpiguen que Supertot en persona m'ha salvat la vida... Supertot, m'he enamorat de tu!

VOCABULARI

engrapar *v. tr.* Agafar fortament amb la grapa, amb la mà.

brètol brètola *m.* i *f.* Persona que fa malifetes, que no té escrúpols.

encontre *m.* Trobada de dues o més persones, sovint casual.

rabent *adj.* Animat d'un moviment molt ràpid, veloç.

dentifrici *m.* Pasta que es fa servir per rentar-se les dents.

Episodi segon: *LA GRAN AMENAÇA*

(Apareix un ancià ***esquifit*** *i escanyolit, i amb ell veiem un petit artefacte d'aspecte metàl·lic. Entra pel cantó oposat al capità* SUPERTOT.)

SUPERTOT: Vostè m'ha cridat, senyor Jones. Per això he vingut al seu despatx subterrani.

JONES: Acosta't, Supertot. Un perill espantós amenaça la ciutat.

SUPERTOT: Compliré amb el meu deure.

JONES: Confio en tu. Salvaràs la ciutat.

SUPERTOT: En realitat, és vostè qui la salvarà. (*S'acara al públic.*) Aquí, als soterranis del més impressionant dels gratacels, Jones vetlla per nosaltres. Ah, si jo pogués revelar la veritat! El capità Supertot existeix només gràcies a ell!

JONES: Calla, calla. Jo soc Jones. Ningú més.

SUPERTOT: Jones em va tocar amb el seu gran invent, l'anell electroatomicoenergètic i, d'un xicot qualsevol que era abans, em vaig veure convertit en el capità Supertot, ràpid com el vent, invulnerable a les bales, fort com una roca. A la vida normal soc Bill, periodista i **reporter** del diari més important de la ciutat. Però, quan convé, em converteixo en l'heroi favorit de les multituds.

JONES: Un perill molt espantós amenaça la ciutat. La secta del Gran Drac està a punt d'atacar.

SUPERTOT: La secta del Gran Drac?

JONES: Genteta de la pitjor espècie. Vull que coneguis aquests enemics. Contempla'ls a través de la meva potent llanterna radar televisiva.

(Amb l'artefacte metàl·lic enfoca la part més fosca de l'escenari. So d'un ***gong****. Veiem el cap de la secta i els seus dos lloctinents. Tenen la mirada cruel i enigmàtica, duen bigotis que els pengen i ungles llarguíssimes i vesteixen quimonos lluents de color vermell. Les ungles els serveixen per maniobrar en l'aire amb inquietant* ***felinitat****.*)

VOCABULARI

esquifit -ida *adj.* Que és baixet i molt prim.

reporter -a *m.* i *f.* Periodista que habitualment elabora reportatges.

gong *m.* Instrument de percussió d'origen xinès format per un disc de bronze que es copeja amb una maça.

felinitat *f.* Qualitat pròpia d'un animal felí, com el gat.

ORIENTAL 1r: L'atac és imminent. La nostla pelvelsitat quedalà aviat satisfeta. Sí, atacalem la ciutat i la destluilem. Ah, i ens menjalem les cliatules clues, amb una mica de sal pelquè no lesultin insípides! Lieu, lieu.
ORIENTALS 2n i 3r: Hi, hi, hi, hi.
SUPERTOT (***abraonant-se*** *als* ***hologrames***): Els polvoritzo, els fulmino! Criminals! No en quedarà ni un per record!
JONES: Que no ho veus que no són més que ombres projectades pel meu aparell? Apa, torna a la ciutat, torna a la redacció del teu diari i estigues alerta. Vigila! L'amenaça del Gran Drac ens pot caure al damunt d'un moment a l'altre.

VOCABULARI

abraonar-se *v. intr. pron.* Llançar-se contra algú o alguna cosa.

holograma *m.* Imatge en tres dimensions que s'obté per l'acció d'un raig làser.

d'una bufada *loc. adv.* Amb molta facilitat.

Episodi tercer: *RIVALS PER L'AMOR DE GLADYS*

(La redacció d'un diari. Entra SUPERTOT *i anirà parlant mentre es vesteix de ciutadà normal.)*

SUPERTOT (*al públic*): Aquí figura la redacció del diari on jo treballo. Aquesta noia ja la coneixeu d'abans; és Gladys, la meva secretària. Poc s'ho imagina, ella, que és secretària de Supertot! Ara, veieu, em vesteixo de Bill; ja no soc Supertot. Quan em vesteixo de persona normal, els meus superpoders desapareixen. Bé, apa, ja puc entrar.
BILL: Bon dia a tothom. Gladys, algú ha preguntat per mi? Què hi ha, Jimmy?
JIMMY: Mira, treballant, des de fa dues hores. Arribes tard, senyor.
GLADYS: Oh, Bill, no saps el que em va passar, ahir?
BILL: Què, Gladys?
GLADYS: Dos mals subjectes volien robar-me. I Supertot em va salvar! De debò! Supertot en persona! Ho haguessis vist! **D'una bufada** es va carregar els bandits! El meu heroi Supertot! Saps a qui s'assemblava?
BILL: A mi, potser?
GLADYS: A tu? Mira, Bill, soc la teva secretària i t'aprecio molt, però pensar que tu t'assemblis en res a Supertot, és, és... Bill, no m'obliguis a riure, que no et vull ofendre.
JIMMY: I jo? M'assemblo a Supertot, jo?

BARCANOVA EDITORIAL

Gladys: No ho sé.

Bill: Te'n pots anar, Jimmy. He de dictar unes cartes a Gladys.

Jimmy: Gladys, recorda que m'has dit que aquest vespre soparíem junts.

Gladys: A les set passa'm a buscar.

Bill: Però si ja t'havies compromès a sortir amb mi, Gladys!

Gladys: És veritat! Quin cap que tinc! Com ho solucionarem?

Jimmy (*molt irritat*): Bill, ja n'estic tip, que vagis darrere de Gladys! Ara veuràs: arromanga't la camisa i prepara't a rebre.

Gladys: No vull que us baralleu.

Bill: No ens barallarem.

Jimmy: Has vist, Gladys, quin gallina? Té por. Molt bé, covard. Doncs Gladys sortirà amb mi. I tu no tornaràs a **fer el papallona** darrere seu.

Bill: Creu-t'ho. Gladys sortirà amb mi. Avui i sempre que em doni la gana. Ves-te'n.

Jimmy: Què t'hi jugues que et cau una garrotada?

Gladys: No t'atreviràs a clavar-li un cop de puny, Jimmy.

Jimmy: Que no? Mira. Pataplaf!

Gladys: Bill, t'ha clavat un cop de puny!

Bill: Ves-te'n.

Gladys: Però segur que no t'atreviràs a clavar-li una pallissa que acabi per terra plegat com un acordió. Oi que no, Jimmy?

Jimmy: Que no? Mira. Craix! Xasc! Flop! Toiang! Plaf! Bluum! Croc! Txop!

Bill (*caient a terra*): Uff...!

(Bill *a terra, amb un floc de cabells damunt el front i una* **ganyota** *de dolor a la cara.* Jimmy *triomfant.*)

Gladys: Pobret.

Jimmy: Gladys, et passaré a recollir a les set. (*Surt.*)

Bill: Vols anar a buscar una tovallola ben mullada per rentar-me les **macadures**?

Gladys: De seguida, Bill. No t'enfadis si t'ho dic. Et feia més valent. Per què no t'has defensat? Vaig a buscar la tovallola. (*Surt.*)

Bill (*s'acara al públic*): Tinc un trist problema. El voleu saber? Si em vesteixo de Supertot, soc l'home més fort del món, però si vaig de paisà, soc l'home més feble del món. Què us pensàveu? Ser Supertot comporta fer grans sacrificis.

Gladys (*tornant*): Aquí tens la tovallola.

Bill: Sortiràs amb ell aquest vespre?

Gladys: No. És massa **cafre**.

Bill: No sortiràs amb ell, de debò? Gladys, com t'estimo!

Gladys: No sortiré amb ell, però tampoc no sortiré amb tu.

Josep M. Benet i Jornet: *Supertot* (text adaptat).

VOCABULARI

fer el (o la) papallona *loc. v.* Moure's insistentment al voltant d'algú per cridar l'atenció.

ganyota *f.* Gest estrany fet amb la cara.

macadura *f.* Efecte d'un cop o d'una contusió a la pell.

cafre *adj.* Que és molt cruel i es comporta amb brutalitat.

» ACTIVITATS

Comprensió lectora

Una obra de còmic

Supertot és una obra de teatre que està inspirada en el món del **còmic**. Aquesta paraula ve de l'anglès *comic* i, al principi, es referia a caricatures ordenades seqüencialment per explicar un acudit en diaris i revistes.

1. Indica quines d'aquestes afirmacions demostren que *Supertot* és una obra inspirada en el món dels còmics:

a) L'obra està dividida en actes i escenes sense títols, com la majoria d'obres de teatre publicades.
b) L'obra està dividida en parts i episodis amb títols, com els dibuixos animats publicats per entregues.
c) Els personatges diuen onomatopeies per acompanyar les seves reaccions.
d) Els diàlegs són força llargs, elaborats i reflexius.
e) Els diàlegs són curts, directes i molt expressius.

La caricatura

Una **caricatura** és una descripció humorística que destaca i exagera els trets distintius del personatge que retrata.

2. Creus que l'autor utilitza el recurs de la caricatura per retratar els personatges de l'obra? En quin grau ho fa: molt, força, poc o gens?

3. Si haguessis de dibuixar una caricatura dels personatges de l'obra (Bill, Gladys, Jones, Jimmy, Facinerós, Orientals), quins trets distintius destacaries de cadascun? Fixa't en l'exemple:

***Supertot**: Exhibicionista. Alt i musculat. Vesteix un uniforme extravagant, cenyit al cos. Somriure simpàtic. Sòlida dentadura.*

Estereotips de còmic

En el llenguatge del còmic, un **estereotip** és la creació d'una **imatge simplificada** per representar objectes, personatges o estats d'ànim. Per exemple:

ferides o objectes trencats

el rodamon

dolor

4. Relaciona cada personatge de *Supertot* amb la descripció de la imatge simplificada corresponent:

1. Heroi alt, fort i musculat, protagonista de molts còmics. Vesteix un uniforme extravagant. Té una identitat secreta i oculta la seva feblesa. La seva missió és salvar la humanitat dels perills que l'amenacen amb els seus «superpoders».
2. Dona jove, una mica ingènua i romàntica. Les ulleres representen intel·ligència però feblesa alhora. Apassionada pel superheroi, és incapaç de veure'l en el company reporter del diari on treballa, amb qui té una actitud un xic freda.
3. Vell decrèpit que manipula l'heroi en interès propi a través dels seus poders màgics. En realitat, no vol salvar la humanitat sinó ferse molt ric. La seva aparença és un reflex de les seves qualitats morals.
4. Aspecte de ciutadà normal. Fort i agressiu. Cara de desconfiança i d'aspecte dur. Periodista, company de feina de la dona jove i del personatge doble de l'heroi. Tots dos rivals en l'amor. Amaga la seva col·laboració amb el vell malvat.
5. Personatge sinistre. Va vestit amb un abric ample i llarg i amb la cara gairebé oculta per un barret. És la imatge del malvat encongit i sigil·lós. Forma part d'una organització secreta que es dedica al crim.

5. Descriu l'estereotip del personatge de Bill d'acord amb el que podem inferir dels episodis de l'obra i també dels coneixements que tinguis del personatge de Superman.

6. *Supertot* és una obra que es va publicar per primera vegada l'any 1976. Per això, amb relació al personatge de Gladys, es transmeten uns valors antiquats i un cert masclisme. Detecta aquests valors i explica com seria aquest personatge en els temps actuals.

Personatges que no són el que semblen

Tot i que els personatges d'aquesta obra no deixen de ser estereotips, en els episodis posteriors presenten més matisos: desenvolupen els seus caràcters o bé donen a conèixer la seva **cara oculta**, el que realment són.

7. A partir d'inferències que puguis fer dels primers episodis de l'obra, completa les explicacions següents amb els noms dels personatges corresponents, que acaben mostrant un comportament diferent o contrari:

a) ___ no és el vell bo i altruista, sinó el cervell d'una organització criminal que controla la ciutat. En realitat, ha creat ___ perquè faci propaganda dels seus productes que duen el nom de Supertot i la gent els compri.

b) La secta del Gran Drac no existeix; és un invent de ___ per despistar. Els ___ de debò són xinesos pacífics, de posat submís, que treballen d'empleats en una tintoreria.

c) El periodista ___ no actua de bona fe. En realitat, és còmplice de ___ i col·laborador de les seves malifetes. Ordena que raptin ___ per després fer veure que ell l'allibera i, en agraïment, aconseguir que ___ es casi amb ell.

d) Finalment, ___ descobreix els tripijocs de ___ i aquest li treu tots els superpoders. Ara només és ___, però recupera la força d'un home normal. Aconsegueix guanyar ___ en una baralla, i ___, per fi, s'adona que ___ és el noi bo de la història i li diu que l'estima: no pas a ___, sinó a ell, el periodista ___.

La lliçó final

La **lliçó final** és l'ensenyament vital que obté el públic quan s'acaba una obra de teatre, gràcies als canvis de conducta dels personatges.

8. Completa la lliçó final de l'obra amb aquestes paraules:

l'amor • Supertot • la dignitat • estimada
humanitat • poders especials

La lliçó final és que ▮ només obtindrà ▮ i ▮ de la seva ▮ en el moment que deixi de tenir ▮ i recuperi plenament la seva ▮.

Paraules i expressions

Els prefixos de grau

Segons el significat que aporten, parlem de diferents classes de prefixos (d'oposició, espacials, temporals, de grau, etc.). Els **prefixos de grau** són aquells que mesuren el grau o la intensitat d'una propietat o avaluen el valor d'una situació. Per exemple:
Un heroi amb *superpoders*: ***super*** ('superioritat en grau elevat') + *poders* = Un heroi amb 'poders molt superiors als que tenen el comú dels humans'.

9. Identifica els mots derivats per prefixació d'aquestes oracions i, a continuació, classifica els prefixos d'acord amb el seu significat:

a) Del creixement excessiu d'un òrgan, se'n diu hipertròfia.
b) Pots pagar el rellotge en quantitats molt petites. Pots fer micropagaments.
c) És conegut de tothom. Ja és arxifamós.
d) No sé ben bé el que diu: només el puc entresentir.
e) Les condicions de treball són pèssimes, gairebé infrahumanes.
f) Quin formatge voleu: un de sec, un de semisec o un de tendre?
g) S'ha tornat a posar de moda dur minifaldilla.
h) Un dany que es causa a altri per imprudència o descuit és un quasidelicte.
i) De fet, serà un macroconcert: hi actuaran molts grups musicals.
j) No donis el partit per guanyat. No subestimis l'adversari.

Idea de superioritat
Grau elevat o grandària màxima
super-

Idea d'aproximació
Grau intermedi
...

Idea d'inferioritat
Grau baix o grandària mínima
...

La composició

La **composició** és un procés de formació de paraules que consisteix a combinar dues o més bases lèxiques. És el cas del nom *gratacel*, que és un **mot compost** format per la base verbal *grata* i la base nominal *cel*. En general, el significat dels compostos es pot deduir de les bases lèxiques. Per exemple:
llevaneu: màquina que s'utilitza per **llevar** la **neu** de la via pública.

10. Escriu el nom compost d'aquests objectes. Tingues en compte que dos dels compostos han de dur guionet.

11. Forma els compostos corresponents a partir de les bases destacades (un dels compostos ha de dur guionet) i classifica'ls en una taula com la que hi ha a continuació.

a) És l'encarregada de **cercar** joves **talents** i persuadir-los perquè s'incorporin a l'empresa.
b) Es diu de la persona que ha **perdut** l'**esma**.
c) És l'acció de moure's **gira**nt per **voltar** un punt traçant cercles o espirals.
d) És un **fil** d'acer que sembla de **ferro** i que serveix per fer filats, per subjectar, etc.
e) És el procés de captivar o **prendre** el **cor** d'algú.
f) Es diu d'algú que té la **boca** oberta o **badada** a causa de la sorpresa o l'admiració.
g) És l'acció de **girar** les coses al revés; fer que on abans hi havia el **cap** ara hi hagi els peus.
h) Es diu d'algú que té el **cap** inclinat avall, **cot**, en senyal d'abatiment.
i) És l'encarregat d'**escurar** el sutge de l'interior de les **xemeneies**.

Categoria lèxica del compost		
Nominal	Adjectival	Verbal
cerca___ fil___ ___xemeneies	esma___ ___badat cap___	___voltar cor___ ___girar

Hi ha unes quantes paraules compostes que fan referència metafòricament a uns tipus de persones amb una qualitat o un defecte determinats. Per exemple:
llepafils: que és molt delicat i exigent en el menjar o que és molt díficil d'acontetar.

12. Completa amb la paraula composta corresponent d'acord amb la definició:

setciències • milhomes • caragirat -ada
busca-raons • somiatruites • tastaolletes
panxacontent -a

a) Un ___ és aquell que es creu apte per a tot, que en tot vol intervenir, que de tot vol saber, etc. També és un ___ el noi que vol fer l'home.
b) L'adjectiu ___ s'aplica a algú que és hipòcrita, traïdor o que enganya els altres.
c) No és gaire agradable parlar amb un ___ perquè és una persona que sempre presumeix de saber-ho tot.
d) Un ___ és una persona que sempre fa que hi hagi discussions i baralles.
e) Es diu que una persona és ___ si no es molesta ni s'amoïna mai per res i sembla que tot li vagi bé. Als ___ no els agrada gaire treballar.
f) Un ___ és una persona visionària que sempre es fa il·lusions i s'imagina coses impossibles o estranyes.
g) Es diu que una persona és un ___ si comença moltes coses i no n'acaba cap.

13. Dels compostos de l'activitat anterior, quins creus que podríem aplicar als personatges de *Supertot* Jones, Gladys i Jimmy? Justifica la teva tria.

» POSA-HO PER ESCRIT

Esmolem el llapis i l'enginy

Josep M. Bernet i Jornet es va inspirar en el món del còmic per crear *Supertot*. Els episodis, la història, les situacions, els personatges i els diàlegs de seguida ens fan imaginar una historieta il·lustrada.

Què hem de fer?

Per parelles, escolliu una escena d'un dels episodis de *Supertot* i transformeu-la en un còmic de dues o tres pàgines. Distribuïu-vos les tasques: l'un escriurà el guió i l'altre dibuixarà les imatges de les vinyetes d'acord amb el guió. Tingueu en compte que el guió ha de contenir el text dels diàlegs dels personatges i totes les indicacions tècniques necessàries per fer el còmic.

GUIÓ DE CÒMIC

VINYETA 6

PUNT DE VISTA	IMATGE	TEXT
• Pla sencer • Angle horitzontal	BILL a terra, amb un floc de cabells damunt el front i una ganyota de dolor a la cara. JIMMY triomfant.	SUPERTOT: Uff...! JIMMY: Gladys, et passaré a recollir a les set.

Com ho hem de fer?

Per fer el còmic, accediu a l'espai personal del lloc web *www.barcanova.cat* i consulteu la informació sobre les característiques del llenguatge del còmic i els passos que cal seguir per elaborar-ne un.

» PREN LA PARAULA

Quin gran repartiment!

Abans de representar les obres de teatre, els actors i les actrius es preparen els textos teatrals en grup fent una lectura en veu alta dels diàlegs. D'aquesta manera comencen a familiaritzar-se amb el caràcter dels personatges i a manifestar els seus estats d'ànim imaginats per mitjà de la modulació de la veu i les expressions facials.

Què hem de fer?

Dividiu-vos en grups i repartiu-vos els episodis de l'obra de teatre *Supertot* per tal de preparar-ne una **lectura dramatitzada**. Cal que seguiu els passos següents:

a) Cada membre del grup assumeix el paper d'un personatge i prepara la lectura dramatitzada i les expressions facials amb què l'acompanyarà.
b) El grup assaja la lectura tantes vegades com calgui per coordinar els diàlegs i corregir els defectes de dicció i d'altres.
c) Cada membre del grup decideix com anirà vestit per tal de caracteritzar visualment el personatge que interpreta.
d) El grup fa la lectura dramatitzada davant la resta de la classe.
e) Un cop acabada la lectura, el públic ha de valorar el seu treball.

Com ho hem de fer?

Cal que seguiu els passos següents:

a) Subratlleu els diàlegs amb diferents colors per indicar els canvis de to, d'intensitat, de volum i de ritme com a guia a l'hora de llegir.
b) Marqueu els moments en què convé fer un silenci: els silencis també parlen.
c) Projecteu la veu cap a l'auditori, no pas cap al paper.
d) Poseu-vos en la pell del personatge i imiteu-ne la veu; enraoneu com ell o ella ho faria.

» LITERATURA

1. El teatre

El **teatre** és l'art i la tècnica de representar obres tràgiques, dramàtiques o còmiques. En general, les representacions teatrals sorgeixen de textos literaris que creen una **història de ficció**. Però aquests textos només prenen sentit de debò si es representen damunt un escenari amb el públic al davant.

Una qualitat que distingeix el teatre dels altres gèneres literaris és que cada **representació teatral** és **única** i **irrepetible**: el públic mai no és el mateix i els actors i les actrius introdueixen matisos nous en els seus gestos i en la veu en resposta a l'atenció que reben dels espectadors en cada representació. Podem recuperar el text literari i llegir-lo, però no podem fer el mateix amb les vivències que hem experimentat durant la representació d'una obra de teatre.

Text literari

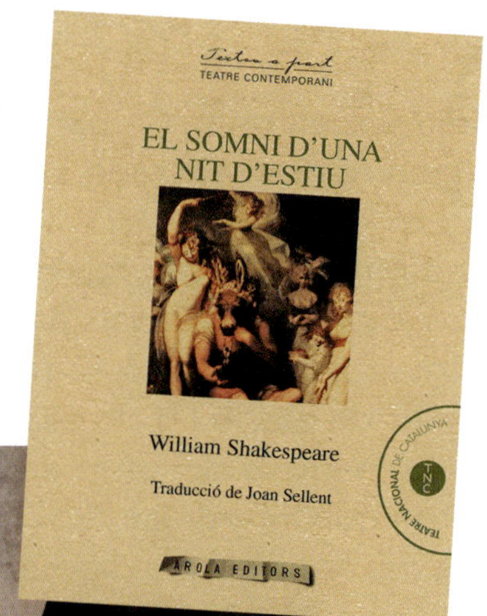

El somni d'una nit d'estiu, de William Shakespeare, sota la direcció de Joan Ollé. Espectacle produït pel Teatre Nacional de Catalunya i representat a la Sala Gran del TNC la temprada 2014-2015.
© May Zircus - TNC

Altres trets distintius del teatre són els següents: els fets s'expliquen durant el breu **temps de la representació**; la història no l'explica un narrador, sinó els mateixos **personatges**, i la narració progressa, sobretot, a través dels **diàlegs**.

Tot això condiciona la creació literària del text teatral, que no està pensat perquè el llegim sols i en silenci, sinó per veure'l i escoltar-lo en companyia i compartir les emocions amb la resta del públic.

1.1. El text teatral

El text d'una obra de teatre és un **text literari** que presenta unes característiques singulars:

ELS ELEMENTS DEL TEXT TEATRAL	
L'ESTRUCTURA	L'estructura d'una obra de teatre sol constar d'**actes** i **escenes**: – Un **acte** és una part extensa de l'obra separada de les altres per una pausa llarga. Tradicionalment, les obres consten de tres actes, però n'hi ha que en tenen més. En alguns casos els actes s'anomenen *quadres*. – Una **escena** és una part d'un acte en què intervenen els mateixos personatges.
EL DIÀLEG	El diàleg és la forma d'expressió del teatre. Per mitjà d'aquest recurs viu i directe, l'acció avança i coneixem el caràcter dels personatges. En el text teatral apareix en lletra rodona i a continuació dels noms dels personatges, que s'escriuen en lletra versaleta.
EL MONÒLEG	El monòleg és el discurs que fa un personatge sense adreçar-se a ningú en concret, mentre està sol o s'aparta dels altres personatges. La seva funció habitual és adreçar-se directament a l'espectador per confessar-li els seus pensaments secrets.
LES ACOTACIONS	Les acotacions són les notes explicatives que l'autor o autora escriu en lletra cursiva en la introducció de cada acte o escena o al marge dels diàlegs del repartiment. Orienten la direcció i la interpretació en la posada en escena i ajuden el lector a fer-se una idea més concreta de les escenes i del repartiment.

Terra baixa

Drama en tres actes

Acte primer

Casa-molí a pagès. La cuina. Al fons, banda esquerra, una porta coberta per una cortina. Al mig de l'escena una taula de menjar. Pertot cadires, bancs, eines de molí, sacs de blat, etc. És tarda avançada.

Escena primera

XEIXA *tria blat amb un garbell. Després,* PEPA *i* ANTÒNIA.

XEIXA: Tant me fa que quedi net com brut, aquest blat. *(Buida el garbell i el torna a omplir.)* Té, i que li faci mal profit, a l'amo.

PEPA *(ve de fora amb un cabàs de mongetes per triar)*: Déu vos guard.

XEIXA: La que faltava! Veïnes!

ANTÒNIA *(entrant)*: Hola, Xeixa!

XEIXA *(indiferent)*: Hola.

PEPA: Venim a fer companyia a la Marta. Sembla mentida! El molí tocant a casa, i si nosaltres no vinguéssim… Oi, Xeixa?

XEIXA *(seguint garbellant indiferent)*: Oi.

ANTÒNIA *(cridant)*: Marta! Marta! Som les perdigones! Surt!

1.2. L'espectacle del teatre

La representació d'una obra de teatre és un tipus d'**espectacle** en què entren en joc elements molt diversos:

AUTOR O AUTORA (també dit *dramaturg* o *dramaturga*)	Persona que imagina l'obra i l'escriu de manera que pugui ser representada. També en fa la proposta escènica, és a dir, estableix com i en quin ordre han de ser coneguts els fets a través dels diàlegs dels actors i les actrius.
DIRECTOR O DIRECTORA	Persona encarregada de posar en escena el text teatral. Dirigeix la interpretació del repartiment i coordina tots els elements necessaris per representar l'obra.
ACTORS I ACTRIUS (també dit *repartiment*)	Artistes que, seguint les indicacions de la direcció, interpreten i donen vida als personatges ideats per l'autor o autora.
ESCENOGRAFIA	Conjunt d'elements que serveixen per crear l'atmosfera adequada en l'espai escènic on es representa l'obra, com ara els decorats, la il·luminació, el vestuari, el maquillatge, l'*attrezzo* (conjunt d'accessoris de decoració, de mobiliari, etc.), la tramoia o la música. Hi sol haver un equip tècnic que s'encarrega d'aquests elements, amb especialistes per a cada cosa, que són coordinats per la direcció o per una direcció tècnica.
PÚBLIC	Conjunt de persones que assisteixen a la representació com a espectadors. Un espectacle en viu i en directe com el teatre demana la presència del públic perquè acompleixi d'una manera plena la seva funció.
ESPAI TEATRAL	Pot ser molt divers: des d'un espai a l'aire lliure, com ara un teatre grec, fins a un espai tancat, com és un edifici construït per representar-hi obres de teatre. Un teatre no és solament l'escenari i els seients per al públic, sinó que també incorpora altres espais i elements.

Vista frontal d'un teatre clàssic amb els elements principals destacats.

Vista lateral d'un teatre clàssic amb els elements principals destacats.

1.3. Les formes teatrals

Les tres grans formes del gènere teatral són la **tragèdia**, la **comèdia** i el **drama**. La majoria de les obres de teatre s'agrupen en un d'aquests tres subgèneres.

CARACTERÍSTIQUES DE LA TRAGÈDIA, LA COMÈDIA I EL DRAMA	
TRAGÈDIA 	• El protagonista és un heroi o una heroïna que, per la seva alta dignitat, es veu arrossegat per grans passions i s'ha d'enfrontar a grans adversitats que li causen un profund sofriment. Tot plegat condueix el protagonista a un final fatal: la seva mort o la mort d'éssers estimats. • Representa el conflicte entre l'heroi i el destí, que és una raó divina o sobrehumana a la qual l'heroi s'ha de sacrificar perquè és una força superior a ell. • L'objectiu de l'obra és provocar sentiments d'horror i de pietat a fi que els espectadors s'identifiquin amb el sofriment del protagonista i se sentin alliberats d'afliccions com la culpa i el dolor. • El text presenta un estil dialogat de to elevat i generalment està escrit en vers.
COMÈDIA 	• El protagonista és una persona senzilla que, per la seva manera de ser, representa el prototip d'un defecte o un vici que trobem en la societat. • Planteja conflictes de la vida quotidiana que es poden resoldre i que acostumen a tenir un final feliç. • L'argument es pot presentar en forma de **paròdia** (imitació d'una persona per fer-ne burla), **sàtira** (ridiculització dels defectes), **caricatura** (exageració dels fets i els personatges) o **farsa** (simplificació i deformació de la realitat). • L'objectiu de l'obra és fer una crítica divertida de la conducta dels humans; per tant, malgrat el to humorístic, té una intenció moralitzadora. • El text presenta un estil dialogat viu, directe, col·loquial i amb tocs humorístics, com ara frases de doble sentit, malentesos, equívocs, exageracions, etc.

DRAMA 	• El protagonista sol ser un personatge de dimensions humanes que viu intensament els conflictes amb què es troba en la vida. Aquests conflictes poden ser emotius (problemes d'amor, d'amistat...), socials (enfrontaments per raons culturals, ideològiques, econòmiques...) o psicològics (problemes de personalitat, situacions traumàtiques...). • En general, l'argument de l'obra mostra la complexitat de la vida dels humans, i hi apareixen de manera cohesionada els moments dolorosos o tràgics i els moments divertits o còmics. Per això es diu que el drama és un gènere mixt entre la tragèdia i la comèdia. El desenllaç és incert. • El text presenta un estil dialogat adequat a l'edat i a la situació familiar i social de cada personatge.

En l'àmbit del teatre musical, destaquen l'**òpera**, que combina la música i els diàlegs cantats de to elevat, i el **musical**, que combina la música i el ball, les cançons i els diàlegs cantats i parlats. Els moments de més intensitat dramàtica sovint són interpretats amb la cançó principal.

Himne dels pirates

El mar és com un desert d'aigua,
no té camins ni té senyals;
el mar és un desert d'onades,
una lluita sorda i constant;
és el mar la nostra terra ferma,
on vivim arrelats en el vent.

Les veles s'inflaran
el vent ens portarà
com un cavall desbocat per les ones.

Fragment del llibret del musical *Mar i cel*, basat en la tragèdia romàntica d'ÀNGEL GUIMERÀ.

Mar i cel. Espectacle de Dagoll Dagom. Fotografia: David Ruano.

BARCANOVA EDITORIAL

» ACTIVITATS

El teatre

14. Indica quina és l'opció correcta en cada cas:

a) El teatre és...
- l'art i la tècnica d'explicar, un narrador, una història de ficció a un públic lector o a un auditori.
- l'art i la tècnica de representar, uns personatges, una història de ficció damunt un escenari per a un públic espectador.

b) Les obres de teatre estan escrites...
- en vers.
- en prosa.
- en vers o en prosa.

El text teatral

15. Relaciona els noms del quadre següent, que fan referència als diferents elements del text teatral, amb les definicions que hi ha a continuació:

diàleg • monòleg • acotacions • acte • escena

a) Part extensa d'una obra de teatre separada de les altres per un descans. La majoria de les obres en tenen tres.
b) Part més aviat breu d'un acte d'una obra de teatre en què intervenen els mateixos personatges.
c) Notes explicatives que fan referència a l'escenografia dels actes i les escenes i a l'actuació dels personatges.
d) Conversa entre els personatges d'una obra de teatre.
e) Part d'una obra de teatre en la qual un personatge parla sol.

L'espectacle del teatre

16. Indica a quin d'aquests agents teatrals correspon cadascuna de les tasques que s'expliquen a continuació:

dramaturg o dramaturga • director o directora
repartiment • escenògraf • tramoista
compositor o compositora

a) Artista que s'encarrega de dissenyar els decorats i els elements necessaris per ambientar l'escenari en què es representarà l'obra.
b) Persona que escriu el text literari destinat a ser representat en un teatre.
c) Tècnic que s'encarrega de construir la tramoia d'un teatre i de fer-la anar.
d) Actors i actrius que interpreten i donen vida als personatges de l'obra de teatre.
e) Artista que compon la música de les cançons i els balls que interpretaran els actors i les actrius.
f) Especialista que s'encarrega de la posada en escena de l'obra i de la direcció dels actors i les actrius.

17. A partir dels dibuixos de les pàgines 240 i 241, digues quins espais o elements corresponen a aquestes definicions:

a) Conjunt de seients ordinàriament col·locats en grades elevades i semicirculars per al públic.
b) Conjunt de seients, distribuïts en una sèrie de files de cadires o butaques, situat a la planta baixa per al públic.
c) Part d'un decorat que hi ha a cada costat de l'escenari per on acostumen a entrar i sortir els actors i les actrius.
d) Bandes de tela o de paper fixades a la pinta de la tramoia on figuren pintats diversos complements de la decoració.
e) Conjunt d'accessoris de la decoració: objectes, mobiliari, etc.
f) Cambra on es vesteixen i es maquillen els actors i les actrius.

Les formes teatrals

18. Llegeix aquests fragments i digues quin pertany a una tragèdia, quin a una comèdia i quin a un drama. Després, justifica cada afirmació almenys amb dues raons.

A

HARPAGON: Podríeu dir-me, mestre Jaume, què és el que la gent diu de mi?

MESTRE JAUME: Prou, senyor, si estava segur que no us hauríeu d'enfadar!

HARPAGON: No, de cap manera.

MESTRE JAUME: Ja que vós ho voleu, senyor, us diré francament que pertot arreu la gent es **trufa** de vós; que tothom en malparla a tort i a dret; que uns i altres es diverteixen d'allò més **bescantant**-vos tothora i explicant històries sobre la vostra **gasiveria**. Sou la riota i el **cap de turc** de tothom; i no es parla mai de vós sense dir-vos avar, lladre, **estiracordetes** i miserable.

HARPAGON (tot pegant a MESTRE JAUME): Sou un bèstia, un murri, un bergant i un desvergonyit.

MOLIÈRE: *L'avar.*

VOCABULARI

trufar-se *v. tr.* Burlar-se.

bescantar *v. tr.* Parlar malament d'algú.

gasiveria *f.* Avarícia.

cap de turc *m.* Persona a qui s'atribueix la culpa d'una cosa de la qual no és culpable

estiracordetes *m.* Persona que no plany a qui pot fer mal.

esfereir *v. tr.* Causar molta por, espantar.

follia *f.* Bogeria.

escometre *v. tr.* Atacar algú ràpidament i amb força.

abominable *adj.* Que és digne de condemna per la seva maldat.

induir *v. tr.* Portar algú a fer alguna cosa, instigar.

B

S'obren les portes de palau i apareix Èdip amb els ulls i la cara amarats de sang.

CORIFEU: Oh, infortuni que **esfereeix** tothom qui el veu! El més esfereïdor de tots els que he trobat! Oh, malaurat!, quina **follia** t'ha **escomès**?

ÈDIP: Ah! **Abominable** núvol de tenebra, que m'acorrala de manera terrible, inflexible i sense remei.

CORIFEU: Quina acció terrible que has fet! Com has pogut destruir-te així els ulls? Quina divinitat t'hi ha **induït**?

ÈDIP: Apol·lo ha estat, amics. Apol·lo ha provocat aquestes desgràcies, les desgràcies dels meus sofriments.

SÒFOCLES: *Èdip rei.*

C

NORA: Tu no ets l'home que em pugui educar per fer de mi la dona que necessites.

HELMER: Ets tu qui ho diu?

NORA: Quina preparació tinc per educar els nens? Oh, és que tenies raó. No estic a l'alçada d'aquesta feina. Abans tinc davant meu un altre deure. Haig d'educar-me a mi mateixa. Me n'haig de sortir tota sola. I per això ara et deixo.

HELMER (*alçant-se d'un salt*): Què dius?

NORA: Haig d'estar sola, si em vull aclarir amb mi mateixa i amb tot el que m'envolta. No em puc quedar més temps a casa teva.

HELMER: Nora, Nora!

NORA: Me'n vaig ara mateix.

HENRIK IBSEN: *Casa de nines.*

» GRAMÀTICA

L'adverbi

FITXA 1 » LES PROPIETATS DE L'ADVERBI

SIGNIFICAT. Un **adverbi** és una paraula que expressa la **manera** com es realitza una acció (*ho va negar categòricament*), el **lloc** on es produeix (*va passar aquí*), el **temps** (*ara no puc*) o el **grau** d'una qualitat (*és molt sincera, viu bastant lluny*) o d'una acció (*parla massa*).

FORMA. Els adverbis són paraules **invariables**, és a dir, no tenen flexió de gènere ni de nombre. Compara:

QUANTIFICADOR NOMINAL (AMB FLEXIÓ)		ADVERBI DE GRAU (SENSE FLEXIÓ)	
molt vent	**molta** aigua	**molt** sincer	**molt** sincera
molts ocells	**moltes** plantes	**molt** sincers	**molt** sinceres

FUNCIÓ. Els adverbis poden realitzar dues **funcions bàsiques**:

1. **Complement circumstancial del verb** (també anomenat *complement adjunt*): l'adverbi afegeix al predicat una informació secundària relativa a la **manera**, el **lloc**, el **temps** o el **grau**. Per exemple:

   parlava pausadament — V ← CC *arribaran tard* — V ← CC

2. **Especificador d'un adjectiu o d'un altre adverbi**: l'adverbi va davant d'un adjectiu o d'un altre adverbi per indicar-ne el **grau**. Per exemple:

   poc amable — Esp → Adj *molt amablement* — Esp → Adv

PRACTICA

ADVERBIS INTERROGATIUS

—On dorm el gos?
—Dorm **allà**.
—Com dorm?
—Dorm **plàcidament**.
—Quant dorm?
—Dorm **poc**.
—Quan dorm?
—Uf!, no ho sé. **Ara** dorm!

• Relaciona cadascun dels adverbis interrogatius amb la pregunta corresponent:
a) De quina manera? b) A quin lloc? c) En quin grau? d) En quin moment?

1.1. Identifica els onze adverbis que hi ha en aquest resum del primer episodi de *Supertot*. Després, classifica'ls en una taula com la que hi ha a continuació.

Avui Gladys ha sortit de la redacció molt tard. Camina carrer amunt i troba uns facinerosos. Aquests li tallen el pas bruscament, li donen una forta empenta i la fan caure a terra. Mig incorporada, Gladys demana ajuda. Misteriosament, apareix allà Supertot, l'home més valent del món, que la salva del perill. Aleshores, Gladys se n'enamora bojament.

Adverbis de manera	Adverbis de lloc
Com?	On?
...	...

Adverbis de temps	Adverbis de grau
Quan?	Quant?
...	...

1.2. Indica quins adverbis de les oracions següents fan la funció de complement circumstancial del verb (CC) i quins altres fan la funció d'especificador d'un adjectiu (Esp). Per exemple:

Arribes ***tard***. (V: Arribes; CC: tard; ←) *Et feia* ***més*** *valent*. (Esp: més; Adj: valent; →)

a) Feia un vent *molt* suau.
b) La gent passejava *tranquil·lament* pels jardins.
c) *Abans-d'ahir* vam anar a veure els arbres en flor a Aitona.
d) Estem *gratament* sorpresos de la teva visita.

FITXA 2 » ELS ADVERBIS DE MANERA

La majoria dels **adverbis de manera** són paraules derivades que es formen amb un **adjectiu femení** i el sufix ***-ment***:

tranquil·la (adj.) → ***tranquil·lament*** (adv.) *trista* (adj.) → ***tristament*** (adv.)

Hi ha uns quants adjectius que poden fer d'adverbi sense necessitat del sufix *-ment*: *parla **fort**, parla **fluix**; hi veig **clar**, hi veig **borrós**; juga **net**, juga **brut***. Aquests adverbis s'anomenen ***adverbis curts***.

També són adverbis de manera l'interrogatiu *com* (***com** ho faràs?*), el demostratiu *així* (*fes-ho **així***) i les formes ***bé***, ***malament***, ***millor***, ***pitjor*** i ***alhora***.

A més a més, hi ha un gran nombre de **locucions adverbials** de manera:

LOCUCIONS ADVERBIALS DE MANERA

LOCUCIÓ	EXEMPLE	SIGNIFICAT
a correcuita	*Un rostit vol temps, no es pot fer **a correcuita**.*	amb presses, sense dedicar-hi prou temps
a les palpentes	*Com que no hi ha llum, baixarem les escales **a les palpentes**.*	a cegues, sense veure-hi, palpant les coses
a contracor	*Queda't a casa. No vull pas que vinguis **a contracor**.*	contra voluntat, per força
a poc a poc	*No corris, ves **a poc a poc**.*	lentament, sense pressa
a tort i a dret	*Va començar a repartir crítiques **a tort i a dret**.*	pertot arreu, amb raó o sense

BARCANOVA EDITORIAL

LOCUCIONS ADVERBIALS DE MANERA

LOCUCIÓ	EXEMPLE	SIGNIFICAT
amb prou feines	***Amb prou feines** podia caminar.*	difícilment, gairebé no
de debò	*T'ho dic **de debò**.*	seriosament, de veritat
de mica en mica	*Us anireu coneixent **de mica en mica**.*	lentament, d'una manera gradual
de cop i volta	*Va desaparèixer de la sala **de cop i volta**.*	bruscament, d'una manera imprevista
de sobte	***De sobte**, algú es va posar a cridar.*	d'una manera imprevista, sense esperar-ho
fil per randa	*Ens ha explicat l'argument de la pel·lícula **fil per randa**.*	minuciosament, amb tots els detalls
sense solta ni volta	*La gent va començar a cridar **sense solta ni volta**.*	sense cap raó, sense motiu raonable

PRACTICA

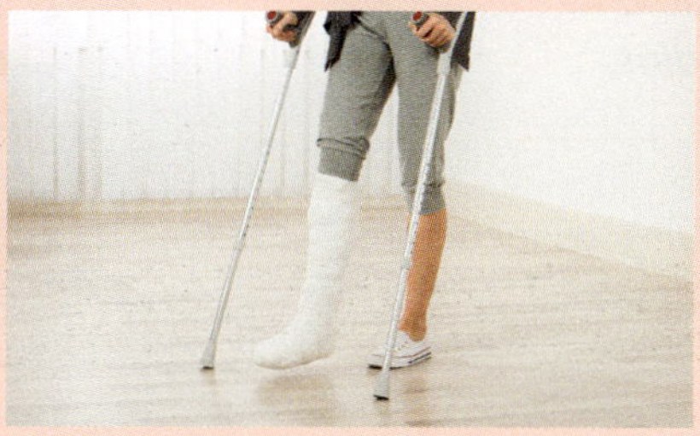

- Escriu una frase en què aparegui una locució adverbial de la taula que es pugui aplicar a cadascuna de les imatges.

2.1. Substitueix les expressions destacades de les oracions següents per adverbis de manera acabats en *-ment*. Per exemple: *Escriu aquestes paraules <u>per ordre alfabètic</u>.* → *Escriu aquestes paraules **alfabèticament**.*

a) Un bon cambrer sempre tracta els clients *de manera respectuosa*.
b) Aquest senyor sempre vesteix *amb molta elegància*.
c) La Lola va exposar les conclusions del treball *de manera minuciosa*.
d) Vaig patir *amb molta intensitat* les conseqüències del conflicte.
e) Els participants van obeir *amb docilitat* les ordres de l'organització.
f) Sempre procuro parlar *amb molta lentitud* i *de manera clara*.

2.2. Substitueix les expressions destacades de les oracions següents per les locucions adverbials adequades de la taula de la fitxa:

a) Si vols que les coses surtin bé, no les pots fer *sense dedicar-hi prou temps*.
b) Vaig presentar la meva candidatura *per força, contra la meva voluntat*.
c) Sovint ens explica la història de la seva família *amb tots els detalls*.
d) Un senyor va començar a insultar-nos *sense cap motiu raonable*.
e) Suposo que no ho dius pas *de veritat*, això!
f) *D'una manera imprevista*, vam notar que tots els mobles es movien: hi havia un terratrèmol.
g) Quan està de mal humor escampa el seu malestar *pertot arreu*. No se n'escapa ningú.

FITXA 3 » ELS ADVERBIS DE LLOC

Els **adverbis** i les **locucions adverbials de lloc** poden indicar una **posició** (*aquí, allà, davant, darrere, damunt, davall, a prop, lluny, a dins, a fora, a sobre, a sota, al capdamunt, al capdavall*) o una **direcció** (*endavant, endarrere, amunt, avall, endins, enfora*).

També són adverbis de lloc l'interrogatiu ***on*** (*on són les claus?*) i les formes de sentit global ***pertot arreu*** (*les he buscat pertot arreu*) i ***enlloc*** (*no les he trobat enlloc*).

Alguns adverbis de lloc poden dependre d'una **preposició**: ***des d'****aquí*, ***fins*** *allà*, ***per*** *davant*, ***per*** *darrere*, ***cap*** *amunt*, ***cap*** *avall*.

Els adverbis demostratius (*aquí, allà*) admeten darrere el modificador *mateix* o un altre adverbi de lloc: *aquí* ***mateix***, *aquí* ***dalt***, *allà* ***baix***.

PER SABER-NE MÉS

Els adverbis de direcció poden aparèixer **darrere d'un nom** sense determinant:

Navegàvem riu ***amunt***.
Anàvem mar ***endins***.
Mans ***enlaire****!*

- Què indiquen els adverbis *amunt* i *avall*? I les locucions *al capdamunt* i *al capdavall*?

3.1. Observa els moviments d'aquest excursionista i completa els seus comentaris amb els adverbis de lloc següents, sense repetir-ne cap: *amunt*, *avall*, *daltabaix*, *enlaire*, *endavant*, *endarrere*.

Per arribar al castell hauré de tirar muntanya ___.

Estic cansat, però he de continuar ___.

Si miro ___, veuré el camí que he fet.

Si miro ___, potser veuré volar un voltor.

Aquí he de vigilar no rodolar rostos ___.

Ui, quin ensurt! Una mica més i caic ___.

FITXA 4 » ELS ADVERBIS DE TEMPS

Els **adverbis** i les **locucions adverbials de temps** emmarquen **temporalment** la situació expressada pel predicat (*ara se'n van, demà no vindran*).

Són **adverbis de temps** *ahir, avui, demà, ara, llavors, aleshores, abans, després, mentrestant, alhora, ja, encara, sovint, aviat, sempre, mai* i l'interrogatiu *quan*.

Són **locucions adverbials de temps** *abans-d'ahir, abans-d'ahir no l'altre, demà passat, demà passat no l'altre, l'endemà, l'endemà no l'altre, a hores d'ara, avui dia, de tant en tant, a vegades, a totes hores, d'hora, en acabat, tard o d'hora, com més aviat millor, d'aquí a vuit dies, d'aquí a un mes*.

Usem els noms dels **dies de la setmana** com a **adverbis** (sense article) quan ens referim a l'immediatament passat o vinent: *ens vam veure dijous* (dijous passat), *diumenge anirem a la platja* (diumenge vinent).

Alguns adverbis de temps fan referència a la **durada** (*van parlar breument / llargament*), a la **freqüència** (*es veuen diàriament / setmanalment*) o a la **fase de desenvolupament** del fet expressat (*encara treballa, ja s'ha jubilat*).

excepcionalment / gairebé mai — ocasionalment / de tant en tant — freqüentment / sovint — habitualment / gairebé sempre — constantment / a cada moment

mai ← → **sempre**

freqüència imprecisa

PER SABER-NE MÉS

També podem indicar el temps amb un **sintagma nominal** (*aquesta nit, l'any vinent, la setmana passada*) o amb un sintagma introduït per una **preposició** (***a**l migdia, **a** la tardor, **a**l gener, **a** principis d'any, **per** Nadal*).

4.1. Completa una taula com aquesta amb els dies de la setmana i els adverbis o les locucions adverbials de temps adequats tenint en compte que avui és dijous dia 19:

dilluns 16	... 17	... 18	**dijous 19**	... 20	... 21	diumenge 22
abans-d'ahir no l'altre	...	...	**avui**	...	demà passat	...

4.2. Digues en cada cas amb quina freqüència es fa l'acció de jugar a escacs:

	Freqüència	**Adverbis i locucions adverbials**	**Adverbis amb *-ment***
1	♙♙♙♙♟♙♙♙♙	No juga a escacs *gairebé* ▮.	Juga a escacs ▮.
2	♙♟♙♙♙♙♙♟♙	Juga a escacs ▮.	Juga a escacs *ocasionalment*.
3	♙♟♙♟♙♟♙♟♙	Juga a escacs ▮.	Juga a escacs ▮.
4	♟♟♙♟♟♟♙♟♟	Juga a escacs ▮.	Juga a escacs ▮.
5	♟♟♟♟♟♟♟♟♟	Juga a escacs *a cada* ▮.	Juga a escacs *constantment*.

FITXA 5 » ELS ADVERBIS DE GRAU

Els **adverbis de grau** assenyalen el **valor** amb què es presenta una **característica** o una **acció** dins d'una escala de graus. Poden indicar el grau d'un **adjectiu** (***força*** *simpàtic*), d'un adverbi (***molt*** *lluny*) o d'un verb (*no treballa* ***gaire***).

Són **adverbis de grau** els **quantitatius** *massa, molt, força, bastant, prou, poc, gaire, gens, més, tan / tant* i *menys.*

També s'usen com a adverbis de grau *ben* (***ben*** *content,* ***ben*** *bé*), *mig* (***mig*** *adormit*), l'exclamatiu *que* (***que*** *divertit!,* ***que*** *lluny!*) i alguns adverbis acabats en *-ment* (***doblement*** *satisfeta,* ***extraordinàriament*** *simpàtic,* ***suficientment*** *madur,* ***totalment*** *integrada,* ***excessivament*** *esquerp*).

Són **locucions adverbials de grau** *una mica, gens ni mica, del tot, de cap a peus, en absolut, d'allò més, pel cap baix.*

Hi havia, ***pel cap baix****, cent persones.* (almenys)
La pel·lícula em va agradar ***d'allò més****.* (en un grau molt elevat)

5.1. De quina paraula indica el grau cadascun dels adverbis destacats?

a) El discurs era *excessivament* llarg.
b) Ens ho vam passar *d'allò més* bé
c) És una cosa que no li interessa *gens ni mica*.

5.2. Completa dues escales de graus com les següents amb els adverbis adequats:

Grau baix	Grau suficient	Grau relatiu	Grau considerable	Grau excessiu
Corres *poc*.	Ja corres *prou*!	Corres ▮.	Corres ▮.	Corres ▮.
És ▮ evident.	És ▮ evident.	És *força* evident.	És ▮ evident.	És ▮ evident.
És ▮ lluny.	És ▮ lluny.	És ▮ lluny.	És ▮ lluny.	És *massa* lluny.

Grau nul	Grau baix	Grau insuficient
No corres *gens ni mica.*	No corres ▮.	No corres ▮.
No és ▮ evident.	No és ▮ evident.	No és *prou* evident.
No és ▮ lluny.	No és *gaire* lluny.	No és ▮ lluny.

FITXA 6 » ALTRES ADVERBIS

ELS ADVERBIS FOCALS. Aquests adverbis **destaquen** o **posen en relleu** un element de l'oració. Poden ressaltar, per exemple, un sintagma nominal.

Només la Marina ha superat la prova.
La nova directora ha felicitat a tothom, fins i tot els seus opositors.
Van assistir a l'acte almenys tres-centes persones.

ELS ADVERBIS ORACIONALS. Aquests adverbis afecten el **contingut global de l'oració**.

PRINCIPALS ADVERBIS ORACIONALS		
AFIRMACIÓ	sí, també	*En Cesc, **sí** que vindrà. I la Lara, **també**.*
NEGACIÓ	no, tampoc	*La Maria **no** vindrà. I en Biel **tampoc**.*
DUBTE	potser, segurament	***Potser** m'he excedit, amb aquesta repulsa.*
VALORACIÓ O PUNT DE VISTA	afortunadament, per sort, malauradament, per desgràcia, científicament	***Afortunadament**, ningú no va prendre mal.* ***Per desgràcia**, jo no et podré ajudar.* ***Científicament**, no s'ha pogut demostrar.*
ORDRE	primerament, finalment, abans que res	***Abans que res**, vull donar les gràcies a tots els presents per la vostra assistència.*

PER SABER-NE MÉS

Les locucions *per descomptat, sens dubte* i *de debò* tenen **sentit afirmatiu**.
La locució *de cap manera* i l'exclamativa *i ara!* tenen **sentit negatiu**.
Les locucions *tal vegada, potser sí, potser no, a la millor* i *qui sap* (*si*) expressen **dubte**.

- Entre tota la classe, digueu quines d'aquestes expressions indiquen acord i quines desacord: a) Això mateix. b) I ara! c) I tant! d) Ni parlar-ne! e) Per descomptat! f) Sí home! g) És clar. h) Això sí que no!

6.1. Escriu davant els sintagmes nominals destacats d'aquestes frases els adverbis o locucions focals següents: *especialment, almenys, solament, fins i tot, si fa no fa.*

a) Tota la família es va emocionar, ▮ *l'àvia*.
b) Hauries de menjar alguna cosa, ▮ *una mica de fruita*.
c) Vam convidar tots els parents, ▮ *els més llunyans*.
d) ▮ *els advocats* van tenir accés a l'atestat policial.
e) En aquella sala hi cabien ▮ *dues-centes persones*.

6.2. Completa les oracions utilitzant adverbis oracionals acabats en *-ment* que tinguin el significat que s'indica entre parèntesis:

a) ▮ (*d'una manera probable*) arribaran al matí.
b) ▮ (*de manera aparent*), no sembla res greu.
c) ▮ (*de manera malaurada*), no va poder revalidar el títol de campiona del món.
d) ▮ (*de manera sincera*), crec que aquesta no és una bona decisió.
e) ▮ (*des del punt de vista de la tècnica*), l'obra reuneix tots els requisits.
f) ▮ (*com a cosa final*), volem felicitar els participants i desitjar-los molta sort.

» ACTIVITATS

Les propietats de l'adverbi

19. Identifica els dotze adverbis i locucions adverbials que hi ha en aquesta biografia de Superman. Després, classifica'ls en unes taules com les que hi ha a continuació.

Superman va néixer molt lluny d'aquí, concretament al planeta Krypton. El seu pare el va enviar a la Terra en una nau que va construir expressament. Poc després, el planeta va explotar i, fatalment, tots els habitants de Krypton van morir. Arribat a la Terra, fou adoptat de seguida per la família Kent, que el va criar afectuosament fins que va ser gran. Aleshores va descobrir, de cop i volta, que tenia poders màgics.

Adverbis de manera (5)	Adverbis de lloc (2)
...	...

Adverbis de temps (3)	Adverbis de grau (2)
...	...

20. Analitza els quantitatius de les oracions següents i classifica'ls en unes taules com les que hi ha a continuació.

a) Superman té *molts* poders. És *molt* poderós. Pot volar *molt* de pressa. Li agrada *molt* ajudar la gent.
b) No corris *tant*. Per què tens *tanta* pressa? És *tan* emocionant! No volis *tan* alt.
c) Ara està *prou* tranquil·la. S'ho pren *prou* tranquil·lament. No té *prou* recursos. No ens ajuda *prou*.
d) Estava *mig* mort de gana. Es va menjar *mig* pastís. Viu *força* lluny. Es queixava *força*.

Quantificador d'un nom	Adverbi CC d'un verb
...	...

Adverbi especificador d'un adjectiu	Adverbi especificador d'un altre adverbi
...	...

Els adverbis de manera

21. Forma adverbis de manera afegint la terminació *-ment* a la forma femenina dels adjectius destacats. Per exemple: *El degoteig és continu.* → *L'aixeta degota* ***contínuament****.*

a) Té un son *profund*. → Ara dorm ▮.
b) És molt *seriós*. → Sempre diu les coses ▮.
c) Ho fa de manera *regular*. → Ve cada dos dies ▮.
d) És un músic *magnífic*. → Toca el piano i la guitarra ▮.
e) És un jugador de bàsquet *pèssim*. → Avui ha jugat ▮.
f) Té un dolor *constant*. → Es queixa de mal de cap ▮.

22. Substitueix els adverbis destacats de les oracions que hi ha a continuació per una de les locucions adverbials següents:

amb escreix • amb prou feines • a dojo
de soca-rel • de mica en mica • de bat a bat

a) Volem eliminar la corrupció *enterament*.
b) Li vaig pagar els favors *de sobres*.
c) Van obrir els finestrals *completament*.
d) S'ha fet mal al peu i ara *difícilment* pot caminar.
e) L'aigua brollava *abundantment*.
f) La neu de la muntanya es fondrà *gradualment*.

23. Substitueix cadascun dels adverbis de les oracions que hi ha a continuació per la locució adverbial que tingui el mateix sentit:

de cap a peus • de franc • d'esma • de valent
de debò • de biaix

a) Quan fas el mateix camí cada dia, l'acabes fent *instintivament*, sense pensar-hi.
b) Tot això no et costarà res; ho donen *gratuïtament*.
c) Si voleu ser els millors, heu de treballar *fermament*.
d) Si talleu l'embotit *obliquament*, els talls sortiran més llargs.
e) Passava per un corriol arran del penya-segat i ha caigut daltabaix. S'ha fet mal *realment*.
f) No duia paraigua i vaig quedar xop *completament*.

24. Completa les respostes de les preguntes que hi ha a continuació amb les locucions adverbials següents:

a contracor • a ulls clucs • de soca-rel
a empentes i rodolons • frec a frec

a) Va acceptar la nostra proposta *sense avaluar-ne els riscos*.
—Com va acceptar la nostra proposta?
—La va acceptar ■.
b) El seu cotxe i el meu van passar *gairebé tocant*.
—Com van passar els dos cotxes?
—Van passar ■.
c) El vent va arrencar el xiprer de davant de casa *enterament*.
—Com va arrencar l'arbre?
—El va arrencar ■.
d) Va acabar la cursa *dificultosament*.
—Com va acabar la cursa?
—La va acabar ■.
e) Vaig anar a la festa *a desgrat*.
—Com vaig anar a la festa?
—Hi vaig anar ■.

25. Completa les oracions amb aquests adverbis curts:

igual / diferent • baix / alt • clar / fosc
llarg / curt • fort / fluix

a) M'agrada aquesta periodista perquè parla ben ■. N'hi ha d'altres que parlen ■.
b) Les àguiles volen molt ■. En canvi, les perdius volen ■.
c) Li has de parlar més ■. Si li parles tan ■, no et sentirà.
d) Sempre vesteix ■. Però avui, curiosament, vesteix ■.
e) No hem comprat prou pa. Em sembla que farem ■. En canvi, de carn, hem tirat ■.

Els adverbis de lloc

26. Tria l'adverbi o la locució de lloc adequats i completa les oracions següents:

a) *al capdamunt / al damunt*
   1. Sembra bé la llavor de l'herba i, després, escampa-hi dos dits de terra ■.
   2. Com que encara hi havia molta neu, no vaig poder arribar ■.
b) *al capdavall / al davall (a sota)*
   1. Enmig del prat hi ha una alzina immensa i, ■, un ramat d'ovelles.
   2. Si seguiu baixant per aquest carrer, ■ hi trobareu el port.
c) *amunt / a dalt*
   1. A l'hivern, a baix hi fa més fred que ■.
   2. El gat s'enfila arbre ■ així que veu un gos.
d) *avall / a baix*
   1. Afanya't, t'esperem ■.
   2. Seguiu aquest carrer ■ i arribareu a la platja.
e) *endins / dins*
   1. El vaixell s'allunyava mar ■.
   2. Aquí ■ fa olor de resclosit. Haurem d'obrir les finestres.
f) *enrere / al darrere*
   1. Veus aquell cotxe blanc? Doncs aparca-hi ■.
   2. Adreça el volant i fes marxa ■.

Els adverbis de temps

27. Tria la locució adverbial de temps adequada en cada cas i completa les oracions que hi ha a continuació:

a) *no fa gaire / de seguida / a hores d'ara*
   1. ▮ han sortit cap a l'estació.
   2. ▮ ja hi deuen haver arribat.
   3. Ens han trucat dient-nos que ▮ sortirà el tren.

b) *al cap de poc / d'aquí a vuit dies / en acabat*
   1. Van arribar a casa a les set i, ▮, ja se'n tornaven.
   2. Tu ves fent els exercicis i, ▮, ja mirarem si els has fet bé.
   3. La metgessa m'ha dit que hi torni ▮.

c) *d'uns anys ençà / d'ara endavant / havent acabat*
   1. ▮, obrirem a les 10 del matí i tancarem a les 6 de la tarda.
   2. ▮, la música pop s'ha infiltrat més que mai en la publicitat.
   3. ▮, haurem de portar tota aquesta ferralla a la deixalleria.

d) *temps enrere / mentrestant / temps a venir*
   1. Jo aniré rentant els plats i tu, ▮, ves-los eixugant amb el drap.
   2. ▮ tothom tindrà un robot a casa perquè faci la feina.
   3. L'exposició ens mostra com vivia la gent a pagès ▮.

28. Tingues en compte les explicacions que hi ha entre parèntesis en les oracions que hi ha a continuació i completa-les amb les locucions adverbials següents:

al capvespre • com més aviat millor
en un tres i no res • tard o d'hora • avui dia
d'aleshores ençà • a trenc d'alba

a) No t'amoïnis, ▮ (*en molt poc temps*) faig la maleta.

b) ▮ (*en el temps present*) ja hi ha molta gent que treballa des de casa amb l'ordinador.

c) Veniu ▮ (*al més aviat possible*).

d) Creiem que, allà on fa molt vent, ▮ (*en algun moment del futur*) s'hi instal·laran aerogeneradors d'electricitat.

e) Un dia es van barallar i ▮ (*a partir de llavors fins ara*) no es parlen.

f) Els lladrucs dels gossos ens van despertar ▮ (*a punta de dia*).

g) ▮ (*cap al tard*) els animals salvatges baixen a abeurar-se a l'estany.

29. Llegeix les frases que hi ha a continuació i digues si la locució adverbial *més aviat* expressa temps (equival a *d'hora*) o tendència (equival a *tirant a*). Per exemple:

El jugador es va recuperar molt més aviat que no es pensava. → *temps (d'hora)*

a) No ha plogut gaire. Ha estat un any *més aviat* sec.

b) Heu d'arribar *més aviat*; si no, trobareu la porta tancada.

c) Els resultats no són gaire bons, sinó *més aviat* dolents.

d) Fes-ho com *més aviat* millor.

Els adverbis de grau

30. Tria en cada cas l'adverbi de grau adequat al context i completa les oracions:

a) Últimament, el meu gos no menja ▮ (*gaire / massa*).

b) Vine ▮ (*tan / tant*) aviat com puguis.

c) Aquesta temporada, l'equip no juga ▮ (*res / gens*) bé.

d) Quan vas anar a urgències, et van fer esperar ▮ (*força / gaire*)?

e) Demà ens haurem de llevar ▮ (*bé / ben*) d'hora.

f) Pleguem veles, que avui ja hem treballat ▮ (*prou / gaire*).

31. Substitueix els adverbis de grau destacats en cursiva de les oracions que hi ha a continuació per aquests altres:

considerablement • excessivament
insuficientment • suficientment

a) Aquesta persona no és *prou* competent per dirigir un equip.
b) Aquesta entrenadora és *massa* rigorosa.
c) Els treballs socials i sanitaris estan *mal* remunerats.
d) La teva actitud és *molt* positiva.

Altres adverbis

32. Completa les oracions amb els adverbis focals següents:

ni tan sols • només • fins i tot • sobretot

a) Sap tocar la flauta, la guitarra, el piano i ___ el violí.
b) Avui, per esmorzar, ens han donat ___ una poma.
c) En aquesta aula no hi han deixat res, ___ una trista pissarra.
d) Aquí hi bufa molt el vent de tramuntana, ___ a la tardor.

33. Contesta les preguntes amb adverbis oracionals acabats en *-ment* que tinguin el significat que s'indica entre parèntesis. Fixa't en l'exemple:

—*Quan vagis a Madrid, agafaràs el tren?*
—___ (és probable). → —***Probablement***.

a) —T'agradaria venir amb nosaltres aquest estiu a Londres?
—___ (*és evident*).
b) —Saps que la directora plega?
—Sí, ___ (*és una dissort*).
c) —Com ho has sabut, que la directora plega.
—___ (*de manera confidencial*).
d) —A partir d'ara, tu seràs la nova directora?
—___ (*en efecte*).

34. Tingues en compte les explicacions que hi ha entre parèntesis i completa les respostes de les preguntes que hi ha a continuació amb aquestes expressions de confirmació:

no cal que ho diguis!
per descomptat!
oh i tant! • prou

a) —Us ha ajudat molt aquests últims anys, oi?
—___ (*d'acord, no t'ho nego*), però s'ho ha cobrat amb escreix!
b) —Saps que jo també hi participaré?
—___ (*ja hi confiava per endavant*).
c) —Vindràs a veure'm quan sigui a l'hospital?
—___ (*ben segur, no en tinguis cap dubte*).
d) —Oi que el teu germà va molt mudat avui?
—___ (*ja es veu, ja*).

35. Respon a aquestes preguntes en sentit negatiu:

a) —Hi ha ningú aquí que sàpiga conduir un camió?
—No, aquí ___ hi ha ___ que en sàpiga.
b) —Vaig a comprar. Necessites que et compri res?
—No, avui ___ necessito ___.
c) —Heu anat mai a Nova York?
—No, ___ hi hem anat ___.
d) —Tens cap bolígraf vermell?
—___, ___ en tinc ___, de ___.
e) —Has vist enlloc les meves ulleres?
—___, ___ les he vist ___.

» ORTOGRAFIA

1. Les vocals *o* i *u* àtones

1.1. La neutralització

En la unitat anterior hem vist com molts parlants neutralitzen la ***a*** i la ***e*** quan aquestes vocals es troben en una síl·laba àtona. Així, pronuncien de la mateixa manera *mestr**e*** i *mestr**a*** o *p**e**gar* i *p**a**gar*.

D'una manera semblant, molts parlants pronuncien igual *p**o**ntet* ('pont petit') i *p**u**ntet* ('punt petit'), ja que també neutralitzen les vocals ***o*** i ***u*** quan es troben en una síl·laba àtona (p[u]ntet). Del so que tenen aquestes vocals àtones, en diem ***u* feble [u]**.

RECORDA

La paraula *neutralitzar* significa que dos sons o dues lletres diferents es pronuncien igual en una posició determinada.

1.2. Els dialectes que fan la neutralització

La neutralització de les vocals és el fenomen més característic que ens permet dividir el domini lingüístic de la llengua catalana en dues àrees dialectals: l'àrea dels dialectes orientals i l'àrea dels dialectes occidentals.

Els parlants de l'**àrea oriental** neutralitzen les vocals ***a*** i ***e*** en posició àtona (pronuncien una vocal neutra) i les vocals ***o*** i ***u*** en posició àtona (pronuncien una ***u*** feble). En canvi, els parlants de l'**àrea occidental** diferencien la ***a*** de la ***e*** i també la ***o*** de la ***u***.

Mapa dels dialectes catalans.

Eivissa pertany a l'àrea oriental del català. Així doncs, els eivissencs neutralitzen les vocals *o* i *u* en posició àtona.

1.3. Ortografia de la *o* i la *u* àtones

Les normes ortogràfiques diferencien dues situacions: quan la vocal neutralitzada es troba **a fi de paraula** (normes 1 i 2) i quan la vocal neutralitzada es troba a la **base lèxica** (normes 3 i 4).

ORTOGRAFIA DE LA *O* I LA *U* ÀTONES A FI DE PARAULA

NORMA 1

Normalment les **paraules masculines** que acaben en el so [u] s'escriuen amb **-o**. Igualment s'ha d'escriure **-os** en les formes del **masculí plural**, tant dels noms com dels adjectius.

*un ferr**o***	*uns ferr**os***
*un gerr**o***	*uns gerr**os***
el calaix	*els calaix**os***
el text	*els text**os***
feliç	*feliç**os***
gros	*gross**os***

Casos especials (la *u* forma part de la base lèxica)
S'escriuen amb **-*u*** les paraules que acaben en els grups **-*au***, **-*eu***, **-*iu***, **-*ou***:

*el pal**au***	*els pal**aus***
*el mus**eu***	*els mus**eus***
*un adhes**iu***	*uns adhes**ius***
*el s**ou***	*els s**ous***

A més a més, hi ha algunes paraules d'origen culte que acaben en **-*u***. Les més importants són les següents: *individ**u**, resid**u**, ingen**u**, contin**u**, perpet**u**, mut**u*** i *superfl**u***.

NORMA 2

La primera persona del present d'indicatiu s'escriu amb **-*o***: *cant**o**, perd**o**, serveix**o**, dorm**o***.

Variants dialectals
En els parlars valencià i balear, la primera persona del present d'indicatiu presenta formes que no acaben en **-*o***:
- valencià: *cante, perd, servesc, dorm.*
- balear: *cant, perd, servesc, dorm.*

ORTOGRAFIA DE LA *O* I LA *U* ÀTONES EN LA BASE LÈXICA D'UNA PARAULA

NORMA 3

En la base lèxica d'una paraula, s'escriu *o* quan hi ha una altra paraula de la mateixa família que té una ***o*** tònica en la mateixa posició. Per exemple:

- *c**o**llaret* s'escriu amb ***o*** perquè deriva de *c**o**ll* (que té una ***o*** tònica en la mateixa posició)
- *cal**o**rós* s'escriu amb ***o*** perquè deriva de *cal**o**r* (que té una ***o*** tònica en la mateixa posició)

En canvi, s'escriu ***u*** quan hi ha una altra paraula de la mateixa família que té una ***u*** tònica en la mateixa posició. Per exemple:

- *p**u**nyal* s'escriu amb ***u*** perquè deriva de *p**u**ny* (que té una ***u*** tònica en la mateixa posició)
- *p**u**nxada* s'escriu amb ***u*** perquè deriva de *p**u**nxa* (que té una ***u*** tònica en la mateixa posició)

NORMA 4

Hi ha algunes paraules que s'han de memoritzar per saber amb quina lletra s'han d'escriure. Les més importants són les següents:

- s'escriuen amb ***o***: *av**o**rrir, b**o**tifarra, brúix**o**la, capít**o**l, c**o**brir, c**o**mplir, j**o**glar, j**o**ventut, pènd**o**l, p**o**drir, rèt**o**l, r**o**ssinyol, s**o**frir, s**o**rgir, s**o**spirar, tít**o**l, tri**o**mfar.*
- s'escriuen amb ***u***: *b**u**fetada, b**u**tlletí, b**u**txaca, foc**u**s, glob**u**s, m**u**ntanya, m**u**ntar, s**u**bornar, s**u**focar, s**u**portar, tram**u**ntana, t**u**rmell, t**u**rment.*

» ACTIVITATS

Les vocals *o* i *u* àtones

36. Completa les frases amb un substantiu acabat en *-o* o *-os* de la mateixa família que la paraula destacada:

a) El *ferreter* compra i ven coses de ■.
b) Cal *esbargir-se* a l'hora de l' ■.
c) La *totxana* és un ■ amb forats.
d) Fer una *rotllana* és fer un ■ gran.
e) Una *porxada* és un conjunt de ■.
f) De l'escorça de l'alzina *surera*, se n'extreu el ■.
g) En una *musclera* artificial s'hi crien ■.
h) Has d'*enganxar* l'anella del quadre al ■ de la paret.

37. Escriu la forma masculina de l'adjectiu destacat i, després, digues quina norma has aplicat:

a) La bassa és poc *fonda*; en canvi, el pou és molt ■.
b) L'esponja és molt *flonja*, però el matalàs és poc ■.
c) Aquella mula és una mica *guenya* i aquell ase és força ■.
d) És una quantitat molt *minsa* i el benefici serà força ■.

38. Escriu el plural d'aquests noms i adjectius d'acord amb les indicacions següents:

a) No doblen la essa i perden l'accent gràfic: *tornavís, envàs, autobús, verinós.*
b) Doblen la essa i perden l'accent gràfic: *cabàs, pastís, interès, capgròs.*
c) Canvien el so i la grafia (*-ig* per *-j-*): *passeig, raig, bateig, torneig.*
d) Canvien el so i la grafia (*-g* o *-ig* per *-tj-*): *desig, mig, lleig, trepig.*
e) S'hi afegeix la marca de plural sense fer-hi canvis: *pedaç, llis, fresc, reflex, text, calaix.*

39. Escriu totes les formes del singular i del plural dels adjectius següents. Per exemple: *fresc, fresca, frescos, fresques*

a) fosc
b) boig
c) mig
d) llest
e) xinès
f) mixt
g) complex
h) fluix
i) escàs

40. Escriu els noms o els adjectius corresponents:

a) cadena *perpètua*; càrrec ■
b) una noia *ingènua*; un noi ■
c) una ratlla *contínua*; un corrent ■
d) una nació *europea*; un país ■
e) tasca *individual*: tasca destinada a un sol ■
f) una resposta *ambigua*; un missatge ■
g) una despesa *supèrflua*; un ornament ■

41. Completa les paraules següents amb la lletra adequada. Després, digues quina norma has aplicat.

a) *pobre*: La p■bresa és la falta de diners. Les guerres emp■briren el país. Tan bon minyó que era, p■brissó!
b) *sopa*: Serveix-la amb la s■pera. El ress■pó es fa al cap d'una bona estona d'haver s■pat.
c) *sort*: És un home s■rtós: tot li surt bé. Va participar en el s■rteig. S■rtejaven un viatge a Viena.
d) *punxa*: Una p■nxada és una ferida feta amb una punxa o amb un objecte p■nxegut. Un p■nxó és un instrument que serveix per fer forats.

42. Completa les paraules amb *o* o *u* i escriu el mot primitiu en cada cas:

a) pendís *r■cós*: que té moltes ■
b) dia *b■irós*: amb molta ■
c) guisat *g■stós*: amb molt bon ■
d) àrbitre *rig■rós*: que aplica el reglament amb molt ■
e) cotxe *l■xós*: amb uns acabats de ■
f) sabó *esc■mós*: que fa o treu molta ■
g) camí *p■lsós*: ple de ■

43. Copia aquestes explicacions i completa-les amb *o* o *u*:

a) *Fl▢rir* i *fl▢rista* s'escriuen amb ▢ perquè són de la família de *fl▢r*.
b) *M▢desa* i *emm▢dir* s'escriuen amb ▢ perquè són de la família de *m▢t*.
c) *F▢rtalesa* i *enf▢rtir* s'escriuen amb ▢ perquè són de la família de *f▢rt*.
d) *Br▢tícia* i *embr▢tar* s'escriuen amb ▢ perquè són de la família de *br▢t*.
e) *Disg▢star-se* i *g▢stós* s'escriuen amb ▢ perquè són de la família de *g▢st*.
f) *B▢irós* i *emb▢irar* s'escriuen amb ▢ perquè són de la família de *b▢ira*.
g) *S▢cós* i *s▢car* s'escriuen amb ▢ perquè són de la família de *s▢c*.

44. Completa les paraules amb *o* o *u* i escriu el mot primitiu en cada cas:

a) m▢cador, m▢cós
b) f▢guera, f▢guerada
c) enll▢menat, ll▢mí
d) f▢ster, f▢steria
e) ▢lleres, ▢llada
f) f▢mejar, f▢meral
g) f▢ndària, f▢ndalada
h) esc▢mbriaire, esc▢mbraries

45. Completa les paraules amb *o* o *u* i, després, agrupa-les per famílies:

a) s▢bornable
b) g▢vernador
c) s▢focant
d) av▢rriment
e) s▢portable
f) g▢vernació
g) av▢rrible
h) s▢portar
i) s▢frible
j) s▢friment
k) s▢bornar
l) s▢focació

avorrir	govern	sofrir
...	...	...

suborn	sufocar	suport
...	...	...

46. Completa les paraules d'aquestes oracions amb *o* o *u* segons correspongui:

a) El menjar està p▢drit i la p▢dridura fa una pudor ins▢portable.
b) Un p▢lidor és una eina o una màquina que serveix per p▢lir, és a dir, fer llisa i lluent alguna cosa.
c) És una tri▢mfadora en el terreny esp▢rtiu; ha tri▢mfat en totes les competicions.
d) El c▢mpliment d'una promesa no es pot def▢gir; les promeses s'han de c▢mplir.
e) La c▢bertura de la protesta contra les taxes universitàries està asseg▢rada. Un equip de peri▢distes c▢briran l'acte.
f) S▢spirar és fer un o més s▢spirs. Moltes persones s▢spiren quan estan preocupades.
g) Un t▢rment és un d▢lor, un s▢friment o una pena molt grans. Les persones que malauradament es troben en aquest estat d'ànim estan t▢rmentades.
h) Porta ▢lleres amb m▢ntura metàl·lica; estan m▢ntades sobre metall.

DICTAT

Copia el text i completa els buits amb *o* o *u* segons correspongui. Després, torna a escriure tot el text mentre te'l dicten.

En els primers segles de la nostra era, la llac▢na de Venècia devia semblar un lloc força des▢lat; una vasta extensió d'aiguamolls marins de poca f▢ndària, amb n▢mbros▢s bancs de sorra, habitats excl▢sivament per ocells aquàtics. Un estret c▢rdó s▢rrenc f▢rmat per molts d'aquests bancs, tallat per algunes s▢rtides al mar, que encara avui dia es c▢neixen com a boques de port, separava i pr▢tegia les aigües internes de l'ímpet▢ de la mar Adriàtica.

» POSA'T A PROVA

Llegeix aquest text i comprova si l'has entès

Quan desapareix una llengua, mor el pensament i la saviesa de tot un poble

A Komodo i a d'altres illes del bell mig d'Indonèsia (sud-est asiàtic) hi habita el llangardaix més gros del planeta. Alguns d'aquests varans fan tres metres de longitud i cent quilos de pes. El dragó de Komodo, nom amb què és conegut, és una espècie vulnerable, sobretot perquè les activitats humanes han reduït força el seu àmbit natural. Es calcula que només en queden uns cinc mil exemplars.

La mossegada d'aquest rèptil gegant ha despertat l'interès de la comunitat científica perquè el verí mortal que inocula dessagna les preses. Es tracta d'un verí compost d'una barreja de quatre toxines: l'una és anticoagulant (inhibeix la coagulació de la sang) i les altres tres són vasodilatadores (provoquen la dilatació de les artèries). El periodista Josep Corbella subratlla que, curiosament, els infarts solen produir-se per una tendència excessiva de la sang a formar coàguls i de les artèries a contraure's. «El verí del dragó administrat en petites dosis —afirma— podria actuar com un antídot de les malalties cardiovasculars.» En conseqüència, el potencial terapèutic d'aquest carnívor ferotge, capaç de cruspir-se un búfal d'aigua, és una porta oberta a la investigació de nous fàrmacs.

De fet, les indústries farmacèutiques també han creat línies de recerca amb el verí de cobra i altres substàncies produïdes per animals (aranyes, meduses, formigues...), vegetals i minerals. Havent constatat que aquest és un tema atractiu, cap als anys noranta Hollywood va enllestir *Medicine Man* (*Els últims dies de l'Edèn*), un film protagonitzat per Sean Connery i situat a la selva amazònica. L'actor representa un científic que accidentalment descobreix un extracte d'una flor que guareix el càncer; però ignora la manera de reproduir la fórmula. Per acabar-ho d'adobar, les excavadores d'una empresa de desforestació avancen arrasant la regió de la jungla on Connery té el laboratori.

Seguint aquest fil, el lingüista Pere Comellas destaca que l'antibiòtic, una de les grans troballes del segle XX, es basa justament en l'observació de les propietats d'un fong. «Quants "antibiòtics" les propietats dels quals només són conegudes per petites comunitats —es pregunta— no hi deu haver al món?» Comellas assegura que moltes comunitats considerades primitives i incivilitzades han acumulat, en el decurs de generacions, informació i experiència sobre les característiques de plantes que no existeixen enlloc més. «No és estrany, doncs, que determinades indústries farmacèutiques inverteixin en programes d'estudi de llengües en perill en zones d'alta diversitat biològica.»

Per això, quan suposades modernitzacions provoquen la desaparició de les llengües natives, també engeguen a rodar dades i altres referències específiques de l'entorn. I és que aquesta saviesa indígena només es transmet oralment, amb la qual cosa l'extinció de la cultura local també comporta l'extinció de possibles pistes farmacològiques. No és la primera vegada que sento explicar que, quan desapareix una llengua, mor el pensament i la saviesa de tot un poble.

QUIM GIBERT: *Qui estima la llengua, la fa servir* (text adaptat).

1. La idea central del text és que...

a) el dragó de Komodo és un llangardaix molt verinós.
b) el verí del dragó de Komodo podria actuar com un antídot de les malalties cardiovasculars.
c) les farmacèutiques investiguen el verí de diversos animals per fer-ne medicaments.
d) l'extinció d'una cultura i la seva llengua comporta la desaparició dels seus coneixements.

2. Del contingut del text inferim que...

a) la indústria farmacèutica evitarà que desapareguin les llengües natives.
b) la desaparició de les llengües natives repercuteix negativament en l'àmbit del saber universal.
c) les comunitats considerades primitives tenen més coneixements sanitaris que no pas la potent indústria farmacèutica.
d) la indústria farmacèutica està molt sensibilitzada amb les llengües minoritàries.

3. Ordena aquestes idees segons com les ha organitzat l'autor:

transmissió oral del coneixement; dragó de Komodo, animal vulnerable; comunitats indígenes en perill; pèrdua del coneixement, extinció de cultures i llengües; gran informació sobre plantes; possible antídot malalties del cor; verí amb efectes anticoagulants

4. Fes un paral·lelisme entre les conseqüències de la possible extinció del dragó de Komodo i les de la possible desaparició de les cultures i les llengües indígenes:

Si s'extingeix el dragó de Komodo, ▮ *Si desapareixen les cultures i les llengües indígenes,* ▮

5. Per què l'autor, en el quart paràgraf, escriu la paraula *antibiòtics* entre cometes?

6. Què dona entenent, pel que fa a les farmacèutiques, la frase «No és estrany que determinades indústries farmacèutiques inverteixin en programes d'estudi de llengües en perill»?

7. Relaciona aquestes paraules específiques de l'àmbit sanitari amb la seva definició: *antídot*, *infart*, *coàgul*, *toxina*.

a) Massa de sang solidificada que obstrueix la circulació.
b) Substància que pal·lia els efectes d'un verí.
c) Substància altament perjudicial.
d) Aturada del cor o alteració greu dels batecs fruit de l'obstrucció d'una artèria.

8. Relaciona cada verb amb el seu sinònim: *inocular*, *inhibir*, *dilatar*, *coagular*.

a) solidificar
b) injectar
c) impedir
d) eixamplar

9. Identifica tres adverbis en aquesta frase: «Aquesta saviesa indígena només es transmet oralment, amb la qual cosa l'extinció de la cultura local també comporta l'extinció de possibles pistes farmacològiques».

10. Quina norma ortogràfica justifica l'escriptura de la *o* en aquestes paraules: *mortal*, *troballa*, *toxina*, *escocès*?

Per escrit

Escriu un text breu a partir d'aquest títol: «Quan es mor un vell, és com si es cremés una biblioteca».

De viva veu

Exposeu alguns coneixements que la gent gran ha adquirit a través de l'experiència i la tradició oral.

» ELS DRETS DELS ANIMALS

En aquest projecte us proposem l'elaboració d'un treball sobre la relació entre els éssers humans i el món animal. L'objectiu principal serà demostrar la necessitat de reconèixer i establir uns drets que assegurin el respecte i el benestar dels animals, sobretot d'aquells que conviuen amb nosaltres com a animals domèstics, d'aquells que s'exploten econòmicament en els àmbits de la ramaderia i de la investigació científica i d'aquells que es troben en perill d'extinció.

Què hem de fer?

1. **Descriure.** Descriviu diversos animals que us despertin l'interès: un de domèstic, un de l'àmbit de la ramaderia, un dels utilitzats en la investigació científica i un de salvatge en perill d'extinció.

Cal que us fixeu en l'aspecte físic (el cap, el cos, les potes, la cua, el color, etc.), però també en el seu caràcter i les seves habilitats.

Podeu arrodonir la descripció aportant informació sobre el seu hàbitat, la seva alimentació i el seu sistema de reproducció.

2. **Narrar**

A. Narreu (en format de notícia) diversos casos de maltractament: un cas d'un animal domèstic, un d'un animal de l'àmbit de la ramaderia, un d'un animal utilitzat en la investigació científica i un d'un animal salvatge.

B. Narreu una història fantàstica protagonitzada per un animal (una faula) en què es destaqui alguna de les seves facultats emocionals o cognitives.

3. Opinar

A. Opineu sobre els diversos moviments animalistes: el veganisme (contrari al consum de qualsevol producte d'origen animal), el vegetarianisme (contrari al consum de carn), els defensors dels drets dels animals (tolerants amb l'explotació animal sempre que es faci en condicions de benestar)...

B. Opineu sobre el tracte que reben els animals per part dels humans. Us podeu fixar en la manera com s'ensinistren alguns animals (gossos, cavalls...), en la manera com es crien a les granges (pollastres, porcs...), en la manera com s'utilitzen per fer experiments en alguns laboratoris (ratolins, micos...), en el tracte que reben en algunes festes populars (braus, galls...), etc. També podeu opinar sobre l'extinció d'algunes espècies o sobre l'existència de zoològics.

4. Explicar. Expliqueu diversos conceptes relacionats amb els moviments en defensa dels animals: activisme, animalisme, especisme, veganisme, vegetarianisme, biocentrisme, etc.

Cal que elaboreu un vocabulari específic amb els termes que aneu trobant quan cerqueu informació.

5. Donar consells. Doneu consells per aconseguir millores en el tractament dels animals. Cal que feu un decàleg dirigit als amos d'animals domèstics, un d'adreçat als propietaris d'explotacions ramaderes, un de dirigit a la comunitat científica que fa experiments amb animals per trobar nous medicaments o noves tècniques per curar malalties humanes, i un d'adreçat a la població en general per contribuir a evitar l'extinció de certes espècies animals.

6. Declarar. Redacteu una *Declaració dels drets dels animals*.

Heu d'escriure un preàmbul breu per justificar la declaració i, a continuació, redactar uns quants articles en cadascun dels quals cal que sintetitzeu un dels drets.

Com ho hem de fer?

1. Es tracta de fer un treball cooperatiu en grups de quatre o cinc alumnes diferents dels que vau formar en els trimestres anteriors. És molt important que tots els membres del grup participeu en cadascuna de les activitats aportant dades i opinions, col·laborant en la redacció dels textos i defensant oralment el treball.

2. Abans de començar qualsevol treball, és molt important saber cercar informació per tal d'aportar dades i arguments que us permetin defensar amb criteri les opinions personals. Podeu recórrer a internet, però també consultar llibres o revistes a la biblioteca o a casa.

3. Escriviu el treball amb l'ordinador. Eviteu retallar textos d'internet i enganxar-los en el treball. És a dir, redacteu-los vosaltres. Un cop tingueu el treball escrit, feu entre tots els membres del grup una revisió pausada per corregir errors i millorar l'expressió de manera que sigui precisa, entenedora i correcta.

4 Feu una exposició oral del treball, no pas una lectura. Cal que hi participeu tots els membres del grup.

Heu de fer l'exposició d'una manera ordenada, expressar-vos en veu alta i amb seguretat, i tenir cura de la dicció. És important que demostreu seguretat i que mireu el públic per comprovar si segueix l'explicació.

Material complementari i models

ELEFANTS EN PERILL D'EXTINCIÓ

A Àfrica, milers d'elefants moren a mans de caçadors furtius que van a la recerca d'ivori. Això fa que moltes cries perdin la mare i quedin abandonades a la seva sort.

El nombre d'elefants africans ha disminuït en les darreres dècades. Actualment estan en perill d'extinció.

LES CAPACITATS COGNITIVES I EMOCIONALS DELS ANIMALS

Els animals senten por, còlera, tristesa, alegria, amor, amistat, desig, plaer, rebuig, contrarietat, fidelitat i, per descomptat, patiment, tant físic com emocional. A més, algunes espècies tenen unes capacitats cognitives destacables: són capaces de fer raonaments deductius, posseeixen una memòria visual excel·lent i tenen capacitat per anticipar-se.

FRÉDÉRIC LENOIR, filòsof i sociòleg

LEGISLACIÓ SOBRE L'ÚS D'ANIMALS ALS LABORATORIS

La legislació europea sobre l'ús d'animals en experiments de laboratori està basada en el **principi** anomenat **de les tres erres**. Tot experiment amb animals ha de tendir a la **reducció** del nombre d'animals utilitzats, al **reemplaçament** dels animals per qualsevol altre mitjà quan això sigui possible i al **refinament** de l'experiment per intentar causar a l'animal el mínim de sofriment possible.

PUNT PRIMER DE LA DECLARACIÓ MUNICIPAL PER LA CONVIVÈNCIA I ELS DRETS DELS ANIMALS DE L'AJUNTAMENT DE BARCELONA

El benestar animal és cosa de tots

Tots els animals, siguin de l'espècie que siguin, tenen dret a ser respectats. No han de ser víctimes de maltractaments, d'esforços desmesurats, d'espectacles violents ni d'actes cruels que els comportin patiments físics o psíquics.

APÈNDIX

» VERBS REGULARS

» VERBS IRREGULARS

» REFERÈNCIES BIBLIOGRÀFIQUES

CANTAR

INDICATIU

Present	Perfet	Imperfet	Plusquamperfet
canto	he cantat	cantava	havia cantat
cantes	has cantat	cantaves	havies cantat
canta	ha cantat	cantava	havia cantat
cantem	hem cantat	cantàvem	havíem cantat
canteu	heu cantat	cantàveu	havíeu cantat
canten	han cantat	cantaven	havien cantat

Passat simple	Passat anterior	Passat perifràstic	Passat anterior perifràstic
cantí	haguí cantat	vaig cantar	vaig haver cantat
cantares	hagueres cantat	vas (vares) cantar	vas (vares) haver cantat
cantà	hagué cantat	va cantar	va haver cantat
cantàrem	haguérem cantat	vam (vàrem) cantar	vam (vàrem) haver cantat
cantàreu	haguéreu cantat	vau (vàreu) cantar	vau (vàreu) haver cantat
cantaren	hagueren cantat	van (varen) cantar	van (varen) haver cantat

Futur	Futur perfet	Condicional	Condicional perfet
cantaré	hauré cantat	cantaria	hauria (haguera) cantat
cantaràs	hauràs cantat	cantaries	hauries (hagueres) cantat
cantarà	haurà cantat	cantaria	hauria (haguera) cantat
cantarem	haurem cantat	cantaríem	hauríem (haguérem) cantat
cantareu	haureu cantat	cantaríeu	hauríeu (haguéreu) cantat
cantaran	hauran cantat	cantarien	haurien (hagueren) cantat

SUBJUNTIU

Present	Perfet	Imperfet	Plusquamperfet
canti	hagi cantat	cantés	hagués cantat
cantis	hagis cantat	cantessis	haguessis cantat
canti	hagi cantat	cantés	hagués cantat
cantem	hàgim cantat	cantéssim	haguéssim cantat
canteu	hàgiu cantat	cantéssiu	haguéssiu cantat
cantin	hagin cantat	cantessin	haguessin cantat

IMPERATIU

canta
canti
cantem
canteu
cantin

FORMES NO PERSONALS

Infinitiu

Infinitiu: cantar
Infinitiu perfet: haver cantat

Gerundi

Gerundi: cantant
Gerundi perfet: havent cantat

Participi

Participi: cantat, cantada, cantats, cantades

PERDRE

INDICATIU

Present	Perfet	Imperfet	Plusquamperfet
perdo	he perdut	perdia	havia perdut
perds	has perdut	perdies	havies perdut
perd	ha perdut	perdia	havia perdut
perdem	hem perdut	perdíem	havíem perdut
perdeu	heu perdut	perdíeu	havíeu perdut
perden	han perdut	perdien	havien perdut

Passat simple	Passat anterior	Passat perifràstic	Passat anterior perifràstic
perdí	haguí perdut	vaig perdre	vaig haver perdut
perderes	hagueres perdut	vas (vares) perdre	vas (vares) haver perdut
perdé	hagué perdut	va perdre	va haver perdut
perdérem	haguérem perdut	vam (vàrem) perdre	vam (vàrem) haver perdut
perdéreu	haguéreu perdut	vau (vàreu) perdre	vau (vàreu) haver perdut
perderen	hagueren perdut	van (varen) perdre	van (varen) haver perdut

Futur	Futur perfet	Condicional	Condicional perfet
perdré	hauré perdut	perdria	hauria (haguera) perdut
perdràs	hauràs perdut	perdries	hauries (hagueres) perdut
perdrà	haurà perdut	perdria	hauria (haguera) perdut
perdrem	haurem perdut	perdríem	hauríem (haguérem) perdut
perdreu	haureu perdut	perdríeu	hauríeu (haguéreu) perdut
perdran	hauran perdut	perdrien	haurien (hagueren) perdut

SUBJUNTIU

Present	Perfet	Imperfet	Plusquamperfet
perdi	hagi perdut	perdés	hagués perdut
perdis	hagis perdut	perdessis	haguessis perdut
perdi	hagi perdut	perdés	hagués perdut
perdem	hàgim perdut	perdéssim	haguéssim perdut
perdeu	hàgiu perdut	perdéssiu	haguéssiu perdut
perdin	hagin perdut	perdessin	haguessin perdut

IMPERATIU

perd
perdi
perdem
perdeu
perdin

FORMES NO PERSONALS

Infinitiu	Gerundi	Participi
Infinitiu: perdre **Infinitiu perfet:** haver perdut	**Gerundi:** perdent **Gerundi perfet:** havent perdut	**Participi:** perdut perduda perduts perdudes

BARCANOVA EDITORIAL

TÉMER

INDICATIU

Present	Perfet	Imperfet	Plusquamperfet
temo	he temut	temia	havia temut
tems	has temut	temies	havies temut
tem	ha temut	temia	havia temut
temem	hem temut	temíem	havíem temut
temeu	heu temut	temíeu	havíeu temut
temen	han temut	temien	havien temut

Passat simple	Passat anterior	Passat perifràstic	Passat anterior perifràstic
temí	haguí temut	vaig témer	vaig haver temut
temeres	hagueres temut	vas (vares) témer	vas (vares) haver temut
temé	hagué temut	va témer	va haver temut
temérem	haguérem temut	vam (vàrem) témer	vam (vàrem) haver temut
teméreu	haguéreu temut	vau (vàreu) témer	vau (vàreu) haver temut
temeren	hagueren temut	van (varen) témer	van (varen) haver temut

Futur	Futur perfet	Condicional	Condicional perfet
temeré	hauré temut	temeria	hauria (haguera) temut
temeràs	hauràs temut	temeries	hauries (hagueres) temut
temerà	haurà temut	temeria	hauria (haguera) temut
temerem	haurem temut	temeríem	hauríem (haguérem) temut
temereu	haureu temut	temeríeu	hauríeu (haguéreu) temut
temeran	hauran temut	temerien	haurien (hagueren) temut

SUBJUNTIU

Present	Perfet	Imperfet	Plusquamperfet
temi	hagi temut	temés	hagués temut
temis	hagis temut	temessis	haguessis temut
temi	hagi temut	temés	hagués temut
temem	hàgim temut	teméssim	haguéssim temut
temeu	hàgiu temut	teméssiu	haguéssiu temut
temin	hagin temut	temessin	haguessin temut

IMPERATIU

tem
temi
temem
temeu
temin

FORMES NO PERSONALS

Infinitiu

Infinitiu: témer
Infinitiu perfet: haver temut

Gerundi

Gerundi: tement
Gerundi perfet: havent temut

Participi

Participi: temut
temuda
temuts
temudes

DORMIR

INDICATIU

Present	Perfet	Imperfet	Plusquamperfet
dormo	he dormit	dormia	havia dormit
dorms	has dormit	dormies	havies dormit
dorm	ha dormit	dormia	havia dormit
dormim	hem dormit	dormíem	havíem dormit
dormiu	heu dormit	dormíeu	havíeu dormit
dormen	han dormit	dormien	havien dormit

Passat simple	Passat anterior	Passat perifràstic	Passat anterior perifràstic
dormí	haguí dormit	vaig dormir	vaig haver dormit
dormires	hagueres dormit	vas (vares) dormir	vas (vares) haver dormit
dormí	hagué dormit	va dormir	va haver dormit
dormírem	haguérem dormit	vam (vàrem) dormir	vam (vàrem) haver dormit
dormíreu	haguéreu dormit	vau (vàreu) dormir	vau (vàreu) haver dormit
dormiren	hagueren dormit	van (varen) dormir	van (varen) haver dormit

Futur	Futur perfet	Condicional	Condicional perfet
dormiré	hauré dormit	dormiria	hauria (haguera) dormit
dormiràs	hauràs dormit	dormiries	hauries (hagueres) dormit
dormirà	haurà dormit	dormiria	hauria (haguera) dormit
dormirem	haurem dormit	dormiríem	hauríem (haguérem) dormit
dormireu	haureu dormit	dormiríeu	hauríeu (haguéreu) dormit
dormiran	hauran dormit	dormirien	haurien (hagueren) dormit

SUBJUNTIU

Present	Perfet	Imperfet	Plusquamperfet
dormi	hagi dormit	dormís	hagués dormit
dormis	hagis dormit	dormissis	haguessis dormit
dormi	hagi dormit	dormís	hagués dormit
dormim	hàgim dormit	dormíssim	haguéssim dormit
dormiu	hàgiu dormit	dormíssiu	haguéssiu dormit
dormin	hagin dormit	dormissin	haguessin dormit

IMPERATIU

dorm
dormi
dormim
dormiu
dormin

FORMES NO PERSONALS

Infinitiu	Gerundi	Participi
Infinitiu: dormir	**Gerundi:** dormint	**Participi:** dormit
Infinitiu perfet:	**Gerundi perfet:**	dormida
haver dormit	havent dormit	dormits
		dormides

SERVIR

INDICATIU

Present	Perfet	Imperfet	Plusquamperfet
serveixo	he servit	servia	havia servit
serveixes	has servit	servies	havies servit
serveix	ha servit	servia	havia servit
servim	hem servit	servíem	havíem servit
serviu	heu servit	servíeu	havíeu servit
serveixen	han servit	servien	havien servit

Passat simple	Passat anterior	Passat perifràstic	Passat anterior perifràstic
serví	haguí servit	vaig servir	vaig haver servit
servires	hagueres servit	vas (vares) servir	vas (vares) haver servit
serví	hagué servit	va servir	va haver servit
servírem	haguérem servit	vam (vàrem) servir	vam (vàrem) haver servit
servíreu	haguéreu servit	vau (vàreu) servir	vau (vàreu) haver servit
serviren	hagueren servit	van (varen) servir	van (varen) haver servit

Futur	Futur perfet	Condicional	Condicional perfet
serviré	hauré servit	serviria	hauria (haguera) servit
serviràs	hauràs servit	serviries	hauries (hagueres) servit
servirà	haurà servit	serviria	hauria (haguera) servit
servirem	haurem servit	serviríem	hauríem (haguérem) servit
servireu	haureu servit	serviríeu	hauríeu (haguéreu) servit
serviran	hauran servit	servirien	haurien (hagueren) servit

SUBJUNTIU

Present	Perfet	Imperfet	Plusquamperfet
serveixi	hagi servit	servís	hagués servit
serveixis	hagis servit	servissis	haguessis servit
serveixi	hagi servit	servís	hagués servit
servim	hàgim servit	servíssim	haguéssim servit
serviu	hàgiu servit	servíssiu	haguéssiu servit
serveixin	hagin servit	servissin	haguessin servit

IMPERATIU

serveix
serveixi
servim
serviu
serveixin

FORMES NO PERSONALS

Infinitiu

Infinitiu: servir
Infinitiu perfet: haver servit

Gerundi

Gerundi: servint
Gerundi perfet: havent servit

Participi

Participi: servit, servida, servits, servides

ANAR

- **Present d'indicatiu**: vaig, vas, va, anem, aneu, van
- **Futur**: aniré, aniràs, anirà, anirem, anireu, aniran
- **Condicional**: aniria, aniries, aniria, aniríem, aniríeu, anirien
- **Present de subjuntiu**: vagi, vagis, vagi, anem, aneu, vagin
- **Imperatiu**: ves, vagi, anem, aneu, vagin

APRENDRE

- **Present d'indicatiu**: aprenc, aprens, aprèn, aprenem, apreneu, aprenen
- **Passat simple**: aprenguí, aprengueres, aprengué, aprenguérem, aprenguéreu, aprengueren
- **Present de subjuntiu**: aprengui, aprenguis, aprengui, aprenguem, aprengueu, aprenguin
- **Imperfet de subjuntiu**: aprengués, aprenguessis, aprengués, aprenguéssim, aprenguéssiu, aprenguessin
- **Imperatiu**: aprèn, aprengui, aprenguem, apreneu, aprenguin
- **Participi**: après, apresa, apresos, apreses

Es conjuguen de manera semblant els altres verbs acabats en ***-endre***: *prendre*, *atendre*, *estendre*, *pretendre*, *comprendre*, *sorprendre*, etc. Alguns, però, presenten petites variacions en el so de la e: *atén / atès*, *pretén / pretès*.

BEURE

- **Present d'indicatiu**: bec, beus, beu, bevem, beveu, beuen
- **Imperfet d'indicatiu**: bevia, bevies, bevia, bevíem, bevíeu, bevien
- **Passat simple**: beguí, begueres, begué, beguérem, beguéreu, begueren
- **Present de subjuntiu**: begui, beguis, begui, beguem, begueu, beguin
- **Imperfet de subjuntiu**: begués, beguessis, begués, beguéssim, beguéssiu, beguessin
- **Imperatiu**: beu, begui, beguem, beveu, beguin
- **Gerundi**: bevent
- **Participi**: begut, beguda, beguts, begudes

CABRE (O CABER)

- **Present d'indicatiu**: cabo, caps, cap, cabem, cabeu, caben
- **Present de subjuntiu**: càpiga, càpigues, càpiga, capiguem, capigueu, càpiguen
- **Imperfet de subjuntiu**: cabés, cabessis, cabés, cabéssim, cabéssiu, cabessin
- **Imperatiu**: cap, càpiga, capiguem, cabeu, càpiguen
- **Participi**: cabut, cabuda, cabuts, cabudes

CAURE

- **Present d'indicatiu**: caic, caus, cau, caiem, caieu, cauen
- **Imperfet d'indicatiu**: queia, queies, queia, quèiem, quèieu, queien
- **Passat simple**: caiguí, caigueres, caigué, caiguérem, caiguéreu, caigueren
- **Present de subjuntiu**: caigui, caiguis, caigui, caiguem, caigueu, caiguin
- **Imperfet de subjuntiu**: caigués, caiguessis, caigués, caiguéssim, caiguéssiu, caiguessin
- **Imperatiu**: cau, caigui, caiguem, caieu, caiguin
- **Gerundi**: caient
- **Participi**: caigut, caiguda, caiguts, caigudes

COLLIR

- **Present d'indicatiu**: cullo, culls, cull, collim, colliu, cullen
- **Present de subjuntiu**: culli, cullis, culli, collim, colliu, cullin
- **Imperatiu**: cull, culli, collim, colliu, cullin

Es conjuguen de manera semblant els verbs derivats de ***collir***: *acollir*, *escollir*, *recollir*, etc.

Observació: les formes tòniques del radical s'escriuen amb ***u*** i les formes àtones, amb ***o***. Els verbs *cosir*, *escopir*, *sortir* i *tossir* presenten la mateixa alternança.

CONÈIXER

- **Present d'indicatiu**: conec, coneixes, coneix, coneixem, coneixeu, coneixen
- **Passat simple**: coneguí, conegueres, conegué, coneguérem, coneguéreu, conegueren
- **Present de subjuntiu**: conegui, coneguis, conegui, coneguem, conegueu, coneguin
- **Imperfet de subjuntiu**: conegués, coneguessis, conegués, coneguéssim, coneguéssiu, coneguessin
- **Imperatiu**: coneix, conegui, coneguem, coneixeu, coneguin
- **Participi**: conegut, coneguda, coneguts, conegudes

Es conjuguen de manera semblant el verb ***parèixer*** i els seus derivats: *aparèixer*, *comparèixer*, *desaparèixer*, *reaparèixer*, etc. i els verbs derivats de ***conèixer***: *desconèixer*, *reconèixer*, etc.

CÓRRER

- **Present d'indicatiu**: corro, corres, corre, correm, correu, corren
- **Passat simple**: correguí, corregueres, corregué, correguérem, correguéreu, corregueren
- **Present de subjuntiu**: corri, corris, corri, correm (o correguem), correu (o corregueu), corrin
- **Imperfet de subjuntiu**: corregués, correguessis, corregués, correguéssim, correguéssiu, correguessin
- **Imperatiu**: corre, corri, correm (o correguem), correu, corrin
- **Participi**: corregut, correguda, correguts, corregudes

Es conjuguen de la mateixa manera els verbs derivats de ***córrer***: *concórrer*, *descórrer*, *discórrer*, *escórrer*, *incórrer*, *ocórrer*, *recórrer*, *socórrer*, *transcórrer*, etc.

CRÉIXER

- **Present d'indicatiu**: creixo, creixes, creix, creixem, creixeu, creixen
- **Passat simple**: creixí, creixeres, creixé, creixérem, creixéreu, creixeren (o cresquí, cresqueres, cresqué, cresquérem, cresquéreu, cresqueren)
- **Present de subjuntiu**: creixi, creixis, creixi, creixem (o cresquem), creixeu (o cresqueu), creixin.
- **Imperfet de subjuntiu**: creixés, creixessis, creixés, creixéssim, creixéssiu, creixessin (o cresqués, cresquessis, cresqués, cresquéssim, cresquéssiu, cresquessin)
- **Imperatiu**: creix, creixi, creixem (o cresquem), creixeu, creixin.
- **Participi**: crescut, crescuda, crescuts, crescudes

Es conjuguen de la mateixa manera els verbs derivats de ***créixer***: *acréixer*, *decréixer*, *recréixer*, *sobrecréixer*, etc., i el verb ***merèixer***.

CREURE

- **Present d'indicatiu**: crec, creus, creu, creiem, creieu, creuen
- **Imperfet d'indicatiu**: creia, creies, creia, crèiem, crèieu, creien
- **Passat simple**: creguí, cregueres, cregué, creguérem, creguéreu, cregueren
- **Present de subjuntiu**: cregui, creguis, cregui, creguem, cregueu, creguin
- **Imperfet de subjuntiu**: cregués, creguessis, cregués, creguéssim, creguéssiu, creguessin
- **Imperatiu**: creu, cregui, creguem, creieu, creguin
- **Gerundi**: creient
- **Participi**: cregut, creguda, creguts, cregudes

DEURE

- **Present d'indicatiu**: dec, deus, deu, devem, deveu, deuen
- **Imperfet d'indicatiu**: devia, devies, devia, devíem, devíeu, devien
- **Passat simple**: deguí, degueres, degué, deguérem, deguéreu, degueren
- **Present de subjuntiu**: degui, deguis, degui, deguem, degueu, deguin
- **Imperfet de subjuntiu**: degués, deguessis, degués, deguéssim, deguéssiu, deguessin
- **Imperatiu**: deu, degui, deguem, deveu, deguin
- **Gerundi**: devent
- **Participi**: degut, deguda, deguts, degudes

DIR

- **Present d'indicatiu**: dic, dius, diu, diem, dieu, diuen
- **Imperfet d'indicatiu**: deia, deies, deia, dèiem, dèieu, deien
- **Passat simple**: diguí, digueres, digué, diguérem, diguéreu, digueren
- **Present de subjuntiu**: digui, diguis, digui, diguem, digueu, diguin
- **Imperfet de subjuntiu**: digués, diguessis, digués, diguéssim, diguéssiu, diguessin
- **Imperatiu**: digues, digui, diguem, digueu, diguin
- **Gerundi**: dient
- **Participi**: dit, dita, dits, dites

Es conjuguen de la mateixa manera els verbs derivats de ***dir***: *adir*, *contradir*, *desdir*, *entredir*, *maldir*, *predir*, etc.

DUR

- **Present d'indicatiu**: duc, duus (o dus), duu (o du), duem, dueu, duen
- **Imperfet d'indicatiu**: duia, duies, duia, dúiem, dúieu, duien
- **Passat simple**: duguí, dugueres, dugué, duguérem, duguéreu, dugueren
- **Present de subjuntiu**: dugui, duguis, dugui, duguem, dugueu, duguin
- **Imperfet de subjuntiu**: dugués, duguessis, dugués, duguéssim, duguéssiu, duguessin
- **Imperatiu**: duu (o du), dugui, duguem, dueu, duguin
- **Gerundi**: duent
- **Participi**: dut, duta, duts, dutes

ESCRIURE

- **Present d'indicatiu**: escric, escrius, escriu, escrivim, escriviu, escriuen
- **Imperfet d'indicatiu**: escrivia, escrivies, escrivia, escrivíem, escrivíeu, escrivien
- **Passat simple**: escriví, escrivires, escriví, escrivírem, escrivíreu, escriviren (o escriguí, escrigueres, escrigué, escriguérem, escriguéreu, escrigueren)
- **Present de subjuntiu**: escrigui, escriguis, escrigui, escriguem, escrigueu, escriguin
- **Imperfet de subjuntiu**: escrivís, escrivissis, escrivís, escrivíssim, escrivíssiu, escrivissin (o escrigués, escriguessis, escrigués, escriguéssim, escriguéssiu, escriguessin)
- **Imperatiu**: escriu, escrigui, escriguem, escriviu, escriguin
- **Gerundi**: escrivint
- **Participi**: escrit, escrita, escrits, escrites

Es conjuguen de la mateixa manera els altres verbs acabats en ***-scriure***: *adscriure*, *circumscriure*, *descriure*, *inscriure*, *prescriure*, *proscriure*, *subscriure*, *transcriure*, etc.

ESTAR

- **Present d'indicatiu**: estic, estàs, està, estem, esteu, estan
- **Passat simple**: estiguí, estigueres, estigué, estiguérem, estiguéreu, estigueren
- **Present de subjuntiu**: estigui, estiguis, estigui, estiguem, estigueu, estiguin
- **Imperfet de subjuntiu**: estigués, estiguessis, estigués, estiguéssim, estiguéssiu, estiguessin
- **Imperatiu**: estigues, estigui, estiguem, estigueu, estiguin

FER

- **Present d'indicatiu**: faig, fas, fa, fem, feu, fan
- **Imperfet d'indicatiu**: feia, feies, feia, fèiem, fèieu, feien
- **Passat simple**: fiu, feres, feu, férem, féreu, feren
- **Futur**: faré, faràs, farà, farem, fareu, faran
- **Condicional**: faria, faries, faria, faríem, faríeu, farien
- **Present de subjuntiu**: faci, facis, faci, fem, feu, facin
- **Imperatiu**: fes, faci, fem, feu, facin
- **Participi**: fet, feta, fets, fetes

Es conjuguen de la mateixa manera els derivats de ***fer***: *desfer*, *refer*, *estrafer*, *satisfer*, etc.

JEURE (O JAURE)

- **Present d'indicatiu**: jec, jeus, jeu, jaiem, jaieu, jeuen (o jac, jaus, jau, jaiem, jaieu, jauen)
- **Imperfet d'indicatiu**: jeia, jeies, jeia, jèiem, jèieu, jeien
- **Passat simple**: jaguí, jagueres, jagué, jaguérem, jaguéreu, jagueren
- **Futur**: jauré, jauràs, jaurà, jaurem, jaureu, jauran
- **Condicional**: jauria, jauries, jauria, jauríem, jauríeu, jaurien
- **Present de subjuntiu**: jegui, jeguis, jegui, jaguem, jagueu, jeguin (o jagui, jaguis, jagui, jaguem, jagueu, jaguin)
- **Imperfet de subjuntiu**: jagués, jaguessis, jagués, jaguéssim, jaguéssiu, jaguessin
- **Imperatiu**: jeu, jegui, jaguem, jaieu, jeguin (o jau, jagui, jaguem, jaieu, jaguin)
- **Gerundi**: jaient
- **Participi**: jagut, jaguda, jaguts, jagudes

Es conjuga de la mateixa manera el verb *ajeure*.

Observació: Les formes tòniques del radical s'escriuen amb ***e*** i les formes àtones, amb ***a***. Els verbs *néixer* i *treure* també segueixen aquesta alternança.

MOURE

- **Present d'indicatiu**: moc, mous, mou, movem, moveu, mouen
- **Imperfet d'indicatiu**: movia, movies, movia, movíem, movíeu, movien
- **Passat simple**: moguí, mogueres, mogué, moguérem, moguéreu, mogueren
- **Present de subjuntiu**: mogui, moguis, mogui, moguem, mogueu, moguin
- **Imperfet de subjuntiu**: mogués, moguessis, mogués, moguéssim, moguéssiu, moguessin
- **Imperatiu**: mou, mogui, moguem, moveu, moguin
- **Gerundi**: movent
- **Participi**: mogut, moguda, moguts, mogudes

NÉIXER (O NÀIXER)

- **Present d'indicatiu**: neixo, neixes, neix, naixem, naixeu, neixen (o naixo, naixes, naix, naixem, naixeu, naixen)
- **Imperfet d'indicatiu**: naixia, naixies, naixia, naixíem, naixíeu, naixien
- **Passat simple**: naixí, naixeres, naixé, naixérem, naixéreu, naixeren (o nasquí, nasqueres, nasqué, nasquérem, nasquéreu, nasqueren)
- **Futur**: naixeré, naixeràs, naixerà, naixerem, naixereu, naixeran
- **Condicional**: naixeria, naixeries, naixeria, naixeríem, naixeríeu, naixerien
- **Present de subjuntiu**: neixi, neixis, neixi, naixem, naixeu, neixin (o naixi, naixis, naixi, nasquem, nasqueu, naixin)
- **Imperfet de subjuntiu**: naixés, naixessis, naixés, naixéssim, naixéssiu, naixessin (o nasqués, nasquessis, nasqués, nasquéssim, nasquéssiu, nasquessin)
- **Imperatiu**: neix, neixi, naixem (o nasquem), naixeu, neixin
- **Gerundi**: naixent
- **Participi**: nascut, nascuda, nascuts, nascudes

Observació: Les formes tòniques del radical s'escriuen amb ***e*** i les formes àtones, amb ***a***. Els verbs *jeure* i *treure* també segueixen aquesta alternança.

OBRIR

- **Present d'indicatiu**: obro, obres, obre, obrim, obriu, obren
- **Imperatiu**: obre, obri, obrim, obriu, obrin
- **Participi**: obert, oberta, oberts, obertes

OMPLIR

- **Present d'indicatiu**: omplo, omples, omple, omplim, ompliu, omplen
- **Imperatiu**: omple, ompli, omplim, ompliu, omplin
- **Participi**: omplert, omplerta, omplerts, omplertes

PODER

- **Present d'indicatiu**: puc, pots, pot, podem, podeu, poden
- **Passat simple**: poguí, pogueres, pogué, poguérem, poguéreu, pogueren
- **Present de subjuntiu**: pugui, puguis, pugui, puguem, pugueu, puguin
- **Imperfet de subjuntiu**: pogués, poguessis, pogués, poguéssim, poguéssiu, poguessin
- **Imperatiu**: pugues, pugui, puguem, pugueu, puguin
- **Participi**: pogut, poguda, poguts, pogudes

RIURE

- **Present d'indicatiu**: ric, rius, riu, riem, rieu, riuen
- **Imperfet d'indicatiu**: reia, reies, reia, rèiem, rèieu, reien
- **Passat simple**: riguí, rigueres, rigué, riguérem, riguéreu, rigueren
- **Present de subjuntiu**: rigui, riguis, rigui, riguem, rigueu, riguin
- **Imperfet de subjuntiu**: rigués, riguessis, rigués, riguéssim, riguéssiu, riguessin
- **Imperatiu**: riu, rigui, riguem, rieu, riguin
- **Gerundi**: rient
- **Participi**: rigut, riguda, riguts, rigudes

Es conjuga de la mateixa manera el verb *somriure*.

SABER

- **Present d'indicatiu**: sé, saps, sap, sabem, sabeu, saben
- **Passat simple**: sabí, saberes, sabé, sabérem, sabéreu, saberen
- **Present de subjuntiu**: sàpiga, sàpigues, sàpiga, sapiguem, sapigueu, sàpiguen
- **Imperfet de subjuntiu**: sabés, sabessis, sabés, sabéssim, sabéssiu, sabessin
- **Imperatiu**: sàpigues, sàpiga, sapiguem, sapigueu, sàpiguen
- **Gerundi**: sabent
- **Participi**: sabut, sabuda, sabuts, sabudes

SER (O ÉSSER)

- **Present d'indicatiu**: soc, ets, és, som, sou, són
- **Imperfet d'indicatiu**: era, eres, era, érem, éreu, eren
- **Passat simple**: fui, fores, fou, fórem, fóreu, foren
- **Condicional**: seria, series, seria, seríem, seríeu, serien (o fora, fores, fora, fórem, fóreu, foren)
- **Present de subjuntiu**: sigui, siguis, sigui, siguem, sigueu, siguin
- **Imperfet de subjuntiu**: fos, fossis, fos, fóssim, fóssiu, fossin
- **Imperatiu**: sigues, sigui, siguem, sigueu, siguin
- **Gerundi**: sent (o essent)
- **Participi**: estat, estada, estats, estades (o sigut, siguda, siguts, sigudes)

SORTIR

- **Present d'indicatiu**: surto, surts, surt, sortim, sortiu, surten
- **Present de subjuntiu**: surti, surtis, surti, sortim, sortiu, surtin
- **Imperatiu**: surt, surti, sortim, sortiu, surtin

Observació: Les formes tòniques del radical s'escriuen amb ***u*** i les formes àtones, amb ***o***. Els verbs *collir*, *cosir*, *escopir* i *tossir* presenten la mateixa alternança.

TENIR (O TINDRE)

- **Present d'indicatiu**: tinc, tens, té, tenim, teniu, tenen
- **Passat simple**: tinguí, tingueres, tingué, tinguérem, tinguéreu, tingueren
- **Present de subjuntiu**: tingui, tinguis, tingui, tinguem, tingueu, tinguin
- **Imperfet de subjuntiu**: tingués, tinguessis, tingués, tinguéssim, tinguéssiu, tinguessin
- **Imperatiu**: té o tingues (en els derivats *-tén*), tingui, tinguem, teniu o tingueu, tinguin
- **Participi**: tingut, tinguda, tinguts, tingudes

Es conjuguen de la mateixa manera els verbs derivats de ***tenir***: *abstenir*, *atenir*, *captenir*, *contenir*, *detenir*, *entretenir*, *mantenir*, *obtenir*, *retenir*, *sostenir*, etc.

TREURE (O TRAURE)

- **Present d'indicatiu**: trec, treus, treu, traiem, traieu, treuen (o trac, traus, trau, traiem, traieu, trauen)
- **Imperfet d'indicatiu**: treia, treies, treia, trèiem, trèieu, treien
- **Passat simple**: traguí, tragueres, tragué, traguérem, traguéreu, tragueren
- **Present de subjuntiu**: tregui, treguis, tregui, traguem, tragueu, treguin (o tragui, traguis, tragui, traguem, tragueu, traguin)
- **Imperfet de subjuntiu**: tragués, traguessis, tragués, traguéssim, traguéssiu, traguessin
- **Imperatiu**: treu, tregui, traguem, traieu, treguin (o trau, tragui, traguem, traieu, traguin)
- **Gerundi**: traient
- **Participi**: tret, treta, trets, tretes

Observació: Les formes tòniques del radical s'escriuen amb ***e*** i les formes àtones, amb ***a***. Els verbs *jeure* i *néixer* també segueixen aquesta alternança.

VALER (O VALDRE)

- **Prèsent d'indicatiu**: valc, vals, val, valem, valeu, valen
- **Passat simple**: valguí, valgueres, valgué, valguérem, valguéreu, valgueren
- **Present de subjuntiu**: valgui, valguis, valgui, valguem, valgueu, valguin
- **Imperfet de subjuntiu**: valgués, valguessis, valgués, valguéssim, valguéssiu, valguessin
- **Imperatiu**: val, valgui, valguem, valeu, valguin
- **Participi**: valgut, valguda, valguts, valgudes

Es conjuguen de manera semblant els verbs *doldre* i *caldre* (aquest últim, només en tercera persona).

VENIR (O VINDRE)

- **Present d'indicatiu**: vinc, vens, ve, venim, veniu, venen
- **Passat simple**: vinguí, vingueres, vingué, vinguérem, vinguéreu, vingueren
- **Present de subjuntiu**: vingui, vinguis, vingui, vinguem, vingueu, vinguin
- **Imperfet de subjuntiu**: vingués, vinguessis, vingués, vinguéssim, vinguéssiu, vinguessin
- **Imperatiu**: vine (en els derivats *-vén*), vingui, vinguem, veniu, vinguin
- **Participi**: vingut, vinguda, vinguts, vingudes

Es conjuguen de la mateixa manera els verbs derivats de ***venir***: *convenir*, *desavenir*, *esdevenir*, *intervenir*, *prevenir*, *provenir*, etc.

VEURE

- **Present d'indicatiu**: veig, veus, veu, veiem, veieu, veuen
- **Imperfet d'indicatiu**: veia, veies, veia, vèiem, vèieu, veien
- **Passat simple**: viu, veieres, veié, veiérem, veiéreu, veieren
- **Present de subjuntiu**: vegi, vegis, vegi, vegem, vegeu, vegin
- **Imperfet de subjuntiu**: veiés, veiessis, veiés, veiéssim, veiéssiu, veiessin
- **Imperatiu**: veges (o ves), vegi, vegem, vegeu (o veieu), vegin
- **Gerundi**: veient
- **Participi**: vist, vista, vistos, vistes

Es conjuguen de la mateixa manera els derivats de ***veure***: *entreveure*, *preveure*, *reveure*, etc.

VIURE

- **Present d'indicatiu**: visc, vius, viu, vivim, viviu, viuen
- **Imperfet d'indicatiu**: vivia, vivies, vivia, vivíem, vivíeu, vivien
- **Passat simple**: visquí, visqueres, visqué, visquérem, visquéreu, visqueren
- **Present de subjuntiu**: visqui, visquis, visqui, visquem, visqueu, visquin
- **Imperfet de subjuntiu**: visqués, visquessis, visqués, visquéssim, visquéssiu, visquessin
- **Imperatiu**: viu, visqui, visquem, viviu, visquin
- **Gerundi**: vivint
- **Participi**: viscut, viscuda, viscuts, viscudes

Es conjuguen de la mateixa manera els derivats de ***viure***: *conviure*, *malviure*, *sobreviure*, *reviure*, etc.

VOLER

- **Present d'indicatiu**: vull, vols, vol, volem, voleu, volen
- **Passat simple**: volguí, volgueres, volgué, volguérem, volguéreu, volgueren
- **Futur**: voldré, voldràs, voldrà, voldrem, voldreu, voldran
- **Condicional**: voldria, voldries, voldria, voldríem, voldríeu, voldrien
- **Present de subjuntiu**: vulgui, vulguis, vulgui, vulguem, vulgueu, vulguin
- **Imperfet de subjuntiu**: volgués, volguessis, volgués, volguéssim, volguéssiu, volguessin
- **Imperatiu**: vulgues, vulgui, vulguem, vulgueu, vulguin
- **Participi**: volgut, volguda, volguts, volgudes

» REFERÈNCIES BIBLIOGRÀFIQUES

- AGUILAR, LAIA: *Wolfgang (extraordinari)*. Barcelona, Columna, 2017.
- ALIBÉS, MARIA DOLORS: «Nenes amb trenes», dins *Contes per a l'hora de les postres*. Barcelona, Baula, 1994.
- ASIMOV, ISAAC: *Robbie i altres contes*. Barcelona, Vicens Vives, 1994.
- BENET I JORNET, JOSEP M.: *Supertot*. Barcelona, Edicions 62, 2004.
- CABALLERIA, SÍLVIA I CODINA, M. CARME: «La Margarideta», dins *Contes catalans retrobats*. Barcelona, Farell Editors, 2009.
- CARNER, JOSEP: *Bestiari*. Barcelona, Barcanova, 2013.
- CLOSA, DANIEL: *Blocs de ciència*. Tarragona, Universitat Rovira i Virgili, 2010.
- CONAN DOYLE, ARTHUR: «La cinta de clapes», dins *El robí blau*. Barcelona, Cruïlla, 1989.
- COPPENS, YVES; SIMONNET, DOMINIQUE; REEVES, HUBERT; ROSNAY, JOËL DE: *La història més bella del món*. Barcelona, Labutxaca, 2008.
- ESPRIU, SALVADOR: *Antígona*. Barcelona, Edicions 62, 1996.
- GARCÍA MONTERO, LUIS: *Lliçons de poesia per a nens i nenes inquiets*. Traducció de Joan Margarit i Elisabet Costa. Granada, Comares, 2000.
- GARRIGA, ÀNGELS: «El flautista d'Hamelín», dins *12 contalles de l'àvia de Saifores*. Barcelona, La Galera, 1998.
- GIBERT, QUIM: *Qui estima la llengua, la fa servir*. Barcelona, Barcanova, 2013.
- GUIMERÀ, ÀNGEL: *Terra baixa*. Barcelona, Barcanova, 2005.
- JANÉ, ALBERT: «La flor del panical», dins *Rondalles de Catalunya*. Barcelona, Estrella Polar, 2012.
- LLOBET, GLÒRIA: *Llàgrimes de quitrà*. Barcelona, Proa, 2005.
- MARTORELL, JOANOT: *Tirant lo Blanc*. València, Edicions del País Valencià i El Temps, 1991.
- MAS, HERMÍNIA: «Estimat, t'he de deixar» i «Somnis de paper», dins *Estimat, t'he de deixar*. Barcelona, Edicions del roure de can roca, 2011.
- MOLIÈRE: *El malalt imaginari*. Barcelona, La Galera, 1987.
- NARBONA, JOSÉ A.: «Els llibres més petits del món», dins *Jot Down Kids* (16 de juliol de 2019).
- OLIVER, JOAN: «Bestiari», dins *Obra poètica*. Barcelona, Proa, 1975.
- OLIVER, JOAN: «Conversa al parc», dins *El llibre de tothom* (dir. Joan Oliver i Josep M. Garcia Llort). Barcelona, Alcides, 1963.
- PALOMA, DAVID: «Braille», dins *Personatges convertits en paraules*. Barcelona, Barcanova, 2015.
- PEDROLO, MANUEL DE: *Mecanoscrit del segon origen*. Barcelona, Educaula, 2009.
- SÁNCHEZ PIÑOL, ALBERT: «Tot el que li cal saber a una zebra per sobreviure a la sabana», dins *Tretze tristos tràngols*. Barcelona, La Campana, 2008.
- SERRANO, SEBASTIÀ: *Signes, llengua i cultura*. Barcelona, Edicions 62, 2001.
- SOMMER-BODENBURG, ANGELA: *El petit vampir*. Barcelona, Grup Promotor, 2005.
- STOKER, BRAM: *Dràcula*. Barcelona, Barcanova, Col·lecció «Clàssics a mida», 2017.
- SWIFT, JONATHAN: *Els viatges de Gulliver*. Barcelona, Barcanova, Col·lecció «Clàssics a mida», 2018.
- TEIXIDOR, JORDI: *El retaule del flautista*. Barcelona, Educaula, 2014.
- VIÑAS I FOLCH, ORIOL: «La vida no és pas gens fàcil», dins *40 anys d'històries*. Barcelona, La Galera, 2003.

Aquest projecte editorial de l'àmbit lingüístic ha estat elaborat d'acord amb les dimensions competencials i els continguts descrits en el decret d'ordenació curricular publicat pel Departament d'Ensenyament de la Generalitat de Catalunya l'any 2015; aquest decret es fonamenta en la Llei d'educació de Catalunya i en les directrius de la Unió Europea, i respon al marc normatiu i a la legalitat vigent.

Equip editorial:

Cap del projecte editorial: Montse Ballaró
Coordinació editorial: Xavier Hernàndez
Edició: Xavier Hernàndez
Correcció: M. Mercè Estévez, Mercè Rial i Immaculada Riera
Documentalista: Cristina Boj

Coordinació artística i disseny: Laura R. Dengra
Coordinació tècnica: Gemma Vadillo i Mercedes F. Bravo
Maquetació: Montse Lombarte

Coordinació tècnica digital: Montse Cascales
Edició digital: Glòria Jodar Pubill

Il·lustracions: Jorge del Corral
Cartografia: MarcopoloArt
Fotografies: 123 RF, Alamy / Cordon, rafapress / Depositphotos, EFE, Getty Images, Imatges de Shutterstock.com, Photoaisa, Ll. Valcàrcel, Martin, Joseph / Arxiu Anaya, Arxiu Barcanova

Rosa Sensat, 9-11, 4a planta. 08005 Barcelona
Telèfon 932 172 054
barcanova@barcanova.cat
www.barcanova.cat

Primera edició: març de 2020
Segona impressió: maig de 2021
ISBN: 978-84-489-5026-2
DL B. 5568-2020
Printed in Spain

PAPER DE FIBRA CERTIFICAT